WANDERE AUF UNERFORSCHTEN PFADEN

INSEL DER WALE
BUCH 3

CHARLOTTE MCGREGOR

CHARLOTTE TAYLOR

Charlotte McGregor / Charlotte Taylor

Insel der Wale – Wandere auf unerforschten Pfaden

Carin Müller c/o Die Bücherfee Karina Reiß, Zick Zack 1, 39393 am Großen Bruch

www.charlottemcgregor.de

www.carinmueller.de

2. Auflage, Januar 2024, Originalausgabe: November 2021

Taschenbuch-ISBN 978-3-910843-07-3

Umschlaggestaltung: Sabine Albrecht, www.benisa-werbung.de, unter Verwendung von:

- ©Freepik
- ©Freepik/tirachard
- ©Freepik/logturnal

Lektorat/Korrektorat: Julia Funcke

WANDERE AUF UNERFORSCHTEN PFADEN

INSEL DER WALE
BUCH 3

CHARLOTTE MCGREGOR

CHARLOTTE TAYLOR

Für meinen Herzenshund Toni
11.10.2008–29.06.2021

INHALT

ÜBER DAS BUCH

Liebe Leserin, lieber Leser,

»Wandere auf unerforschten Pfaden« ist das vorläufige Finale meiner »Insel der Wale«-Reihe. Falls dies dein Erstkontakt mit mir ist, kann ich dich direkt beruhigen. ALLE meine Bücher sind immer in sich abgeschlossen und unabhängig von allen anderen Titel einer Reihe zu lesen. Es ist also nicht schlimm, wenn du mit dieser Geschichte beginnst und dann erst die beiden anderen Wal-Romane liest.

In diesem Buch habe ich mich thematisch an einigen Stellen ganz schön aus meiner Komfortzone heraus bewegt und womöglich ist »Wandere auf unerforschten Pfaden« ganz anders, als du es vielleicht erwartest – oder es von mir gewohnt bist. Ich bin jedoch halbwegs optimistisch, dass du trotzdem Spaß daran haben wirst. Vielleicht sogar besonders viel.

Wenn du mit mir in Kontakt bleiben möchtest, mehr von mir und meiner inneren Autorinnen-WG erfahren möchtest und Lust auf zwei gratis eBooks hast, dann melde dich doch für mein »Dienstags-Update« an. In diesem Newsletter informiere ich alle zwei Wochen über mein kleines Schreib-Universum.

Hier geht's zur Anmeldung und zu den kostenlosen Büchern »Claire and her Prince of Whales« (denn ich LIEBE Wale) sowie »Problemzonen«: https://carinmueller.de/newsletter/leser-post

Aber jetzt viel Spaß mit dem Buch!

Deine Charlotte

DARUM GEHT'S:

Verspielte Delfine, schützende Tätowierungen und der Beginn einer unerwarteten Liebe.

Kann man vor dem Leben davonlaufen?

Yuma Solano ist auf der Flucht – vor der Angst. In Tofino kommt sie endlich zur Ruhe und mit der Entspannung kehrt nach Jahren auch ihre Kreativität zurück. Schiffe, Wellen und Wale bevölkern ihr Skizzenbuch – und eines Tages auch die seelenvollsten Augen, die sie jemals gesehen hat.

Die gehören Nalu Kalakaoa. Der hawaiianische Seebär weiß auf den ersten Blick, dass Yuma sein Schicksal ist, doch mit ihrer Geheimnistuerei kann er nicht umgehen. Seine eigenen Narben trägt er offen und mit eindrucksvollen Tätowierungen verziert.

Beide wissen, dass der erste Schritt in ein neues Leben der härteste ist, doch auf Vancouver Island wird ihnen klar: Man kann auch ankommen, wenn man unterwegs ist!

Eine außergewöhnliche Geschichte über die Überwindung von Ängsten und die Magie der eigenen, inneren Kraft.

NEUBEGINN AM ENDE DER WELT

TOFINO, VANCOUVER ISLAND, 23. APRIL – YUMA:

»WENN ICH DICH SEHE, MUSS ICH IMMER LÄCHELN. Du bist der positivste Mensch, den ich kenne.« Meine Kollegin und Mitbewohnerin Lilly ließ sich neben mir auf die Bank sinken und packte ihr Sandwich aus.

»Heute ist der beste Tag meines Lebens«, entgegnete ich. Es stimmte, und ich konnte mein Glück nach wie vor nicht fassen.

»Das sagst du jeden Tag, seit du hier bist.« Lilly warf mir einen etwas ungläubigen Blick zu und biss dann in das saftige Pulled-Beef-Sandwich vom Foodtruck am Hafen, wo ich mir auch meinen Lunch geholt hatte.

Ich zuckte nur mit den Schultern. Es war für die meisten Menschen wohl schwer nachzuvollziehen, aber für mich war es die Wahrheit. Es erschien mir inzwischen wie eine schicksalhafte Begegnung, dass Esther Johnson vor vier Tagen das Marina-Café in Vancouver betreten hatte. Ich hatte an diesem Tag mit einer Kollegin die

Schichten getauscht, sonst wäre ich Esther nicht begegnet. Wäre nicht mit ihr ins Gespräch gekommen. Hätte ihr nichts von meiner Sehnsucht nach Meer und Walen erzählt – und hätte jetzt nicht diesen Job!

Es war wirklich irre, was für Kapriolen das Leben manchmal schlug. Darüber hätte ich Romane schreiben können – allerdings wären die leider ziemlich traurig und deprimierend gewesen. Bis jetzt. Hier in Tofino, diesem abgelegenen Nest an der Westküste von Vancouver Island, konnte ich frei atmen – und fühlte mich zum ersten Mal seit sehr langer Zeit sicher. Zumindest einigermaßen. Für mich Grund genug, jeden Tag hier als den bislang besten meines Lebens zu feiern. Außerdem machte mir der Job Spaß. Ich war Mädchen für alles bei »Johnson's Giants«, dem Walbeobachtungsunternehmen von Esther Johnson. Ich half im Souvenirshop aus, kümmerte mich zusammen mit Lilly um die Social-Media-Kanäle und unterstützte Esther im Büro. Leider hatte es sich noch nicht ergeben, dass ich bei einer der Waltouren mitfahren konnte, doch das würde bestimmt bald passieren. Schließlich sollte ich in absehbarer Zeit auch da als Springerin eingesetzt werden, wenn einer der Tourguides ausfiel.

»Schreibst du Tagebuch?«, wollte Lilly wissen und linste neugierig auf das Notizbuch, das zugeklappt auf meinem Schoß lag.

»Nein. Das ist mein Skizzenbuch«, erwiderte ich und musste unwillkürlich noch breiter lächeln. Seit ich hier in Tofino war, konnte ich auch wieder zeichnen – was während der letzten drei Jahre unmöglich gewesen war. Ich war so blockiert gewesen, dass es einfach nicht geklappt hatte. Aber nun durchströmte mich wieder die Kreativität, und ich konnte gar nicht aufhören.

»Du malst?« Lilly klang beeindruckt.

»Ich zeichne. Am liebsten mit Tusche, aber in meinem Notizbuch auch mit Bleistift oder Kuli oder dem, was ich gerade greifbar habe«, erklärte ich ihr. Es juckte mir in den Fingern, ihr meine Skizzen zu zeigen. Doch ich wollte mich nicht aufdrängen.

»Darf ich mal sehen?« Sie legte ihr Sandwich neben sich auf die Bank und deutete auf mein Buch.

»Klar.« Ich schlug die Seite mit den kleinen Zeichnungen auf, die ich während der letzten Minuten angefertigt hatte.

»Wahnsinn«, stieß Lilly beeindruckt hervor. »Das musst du unbedingt Esther anschauen lassen.« Sie betrachtete die Skizze, die eines der Boote von »Johnson's Giants« zeigte, das direkt vor der Bank am Anleger vertäut war.

Für mich war das nichts Besonderes, eine kleine Fingerübung. Aber ich hatte mich an einigen Details versucht – das Logo mit dem Wal und die Struktur des Halteseils. Ich hatte das Gefühl, dass ich erst wieder in Schwung kommen musste, um meine Seh-Eindrücke mit meiner Hand zu koordinieren, und dafür war fast jedes Motiv prima geeignet – selbst die zerknüllte Papiertüte von meinem Mittagessen, die ich ebenfalls verewigt hatte. Ich sehnte mich jedoch danach, wieder andere Dinge zu zeichnen. Vor meinem inneren Auge tauchten Wale und andere Meerestiere auf, aber noch war ich nicht so weit.

»Ich glaube nicht, dass Esther sich für ein hingekritzeltes Boot begeistern könnte«, wandte ich daher ein.

»Mit Sicherheit kann sie das«, beharrte Lilly. »Ich finde, du solltest von diesem Bild ein Foto knipsen und es auf Instagram hochladen. Ich bin mir sicher, die Leute fänden das ganz großartig.«

»Hm.« Ich fühlte mich geschmeichelt, wusste aber nicht, was ich dazu sagen sollte.

»Ich glaube, du bist ein sehr besonderer Mensch, Yuma Solano«, stellte Lilly fest und blickte mir prüfend in die Augen, als würde sie dort etwas erkennen können.

Rasch senkte ich die Lider – aus Angst, sie könnte tatsächlich etwas erfahren, was ich nicht preisgeben wollte. »Quatsch. Ich bin ein ganz normaler Mensch. Das ist einfach mein Hobby. Ich habe schon immer gerne gezeichnet.«

»Für ein Hobby wirkt es reichlich professionell.« Lilly ließ sich nicht abbringen, schien meine Zurückhaltung aber bemerkt zu haben, denn sie wechselte das Thema: »Ich bin jedenfalls total froh, dass du hier bist. Kommst du heute Abend mit in den Pub? Da treffen sich immer die Kollegen von unserem und anderen Betrieben hier am Ort. Das ist eine lustige, bunte Runde – und du kennst ja noch nicht so viele Leute.«

»Klar, total gerne«, hörte ich mich zu meiner eigenen Überraschung enthusiastisch hervorsprudeln. Auch das war neu. Ich war zwar gerne unter Menschen, aber die letzten Jahre hatten mich gelehrt, dass ich auf der Hut sein musste. Bill hatte mir jedoch am Telefon bestätigt, dass Tofino tatsächlich so sicher für mich sei, wie ich es empfand. »Ich freu mich drauf, aber jetzt muss ich mich beeilen. Esther will mir gleich die Geheimnisse der Buchungssoftware für die Touren verraten.«

»Puh, dann viel Spaß dabei.« Lilly verdrehte die Augen. »Ich hasse die Büroschichten und den ganzen Admin-Kram. Ich bin froh, dass ich nachher eine Tour machen darf.«

»Mich stört das nicht. Ich mag es, wenn es gut strukturierte Arbeitsabläufe gibt, und ich glaube nicht, dass das Buchungssystem so kompliziert ist. Aber auf eine Tour hätte ich auch mal Lust. Hoffentlich klappt es bald.«

»Bestimmt. Spätestens im Mai kommen noch ein paar Meeresbiologie-Studenten her, die ihr theoretisches Wissen in der Praxis umsetzen wollen. Letztes Jahr waren da ziemlich knackige Jungs dabei ...« Lilly lachte vergnügt und zwinkerte mir zu. »Die eine oder andere Saisonaushilfe für den Shop wird auch noch dazukommen, sodass wir dann alle mehr rotieren können«, fügte sie hinzu.

»Ich freu mich drauf. Aber bis dahin will ich mich noch gründlich einlesen.« Ich steckte mein Notizbuch in die Umhängetasche und stand auf. »Viel Spaß bei deiner Tour. Sehen wir uns dann zu Hause, oder treffen wir uns gleich im Pub?«

»Wir sehen uns auf jeden Fall noch in der Wohnung, dann können wir gemeinsam zur Kneipe laufen.« Lilly biss genüsslich in ihr Sandwich und winkte mir noch einmal zu, ehe ich die wenigen Schritte zum Bootshaus ging.

Drei Stunden später rauchte mir der Kopf, denn die Aufgabenstellung war doch komplexer, als ich angenommen hatte. Aber meine neue Chefin Esther schien sehr zufrieden zu sein.

»Du bist ein wahrer Glücksgriff«, lobte sie und strahlte mich an. »So schnell wie du hat das Programm noch keiner begriffen – mich eingeschlossen. Wer auch immer dieses System programmiert hat, war ein echter Menschenhasser.«

»Das glaube ich nicht. Es gibt halt ziemlich viele Eventualitäten zu bedenken. Bei anderen Buchungssituationen ist es ja viel einfacher, weil die Termine nicht so häufig verschoben oder storniert werden müssen«, sagte ich und klickte mich noch einmal durch die Auswahl im Menü.

Die Waltouren waren ein wetterabhängiges Geschäft. Bei Sturm oder zu hohem Seegang liefen die Schiffe nicht aus. Da sich das Wetter aber oft kurzfristig änderte, eröffneten sich manchmal auch recht spontan Möglichkeiten für Touren. Gäste, die ihren Urlaub planten, buchten oft schon Monate im Voraus – zu einem flexiblen Tarif. Andere riefen spontan an oder kamen im Büro vorbei und erkundigten sich nach kurzfristigen Optionen. Dann gab es auch noch die unterschiedlichen Schiffstypen und Touren, denn es machte einen gewaltigen Unterschied, ob man mit den größeren Motorschiffen weiter aufs Meer rausfuhr oder mit den Kajaks in Kleingruppen in Küstennähe blieb. Das alles musste das System abbilden. Es war viel, aber wenn man einmal begriffen hatte, wie es funktionierte, war es eigentlich ganz logisch.

»Lilly hat recht. Du bist tatsächlich einer der positivsten Menschen, die ich kenne.« Esther schüttelte leicht den Kopf. »Also, nicht dass ich mich beklagen will. Ganz im Gegenteil. Ich bin so dankbar, dass wir uns über den Weg gelaufen sind und ich dich dazu überreden konnte, bei mir zu arbeiten. Aber manchmal frage ich mich, womit ich so viel Glück verdient habe.«

Nun war ich sprachlos. Ihr überbordendes Lob hatte mich verlegen gemacht und ich hatte Angst, dass sie in meiner Vergangenheit bohren würde. Dass sie wissen wollte, warum ich mich so leicht in dieses Buchungssystem einarbeiten konnte, warum ich so glücklich war, hier zu sein. Und warum ich ganz gut zeichnen konnte – was sie noch gar nicht wusste. Aber sie schien nicht misstrauisch zu sein, sondern ganz im Gegenteil einfach nur sehr dankbar. Dabei war es an mir, mich über die glückliche Fügung unserer Begegnung zu freuen und dankbar für dieses neue Leben zu sein. Esther Johnson hatte mir vielleicht nicht das Leben gerettet, aber es war ziemlich nah dran gewesen. Doch das konnte ich ihr nicht erzählen.

»Ich bin nicht religiös oder so«, entgegnete ich daher. »Aber vielleicht gibt es ja doch eine geheimnisvolle Macht, die dafür gesorgt hat, dass wir uns treffen? Ich bin nämlich auch wahnsinnig glücklich, hier zu sein. Einen spannenden Job zu haben und sogar eine so schöne Wohngelegenheit.«

»Wer auch immer dafür zuständig ist, es war ein Geniestreich«, sagte Esther mit einem Lächeln. »Hast du eigentlich alles, was du brauchst? Die Entscheidung, Vancouver zu verlassen und mit mir nach Tofino zu kommen, war ja doch ziemlich spontan.«

Ich unterdrückte ein Seufzen. Es wäre wohl zu schön gewesen, wenn sie das Thema hätte ruhen lassen. Vor vier Tagen war ich mit meinem großen Trekkingrucksack und zwei gut gefüllten IKEA-Taschen in Esthers Wasserflugzeug gestiegen und von Vancouver nach Tofino gezogen. Das war tatsächlich alles, was ich besaß – und es war erheblich mehr als noch vor wenigen Jahren. Leichtes Gepäck hatte wirklich Vorteile, auch wenn die meisten Menschen sich das nicht vorstellen konnten. »Ich habe alles. Mach dir keine Sorgen. Seit ein paar Jahren beschäftige ich mich mit Minimalismus und habe alles Unwichtige aus meinem Leben entfernt«, erklärte ich, weil ich die Erfahrung gemacht hatte, dass vermeintlich seltsames Verhalten von den Leuten deutlich besser aufgenommen wurde, wenn es einen coolen Namen dafür gab. Und bei den ganzen Aufräum-Lifestyle-Shows im Fernsehen war ich damit so etwas wie ein Trendsetter. Nur dass mein minimalistischer Lebensstil eher aus der Not geboren und keine Trendentscheidung war. Aber egal, ausschlaggebend war, dass man es mir abnahm und keine Fragen stellte.

»Echt? Das finde ich total bewundernswert. Ich hätte echt gern weniger Zeug, aber bei mir klappt das nicht. Meine Schwester hat mir zu Weihnachten ein Buch von einem japanischen Minimalismus-Guru geschenkt. Sehr beeindruckend, aber unvorstellbar für mich.«

»Fumio Sasaki?«, fragte ich, und meine Chefin nickte enthusiastisch. Ich hatte im Internet nach einigen einschlägigen Namen gegoogelt und unter anderem ihn gefunden, weil er einen konsequenten Ansatz predigte, auf den viele Menschen total abfuhren. Theoretisch zumindest. »Ich finde ihn wirklich cool, aber verglichen mit ihm habe ich immer noch zu viel Zeug.«

»Wenn du das denkst, darfst du nie zu mir nach Hause kommen ...«

»Es hat alles Vor- und Nachteile. Ich mag es, wenn ich den Überblick habe, und empfinde die scheinbare Einschränkung als Freiheit. Aber das ist sicher nicht für jeden geeignet. Mit zwei kleinen Kindern, einem Hund und deiner Firma ist das bestimmt kaum machbar. Und es gibt ja auch keinen Grund dafür, dich einzuschränken, wenn die Sachen keine Last für dich sind«, sagte ich und kam mir wie eine Heuchlerin vor. Es hatte Zeiten gegeben, in denen ich wahnsinnig gern in einem etwas chaotischen Häuschen gelebt hätte – mit Kindern, Haustieren und zahllosen Erinnerungsstücken.

»Sicher, aber glaub mir, ein bisschen weniger Kram wäre auch schön.« Esther seufzte. »Es gibt Leute, die haben mehr Gepäck für einen Wochenendtrip dabei als du bei deinem ›Umzug‹.« Das Wort »Umzug« setzte sie in Luft-Gänsefüßchen, was mich offen gestanden ziemlich irritierte.

»Denkst du, ich bin nicht wirklich hierhergezogen?«

»Keine Ahnung«, gab sie zu. »Ich weiß nur, dass ich sehr froh wäre, wenn es so wäre, und ich werde deine Unterstützung genießen, solange sie anhält. Lass dich bitte nicht von meinen unbeholfenen Versuchen irritieren, mehr über dich herauszufinden. Du hast wie jeder andere Mensch eine Vergangenheit, und wenn du nicht darüber sprechen willst, ist das vollkommen okay für mich.« Sie drückte kurz meinen Arm, stand dann vom Schreibtischstuhl auf und ließ ihre Schultern kreisen, während sie aus dem Fenster schaute. »Wenn du magst, kannst du für heute Feierabend machen«, bot sie mir lächelnd an, doch ihr sehnsüchtiger Blick sagte mir etwas anderes. Es zog sie ganz eindeutig nach draußen.

»Ich kann gerne noch die Buchungen für die nächsten Tage checken und auch noch einige Social-Media-Posts vorbereiten«, sagte ich. »Lilly hat mir den Ordner in der Cloud gezeigt, in den die Guides die Videos und Fotos von den aktuellen Touren speichern. Das kann ich posten, und ich hätte auch noch ...« Ich zögerte, weil ich an Lillys Worte von vorhin zurückdachte, als sie meine Zeichnung von einem der Ausflugsboote gesehen hatte.

»Und du hättest auch noch was?« Esther schenkte mir nun wieder ihre volle Aufmerksamkeit.

»Es war nur so eine Idee von Lilly, dass man mal etwas anderes posten könnte.«

»Ich bin offen für alles – solange ich mir nicht selbst was ausdenken muss.« Sie fuhr sich mit beiden Händen durch die lange blonde Mähne und bändigte sie mit einem Haargummi.

»Ich zeichne ganz gerne«, fuhr ich fort. »Heute Mittag habe ich ein bisschen rumgekritzelt, und Lilly meint, dass ich das unbedingt posten sollte.« Esther blickte mich auffordernd an, also zog ich mein Notizbuch aus der Tasche und zeigte ihr meine Skizze von dem »Johnson's Giants«-Motorboot.

»Gekritzelt?«, rief Esther fassungslos. »Wie sieht es aus, wenn du dir Mühe gibst?«

»Na ja, besser halt.«

»Das war Ironie! Lilly hat vollkommen recht. Diese kleine Zeichnung wirkt so viel stimmungsvoller als ein Foto. Natürlich posten wir das. Also, wenn das okay für *dich* ist.«

»Warum sollte es denn nicht okay für mich sein?«

»Weil doch viele Künstler nicht wollen, dass ihre Werke einfach so im Internet verbraten werden. Vermutlich könntest du dafür Geld nehmen.«

»Dafür sicherlich nicht. Und es wäre mir eine Ehre, wenn ich das Bild posten dürfte.«

»Super.« Esther lächelte mich warmherzig an, dann fiel ihr Blick wieder aufs Fenster. »Wenn es für dich okay ist, nehme ich dein Angebot gerne an. Aber mach nicht zu lange. Ich will nicht, dass sich meine neue Mitarbeiterin schon nach der ersten Woche ausgebrannt fühlt.«

»Keine Sorge. Ich mache spätestens um sechs Feierabend, denn danach geh ich mit Lilly in den Pub.«

»Mach das. Da ist freitagabends immer eine sehr

lustige Runde.« Esther schlüpfte in ihre Jacke und wandte sich zur Tür.

»Esther?«, rief ich ihr hinterher.

»Ja?«

»Ich fände es wirklich toll, wenn ich bald mal zu den Walen rausfahren könnte. Ich habe ja noch nie einen echten Wal gesehen und das macht vielleicht keinen so guten Eindruck, wenn mich Kunden im Shop oder am Telefon fragen.«

»Da hast du recht. Ich vergesse immer, dass du eine echte Wal-Novizin bist, weil du bei allen anderen Dingen so superkompetent wirkst. Ich frage Nora, ob sie morgen Vormittag das Büro betreuen kann, dann kannst du auf meine Tour mitkommen. Und wenn es morgen nicht klappt, dann spätestens Anfang nächster Woche«, versprach sie.

SAN FRANCISCO, 24. APRIL – NALU:

»Dann also bis nächsten Mittwoch«, sagte ich und nahm die ausgestreckte Hand des Hafenagenten.

Wider besseres Wissen, schlicht weil ich keine Ahnung hatte, was ich sonst mit meiner Zeit anfangen sollte, hatte ich diesen Auftrag angenommen: eine luxuriöse Privatjacht für den Eigner von San Francisco nach Vancouver zu segeln, von wo aus er im Sommer zu einer Alaska-Tour starten wollte. Grundsätzlich waren solche Aufträge kein Problem, sondern mein täglich Brot. Überführungsfahrten hatten den Charme, dass ich mit meist erstklassigen Schiffen auf interessanten Routen segeln konnte – und zwar auf die Art und Weise, wie ich es wollte. Doch bei diesem Job würde es anders sein. Der Eigner hatte die Tour verchartert, und ich würde mit drei solventen, mittelalten Paaren einen »gechillten, individuellen Sightseeing-Trip in den Norden« machen müssen.

Erfahrungsgemäß gab es in so einer Gruppe immer mindestens zwei Oberklugscheißer, die in ihrem Leben schon vorher mal gesegelt waren und nun meinten, in allen Belangen besser Bescheid zu wissen als ich. Ich hatte nichts gegen enthusiastische Mitreisende, die wirklich Interesse hatten, etwas zu lernen oder ein Abenteuer zu erleben, aber ...

Nein, ich wollte mir nicht schon vom Gedanken daran die Laune verderben lassen. Niemand hatte mich gezwungen, diesen Auftrag anzunehmen. Niemand. Es hätte auch einen anderen gegeben – eine Überführungsfahrt in meine Heimat Hawaii. Aber da wäre es um eine große Motorjacht gegangen und der Trip hätte sich fast wie Busfahren angefühlt – und außerdem war ich nicht bereit, nach Hause zurückzukehren. Ich war seit zwanzig Jahren auf den Weltmeeren unterwegs. Meist im Pazifik, aber ich hatte auch schon drei Weltumseglungen hinter mir und war zwei Jahre lang in Europa gewesen. Auf Nord- und Ostsee, dem Atlantik, dem Mittelmeer. Das waren unvergleichliche Erlebnisse gewesen, viel schöner als die in der Karibik, die ich mit Mitte zwanzig für einige Saisons unsicher gemacht hatte. Ich musste grinsen, als ich daran dachte. Rein seglerisch war das bis auf den einen Hurrikan-Ausläufer eher uninteressant gewesen, doch die Partys ... Und die Frauen ...

Damals hatte ich das alles geliebt und mich voller Begeisterung ins pralle Leben gestürzt, aber irgendwie waren diese Zeiten vorbei. Die Abenteuer und Herausforderungen, nach denen ich mich jetzt sehnte, hatten nichts mehr mit denen zu tun, die ich noch vor zehn, fünfzehn Jahren gesucht und gefunden hatte. Blöd war nur, dass ich keinen Schimmer hatte, wie genau diese Sehnsüchte aussahen.

Wenn es nach meiner Familie ginge, würde ich endlich nach Big Island zurückkehren und in das Business meines Bruders einsteigen, der in Kailua-Kona alle Dienstleistungen anbot, die irgendwas mit dem Meer zu tun hatten. Er vercharterte kleinere und größere Schiffe – Segel- und Motorboote –, er war stiller Partner in einer florierenden Surfschule und in der größten Tauchschule vor Ort. Vor allem aber betrieb er ein Walbeobachtungsunternehmen, das eng mit einem lokalen Museum und Wissenschaftlern von einem meeresbiologischen Institut der Universität von Honolulu zusammenarbeitete. Zu tun gäbe es in diesem Familienbetrieb genug, und meine Eltern und Geschwister lockten mich regelmäßig mit den tollsten Versprechungen – und guten Argumenten.

Nach zwei Jahrzehnten Nomadendasein sollte doch der Zeitpunkt dafür gekommen sein, mich niederzulassen, meinem Leben eine neue Perspektive zu geben und vielleicht sogar eine eigene Familie zu gründen. So meine Mutter. Und ja, ein Teil von mir, den ich bisher zum Stillschweigen verdammt hatte, gab ihr recht. Ich verspürte tatsächlich die Sehnsucht, irgendwo anzukommen. Ob das aber wirklich ein geografischer Ort war oder eher ein neuer Lebenssinn, war mir nicht klar. Und solange ich es nicht wusste, wollte lieber nicht nach Hause.

Also würde ich mit den drei Paaren nach Vancouver schippern und dann vielleicht einen Abstecher nach Vancouver Island machen. Dort lebte meine alte Freundin Esther Johnson, mit der ich vor vielen Jahren einige unvergessliche Sommermonate auf dem Meer verbracht hatte und die inzwischen mutmaßlich ebenfalls in Wal-Angelegenheiten unterwegs war. Ihre Eltern hatten ein Ausflugsgeschäft in Tofino, das zwar längst nicht so groß war wie das meines Bruders, aber zumindest damals gut gelaufen war. Esther hatte immer gesagt, dass sie »Johnson's Giants« eines Tages übernehmen würde. Ob das inzwischen passiert war, wusste ich jedoch nicht, denn wir hatten uns schon lange aus den Augen verloren und keinen Kontakt mehr gehabt. Schade eigentlich. Doch vielleicht war dieser Job mit den lästigen Passagieren in Wahrheit ja ein Wink des Schicksals? Vielleicht würde ich im Norden herausfinden, was das Leben noch mit mir vorhatte und wie genau meine Sehnsüchte beschaffen waren?

WEICHENSTELLUNGEN

SAN FRANCISCO, 25. APRIL – NALU:

»Zoe? Zoe Johnson? Ich fass es nicht.« Gestern hatte ich an Esther gedacht – zum ersten Mal nach vielen Jahren –, und heute stand ich ihrer jüngeren Schwester Zoe gegenüber. Am Ocean Beach in San Francisco. Zumindest war ich mir sicher, dass die Frau, die gerade ein paar ziemlich abgedrehte Yoga-Übungen geturnt hatte, Zoe sein musste, auch wenn ich sie nur ein paarmal kurz gesehen hatte – vor vielen Jahren. Aber mit ihren langen blonden Haaren war sie Esther verdammt ähnlich.

Mich schien sie jedoch nicht zu erkennen, wenn ihre gerunzelte Stirn und ihr abschätzender Blick Indizien waren. »Nalu«, half ich ihr daher auf die Sprünge. »Ich war vor vielen Jahren mit deiner Schwester …«

Sie unterbrach mich, indem sie ihre Hand auf meinen Oberarm legte und mich anstrahlte. »Ich hätte dich fast nicht wiedererkannt.« Sie musterte mich anerkennend und fuhr dann mit ihrem Zeigefinger über die Tattoos auf meinem linken Oberarm. »Die hattest du damals noch nicht«, stellte sie fest und nahm mich weiter in Augenschein. »Was machst du hier?«

»Joggen«, sagte ich wahrheitsgemäß, auch wenn sie ihre Frage zweifellos anders gemeint hatte.

»Lebst du in San Francisco?«, bohrte sie weiter nach.

»Nein, ich bin erst seit gestern hier und ab Mittwoch wieder unterwegs. Was ist mit dir? Wohnst du jetzt hier?«

»Ja, seit Jahren schon. Tofino war mir einfach zu klein. Ich arbeite hier als Yoga-Lehrerin.«

»Am Strand?«

»In einem Studio. Hier bin ich nur an meinen freien Tagen, wenn das Wetter schön ist.«

»Und Esther?« Ich konnte mir die Frage nicht verkneifen. War sie am Ende auch aus Tofino weggezogen? In eine Stadt wie San Francisco schien sie mir allerdings überhaupt nicht zu passen. Esther war kein Stadtmensch, sondern liebte das Meer genauso wie ich. Eigentlich konnte ich sie mir genauso wenig an Land vorstellen wie mich selbst.

»Was soll mit ihr sein?«

»Lebt sie auch hier?«

Zoe schüttelte lachend den Kopf, als hätte ich einen wahnsinnig originellen Witz gemacht. »Nein, natürlich nicht! Esther ist nach wie vor in Tofino und hat vor ein paar Jahren das Geschäft unseres Vaters übernommen.«

Ich nickte, weil das genau meiner Vorstellung entsprach. Erinnerungen ploppten in meinem Kopf auf, und ich musste lächeln. Wir hatten wirklich eine coole Zeit gehabt damals. »Geht's ihr gut?«, erkundigte ich mich.

»Wenn das eine Frage danach ist, ob sie Single ist,

dann kann ich sie nicht eindeutig bejahen.« Zoe grinste mich herausfordernd an.

»War es nicht, ist aber trotzdem eine interessante Information. Habt ihr etwa keinen Kontakt zueinander?«

»Doch. Aber ihr Beziehungsstatus ist aktuell etwas unklar, wobei es sein kann, dass er gerade zu ›Vergeben‹ gewechselt hat.«

»Nur fürs Protokoll – ich habe kein Interesse daran, unseren Sommerflirt von vor fünfzehn Jahren wieder aufleben zu lassen. Ich wollte wirklich nur wissen, wie es Esther geht. Ich segle ab Mittwoch nach Vancouver und habe überlegt, ob ich mich bei ihr melden soll.«

»Ach so.« Zoe musterte mich prüfend und überlegte wohl, ob sie mir glauben konnte oder nicht. »Mach das. Ich bin mir sicher, sie freut sich. Und bei dem Anblick, den du heutzutage bietest, hättest du sogar eine Chance gegen Wolverine.«

»Muss ich das verstehen?«

Zoe winkte ab. »Esther hat einfach eine Schwäche für muskulöse Kerle, und der aktuelle Kandidat sieht ein bisschen aus wie Hugh Jackman als Wolverine. Leider benimmt er sich häufig wie Sheldon Cooper. Du dagegen hast inzwischen etwas von Jason Momoa. Also eher wie ein junger Jason Momoa, der noch nicht ganz so bullig und zottelig ist. Dafür aber geile Tattoos hat.« Sie ließ ihren Blick über mich gleiten, anzüglich und bewundernd zugleich, und ich war froh, dass ich ein weites Tanktop trug. Normalerweise machte es mir nichts aus, von Frauen abgecheckt zu werden – ich tat das umgekehrt ja auch. Oder hatte es früher getan. Bei Zoe jedoch war es mir seltsamerweise unangenehm, auch wenn der Vergleich mit Jason Momoa zweifellos schmeichelhaft war.

»Wie auch immer«, lenkte ich ab. »Kannst du mir ihre aktuelle Telefonnummer geben, damit ich mich bei ihr melden kann?«

»Wenn du mir deine Nummer gibst, dann schick ich dir ihre Kontaktdaten – und zum Dank darfst du mich auf einen Drink einladen, solange du noch in der Stadt bist.« Sie lachte über mein erschrockenes Gesicht. »Keine Sorge, ich habe keine unlauteren Absichten. Ich würde einfach gern mit einem alten Bekannten quatschen und hören, was für Abenteuer er in den letzten Jahren erlebt hat.« Sie holte ihr Handy aus der Bauchtasche des Hoodies, das sie über ihr knappes Yoga-Outfit gezogen hatte, und tippte meine Nummer ein, die ich ihr diktierte. Dann stellte sie sich auf die Zehenspitzen und hauchte mir einen freundschaftlichen Kuss auf die Wange. »Ich melde mich später, aber jetzt muss ich los. Bis dann.«

TOFINO, VANCOUVER ISLAND, 26. APRIL – YUMA:

»Puh, so hab ich Esther noch nie erlebt«, brummte Lilly, als ich nach der Lagebesprechung mit ihr zum Anleger lief, um dort alles für die nächste Tour vorzubereiten, die in einer Stunde starten würde.

Es war das erste Mal, dass ich dabei sein durfte. In den letzten Tagen hatte es sich nicht ergeben, und nun zitterte ich regelrecht vor lauter Aufregung. Mein langgehegter Wunsch würde endlich in Erfüllung gehen. Leider war das Wetter nicht besonders schön. Der Himmel war grau verhangen, und ab und zu nieselte es, aber die See war vergleichsweise ruhig, und laut Esther war den Walen das Wetter ohnehin egal. Lilly warf mir einen Seitenblick zu, als erwartete sie meine Einschätzung zu ihrer Behauptung. »Ich kenne Esther noch nicht lange genug, um etwas dazu sagen zu können, aber sie machte einen etwas angespannten Eindruck«, antwortete ich daher und hoffte, dass die Diskussion an diesem Punkt beendet wäre. Ich mochte keinen Tratsch, aus dem im Handumdrehen fiese Gerüchte werden konnten, die einem das Leben zur Hölle machten.

»Soweit ich weiß, hatte sie am Samstag ein Date mit Dominic von gegenüber«, sprach Lilly jedoch gnadenlos und sensationslüstern weiter. »Und Dominic ist danach überstürzt abgereist.«

Ich zuckte mit den Schultern und wusste nicht, wie ich diese Enthüllungen kommentieren sollte.

»Dabei würde ich es Esther so gönnen, dass sie einen guten Typ findet, der für sie und die Kinder da ist.« Sie warf einen finsteren Blick auf das benachbarte Bootshaus, dessen erster Stock das Büro von Dominic Gordon und Matt Tomlinson beherbergte, wie ich inzwischen wusste.

»Esther scheint mir eine starke und unabhängige Frau zu sein, die gut allein klarkommt«, sagte ich, ehe ich mich bremsen konnte. »Man braucht nicht unbedingt einen Partner, um ein erfülltes Leben zu führen. Manchmal ist man ohne sogar viel besser dran.«

Das lenkte Lillys Interesse schlagartig von Esther auf mich – was definitiv die blödeste Alternative war. »Ich wittere eine spannende Geschichte.« Sie schaute mich mit großen Augen an, doch ich schüttelte den Kopf.

»Nichts, was nicht jeder von uns schon mal erlebt hätte«, entgegnete ich leichthin und wunderte mich, dass mir die Lügen inzwischen so locker über die Lippen kamen. Ich konnte regelrecht Bill hören, wie er mir wieder und wieder einschärfte, dass es keine Lügen waren, sondern eine legitime und angemessene Form der Selbstverteidigung. Das sah ich immer noch anders, doch natürlich hielt ich mich an die Regeln. Was blieb mir auch anderes übrig? Glücklicherweise schien Lilly meine Aussage zu schlucken.

»Auch wieder wahr«, gab sie zu und seufzte schwer. »Ich hoffe wirklich, dass wir noch ein paar schnuckelige Saison-Kollegen bekommen. Aber bis dahin sollten wir unbedingt mal in die Surfer-Bar gehen, in der die Wellenreiter immer abhängen. Da gibt's erfahrungsgemäß ein paar echte Sahneschnitten.«

»Vor allem wäre ich jetzt total dankbar, wenn du mir kurz erklären könntest, was mich bei der Tour genau erwartet und mit welchen Fragen ich bei den Gästen rechnen muss«, wechselte ich abrupt das Thema. »Ich bin nämlich ehrlich gesagt ganz schön aufgeregt.«

»Kann ich verstehen. Das war ich vor meiner ersten Tour auch. Aber keine Angst, es wird garantiert toll.«

»Und wenn wir keine Wale sehen?«

»Das ist sehr unwahrscheinlich. Noch sind viele Grauwale unterwegs, und in den letzten Wochen haben wir auch fast jeden Tag Buckelwale und häufig auch Orcas und Delfine gesehen. Selbst Carlos findet die besten Stellen inzwischen fast im Schlaf.«

Carlos war der dritte Mitbewohner in unserer »Johnson's Giants«-Kollegen-WG, in der ich hatte unterschlüpfen können. Er stammte aus Mexiko, wo sein Onkel ebenfalls eine Walbeobachtungsstation betrieb. Carlos machte hier im Norden ein Praktikum und arbeitete als Skipper. Er war Anfang zwanzig und ein wenig wortkarg. Aber vielleicht kam er bei der ständig plappernden Lilly auch einfach nicht zu Wort?

»Es haben sich nur zehn Leute für die Tour angemeldet, es sollte also alles ganz entspannt werden«, fuhr Lilly fort und fing an, die Schwimmwesten für die Gäste aus den großen Metalltruhen an Deck des Motorbootes hervorzuholen.

Während der nächsten halben Stunde erklärte sie mir alle Sicherheitsvorkehrungen und Verhaltensmaßnahmen, sodass mir einigermaßen der Kopf schwirrte. Das war komplizierter als die Buchungssoftware im Büro – die folgte wenigstens logischen Regeln.

»Entscheidend ist, den Gästen einzuschärfen, dass sie die Wale nicht anfassen dürfen«, sagte Lilly zum wiederholten Male eindringlich.

Ich selbst hatte zwar kein großes Bedürfnis danach, diese Giganten zu streicheln, aber ich verstand nicht ganz, warum es hier verboten war. In etlichen Internetvideos hatte ich gesehen, wie sich Wale geduldig von begeisterten Menschen betatschen ließen. »Wäre das wirklich so schlimm?«, fragte ich daher. »Ich habe gelesen, dass gerade Grauwale total neugierig sein sollen und den Kontakt zu Menschen regelrecht suchen.«

»Ja, das stimmt. Aber zur Philosophie von ›Johnson's Giants‹ gehört es, dass wir die Tiere respektieren, indem wir ihnen eben nicht auf die Pelle rücken.«

Ich hatte den Eindruck, dass Lilly diese Regel selbst etwas merkwürdig fand, aber sie hatte sie verinnerlicht. Ich fand den Ansatz gut. Respekt vor anderen Lebewesen – Tieren wie Menschen gleichermaßen – war aber leider nicht selbstverständlich. »Was ist mit blinden Gästen? Die können die Tiere ja nicht sehen. Wäre es für sie nicht schön, wenn sie sie stattdessen buchstäblich

›begreifen‹ könnten?«, sprach ich den Gedanken aus, der mir gerade in den Sinn gekommen war.

»Vielleicht«, gab Lilly zu. »Doch das ist nicht unsere Entscheidung. Und tatsächlich wirst du merken, dass du die Wale nicht nur mit den Augen wahrnimmst. Da sind echt alle Sinne gefordert.«

Nun war ich wirklich gespannt. »Auch Schmecken?«, forderte ich sie heraus, denn das konnte ich mir beim besten Willen nicht vorstellen.

Sie lachte. »Glücklicherweise nicht. Aber die Geräusche sind toll, die die Tiere machen, und überhaupt gibt es immer eine ganz besondere Atmosphäre und ... Ach, lass dich einfach überraschen. Nach der Tour weißt du genau, was ich meine.«

Ich wusste schon während der Fahrt genau, was sie meinte. Und auch wenn ich noch nicht wirklich einordnen konnte, welche Bedeutung diese Begegnung für mich und mein Leben haben würde, war ich mir ganz sicher, dass ich soeben eine neue Richtung eingeschlagen hatte. Wie ein Zug, der von einer Weiche von einem aufs andere Gleis gezwungen wurde.

Wir hatten kaum den Hafen verlassen – flankiert von ein paar Seelöwen, die anscheinend ebenfalls etwas vorhatten –, da waren wir schon von einigen schnatternden Delfinen umringt, die mit offensichtlicher Begeisterung auf der Bugwelle surften, die unser Schiff erzeugte. Carlos gab nämlich ordentlich Gas, und der frische Fahrtwind und die würzige Meeresluft wirkten wie ein Aufputschmittel für mich. Nicht, dass ich eines gebraucht hätte, denn all meine Sinne waren wach und empfangsbereit, und tief in mir kribbelte wie verrückt eine Vorahnung. Ich vertraute diesem Bauchgefühl – es hatte mir schließlich schon das Leben gerettet. Mehrfach. Doch heute fühlte es sich nicht wie eine Alarmanlage an, sondern eher wie das Vorzeichen eines großen Abenteuers.

»Walblas, hart steuerbord«, rief Lilly plötzlich, die bisher scheinbar ganz lässig und entspannt an der Reling gestanden hatte und ihren Blick über die sanften Wellen hatte gleiten lassen. Carlos drosselte die Geschwindigkeit und lenkte das Boot nach rechts.

Ich sah mich genauso ratlos um wie unsere Gäste und konnte nichts erkennen. »Blas« war die Wasserfontäne, die Wale beim Ausatmen typischerweise erzeugten, und Profis konnten anhand der Form und Höhe erkennen, von welcher Walart sie stammte. Angeblich hatte man das im Handumdrehen drauf, doch dafür musste man so einen Strahl ja überhaupt erst mal zu Gesicht bekommen.

Die Delfine zogen ab, offenbar war ihnen das Zuckeltempo, in dem wir uns nun vorwärtsbewegten, viel zu langweilig.

»Vielleicht war es eine optische Täuschung?«, sagte ich zu Lilly und versuchte, meine Enttäuschung zu verbergen, doch sie schüttelte nur grinsend den Kopf.

»Abwarten«, empfahl sie mir und bat Carlos dann, den Motor ganz auszuschalten. Sie schien sich ihrer Sache verdammt sicher zu sein, obwohl ich und die anderen Gäste nichts erkennen konnten.

Es war ja auch kaum denkbar, dass wir so nah am Land ernsthafte Sichtungen haben würden, oder? Die Strandhäuser von Tofino waren immer noch gut auszumachen, und andere kleine Inseln waren gefühlt in

Spuckweite. Konnte es wirklich sein, dass die Grauwale hier herumschwammen?

Es waren jedoch keine Grauwale, die Augenblicke später auftauchten, es waren Orcas – meine erklärten Lieblinge.

»Haie!«, schrie ein junger Mann mit aufgerissenen Augen und deutete auf die spitzen Rückenfinnen, die in einiger Entfernung aus dem Wasser ragten und sich ziemlich rasant näherten.

»Keine Haie«, korrigierte ihn Lilly lachend. »Das sind Orcas, und so wie sie sich benehmen, sind sie wohl gerade auf der Jagd.«

»Sag ich doch, blutrünstige Raubtiere«, entgegnete der Typ trotzig und ich konnte nicht erkennen, ob er scherzte oder es ernst meinte.

»Also ich finde die Orcas ja voll süß«, fiel ihm seine Freundin ins Wort. »Seit der Show letztes Jahr im SeaWorld in San Diego sind das meine Lieblingstiere. Werden wir sie auch füttern?« Sie sah sich suchend um, als erwartete sie, dass sich jeden Moment ein Eimer mit Fischen an Deck materialisieren würde. Offensichtlich hatte sie vorhin bei Lillys Einführung keine Sekunde lang zugehört.

Ich bewunderte das Pokerface meiner Kollegin, das ich dem sonst so fröhlich plappernden Wirbelwind gar nicht zugetraut hätte, doch sie blieb trotz der Triggerworte »Show« und »SeaWorld«, die bei jedem Tierschützer mindestens für empörte Schnappatmung sorgten, erstaunlich cool. »Das hier sind wild lebende Tiere, die sich selbst versorgen«, erklärte sie mit einem freundlichen Lächeln. »Wir beobachten sie nur. Aber wenn wir Glück haben, liefern sie uns trotzdem einiges an Action.«

»Was fressen die denn so? Heringe?«, wollte der Hai-Typ wissen.

»Kommt drauf an. Wenn es eine heimische Gruppe ist, dann Lachs. Manchmal kommen aber auch andere Orca-Familien vorbei, die eher Appetit auf Robben haben. Doch da die Seelöwen ganz entspannt sind, werden es einheimische Wale sein.« Sie deutete auf die Gruppe, die abrupt die Richtung gewechselt hatte und nun, statt direkt auf uns zuzuschwimmen, einen großen Bogen um das Schiff machte.

»Mir scheint, die haben die dämlichen Kommentare gehört und haben keine Lust auf eine Show«, brummte eine Männerstimme hinter mir und klang gleichermaßen enttäuscht und gereizt.

Insgeheim gab ich dem Typ recht, aber nett war der Kommentar trotzdem nicht, zumal er ihn so laut ausgesprochen hatte, dass ihn auch das Hai-SeaWorld-Pärchen gehört hatte.

»Die wild lebenden Orcas sind nicht hier, um uns eine Show zu bieten«, erwiderte Lilly ganz ruhig. »Sie lassen uns an ihrem Leben teilhaben – und das besteht im Moment aus der Jagd nach Lachsen. Das ist eigentlich viel spannender, nicht wahr? Außerdem gibt es keine dämlichen Kommentare oder dummen Fragen auf unseren Touren. Jeder kommt mit einem anderen Wissensstand an Bord, was total okay ist. Ich werde versuchen, alle Fragen zu beantworten.«

Meine Bewunderung für Lillys Geduld wuchs ins Unermessliche. So viel pädagogisches Gespür und Taktgefühl hätte ich ihr gar nicht zugetraut. Ehe sich jedoch eine weitere Diskussion entwickeln konnte, hörten wir plötzlich lautes Schnauben, und alle Gäste, die bislang den jagenden Orcas hinterhergesehen hatten, drehten sich abrupt um. Unmittelbar neben unserem Schiff ragte ein Walkopf aus dem Wasser und beäugte uns neugierig. Ein Buckelwal.

Und plötzlich wusste ich genau, was Lilly mit »allen Sinnen« gemeint hatte. Meine Augen tasteten seinen markanten Kopf ab, der von weißen Seepocken und goldgelben Kieselalgen bewachsen war. Ich konnte ihn riechen und ihn auf eine Art fühlen, wie ich noch nie ein Lebewesen wahrgenommen hatte. Ich hatte fast den Eindruck, ein neues Sinnesorgan erhalten zu haben, anders konnte ich es nicht erklären.

Ich nahm die aufgeregten Rufe meiner Mitreisenden nur diffus wahr, die allesamt hektisch versuchten, diesen Moment fotografisch festzuhalten. Ich selbst war stattdessen ganz auf das Tier konzentriert. Ich prägte mir alle Einzelheiten ein: die dunklen Flecken auf dem grauweißen Furchenkinn, alle Runzeln und Narben und vor allem das kluge, wissende Auge, das beinahe amüsiert wirkte. Es war kein bewusster Vorgang, sondern eher ein passives Erleben des Moments, in dem sich dieses mächtige Tier in mein Herz stahl und meine Seele berührte. Ich wollte es nicht fotografieren, aber ich hatte das dringende Bedürfnis, es zu zeichnen.

In mir verschob sich etwas – die Weiche, die mich auf ein neues Gleis brachte? In eine noch unbekannte, aber möglicherweise wundervolle Zukunft?

Ein überraschter Aufschrei weckte mich aus meiner Trance und ich sah, wie ein weiterer Buckelwal praktisch in der Luft schwebte, ehe er im nächsten Augenblick wieder ins Wasser platschte und uns allesamt komplett durchnässte. Sein Kumpel zwinkerte mir noch einmal zu – zumindest kam es mir so vor – und tauchte dann ebenfalls ab.

»Meine Fresse, war das geil!«, rief der Hai-Mann beeindruckt, während seine Freundin und einige andere Gäste panisch versuchten, ihre Kameras und Handys trockenzulegen. Trotz Lillys eindringlicher Warnung zu Beginn des Trips hatten die wenigsten ihre Geräte gegen Spritzwasser geschützt – oder vor Flutwellen, wie im aktuellen Fall.

Lilly warf mir einen Blick zu, den ich nicht ganz deuten konnte, und grinste dann breit. »Das war übrigens die Waltaufe, die ich extra für dich bestellt habe. Jetzt bist du offiziell eine ›Johnson's Giants‹!«

Natürlich hatte sie das nur so dahingesagt, das war mir schon klar, aber irgendwie fühlte es sich trotzdem wie die Wahrheit an. Ich war in meinem neuen Leben angekommen, und ich wollte das Beste daraus machen.

SICHERHEIT IST EINE ILLUSION

TOFINO, VANCOUVER ISLAND, 1. MAI – YUMA:

Es war noch reichlich Trubel hier am Hafen, aber vermutlich würden die meisten Touristen gleich zum Abendessen in eins der Restaurants oder einen der Pubs verschwinden und von den Abenteuern ihres Tages schwärmen. Ich tat das auch – auf meine Art. Ich saß mit meinem Notizbuch auf einer Bank und zeichnete wie manisch. Es war fast so, als hätte ich keine Kontrolle über meine Finger, die den Stift hielten und Wale skizzierten. Vorwiegend *einen* Wal – den Buckelwal, mit dem ich bei meiner ersten Tour vor ein paar Tagen diesen intensiven Blickkontakt gehabt hatte. Seitdem war ich fast jeden Tag draußen auf dem Meer gewesen und hatte vorhin sogar meine erste Tour leiten dürfen. Okay, Esther war ebenfalls dabei gewesen und wäre im Notfall sicherlich eingesprungen, doch ich war gut klargekommen. Ich hatte alle Fragen beantworten können und offenbar keine allzu schlimmen Behauptungen aufgestellt, denn meine Chefin hatte mir lächelnd das Okay für weitere Trips gegeben.

Dieser Vertrauensbonus fühlte sich verdammt gut an, auch wenn ich wusste, dass ich demnächst wohl nicht ganz so oft die Chance haben würde, aufs Meer zu fahren. In den nächsten Wochen wollten einige weitere Studenten von dem Ozeanografie-Institut anreisen, mit dem »Johnson's Giants« seit Jahren zusammenarbeitete, wie mir Lilly erklärt hatte. Die würden dann vorwiegend die Touren begleiten und den Gästen zweifellos spannendere Hintergrundinfos liefern können als ich. Aber ich wollte mich sicher nicht beklagen, die Erlebnisse der letzten Tage hatten mir eine Welt eröffnet, von der ich nicht einmal geahnt hatte, dass sie existierte. Klar, Wale faszinierten mich schon lange, und ich hatte schon immer alles über diese wundervollen Tiere gelesen, was ich in die Finger bekommen konnte. Doch theoretisches Wissen und echte Erfahrungen waren einfach nicht dasselbe.

Ich war regelrecht besessen von der Vorstellung, was für Geschichten die Wale wohl erzählen könnten. Jedes Tier, das mir bislang begegnet war, schien eine eigene Persönlichkeit zu sein und eigene Erfahrungen zu haben. Wie spannend das sein musste! Leider sprach ich kein »Walisch«, wobei das ohnehin eine dämliche Verallgemeinerung war, denn die Lautäußerungen der einzelnen Arten unterschieden sich signifikant voneinander. Ob Orcas wohl verstanden, was Buckelwale von sich gaben? Unwillkürlich musste ich über meine bizarren Überlegungen kichern und wünschte mir doch gleichzeitig, ein bisschen was von Dr. Dolittle in mir zu haben und mit allen Tieren sprechen zu können. Wobei – war das wirklich erstrebenswert? Vermutlich hatten viele Tiere wenig Nettes über uns Menschen zu sagen. Vor allem Wale nicht.

Während mein Kopf mit diesen Gedanken beschäftigt war, führte meine Hand ein Eigenleben. Angetrieben von meinem Unterbewusstsein oder irgendwelchen mystischen Kräften, die ich nicht steuern konnte, entstanden Strich für Strich Persönlichkeiten auf dem Papier, die alle etwas zu erzählen hatten. Schmerz, Freude, Wut, Liebe – all das meinte ich aus den Porträts herauslesen zu können. So hatte ich das noch nie erlebt, denn normalerweise entstanden meine Zeichnungen immer kopfgesteuert, nie unwillkürlich. Sehr faszinierend – und ein klein wenig unheimlich.

Ich musste mir dringend besseres Papier, Tusche und Federn besorgen, damit ich die Skizzen in etwas »Haltbareres« umsetzen konnte. Lilly hatte gestern einige von meinen Bleistiftbildern gesehen und war vor Begeisterung fast ausgerastet. Und auch wenn sie vielleicht ein bisschen übermotiviert war, hatte ich doch langsam selbst das Gefühl, dass diese Bilder tatsächlich gut waren. Offensichtlich hatte ich – mein halbes Leben lang –, ohne es zu wissen, nach dem richtigen Motiv gesucht, das mein Talent so richtig zum Vorschein brachte.

Kurz blitzte ein Erinnerungsfetzen in mir auf. Eine Kunstlehrerin in der siebten oder achten Klasse hatte einmal zu mir gesagt, man könne erkennen, ob der Kopf, das Herz oder die Seele den Stift führte. Ich hatte das damals nicht begriffen, und noch heute traute ich mich kaum, in diese Richtung weiterzudenken, doch das Ergebnis war erstaunlich eindeutig. Oder? Es mochte an den Walen liegen oder daran, dass ich mich zum ersten

Mal seit langer Zeit wirklich wohlfühlte. Sicher fühlte. Womöglich zum ersten Mal überhaupt in meinem Leben. Ein kleiner Seufzer entfuhr mir. Wie schön es wäre, wenn ich mich nun einfach diesem Gefühl hingeben könnte. Aber das Wohlbefinden und das Gefühl der Sicherheit waren trügerisch. Waren sie immer, denn die Vergangenheit hatte die unangenehme Angewohnheit, mich einzuholen. Meist dann, wenn ich nicht mehr mit ihr rechnete.

Eigentlich könnte ich jetzt auf einer Party sein. Nora und ihr Freund Matt feierten den Einzug in ihr neues Häuschen und hatten mich netterweise ebenfalls eingeladen. Nora war die jüngere Schwester von Esthers Geschäftspartner Reed. Ihr Freund Matt betrieb zusammen mit Dominic Gordon die kleine IT-Firma am Anleger gegenüber, und soweit ich wusste, entwickelten sie derzeit eine Software für Spracherkennung bei Walen. Nora jobbte bei »Johnson's Giants« und bei Reeds Firma »Scott's Spout Scouts« und war sozusagen eine Kollegin von mir, trotzdem hatte mich die Einladung sehr überrascht, weil wir uns ja noch kaum kannten. Also hatte ich abgesagt und einen anderen Termin als Grund angegeben, was für ziemlich erstaunte Blicke bei Lilly und für ein Schulterzucken bei Nora gesorgt hatte. Keine Ahnung, was sie sich dachten – womöglich, dass ich arrogant war oder total unsicher.

Dabei war es die Wahrheit. Ich hatte tatsächlich etwas anderes vor und war ziemlich erleichtert, dass die wenigen Menschen hier in Tofino, die ich inzwischen ein bisschen besser kannte, nicht mitkriegen würden, mit wem ich mich gleich traf. Ein Blick auf mein Handy verriet mir, dass ich noch eine halbe Stunde hatte, ehe ich zur Polizei musste.

ZUR GLEICHEN ZEIT IN EUREKA, KALIFORNIEN – NALU:

Erst drei Tage und drei Nächte – und schon überlegte ich ernsthaft, ob ich das Schiff verlassen und einfach abhauen sollte. Das war mit großem Abstand die schlimmste Tour, die ich jemals erlebt hatte. Drei Alphamännchen Ende fünfzig, die einander, mir und ihrem Anhang beweisen mussten, was für virile, weltgewandte Superhengste sie doch waren, die sich in jedem denkbaren Bereich besser auskannten als alle anderen. Wenn es nicht so traurig und ärgerlich gewesen wäre, hätte ich über die geballte Testosteron- oder Viagra-gesteuerte Klischeebande wirklich lachen können. Die drei waren Abteilungsleiter oder Direktoren einer internationalen Beraterfirma und schienen einen ungesunden Wettstreit darum auszufechten, wer der größte Arsch war.

Wie man es mit solchen Menschen dauerhaft aushalten konnte, war mir schleierhaft, und ihre Begleiter machten auch einen entsprechend unglücklichen Eindruck. Einer der Männer hatte seine neueste, blutjunge Geliebte oder fünfte Ehefrau dabei – wie genau sich der Beziehungsstatus gestaltete, hatte ich noch nicht herausgefunden und wollte es eigentlich auch nicht wissen. Derart tote Augen hatte ich im Gesicht einer Fünfundzwanzigjährigen jedenfalls noch nie gesehen – dafür war der Rest von ihr auf Hochglanz poliert. Ginger sprach nicht viel, sondern beklagte sich nur, wenn sich eine Wolke vor die Sonne schob und ihr das hundertste Bikiniselfie für Instagram versaute. Wie sie es überhaupt im Bikini aushielt, war mir ebenfalls unerklärlich. Auf dem Meer war es kaum wärmer als fünfzehn Grad und bei Fahrtwind noch kühler. Aber was wusste ich schon von solchen Dingen?

Der zweite Alpha gab sich betont offen, modern und divers und war mit einem jungen Mann an Bord gekommen, dessen fein gemeißelte Züge selbst mir aufgefallen waren. Hermes hieß der hübsche Kerl, der tatsächlich an einen athletischen Griechengott erinnerte. Leider war der Götterbote nicht seefest, sondern hing die meiste Zeit kotzend über der Reling, was seiner Aura dann doch abträglich war. Mir tat er leid, seinem »Partner« schien es egal zu sein. Der war nämlich damit beschäftigt, mir Segeltipps zu geben oder sich über die Ehefrau des dritten Kollegen zu mokieren. Dabei war Rosie noch die Coolste von allen. Mitte fünfzig, normal gealtert, aber forsch im Auftreten. Sie schien völlig unbeeindruckt von dem Gegockel der drei Männer, dem Gekotze von Hermes und der Gänsehaut von Ginger. Womöglich halfen bei dieser gechillten Einstellung aber auch die Joints, die sie sich regelmäßig reinpfiff. Mehr als einmal war ich schon kurz davor gewesen, sie um einen Zug zu bitten, doch das vertrug sich natürlich nicht mit meiner Verantwortung für Schiff und Fracht.

Heute Vormittag waren die sechs jedenfalls zu einem Ausflug aufgebrochen, von dem sie eigentlich bereits vor drei Stunden wieder hatten zurück sein wollen. Natürlich hatten sie nicht Bescheid gesagt, dass es länger dauern würde, und so war es unwahrscheinlich, dass die Fahrt heute noch weiterging. In diesem Tempo würden wir bis Vancouver jedenfalls noch ewig brauchen.

Dabei konnte ich es kaum erwarten, endlich dort anzukommen. Kurz vor der Abfahrt hatte sich nämlich Esther Johnson bei mir gemeldet und mir nach nur wenigen Minuten Smalltalk gleich ein verdammt verführerisches

Angebot gemacht. Offenbar hatte sie gerade mit einem Geschäftspartner eine historische Zweimaster-Brigg gekauft, mit der sie während der Sommersaison mehrtägige Trips für Wissenschaftler und interessierte Laien anbieten wollten – und für die sie dringend einen zuverlässigen Skipper suchten. Ich sah mich nicht gerade als Kreuzfahrtkapitän, doch diese Sorge hatte mir Esther im Handumdrehen genommen. Es ging nicht um Vergnügungsfahrten, sondern um ernsthafte Expeditionen, bei denen renommierte Wissenschaftler die Möglichkeit bekommen würden, Wale zu beobachten, zu filmen und mit Hydrofonen zu belauschen. Sie hatte mir einige Projektschwerpunkte geschildert, die wirklich spannend klangen, und mir versichert, dass meine Expertise gleich doppelt gefragt sein würde: zum einen meine nautischen Fähigkeiten, zum anderen meine Erfahrung mit den Meeresgiganten. Ich war natürlich kein Walforscher, aber mich faszinierten diese Tiere seit Kindertagen, und ich hatte mir in all den Jahren durch schieres Beobachten viel passives Wissen angeeignet, von dem die »Labor-Ratten«, wie Esther die Universitätsforscher nannte, nur träumen konnten.

Beim Gedanken an dieses Telefonat musste ich unwillkürlich grinsen. Wir hatten seit mehr als zehn Jahren keinen Kontakt mehr gehabt, aber nach nur wenigen Minuten war es so gewesen, als hätten wir uns vergangene Woche das letzte Mal gesprochen. Sie war schon immer eine besondere Frau gewesen, daran schien sich nichts geändert zu haben. Und sie wusste immer noch, wie sie mich problemlos um den kleinen Finger wickeln konnte. Spätestens, als sie mir Fotos von der »Sound of my Soul« geschickt hatte, war es ohnehin um mich geschehen gewesen. Diese alten Schiffe waren etwas Besonderes und hatten deutlich mehr Charakter als die modernen Jachten. Ich freute mich auf die Herausforderung, vor allem auch, weil sie mir noch etwas Aufschub verschaffte, ehe ich mir wieder neue Gedanken über mein Leben machen musste.

Mein Handy vibrierte. Einen kleinen irrationalen Moment lang hoffte ich, dass es Esther war, die mich auf der Stelle in Vancouver brauchte, doch als ich das Telefon aus meiner Hosentasche zog, stand »Ruben« auf dem Display. Ein weiterer Geist aus meiner Vergangenheit, dem ich jedoch längst nicht so positiv gegenüberstand wie Esther. Kurz überlegte ich, ob ich ihn einfach wegdrücken sollte – wie die letzten Male –, doch ewig würde ich dem Gespräch nicht ausweichen können. Ich räusperte mich und wappnete mich innerlich gegen ... ja, was eigentlich? Gegen meinen allerbesten Freund? Den Menschen, der mir früher nähergestanden hatte als meine Geschwister? Der mich besser kannte als ich selbst? Und der mich und unseren gemeinsamen Traum verraten hatte.

War ich bereit, mit ihm zu sprechen? Eigentlich nicht. Wir hatten uns während der letzten Jahre nur sporadisch gesehen, wenn ich mal bei meiner Familie gewesen war, und uns dabei geflissentlich ignoriert. Doch seit einiger Zeit versuchte er über alle Kanäle, mich zu kontaktieren. Irgendjemand aus meiner Familie hatte ihm meine Telefonnummer gegeben – und meine kleine Schwester Aolani hatte mir seine aufgedrängt. Die Tatsache, dass ich sie in meinem Handy abgespeichert hatte, sprach wohl Bände, oder?

Gleich würde die Mailbox anspringen, und Ruben würde draufsprechen, zweifellos wieder mit beschwörender Stimme. Ich gab mir einen Ruck und nahm das Gespräch an. »Hi.«

Schweigen am Ende der Leitung.

»Ruben? Bist du da?« Warum zur Hölle rief er mich an, wenn er dann nichts sagte? Oder hatte ich zu lange gewartet?

»Nalu«, kam es nach einer gefühlten Ewigkeit. »Ich ... ich habe nicht damit gerechnet, dass du rangehst.« Er klang einigermaßen ungläubig, ja fast schon schockiert.

»Warum rufst du mich an, wenn du nicht mit mir sprechen möchtest? Um mir eine weitere salbungsvolle Nachricht zu hinterlassen?« Das war jetzt feindseliger rausgekommen als beabsichtigt. Doch andererseits war es irgendwie auch verdient.

»Natürlich will ich mit dir sprechen. Nichts lieber als das. Ich kann nicht glauben, dass du tatsächlich rangegangen bist, Mann.« Nun hörte sich seine weiche, tiefe Stimme regelrecht hoffnungsfroh an. Frauen waren verrückt nach seinem samtigen Organ. Viele Männer auch, wenn ich mich recht erinnerte. Er sang oft bei irgendwelchen Veranstaltungen und hätte vielleicht das Zeug zu einer großen Karriere gehabt, doch das hatte ihn nie interessiert. Wir hatten einen gemeinsamen Traum gehabt: die Welt mit unserem Segelschiff zu erobern. Nur wir zwei auf der »Hokulani«, die wir mit fünfzehn von unserem Taschengeld gekauft und dann drei Jahre lang fein säuberlich renoviert hatten, bis sie schließlich wieder hochseetauglich gewesen war. Doch kurz vor unserer geplanten Abfahrt hatte er verkündet, dass er lieber doch gleich studieren wolle und außerdem ein Mädchen kennengelernt habe, das seine ganze Aufmerksamkeit forderte. Und als wäre das nicht schon schlimm genug gewesen und für mich der ultimative Verrat an unserer

Freundschaft, hatte er auch noch darauf bestanden, das Schiff mit Profit zu verkaufen.

Für mich war in diesem Moment eine Welt zusammengebrochen. Ich kannte ihn tatsächlich seit meinem ersten Lebenstag, denn wir waren am selben Tag in derselben Klinik zur Welt gekommen, und unsere Mütter hatten sich ein Zimmer geteilt. Wir waren wie Brüder und wussten alles voneinander. Hatte ich jedenfalls gedacht. Denn von der Freundin und den Studienplänen hatte ich keine Ahnung gehabt. Und dass er die »Hokulani« verkaufen wollte ... Allein beim Gedanken daran stockte mir wieder der Atem. Das war fast zwanzig Jahre her, doch der Verrat fühlte sich immer noch so schmerzhaft an wie damals.

Ich hatte wenigstens das Schiff behalten wollen und versucht, Ruben auszuzahlen. Meine Familie hätte mir das Geld für den Anteil geliehen, den Ruben an den Kosten gehabt hatte. Aber das war ihm zu wenig gewesen. Er hatte Profit machen wollen – und er hatte seinen Willen durchgesetzt. Wir hatten für das Schiff, für das wir gut zweitausend Dollar bezahlt und ungefähr genauso viel Geld in Material gesteckt hatten, für achtzehntausend verkauft. Ich war achtzehn Jahre alt gewesen, hatte plötzlich neuntausend Dollar Bargeld in der Tasche gehabt – hatte aber meinen besten Freund und mein heißgeliebtes Segelboot verloren. Mein »Stern am Himmel«, wie die »Hokulani« übersetzt hieß, war verglüht und hatte in meinem Herzen einen tiefen Krater aus Schmerz hinterlassen.

»Nalu, es ist so viel Zeit vergangen, und ich ...«, hörte ich Ruben sagen. Seine Stimme holte mich aus meinem Flashback zurück. Keine Ahnung, wie lange ich in der Erinnerung an diese schwärzesten Tage meiner Jugend gefangen gewesen war, aber es fühlte sich an, als wäre das Ganze eben erst passiert.

»Komm mir nicht mit der Binse, dass Zeit alle Wunden heilt«, unterbrach ich ihn. »Das tut sie nicht.«

»Ich weiß, wie arschig das damals auf dich gewirkt haben muss«, entgegnete er sanft. »Ich hätte das wirklich anders regeln können.«

»Arschig? Das ist ja ein putziges Wort. Und was meinst du mit ›anders regeln‹? Du hast unseren Traum abgeschlachtet. Das wäre auch mit einer Betäubungsspritze vorher nicht besser gewesen. Du hast mich verraten und betrogen.«

»Du bist noch immer so melodramatisch wie früher«, entfuhr es Ruben leise, dann atmete er einige Male hörbar ein und aus, um sich wieder zu sammeln. Schließlich sagte er: »Ja, es war absolut scheiße von mir, aber das Schiff und die Weltumseglung waren immer mehr dein Traum als meiner. Ich hab mich nur nie getraut, dir das zu erzählen, weil ...«

»Weil was?«, wollte ich wissen.

»Weil ich das Gefühl hatte, dass es nichts anderes für dich gab. Ich dagegen habe mich immer auch für andere Dinge interessiert, aber ...«

»Es gab auch nichts anderes«, unterbrach ich ihn erneut. »Es war mein großer Traum. Es ist auch heute noch mein großer Traum, und ich dachte eigentlich, es wäre auch deiner gewesen.«

»Nein. War es nicht. Für mich war die Renovierung des Schiffs eine tolle Gelegenheit, viel Zeit mit dir zu verbringen. Mit meinem besten Freund und Herzensbruder. Der Trip wäre ein großes Abenteuer gewesen – aber nicht mein Lebenstraum.« Er seufzte, sprach dann aber weiter: »Noch mal, ich weiß, wie blöd ich damals war. Ich wollte dich aber niemals verletzen und kränken. Und vor allem wollte ich nicht unsere Freundschaft ruinieren.«

»Späte Reue«, knurrte ich leise. Für mich passte das hinten und vorn nicht zusammen. Warum kam er jetzt zurück? Warum nicht schon früher? Vor dreizehn Jahren beispielsweise, als ich wirklich einen Freund wie ihn hätte brauchen können. Als ich ihn sogar per Mail angefleht hatte, mich im Krankenhaus zu besuchen. Er hatte mir daraufhin einen Obstkorb geschickt und eine Karte mit nichtssagenden Genesungswünschen und einem Familienbild vornedrauf. Er, seine Frau und ein kleines Kind. Das war für mich schlimmer gewesen als gar keine Reaktion. Also warum jetzt?

»Keine Reue«, beharrte er jedoch überraschenderweise. »Ich habe damals die richtige Entscheidung für mein Leben getroffen. Das kann und will ich nicht bereuen. Aber ich vermisse meinen Freund – übrigens jeden Tag seit damals. Es tut mir leid, dass es dich so sehr getroffen hat, und ich wünschte, ich könnte irgendwas tun, damit wir wieder zusammenfinden.«

Er klang aufrichtig, und ein Teil von mir wollte ihm glauben. Wollte die alte Freundschaft wieder aufleben lassen, die seit so vielen Jahren nur noch tief vergraben in meinem Herzen existierte. Oder in meiner Seele. So genau konnte ich es nicht lokalisieren, ich wusste nur, dass mein Kopf dagegen war. Und doch, wenn ich ehrlich zu mir selbst war, vermisste ich ihn ebenfalls – allen Enttäuschungen zum Trotz. Ich ertappte mich regelmäßig dabei, dass ich ihn um Rat fragen oder ihm etwas erzählen wollte. Dieser Teil von mir hatte nie aufgehört, ihn als Freund zu empfinden. Doch warum jetzt, nach all den Jahren? »Stirbst du?«, platzte es aus mir hervor, und meine Stimme klang alarmierter, als ich beabsichtigt hatte. Aber es schien mir die einzig schlüssige Erklärung zu sein.

»Nein!« Ruben lachte irritiert. »Ich hoffe es jedenfalls nicht. Wie kommst du auf so eine ...« Er zögerte. »Okay, vergiss es. Ich verstehe deine Denkweise. Aber nein, ich bin nicht krank. Es gibt auch keine Ehe- oder Jobkrise oder sonst ein lebensveränderndes Ereignis. Ich habe nur ...« Wieder versandeten seine Worte.

»Du hast nur was?«, fragte ich, weil ich aus irgendeinem Grund meine Neugier nicht bezähmen konnte.

»Ich habe vor ein paar Monaten die ›Hokulani‹ auf Moloka'i entdeckt.« Er schluckte und ich war erstaunt, dass ich es hören konnte, denn mein Herzschlag hatte sich beim Namen unseres Schiffs dramatisch erhöht und polterte regelrecht in meinen Ohren. »Und sie gekauft«, fügte er hinzu.

Stille. Rauschen in den Ohren. Watte im Kopf. Dumpfes Dröhnen im Brustkorb.

»Ich habe sie gekauft und nach Hause gebracht«, fuhr er fort. »Und seitdem denke ich ständig an dich. An unsere Freundschaft. Ob es sie noch gibt oder was ich dafür tun kann.«

Ich hatte wirklich Schwierigkeiten, die Bedeutung seiner Worte zu begreifen – ganz zu schweigen davon, eine angemessene Reaktion darauf zu finden. Irgendein reicher Typ hatte die »Hokulani« damals gekauft und war mit ihr davongesegelt. Keine Ahnung, wohin. Es war mir auch egal gewesen, ja, es hatte mich in gewisser Weise sogar erleichtert, nicht ständig mit ihrem Anblick konfrontiert zu sein. Meine Eltern und Geschwister hatten mich damals ermuntert, das Geld aus dem Verkauf für ein anderes Schiff zu verwenden, doch das hatte ich nicht getan. Für mich war es Blutgeld, mit dem ich nichts zu tun haben wollte, daher hatte ich es auf ein Bankkonto eingezahlt, auf dem es heute noch lag. Ich wollte kein anderes Schiff besitzen – bis heute nicht. Stattdessen hatte ich die erste Gelegenheit genutzt, auf einer Überführungsfahrt anzuheuern, und seitdem war ich fast die ganze Zeit unterwegs gewesen. Wenn man von der Zeit im Krankenhaus mal absah, doch daran wollte ich jetzt ganz sicher nicht rühren.

»Bist du noch dran?«, kam Rubens Stimme aus dem Telefon.

»Ja«, krächzte ich. »Ich muss das jetzt erst mal sacken lassen.« Bis vor wenigen Minuten war ich noch absolut sicher gewesen, dass ich das Schiff meiner Träume nie wiedersehen würde. Jetzt hatte sich diese Gewissheit in Luft aufgelöst, und ich hatte keine Ahnung, ob das gut oder schlecht war.

»Versteh ich«, entgegnete er. »Ich wollte dir nur sagen, dass sie wieder zu Hause ist und auf dich wartet. Wann immer du bereit bist, wird sie für dich da sein. Genau wie ich.«

IN TOFINO – YUMA:

»Das Kleinstadtleben tut dir gut«, sagte Bill mit einem breiten Lächeln im Gesicht, nachdem er mich von oben bis unten gemustert hatte. »Du siehst fantastisch aus.«

Ich konnte nicht anders, als sein Strahlen zu erwidern. Superintendent Maxwell Williamson, genannt Bill, hatte mich tatsächlich schon in ganz anderer Verfassung erlebt. Verletzt an Körper und Seele, verfolgt, gehetzt und in Lebensgefahr. Verunsichert und verloren im vermeintlich ersten sicheren Unterschlupf, der dann beinahe zur tödlichen Falle geworden wäre. Wir kannten uns jetzt schon seit über drei Jahren, und vermutlich war Bill der einzige Mensch, der so viel über mich wusste wie ich selbst. Oder zumindest fast.

»Schön, dich zu sehen.« Ich befreite mich aus seiner väterlichen Bärenumarmung, aber nicht aus Panik vor der Berührung wie am Anfang unserer Bekanntschaft, sondern weil ich ihm in die Augen schauen wollte. »Ich fühle mich hier in Tofino wirklich wohl. So wohl und aufgehoben wie eigentlich noch nie in meinem Leben«, berichtete ich stolz. »Und seit sehr langer Zeit auch wieder mal als richtiger Mensch, der eigene Entscheidungen treffen kann.«

Mein Entschluss, hierherzukommen, war wahnsinnig spontan gefallen. Als Esther mir das überraschende Angebot gemacht hatte, hatte es für mich keinen Grund gegeben, zu zögern. Es war richtig und gut, das hatte ich tief in mir gefühlt. Glücklicherweise hatte Bill meine eigenmächtige Entscheidung nicht torpediert, sondern schien sogar erleichtert zu sein, dass ich die Großstadt gegen einen überschaubaren und vor allem abgelegenen Ort eintauschen wollte. Freiwillig diesmal.

»Was ist an Tofino anders als an Smithers und der Ranch in Manitoba?«, wollte er wissen und betrachtete mich aufmerksam.

»Das Meer«, kam es wie auf Knopfdruck. »Das Meer und die Wale.« Ich zuckte mit den Schultern und fügte dann etwas unsicherer hinzu: »Ich habe keine Ahnung, aber irgendwie steht beides für Freiheit. Mein Kopf ist hier viel klarer, und ich habe das Gefühl, dass ich endlich wieder atmen und denken kann. Dass ich vielleicht zum ersten Mal in meinem Leben wirklich ich sein kann. Wer auch immer das ist. Klingt das bescheuert?«

»Kein bisschen«, betonte Bill, und ich meinte einen gewissen Stolz in seinen Augen aufblitzen zu sehen. »Es wird langsam Zeit, dass du zur Ruhe kommst und dir ein neues Leben aufbaust. Wir haben die Gefahrenlage evaluiert, und sie ist hier erfreulich gering. Allerdings müssen wir weiterhin auf die üblichen Vorsichtsmaßnahmen hinweisen.«

Das konnte meine gute Stimmung nicht trüben. Ich kannte das Protokoll und sah kein nennenswertes Problem. »Ich weiß«, entgegnete ich daher. »Ich passe gut auf. Kein Social Media, keine vertraulichen Gespräche mit Fremden, keine Kontaktaufnahme mit Leuten aus meinem früheren Leben.« Letzteres war einfach, gab es da doch niemanden, nach dem ich mich auch nur ansatzweise sehnte.

»Sehr gut.« Bill nickte zufrieden und deutete dann auf einen jüngeren, uniformierten Mann, der mir noch gar nicht wirklich aufgefallen war. »Das ist Sergeant Marcus Tillerson. Er wird dein Ansprechpartner vor Ort sein und dich bei allem unterstützen.«

»Hallo, Sergeant«, begrüßte ich ihn und reichte ihm die Hand. Er wirkte sehr sympathisch und ich glaubte, ihn schon mal getroffen zu haben. Womöglich neulich abends im Pub.

»›Marcus‹ reicht«, entgegnete er freundlich. »Und wie Bill schon sagte, ich bin jederzeit ansprechbar. Tag und Nacht.«

Ich merkte, dass er mich verstohlen musterte. »Bin ich der erste Babysitter-Job hier?«, mutmaßte ich.

»Ja, aber das muss kein Nachteil sein«, antwortete Bill. »Das spricht eher für die Gegend.«

»Wir haben hier wirklich erfreulich wenig Kriminalität«, übernahm Marcus das Ruder. »Meist nur kleinere Delikte, keine nennenswerten Drogenprobleme. Für organisierten Handel ist Tofino viel zu klein und abgelegen, und Touristen sind in der Regel nur wenige Tage hier, sodass die auch keinen Markt darstellen.«

»Willst du uns mal erzählen, was du in deinem neuen Job machst?«, bat mich Bill und bedeutete mir, an einem Tisch Platz zu nehmen. Marcus und er setzten sich ebenfalls, und Bill blätterte in einer schmalen Akte, die dort lag. »Du arbeitest für ein lokales Unternehmen, das Walbeobachtungstouren anbietet, richtig?«

»Genau. Ich arbeite bei ›Johnson's Giants‹ und wohne derzeit in der Mitarbeiterwohnung im Bootshaus«, begann ich und sah, wie Marcus nickte.

»Allein?«, erkundigte sich Bill.

»Nein, in einer Wohngemeinschaft. Derzeit leben dort außer mir noch Lilly Malone, die den gleichen Job macht wie ich, und Carlos Ramirez, ein junger mexikanischer Skipper, der hier ein Praktikum absolviert.«

Bill warf Marcus einen fragenden Blick zu.

»Wir haben die beiden überprüft. Sie sind sauber. Das gilt auch für die restlichen Mitarbeiter von ›Johnson's Giants‹ und ebenfalls für die von ›Scott's Spout Scouts‹, dem Partnerunternehmen von Esther Johnson«, berichtete Marcus eifrig und ich musste unwillkürlich schlucken.

Es war mir unangenehm, dass meine neuen Kolleginnen und Kollegen, die mich so herzlich aufgenommen hatten, polizeilich überprüft worden waren – genau wie meine Chefin, ihr Geschäftspartner Reed Archer und dessen Mitarbeiter. Sie alle hatten mutmaßlich keine Ahnung, dass sie im Visier der Polizei gestanden hatten – und das alles nur wegen mir, einer kleinen, unwichtigen Aushilfskraft. Auch wenn ich wusste, dass es zum üblichen Prozedere gehörte, verpasste diese Erkenntnis meiner guten Stimmung doch einen gewissen Dämpfer.

»Wir werden uns auch alle weiteren Saisonkräfte ansehen, die in den Sommermonaten noch dazukommen. Da wäre es allerdings gut, wenn du uns immer direkt Bescheid geben würdest, wenn jemand Neues dazustößt«, bat mich Marcus und ich nickte mechanisch.

»Ich weiß, dass dir das nicht gefällt«, sprach Bill meine Empfindungen aus. »Aber es ist leider alternativlos. Ich verstehe, dass du dir ein normales Leben wünschst, in einem organischen Umfeld, aber da wir für deine Sicherheit verantwortlich sind, brauchen wir so viele Informationen über dieses Umfeld wie möglich.«

Vielleicht war es doch ein Fehler gewesen, hierherzuziehen? Meine innere Stimme, die sich in Tofino bislang kaum zu Wort gemeldet hatte, klang plötzlich mutlos wie in alten Zeiten.

»Keine Sorge, wir sind diskret«, versuchte mich Marcus zu beruhigen, der mein Unbehagen offenbar auch spürte. »Ich erwarte keine Probleme. Wir hatten bisher noch nie Ärger mit den Saisonkräften.«

»Ihr hattet bisher aber auch noch nie einen Fall wie Yuma«, konterte Bill.

»Ich dachte, dass die Gefahr inzwischen als geringer eingestuft wurde«, entgegnete ich und ärgerte mich darüber, wie kläglich ich mich anhörte. »Es ist über drei Jahre her. Denkst du, die wollen mir immer noch an den Kragen?«

»Wurde sie auch. Deutlich sogar. Deswegen konnten wir dir auch erlauben, hierherzukommen.« Bills väterlichfreundlicher Blick war ganz ernst geworden. »Das heißt aber nicht, dass wir leichtsinnig werden dürfen.«

»Ich weiß«, murmelte ich leise. Ich wusste es tatsächlich, aber in den letzten Tagen war es so einfach gewesen, dieses Wissen zu ignorieren. Ich hatte mich fast normal gefühlt.

»Nun lass nicht den Kopf hängen, es gibt keinen Grund zur Panik«, versuchte Bill, mich wieder aufzumuntern. »Ich will nur, dass du nicht leichtsinnig wirst, ja? Und jetzt erzähl uns mal, wie deine Arbeit aussieht.«

Ich berichtete den beiden Männern von meinen vielfältigen Aufgaben im Büro, im Souvenirshop und als Hilfs-Guide bei den Walbeobachtungstouren. »Leider werde ich nicht allzu oft rausfahren können, obwohl mir dieser Teil des Jobs am meisten Spaß macht. In der Hauptsaison sind etliche Meeresbiologie-Studenten da, die die Touren begleiten. Aber ich werde sicher jede Gelegenheit nutzen, die sich mir bietet.«

»Ich habe noch nie Whale Watching gemacht«, entgegnete Bill und lächelte wieder. »Aber du klingst regelrecht elektrisiert, wenn du von den Walen sprichst. Ist das nicht unheimlich? So riesige Tiere neben so kleinen Schiffen?«

»Das musst du unbedingt nachholen«, sagte Marcus, ehe ich das Wort ergreifen konnte, und er wirkte fast schon empört über Bills Ignoranz. »Es ist unglaublich beeindruckend, das persönlich zu erleben.«

»Scheint so.« Bill lachte.

»Aber es ist vielleicht nicht schlecht, dass du nicht allzu häufig Touren begleitest«, fuhr Marcus an mich gewandt fort.

»Warum?«

»Wegen der Fotos.«

»Wegen welcher Fotos?« Ich starrte ihn verständnislos an.

»Bei den Touren fotografieren die Leute doch wie verrückt und posten ihre Bilder auf allen möglichen Kanälen im Netz.«

»Ja und?« Ich wusste immer noch nicht, worauf er hinauswollte.

»Du solltest unbedingt verhindern, dass du auf diesen Fotos auftauchst. Das Gleiche gilt für Mitarbeiterfotos. Auf der Website von ›Johnson's Giants‹ gibt's glücklicherweise nur Walbilder zu sehen und keine Menschen, aber auf der Facebook-Seite habe ich schon einige Bilder von Mitarbeitern entdeckt.«

»Ich betreue zusammen mit Lilly und Esther die Social-Media-Kanäle, da habe ich also einen Blick drauf«, entgegnete ich defensiv. »Ich selbst habe aber nach wie vor keine echten eigenen Profile – nur Dummy-Konten, damit ich die Seiten bearbeiten kann. Aber da gibt es keine Fotos von mir.« Das war eine Tatsache, die bei meinen Kolleginnen für einige Verwunderung gesorgt hatte, aber die meisten hatten sich mit meiner angeblichen Abneigung gegen Social Media zufriedengegeben.

»Das ist sehr gut«, lobte mich Bill, ehe er wieder ganz ernst wurde. »Aber ich schätze mal, Marcus wollte dich davor warnen, dass du auf Fotos von Touristen auftauchen könntest – und du weißt, wie gut die Gesichtserkennungssoftware inzwischen ist.«

Wusste ich das?

»Wenn du in deinem ›Johnson's Giants‹-Sweatshirt auf einem Foto auftauchst und dein Bild von einem Algorithmus gefunden wird, dann ist es keine Raketenwissenschaft, herauszubekommen, wo du dich aufhältst«, sagte Marcus ernst.

»Wir wissen nicht sicher, ob du immer noch gesucht wirst oder ob du inzwischen von der Liste gestrichen bist, aber wir sollten nichts riskieren«, sprach Bill weiter. Dann tätschelte er meine Hand und setzte wieder sein entspanntes Lächeln auf. »Sicherheit ist eine Illusion, aber mit ein paar Vorsichtsmaßnahmen sollte es hier in Tofino für dich funktionieren.«

KATERSTIMMUNG

VANCOUVER, 7. MAI – NALU:

»ICH FÜRCHTE, DU KANNST HIER NICHT BLEIBEN«, SAGTE ich zu dem grau getigerten Kater, der in dem Moment an Deck gesprungen war, als meine sechsköpfige Fracht heute Morgen in Vancouver das Schiff verlassen hatte. Wir hatten die Nacht über mit Motorkraft fahren müssen, um pünktlich in Vancouver anzukommen, denn es hatte sich eine Verzögerung nach der nächsten ergeben. Ein aufwendiger Lunch in einem besonderen Restaurant, ein Shopping-Trip, ein wichtiges Geschäftsmeeting, für das man eine gute Internetverbindung brauchte, und ähnliche Dinge, die ich mir nicht merken konnte und wollte. Ich hatte mich jedoch mehr als einmal gefragt, warum die Herrschaften diese Tour gebucht hatten, wo sie doch augenscheinlich so wenig echtes Interesse am Segeln hatten. Da hätte es eine normale Luxuskreuzfahrt auch getan, und die wäre sogar erheblich komfortabler gewesen als die Fahrt auf der zwar eleganten und hochmodernen, aber doch vergleichsweise kleinen Segeljacht.

Immerhin hatte ich es geschafft, nicht völlig aus der Rolle zu fallen. Dafür, dass ich die drei Paare sicher und im vorgesehenen Zeitplan von San Francisco nach Vancouver gebracht hatte, waren mir zum Abschied drei dicke Umschläge mit ziemlich großzügigem Trinkgeld in die Hand gedrückt worden. Natürlich hatte ich das Geld mit Betty und Norman Lee geteilt, dem Ehepaar, das für die Gäste gekocht und geputzt hatte. Die beiden hatten sich ihren Anteil fast noch härter verdient als ich, aber sie waren vorhin freundlich lächelnd und ohne ein böses Wort über unsere schwierigen Passagiere von Bord gegangen, um sich den nächsten Job zu sichern.

Ich hatte alle Systeme gecheckt und mich versichert, dass die Jacht in derselben perfekten Verfassung war, in der ich sie in San Francisco entgegengenommen hatte – und dabei war mir der graue Kater auf Schritt und Tritt gefolgt. Nun stand ich mit meinem gepackten Seesack über der Schulter an Deck und hielt dem herausfordernden Blick der klugen Bernsteinaugen stand.

»Ich glaube nicht, dass dich der Eigner der Jacht nach Alaska mitnimmt«, sagte ich zu ihm und musste lachen, als der Kater den Kopf schief legte. »Aber du kannst es ja gerne versuchen.«

»Mau«, entgegnete er.

»Wie du willst. Aber behaupte nachher nicht, ich hätte dich nicht gewarnt. Mach's gut, Kater.«

Ich verließ das Schiff und machte mich auf zum Hafenmeister, um meinen Bericht abzuliefern. Der Eigner würde sein Schmuckstück erst später inspizieren und ich hatte keine Ahnung, ob ich dann noch da sein würde. Ich hatte das Büro noch nicht erreicht, da piepste mein Telefon. Eine Nachricht von Esther: *Fliege gleich los, Reed sollte auch bald kommen. Wollen wir uns im Marina-Café treffen?*

Ich hatte ihr gleich nach meiner Ankunft heute Morgen geschrieben und merkte, wie sich eine gewisse Vorfreude in mir breitmachte. Und Aufregung, wenn ich ehrlich war. Wie würde das Wiedersehen mit ihr ablaufen, nach all den Jahren? Würde sie mich fragen, warum ich damals den Kontakt abgebrochen hatte? Würde ich ihr den Grund nennen wollen? Und Reed? Ich hatte ihn damals ein paarmal gesehen. Er war mit Esthers bester Freundin Emily verheiratet, wenn ich das noch richtig im Kopf hatte, aber an ihn selbst konnte ich mich kaum noch erinnern. Laut Esther stammte die Idee mit den Expeditionstouren von ihm, weil er nicht nur Unternehmer, sondern auch Wissenschaftler war.

Vor allem aber war ich auf das Schiff gespannt. Die Fotos waren beeindruckend und seine Geschichte noch viel mehr. Ich hatte in den letzten Tagen ein wenig recherchiert und dabei neben den technischen Daten und Spezifikationen auch einiges über die illustre Vergangenheit der Brigg gelernt. Sie war rund achtzig Jahre alt. Ein kalifornischer Millionär hatte sie sich Anfang der vierziger Jahre, mitten im Zweiten Weltkrieg, als Vergnügungsjacht bauen lassen – ausgestattet mit allen Schikanen, die damals technisch möglich gewesen waren. Er war mit dem Schiff mehrfach nach Hawaii gesegelt, wo es später jahrelang für Kurztörns verchartert worden war. Dazu hatte ich tatsächlich Aufzeichnungen gefunden und meinen Vater befragt. Ein Onkel von ihm war damals mit der Brigg unterwegs gewesen. So gesehen war es irgendwie fast eine Familienangelegenheit. In den siebziger und achtziger Jahren hatte die »Sound of my Soul«

Forschern im Südpazifik als Basis für Expeditionen rund um die Galapagos-Inseln gedient, bevor sie dort bis zum Anfang des neuen Jahrtausends vergessen und in desolatem Zustand in einem Hafen gelegen hatte.

Der Enkel des ursprünglichen Eigners hatte sie dort aufgespürt, zurück nach Kalifornien gebracht und komplett sanieren lassen. Aus seinen Plänen, zusammen mit Forschungscrews wieder in Richtung Südpazifik in See zu stechen, war jedoch nichts geworden. Einige Jahre lang hatte er sie an einen kommerziellen Veranstalter verchartert, der wieder kleine Törns rund um Hawaii durchgeführt hatte. Diese hatte mein Cousin Makani übernommen. Wäre ich häufiger zu Hause gewesen, hätte ich sie sicherlich mal erlebt – doch dazu würde ich bald genug Gelegenheit haben. Makani hatte mir gestern noch eine Nachricht geschickt, dass er mich um diesen Job beneidete. Offensichtlich hatte er tolle Erinnerungen an die elegante Brigg.

Als ich meine Angelegenheiten mit dem Hafenmeister erledigt hatte und in Richtung Marina-Café laufen wollte, traf ich wieder den kleinen Tiger. »Na, doch keine Lust auf Luxusjacht und Alaska?«, fragte ich ihn grinsend, als er mich laut anmaunzte. »In Alaska gibt's aber tollen Fisch.«

Der Blick, den er mir daraufhin zuwarf, war eine Mischung aus »mitleidig« und »vorwurfsvoll« – vermutlich, weil ich so ein ignoranter Zweibeiner war, der sich in Katzendingen nicht auskannte. Damit hatte er zweifellos recht. Wir hatten zu Hause immer Hunde gehabt, nie Katzen, aber ich wusste, dass die in vielen Häfen reichlich vertreten waren. Vor allem an den Anlegern der Fischerboote. Doch die gab es hier nicht, dieser Teil von Vancouvers Hafenareal war ausschließlich kleineren und mittleren Hobby-, Sport- und Privatjachten vorbehalten. Das Kreuzfahrtterminal war ein Stück entfernt, die Anleger für kommerzielle Ausflüge, Fähren und Fischerei ebenfalls. Ich nahm an, dass der Kater sich von den Marina-Mitarbeitern durchfüttern ließ, denn er sah nicht wie ein Straßentier aus, sondern war kräftig und gut gepflegt.

»Mau.«

»Ich weiß wirklich nicht, was du von mir willst und warum ich so ausführlich über dich nachdenke«, sagte ich kopfschüttelnd zu ihm, schulterte dann wieder meinen riesigen Seesack, der all meine Habseligkeiten enthielt, und lief zum Café. Als ich das Restaurant betrat, schlüpfte der Kater mit durch die Tür. Offensichtlich gehörte er zu diesem Laden.

»Sie können Ihre Katze nicht mit ins Café bringen!«, schnaubte eine empörte Kellnerin, als ich an einem Tisch Platz nahm, und deutete auf den Tiger, der auf meinen abgestellten Seesack gesprungen war und nun darauf thronte, als sei es die selbstverständlichste Sache der Welt.

»Das ist nicht meine Katze«, entgegnete ich zunehmend irritiert. »Ich dachte, er gehört hierher.«

»Nein, tut er nicht.« Die Kellnerin musterte den Kater mit bösem Blick aus schmal zusammengekniffenen Augen.

»Er scheint ja ganz friedlich zu sein und stört mich nicht«, gab ich zurück. »Könnte ich jetzt vielleicht etwas bestellen?«

»Selbstverständlich, aber die Katze muss trotzdem weg«, beharrte sie.

Ich zuckte mit den Schultern. »Bitte, Sie können ihn gerne rausscheuchen. Ich werde es sicherlich nicht tun.«

»Er ist mit Ihnen reingekommen, daher muss ich annehmen, dass er Ihnen gehört.« Die Kellnerin bedachte mich nun mit demselben Blick wie eben noch den Tiger.

»Die Annahme ist falsch, wie oft muss ich das noch sagen?« Ich verfügte wirklich über viel Geduld, was in meinem Job praktisch überlebenswichtig war, aber die letzten zehn Tage hatten tiefe Kerben in mein Nervenkostüm geschlagen, und ich merkte, wie ich ärgerlich wurde. »Wenn Ihre Vorschriften keine Tiere im Restaurant dulden, dann müssen Sie den Kater eben rausschmeißen. Mir ist das gleichgültig. Ich wäre aber ein zahlender Gast und würde jetzt gern etwas zu essen und zu trinken bestellen – und ich wette, dass Kundenzufriedenheit in Ihren Vorschriften ebenfalls ziemlich weit oben steht, oder?«

»Mau«, mischte sich das Katzentier wieder ein – und ich war mir nicht sicher, ob das Zustimmung oder Protest war. Sein empörter Blick, als ich was von Rausschmeißen gesagt hatte, war mir nicht entgangen. Der Kater hatte es offenbar faustdick hinter den Ohren.

Die Kellnerin schien mit sich zu ringen und bedachte uns erneut mit finsteren Blicken, doch dann entschied sie sich für ihren eigentlichen Aufgabenbereich. »Na schön, der Chef ist sowieso nicht da. Ich fasse das Tier bestimmt nicht an. Wenn es also auf Ihrer Tasche sitzen bleibt, soll es mir recht sein. Was darf ich Ihnen bringen?«

Ich verzichtete darauf, sie um die Speisekarte zu bitten, und bestellte einfach einen Kaffee und ein Thunfisch-Sandwich. »Machen Sie zwei daraus«, rief ich ihr noch hinterher, als sie mit wippendem Pferdeschwanz in Richtung Küche verschwand.

»Mau!« Das klang nun eindeutig anerkennend.

Ich schielte zu meinem Seesack und musste richtig lachen, weil mich der Kater so selbstzufrieden fixierte, wie es wohl nur eine Katze konnte. »Das bedeutet nicht, dass du etwas abbekommst. Das heißt nur, dass ich hungrig bin.«

Natürlich hielt ich mich nicht an meine markigen Worte, sondern schnippte regelmäßig ein kleines Bröckchen Thunfisch in seine Richtung, wenn die Kellnerin nicht hersah.

»Hast du dir ein Haustier zugelegt?«, wollte Esther wissen, die das Café betrat, als ich gerade noch den letzten Bissen Sandwich kaute. Sie war nicht allein, sondern in Begleitung von zwei Männern und einer Frau. Einer der Kerle war zweifellos Reed Archer, auch wenn der inzwischen ziemlich wettergegerbt und viel älter als Esther aussah, die keinen Tag gealtert schien. Der zweite Mann musste dann wohl ihr Freund sein, von dem Zoe geredet hatte. Ihr Spruch mit »Wolverine« kam mir wieder in den Sinn, als mein Blick ihn streifte. Er hatte tatsächlich etwas von Hugh Jackman. Nur die Frau, die mit Reed Händchen hielt, konnte ich nicht zuordnen. Das war eindeutig nicht Emily, Esthers beste Freundin. Es machte fast den Eindruck, als wäre in den letzten dreizehn Jahren auch hier mehr passiert als gedacht.

»Das ist nicht meiner«, sagte ich mit einem Seitenblick auf den Kater, stand dann auf und nahm Esther zur Begrüßung in die Arme. Dabei spürte ich drei Paar männliche Augenpaare im Rücken – von dem Kater, von Reed und besonders skeptisch von Wolverine. »Es ist so schön, dich mal wieder zu sehen, du hast dich kein bisschen verändert«, raunte ich ihr ins Ohr und hielt sie einen Moment länger im Arm, als es unter alten

Bekannten angemessen war. Keine Ahnung, warum, aber offensichtlich war mir nach leichter Provokation.

»Ich freu mich auch wie verrückt«, entgegnete sie und befreite sich schließlich aus meiner Umarmung. Allerdings hielt sie mich an beiden Armen fest und musterte mich mit einem strahlenden Lächeln. »Du hast dich übrigens schon verändert. Nicht zu knapp, wenn ich das sagen darf.« Ich fühlte ihren bohrenden Blick, der von meinem tätowierten linken Arm zum T-Shirt glitt. Wahrscheinlich fragte sie sich, welche Motive sich wohl darunter verbargen. Als wir uns das letzte Mal gesehen hatten, war meine Haut noch makellos und ungefärbt gewesen, doch dann waren Dinge passiert, von denen sie keine Ahnung hatte. Nun schaute sie mir in die Augen, als könne sie dort eine Erklärung finden. Ich war in ihrem Blick wie gefangen, und für einen kurzen Moment war es wie früher. Ihre Augenfarbe hatte mich immer an den Pazifik erinnert – an den Pazifik, in den die Sonne hineinschien, was das Wasser gleichzeitig transparent und geheimnisvoll tief wirken ließ. Nun entdeckte ich auch einige Fältchen um ihre Augen herum – ganz spurlos war die Zeit auch an ihr nicht vorübergegangen, und plötzlich interessierte es mich brennend, was sie erlebt hatte. Zoe hatte nicht viel erzählt, außer dass Esther zwei gehörlose Kinder hatte und geschieden war. Klang auch nicht nach einem entspannten Sonntagsspaziergang.

Ein vernehmliches Räuspern hinter ihr zerstörte den Bann zwischen uns. Esther wandte sich lächelnd um. »Darf ich euch Nalu Kalakaoa vorstellen, den zukünftigen Skipper der ›Sound of my Soul‹?«, begann sie. »Reed kennst du sicher noch«, fuhr sie fort, als ich ihm die Hand schüttelte.

»Klar. Freut mich sehr«, sagte ich.

»Mich auch. Ich bin gespannt, was du von unserem Schiff hältst«, erwiderte er und lächelte mich so herzlich an, dass ich wieder sein jugendlicheres Alter Ego in ihm erkannte.

»Ich auch, aber nach allem, was ich schon von der Brigg weiß, werde ich sie lieben. Wusstet ihr, dass einer meiner Großonkel in den sechziger Jahren viele Touren mit ihr rund um Hawaii gemacht hat? Und mein Cousin Makani vor ein paar Jahren ebenfalls. Makani ist ganz begeistert von ihren Fahreigenschaften und beneidet mich um die Möglichkeit, in anderen Breitengraden mit ihr zu segeln.«

»Du hast dich gut vorbereitet und informiert. Das gefällt mir«, befand Reed und nickte anerkennend.

»Das ist Teil des Jobs.« Für mich war das eine Selbstverständlichkeit. Wenn ich die Gelegenheit dazu hatte, machte ich mich über meine Schiffe immer schlau, so gut es ging. Das ersetzte zwar nicht das eigene Erleben, aber hilfreiche Tipps und Infos bekam ich auf diesem Weg häufig schon vorab.

»Das ist übrigens meine Verlobte Kiona Brooks«, stellte mir Reed nun die große, schlanke Frau an seiner Seite vor, die mich freundlich anlächelte und mir die Hand reichte.

»Freut mich«, entgegnete ich und hoffte, dass sich auf meinem Gesicht nicht die Fragezeichen aus meinem Inneren spiegelten. Nie hätte ich gedacht, dass es in Reed Archers Leben mal eine andere Frau als Emily Scott geben könnte. Ich hatte die beiden nur bei zwei Besuchen auf Vancouver Island erlebt, aber da waren sie mir symbiotisch wie siamesische Zwillinge vorgekommen. Das hatte für mich nach der perfekten Beziehung ausgesehen – etwas, das ich noch nie erlebt hatte. Auch und gerade mit Esther nicht. Seltsam. Aber so spielte das Leben offensichtlich – und wenn man den Zahlen glauben durfte, dann scheiterte beinahe jede zweite Ehe. Warum also nicht auch die eines vermeintlichen Traumpaares?

»Und das ist Dominic Gordon«, unterbrach Esther meine Gedanken und deutete auf den dunkelhaarigen Mann an ihrer Seite. »Mein Freund.« Der verliebte Blick, den sie ihm zuwarf, sprach Bände, und auch seine Augen schimmerten kurz warm und liebevoll, ehe sie wieder kühl und stahlhart wurden, als er sich mir zuwandte.

Sein Todesgriff, als er mir die Hand schüttelte, vermittelte eine eindeutige Botschaft: *Esther gehört zu mir, komm bloß nicht auf blöde Gedanken, sonst gibt's Stress!* Das sprach er natürlich nicht aus. Stattdessen speiste er mich mit einer ähnlich nichtssagenden Floskel ab wie ich gleich darauf ihn. »Schön, dich kennenzulernen.«

Ich freute mich für Esther, dass sie einen Mann gefunden hatte, der sie offensichtlich vor aller Unbill der Welt und tätowierten Hawaiianern beschützten würde. Ich wusste jedoch, dass das komplett unnötig war. Erstens kam Esther sehr gut allein klar und zweitens hatte ich nicht das geringste Interesse an ihr. Zumindest nicht als Frau. Als Freundin und Arbeitgeberin sehr wohl, aber damit würde Wolverine leben müssen, der nun zurückzuckte, als der Kater ihn anfauchte.

Es prickelte in meiner Hand, als die Blutzirkulation ihre Arbeit wieder aufnahm, und ich musste den Impuls unterdrücken, meine Finger auf ihre Funktionsfähigkeit hin zu überprüfen. Stattdessen schaute ich genauso verwundert auf die graue Katze wie die anderen vier.

»Er scheint jedenfalls der Meinung zu sein, dass er dir

gehört«, sagte Kiona amüsiert und wurde mit einem harschen »Mau!« in ihre Schranken verwiesen.

»Eher, dass Nalu ihm gehört«, befand Reed und lachte. »Offensichtlich bist du adoptiert worden.«

»Das hat mir gerade noch gefehlt«, brummte ich mit einem Seitenblick auf den Kater, der nun scheinbar desinteressiert an einer Pfote leckte. »Aber wie dem auch sei, wie geht es jetzt weiter? Wann kann ich die Brigg sehen? Wann ist sie bereit zum Auslaufen? Habt ihr schon die restliche Crew klargemacht? Gibt es schon einen Fahrplan?«

»Lass uns gleich mal in die Werft gehen und mit John Osborne sprechen«, schlug Esther vor. »Wir hatten mit ihm vereinbart, dass er die Umbauten bis spätestens Ende Mai fertig hat, vielleicht schon früher. Es wäre toll, wenn du die restlichen Arbeiten vor Ort überwachen und auch eine Crew anheuern könntest, aber das besprechen wir alles gleich in Ruhe. Dominic und Kiona wollten sich nur mal die Brigg anschauen und dann einige Sachen in der Stadt erledigen. Wir haben ein paar Stunden Zeit, um alle Fragen zu klären.«

Ich zog einen Geldschein aus meiner Hosentasche und legte ihn auf den Tisch, dann stand ich auf und wollte mir meinen Seesack greifen. »Ich fürchte, hier trennen sich unsere Wege«, sagte ich zu dem grauen Tiger, der immer noch mit seiner Körperpflege beschäftigt war, und hob ihn herunter. »Mach's gut, Kleiner«, verabschiedete ich mich von ihm und schwang die schwere Tasche über meine Schulter.

»Schiffskatzen gelten als Glücksbringer«, sagte Reed grinsend.

»Nur wenn es sich um ein mäuse- und rattenverseuchtes Schiff handelt«, entgegnete ich. »Und das will ich bei eurem Schmuckstück lieber nicht annehmen.«

»Ich auch nicht«, pflichtete mir Esther bei und ging voran.

TOFINO, VANCOUVER ISLAND, 10. MAI – YUMA:

Nach den milden Tagen mit ruhigem, meist sonnigem Wetter wurden wir nun seit zwei Tagen von einer Sturmfront gepeitscht. Und das war durchaus wörtlich zu verstehen. Die Wellen schwappten selbst in unserem geschützten Hafenbecken so hoch, dass an ein Auslaufen gar nicht zu denken war. Alle Touren waren abgesagt, und die Touristen schienen wie vom Erdboden verschwunden zu sein. Vermutlich harrten sie in ihren gemütlichen Hotelzimmern und Ferienhäusern aus und hofften auf bessere Zeiten. Ich konnte es ihnen nicht verübeln, denn die schweren grauen Wolken, der heulende Wind und die Regentropfen, die sich auf der Haut wie Nadelstiche anfühlten, zerrten auch an meinen Nerven. Die restliche Belegschaft von »Johnson's Giants« schien regelrecht an einem Lagerkoller zu leiden.

»Das Wetter soll erst ab Mitte der Woche besser werden«, sagte Esther und klang eindeutig niedergeschlagen.

»Kommt das nicht häufiger vor?«, fragte ich sachte. Ich saß ihr im Büro am Schreibtisch gegenüber, verschob im Buchungssystem Tourenslots und beantwortete Anfragen per Mail und über Social Media.

»So eine ausdauernde Schlechtwetterlage ist in dieser Jahreszeit eher ungewöhnlich«, sagte sie und fuhr sich hektisch durch die Haare. »Ich weiß nicht, wie ...« Sie verstummte, als ihr Telefon summte. »Kannst du hier weiter die Stellung halten?«, bat sie mich, nachdem sie die Nachricht gelesen hatte, und stand auf. »Ich muss ... ein paar Dinge erledigen.«

»Klar, kein Problem«, entgegnete ich. »Kommst du nachher noch mal rein oder soll ich dann alles dichtmachen?«

»Ich weiß es noch nicht, aber wenn ich bis fünf nicht zurück bin, kannst du Feierabend machen. Unwahrscheinlich, dass heute noch viel passiert. Ob ich morgen nach Victoria fliegen kann, steht auch noch nicht fest. Da muss ich wirklich aufs Wetter schauen. Also entweder bis morgen oder bis übermorgen, aber wenn was ist ...« Esther stand schon in der Tür und blickte noch einmal zurück ins Büro, ihre vergnügt wedelnde Hündin Carly an ihrer Seite.

»Dann melde ich mich oder frage Lilly oder ...«

»Du weißt inzwischen besser Bescheid als Lilly«, unterbrach sie mich mit einem gezwungenen Lächeln. »Wie gesagt, ich bin telefonisch erreichbar, und falls du mich nicht erwischst, kannst du immer bei Kelly Scott nachfragen oder auch Reed anrufen. Ja?«

»Verstanden«, erwiderte ich und bemühte mich, so viel Zuversicht wie möglich in meine Stimme zu legen. Ich fühlte mich dem normalen, hektischen Betrieb inzwischen wirklich gewachsen, und das heute war weit von normal entfernt, geradezu öde. Ich würde die Zeit dafür nutzen können, ein paar aufgeschobene System-Updates einzuspielen und die Website mit frischen Fotos und Videos zu aktualisieren. Esther wusste das alles, aber irgendwie war sie gerade völlig neben der Spur.

»Danke«, rief sie noch, und dann waren sie und der

Hund verschwunden.

Außer dem Regen, der gegen die Fensterscheiben trommelte, und dem heulenden Wind war nichts mehr zu hören. Leider übertönte beides nicht meine Gedanken. Unwetter machten mich immer besonders nervös – vor allem Gewitter. Bei Sturm, Regengüssen, Blitz und Donner musste ich wahnsinnig kämpfen, um nicht völlig in eine Angstspirale hineinzugleiten, aus der ich dann nur sehr schwer wieder rausfand. Ich lehnte mich in meinem Stuhl zurück und versuchte, ganz bewusst zu atmen. Tiefe, gleichmäßige Atemzüge. Ich schloss die Augen und konzentrierte mich auf die Entspannungsübung, die ich gelernt hatte. Stellte mir vor, wie weißes, heilendes Licht meinen Körper flutete und alle dunklen Ecken mit Zuversicht und Freude ausleuchtete.

Meine Gedanken taten sich leider schwer damit, bei mir zu bleiben, und drifteten wieder ab. Diesmal immerhin nur zu Esther und nicht in eine gefährlichere Richtung. Womöglich war Esther deshalb so angespannt, weil sie mit Unwettern auch schlimme Dinge verband. Vielleicht waren wir uns in dieser Beziehung ähnlicher als gedacht? Die Vorstellung war gleichermaßen tröstlich wie erschreckend. Tröstlich, weil ich mich dann nicht so allein fühlen müsste. Erschreckend, weil es ich wirklich niemandem wünschte, Ähnliches wie ich durchzumachen. Aber das war Esther ziemlich sicher auch nicht widerfahren. Sonst könnte sie heutzutage nicht so ein normales Leben führen. Wahrscheinlich hatte sie nur mal einen schlimmen Sturm auf hoher See erlebt und wurde von diesen Erinnerungen getriggert.

Meine Gedanken kehrten zurück zur mir, zu meinem Gegenwarts-Ich. Ich war hier in Sicherheit. Das hatten mir auch Bill und der lokale Mountie Marcus Tillerson versprochen. Wobei – ganz waren das nicht ihre Worte gewesen. »Sicherheit ist eine Illusion, aber mit ein paar Vorsichtsmaßnahmen sollte es hier in Tofino für dich funktionieren«, hatte Bill gesagt. Ich war vorsichtig. Hoffentlich auch vorsichtig genug.

Ich öffnete die Augen wieder und wäre vor Schreck fast vom Stuhl gefallen. Keine zwei Meter von mir entfernt stand eine Gestalt und sah mich an. Jemand schrie laut auf. Ich selbst?

»Oh Gott, Yuma, ich wollte dich nicht erschrecken«, rief Lilly und war gleich darauf an meiner Seite. Ich fühlte ihre kalten, regennassen Hände an meinen Schultern. Sie strich mir fahrig über den Rücken. »Es tut mir wahnsinnig leid. Ist irgendwas passiert? Kann ich was für dich tun?«

»Ich ... ähm ... nein ... ich ...«, stammelte ich vor mich hin, und langsam nahm ich alles um mich herum wieder klar und deutlich wahr. Ich kauerte auf dem Boden unterm Schreibtisch, hinter mir hockte Lilly und versuchte hilflos, mich zu trösten. Himmel, was musste sie von mir denken? Dass ich völlig durchgedreht war, mutmaßlich. Leider hatte sie damit recht.

»Du zitterst ja am ganzen Leib«, stellte sie fest und packte mich am Oberarm, damit ich aufstand.

»Es geht schon wieder«, sagte ich, als ich schließlich wieder auf meinem Schreibtischstuhl saß. »Ich war nur in Gedanken und habe mich fürchterlich erschreckt, als du plötzlich vor mir standest.«

»Du bist nicht die Erste, die mich zum Davonlaufen findet«, behauptete sie. Das typische fröhliche Blitzen war in ihre Augen zurückgekehrt. »Allerdings sind es meistens Typen, die panisch das Weite suchen, wenn ich aufkreuze.« Sie kicherte und verstummte dann schlagartig – womöglich, weil ich immer noch nicht mitlachte. »Ähm, bist du am Ende lesbisch und stehst auf mich?«, erkundigte sie sich dann verlegen. »Also, nicht, dass ich ein Problem damit hätte, wenn du auf Frauen stehst, nur bei mir wäre es halt blöd. Ich meine, ich finde dich auch total attraktiv und hübsch und so, aber ich ...«

»Keine Sorge, ich bin nicht in dich verknallt und ich habe mich auch nicht vor dir versteckt«, beeilte ich mich zu sagen und hätte mir dann am liebsten direkt auf die Zunge gebissen, denn das wäre zwar peinlich, aber eine ziemlich gute Ausrede gewesen. Nun würde zwangsläufig gleich die nächste Frage kommen.

»Puh, das beruhigt mich.« Lilly klang wahnsinnig erleichtert, aber das währte leider nicht lange. Ich konnte buchstäblich bei ihrem Denkprozess zuschauen, bis ein Zahnrädchen einrastete und zu der Erkenntnis führte: »Aber wenn du dich nicht vor mir fürchtest, von wem denn dann?«

Das war die alles entscheidende Frage, auf die es eine ziemlich klare Antwort gab, die nur leider nicht für ihre Ohren bestimmt war. »Ach, niemand Bestimmtes«, versuchte ich abzuwiegeln und rief mir ins Gedächtnis, was mir Bill und seine Kollegen seit Jahren einschärften: So nah an der Wahrheit bleiben, wie es geht, aber nicht zu viel verraten! »Ich hatte vor einiger Zeit eine schwierige Beziehung«, begann ich also – und das war absolut die Wahrheit. »Also richtig schwierig und mit einem sehr unschönen Ende.« Ich schluckte, denn auch das stimmte, war jedoch die Untertreibung des Jahrhunderts. Es kostete mich alle Willensanstrengung, die Bilder wieder in mein Unterbewusstsein zurückzudrängen. Bilder voller Blut und Schmerz und Todesangst. »Aber das ist lange vorbei. Ich hatte nur eine blöde Erinnerung, und weil ich dich bei dem Sturm nicht habe reinkommen hören, war ich so fürchterlich erschrocken. Aber jetzt ist alles wieder gut.«

Vielleicht sollte ich auf Schauspielerin umschulen, dachte ich bei mir. Meine Performance musste langsam oscarreif sein. Ich hasste es so sehr, diese Lügengeschichten zu erzählen, aber es war die einzige Möglichkeit für einen halbwegs normalen Umgang mit meinen Mitmenschen. Die Alternative wäre ein völlig abgeschiedenes Eremitendasein, doch daran würde ich ohne Zweifel zugrunde gehen.

»Wie schrecklich!«, rief Lilly prompt und schlug sich die Hand vor den Mund. »Das tut mir wahnsinnig leid. Ich meine, ich hatte auch schon echte Scheißbeziehungen, aber so krass war es bei mir wohl nie.«

»Danke«, murmelte ich und hoffte aufrichtig für sie, dass sie niemals das erleben würde, was sie sich zweifellos gerade vorstellte. Selbst wenn das ziemlich weit von meiner Realität entfernt war.

»Hat er dich geschlagen?«, fragte sie prompt und ich dachte an die Legende, die ich mir gemeinsam mit Bill mühsam zusammengeschustert hatte. Nah dran an der Wahrheit und doch weit genug entfernt vom wahren Kern.

Blöderweise brachte ich es in diesem Moment nicht über mich, die einstudierte Geschichte zu erzählen. Also zuckte ich nur mit den Schultern. »Ich mag nicht drüber reden, okay?«, bat ich.

»Okay ...« Lilly kratzte sich am Kopf. »Natürlich ist es okay«, fügte sie noch rasch hinzu. »Du musst mit niemandem darüber sprechen, wenn du nicht willst. Ich hoffe nur, dass der Mistkerl seine gerechte Strafe erhalten hat.«

Wieder tauchten Bilder voller Blut vor meinem inneren Auge auf. »Hat er«, presste ich hervor und merkte, wie meine Stimme zitterte. Genau wie meine Unterlippe. Ich hatte wirklich Mühe, halbwegs die Fassung zu bewahren.

»Noch einmal, du musst mir wirklich nichts sagen«, betonte sie. »Aber wenn du reden willst, habe ich immer ein offenes Ohr für dich, ja?«

Ich nickte nur, weil ich mir keine verbale Antwort zutraute.

»Magst du vielleicht einen Tee?« Lilly wartete meine Antwort gar nicht ab, sondern verschwand in Rekordgeschwindigkeit in der Küche, wo ich sie gleich darauf herumklappern hörte.

Mir war das sehr recht, denn so konnte ich mich halbwegs wieder zusammenreißen. Das war knapp gewesen. Gefährlich knapp. Als Lilly ein paar Minuten später mit zwei dampfenden Tassen und einem Teller voller Kekse zurückkehrte, hatte ich mich aber so weit im Griff, dass ich wieder normal sprechen konnte. »Was wolltest du eigentlich von mir?«, erkundigte ich mich. »Hast du nicht Schicht im Shop?«

»Esther kam vorhin rein und wollte wissen, wie viele Kunden heute schon da waren, und dann hat sie gesagt, ich könne den Laden dichtmachen. Unwahrscheinlich, dass noch jemand kommt. Sie hat gemeint, dass ich dich fragen soll, ob ich dir was helfen kann – und hier bin ich.« Sie reichte mir eine Tasse und rückte den Keksteller in die Tischmitte. Dann nahm sie mir gegenüber auf Esthers Seite Platz.

»Hier ist auch nicht viel zu tun. Ich habe einige Termine geschoben und Anfragen beantwortet. Jetzt wollte ich noch Updates machen und ein paar neue

Videos und Fotos auf die Website hochladen«, erklärte ich und trank einen Schluck von dem heißen, duftenden Gebräu. Unsere Chefin liebte Tee und hatte eine Riesenauswahl in der Küche vorrätig. Ich war ja eher Mitglied der Kaffeefraktion, doch ich wollte mich sicherlich nicht beschweren. Diese Kräuterteemischung roch lecker und schmeckte wirklich gut.

»Diese Mischung heißt ›Tiefe Gelassenheit‹, ich dachte, das passt gerade ganz gut«, sagte Lilly und seufzte dann.

»Hmm«, brummte ich unbestimmt und trank noch einen Schluck, auf dass das Gebräu seiner Bestimmung nachkäme. »Danke schön.«

»Kein Ding«, wehrte Lilly ab. »Vielleicht hätte Esther auch eine Tasse davon trinken sollen.«

Ich spitzte die Ohren. Dann war also nicht nur mir aufgefallen, dass unsere Chefin ganz schön angespannt war. »Den Eindruck hatte ich auch«, antwortete ich daher, obwohl ich mich sonst bei Spekulationen über andere Menschen peinlich zurückhielt. Vermutlich weil ich hoffte, dass die sich dann umgekehrt auch keine Gedanken über mich machten. »Ob was mit den Kindern war?«, spekulierte ich. »Sie hat jedenfalls eine Nachricht bekommen und ist dann ziemlich schnell verschwunden.«

»Glaub ich nicht«, entgegnete Lilly, und ihre Augen blitzten. »Dann wäre sie direkt in ihr Auto gestiegen und zum Kindergarten gefahren. Stattdessen ist sie mit Carly nach drüben zu Dominic und Matt gerauscht. Genau genommen nur zu Dominic, denn Matt ist vorhin schon gegangen.« Sie schaute mich beifallheischend an.

»Vielleicht hat er ein Problem oder so«, mutmaßte ich.

»In seiner Hose wahrscheinlich«, sagte sie und

kicherte dann lauthals los. »Wenn du mich fragst, war das ein lupenreiner Booty Call, und die beiden lassen es jetzt gerade so richtig krachen.«

Ich unterdrückte nur mit Mühe einen Seufzer. Bei Lilly drehte sich bevorzugt alles um Sex. Und da sich bei ihr selbst diesbezüglich gerade wenig tat, stürzte sie sich voller Elan auf das Sexleben ihrer Mitmenschen. »Die beiden sind frisch verliebt und sehen sich jede Nacht. Die müssen sich wohl kaum zum Gelegenheitssex am Nachmittag verabreden«, wandte ich daher ein. »Ich glaube eher, dass Esther andere Sorgen hat. Sie war echt düster drauf wegen des Wetters.«

»Ja, klar hat sie andere Sorgen. Was meinst du, wie viel Kohle sie für das neue Schiff gezahlt hat? Und im Februar haben sie und Reed ja zwei Mitbewerber hier am Ort übernommen. Sie ist bis über beide Ohren verschuldet – da geht ihr natürlich die Düse, wenn so viele gut gebuchte Touren ausfallen, weil das Wetter nicht mitspielt.«

Geldsorgen waren auch in meiner Welt ein nachvollziehbarer Grund für Angst und schlechte Laune. »Puh, dann ist es ja kein Wunder, dass das Wetter sie so runterzieht. Denkst du, unsere Jobs sind in Gefahr?« Das hatte ich eigentlich nicht fragen wollen, es war mir nur so rausgerutscht, aber trotzdem merkte ich, wie besorgt ich tatsächlich war.

»Ach, das glaub ich nicht. Da hätte sie schon was gesagt. Vor allem hätte sie nicht wie wild und im großen Stil angeheuert. Ich meine, du bist neu, dann die Crew für das neue Segelschiff, zwei Skipper plus die Studenten, die die Touren begleiten. Das hätte sie ja wohl kaum gemacht, wenn sie nicht davon ausgehen würde, dass sie ihre Finanzen im Griff hat, oder?«

»Keine Ahnung.« Ich wollte es gerne glauben, aber ich wusste leider zu gut, zu was für irrationalen und krassen Dingen Menschen in der Lage waren, wenn sie sich verkalkuliert hatten – oder die Gier zu groß wurde. Ich traute Esther zwar keine Macht- oder Geldgier zu, aber was wusste ich schon? Man konnte in keinen Kopf reinschauen, egal wie vertrauenerweckend er aussah.

»Mach dir keine Sorgen, Yuma, Esther lässt uns nicht hängen. Genauso wenig wie sie Dominic hängen lässt.« Sie grinste vergnügt. »Ich frag mich, ob sie es gerade auf seinem Schreibtisch treiben oder in der Wohnung über dem Büro.«

»Was auch immer sie gerade macht, ich hoffe, es geht ihr gut«, beendete ich energisch das Gespräch und wandte mich wieder meinem Rechner zu. »Ich mach das hier noch fertig, aber wenn du mir wirklich helfen willst, dann geh noch einkaufen, damit wir nachher was kochen können.«

»Ha, du tust doch nur so, als wärst du so fleißig, damit ich bei dem Regen einkaufen gehen muss!«, beschwerte sie sich mit gespielter Empörung, doch es war klar, dass sie nicht böse war. »Wir könnten stattdessen auch in den Pub gehen.«

»Damit wäre nichts gewonnen – dann werden wir nämlich beide nass und haben immer noch nichts zu beißen im Kühlschrank«, befand ich mit unbestechlicher Logik und musste auch lachen. Meine Weltuntergangsstimmung von vorhin hatte sich völlig aufgelöst und war einem Gefühl von Freundschaft und Verbundenheit gewichen. Ich wusste, dass beides ein Trugbild war, doch ich beschloss, das gute Gefühl jetzt einfach mal zu genießen. Ich hatte schließlich auch ein wenig Leichtigkeit verdient.

KLABAUTERMÄNNER UND FEINE DETAILS

VANCOUVER, 17. MAI – NALU:

Es war wirklich erstaunlich, wie viel es auf der Brigg immer noch zu tun gab. Als ich sie vor zehn Tagen zum ersten Mal in der Werft gesehen hatte, hatte mein Herz ein paar Schläge ausgesetzt. Die »Sound of my Soul« war mehr als nur ein Schiff. Sie war eine Persönlichkeit. Elegant, verwegen und sehr facettenreich. Außerdem hatte sie mir bei meinem ersten Schritt auf ihren Deckplanken zu verstehen gegeben, dass ich im Vergleich zu ihr ein blutiger Anfänger war und sie allein das Tempo vorgab. Jetzt bei der Renovierung und später auch auf hoher See.

Ich musste zugeben, dass das mehr als nur ein bisschen irrsinnig klang, aber nur in den Ohren »normaler« Menschen. Kiona, Dominic und auch Reed hatten mich einigermaßen verständnislos angesehen, als ich meine Empfindungen mit ihnen geteilt hatte, doch Esther wusste genau, was ich meinte. Ebenso John Osborne, der

Schiffsbauer, der für die Instandsetzung verantwortlich war. »Da hast du den richtigen Captain für unsere Diva gefunden«, hatte er anerkennend zu Esther gesagt, und auch sie schien mehr als zufrieden zu sein und ignorierte die Kommentare der ahnungslosen Landratten, genau wie ich.

»Diva« traf es ganz gut, wie ich inzwischen ebenfalls hatte feststellen dürfen. Die Brigg hatte ihre Ankündigung wahr gemacht und gab tatsächlich den Takt vor. Immer wenn sie der Meinung war, dass der Arbeitstag ein Ende finden müsse, passierten merkwürdige Dinge. Farbeimer fielen um, Werkzeuge verschwanden wie von Geisterhand – lauter solche Sachen. Womöglich gab es einen Klabautermann an Bord.

Oder es war deutlich prosaischer, und das Schiff machte gemeinsame Sache mit dem Kater. Der graue Tiger hatte sich nämlich nicht davon abbringen lassen, meine Nähe zu suchen. Offensichtlich war er der Meinung, dass er zu mir gehörte – oder wohl eher ich zu ihm – und wir beide zum Schiff. Ich hatte mich damit abgefunden. Mich dem Unvermeidlichen stellen, das konnte ich gut – solange es nicht in Form meiner Familie auftrat, die mich davon überzeugen wollte, zurück nach Hawaii zu kommen. Inzwischen hatte der Kater mehrere Schlafplätze und ein Katzenklo an Bord und war damit besser ausgestattet als ich, denn die Sanitärbereiche für die Zweibeiner würden erst nächste Woche eingebaut werden, falls es der alten Lady genehm war. Außerdem hatte er jetzt einen Namen. Nach gefühlt hundert Vorschlägen meinerseits hatte er schließlich auf »Koa« reagiert. Ausgerechnet auf den einzigen hawaiianischen Namen, den ich ihm angeboten hatte. Nun stolzierte »der Kühne« wie ein König über das Schiff, als hätte er nie woanders gelebt. Nach Lage der Dinge war ich also auf die Katze gekommen – oder das Schiff. Was zumindest für die nächsten Monate keinen großen Unterschied machte.

Ich konnte es Koa nicht verdenken, denn ich fühlte mich an Bord der »Sound of my Soul« ebenso wohl wie er. Das war längst nicht auf jedem Schiff der Fall. Ich hatte schon prächtige Jachten wochenlang auf grandiosen Routen gesegelt und war trotzdem nie das Gefühl losgeworden, ein Eindringling zu sein oder einen Kampf mit dem Schiff auszufechten. So eine Gemengelage konnte bei Stürmen oder anderen Gefahren auf See buchstäblich über Leben und Tod entscheiden. Auch wenn es sich esoterisch anhörte – oder vollkommen irre, je nachdem, wen man fragte –, ich glaubte daran, dass Kapitäne und ihre Boote eine Art Schicksalsgemeinschaft eingingen. Das war bei neuen Schiffen nicht anders als bei alten, die eine lange Geschichte hatten. Der Unterschied war lediglich, dass bei den Frischlingen noch nicht so viel Erfahrung im jeweiligen Holz-, Stahl- oder Fiberglasskelett steckte. An Persönlichkeit mangelte es ihnen jedenfalls auch nicht.

Ich hatte keine Ahnung, wie das möglich war, aber ich nahm an, dass die Schiffsbauer einen Teil ihrer Seele oder Philosophie in jedes ihrer Gefährte legten. Vermutlich nicht einmal bewusst, sondern ganz unwillkürlich, aber ich hatte die Erfahrung gemacht, dass Boote aus der gleichen Werft häufig ähnliche Ausstrahlungen hatten. Das galt übrigens auch für kleine Jollen und sogar Surfbretter – sofern sie handgemacht waren, jedenfalls. Industrielle Massenprodukte fühlten sich dagegen zunächst mal vollkommen nichtssagend an. Die bekamen ihre Persönlichkeiten erst im Laufe der Zeit – manche auch gar nicht.

Darüber hatte ich gestern länger mit John Osborne philosophiert. Er betreute die kleine Werft hier in Vancouver und war auf die Restaurierung historischer Segelschiffe spezialisiert, baute aber nebenbei auch eigene Schiffe. Er hatte mir einige seiner Schmuckstücke gezeigt, die alle aus Holz und in reiner Handarbeit gefertigt waren. So etwas sah man heute nur noch selten und ich beneidete die zukünftigen Eigner ein wenig darum, mit diesen Booten segeln zu dürfen. Witzigerweise war John selbst gar nicht so gern draußen auf dem Meer. Er wurde leicht seekrank und bevorzugte es, seiner Schiffsleidenschaft vom Land aus zu frönen.

Die »Sound of my Soul« mit ihrem Stahlrumpf war in guter Verfassung, es ging jetzt wirklich nur noch um kosmetische Veränderungen an den Kabinen, den Sanitäranlagen und den Aufenthaltsräumen. Der ursprüngliche Eigner hatte dem Schiff zwei große Salons für ausschweifende Partys verpasst. Einer davon wurde gerade zum Arbeitsplatz für die Expeditionsteilnehmer umgebaut. Reed Archer war schon zweimal hier gewesen und hatte mit John über die Aufteilung der Computerarbeitsplätze und die Aufbewahrungsmöglichkeiten für Proben aller Art gesprochen. Er hatte einen Deal mit seiner Uni abgeschlossen, die den ganzen Technikkram finanzierte und im Gegenzug regelmäßig Teams an Bord bringen durfte.

Ich war schon einige Male mit Forschern unterwegs gewesen und hatte es immer sehr genossen. Diese Leute waren von ihren jeweiligen Aufgabenbereichen ähnlich begeistert und besessen wie ich vom Meer und vom Segeln. Sie mischten sich nicht in meine Arbeit ein, sondern waren meist sogar ausgesprochen hilfsbereit und packten mit an, wenn es etwas zu tun gab. Umgekehrt half ich ihnen auch gerne bei ihren Aufgaben, wenn ich Zeit dazu hatte und mich nützlich machen konnte. Das würden sicher sehr spannende Monate werden, und ich freute mich schon darauf.

Reed selbst war ein ausgewiesener Orca-Spezialist, der die Schwertwalfamilien, die ganzjährig rund um Vancouver Island lebten, besser kannte als die meisten. Auf den Touren würde es aber immer wieder andere Schwerpunkte geben. Unter anderem war geplant, einige Tiere mit Sendern zu versehen, sodass man ihre Bewegungsmuster noch besser nachverfolgen konnte. Es sollten Haut- und Ausscheidungsproben gesammelt werden, Hydrofone an strategisch interessanten Stellen installiert werden, um damit die Walgesänge der passierenden Tiere aufzunehmen, und natürlich sollte viel beobachtet, fotografiert und gefilmt werden. Reed arbeitete derzeit mit einer Forschungsgruppe an der Uni und mit Esthers Freund Dominic, der Software-Entwickler war, an einem automatischen Identifikationsprogramm, das die Flukenerkennung vereinfachen sollte. Außerdem wollten sie Ähnliches mit Walstimmen versuchen.

Ich fand das alles unglaublich spannend und aufregend und freute mich sehr auf die nächsten Wochen und Monate. In all den Jahren, die ich auf den Ozeanen der Welt unterwegs gewesen war, hatte ich reichlich über Walverhalten gelernt. Einfach nur durch meine eigene Beobachtung und ganz ohne akademisches Hintergrundwissen. Ich hatte auch selbst zahllose Fotos, die alle auf einer externen Festplatte lagerten. Ein Wissenschaftler, mit dem ich vor fast zwanzig Jahren unterwegs gewesen war, hatte mir den Tipp gegeben, bei meiner Kamera immer einen Orts- und Zeitstempel einzugeben, sodass ich die Bilder später eindeutig zuordnen konnte. Damals hatte ich noch keine hochwertige Kamera besessen, aber selbst meine kleine Digital-Knipse hatte schon diese Funktion gehabt, und so konnte ich auf ein riesiges Fotoarchiv zurückgreifen, mit Walbegegnungen auf der ganzen Welt. Nicht, dass ich mir eines dieser Bilder jemals wieder angesehen hätte, aber Reed hatte leuchtende Augen bekommen. Ich hatte ihm also meine Festplatte mitgegeben, und er wollte Kopien von den Fotos machen, damit sie von seinen Studenten nach und nach ausgewertet werden konnten. Vielleicht waren die Aufnahmen dann ja tatsächlich für irgendwas gut?

Ich war inzwischen auch ziemlich geübt darin, das Verhalten der Tiere zu interpretieren, und konnte einschätzen, ob sie sich für das Schiff und die Menschen an Bord interessierten oder sich eher um ihren eigenen Kram kümmerten. Alles Fähigkeiten, die ich selbst nicht besonders bemerkenswert fand, die bei Reed und Esther aber für regelrechte Begeisterungsstürme gesorgt hatten. Mir sollte es recht sein. Ich war gespannt, wie sich der neue Job anlassen würde. Meiner Familie hatte ich jedenfalls guten Gewissens sagen können, dass ich erst mal nicht nach Hawaii zurückkehren würde – Job war schließlich Job –, und für Ruben galt das Gleiche. Wir hatten noch mal miteinander gesprochen und er hatte dabei weiter bekräftigt, wie wichtig ihm unsere Freundschaft war. Zu meiner eigenen Überraschung glaubte ich ihm, mir ging es schließlich genauso. Aber trotzdem war ich nicht bereit, alles stehen und liegen zu lassen, um zu meinem Jugendfreund zu eilen. Ich würde ihn treffen, wenn ich meine Familie besuchte – nicht früher. Genauso hielt ich es mit der »Hokulani«. Ruben hatte mir ein paar

Fotos von ihr geschickt. Sie sah ganz anders aus als damals, als wir sie hergerichtet hatten, aber trotzdem konnte ich selbst auf diesen Handyfotos ihren Lockruf hören.

Es klopfte an meiner Kabinentür, und im nächsten Moment streckte John Osborne seinen Kopf herein. »Wir machen für heute Feierabend«, sagte er. »Dein Kater fängt schon wieder an, Werkzeuge zu verstecken.«

»Er ist nicht mein ...«, setzte ich zu meinem fast schon automatischen Protest an, doch dann unterbrach ich mich selbst. Wem machte ich etwas vor? »Egal, er hat ja recht. Ich sollte auch aufhören. Langsam steigen mir die Farbdämpfe zu Kopf.« Ich war gerade dabei, die Holzverkleidung in meiner Kabine frisch zu lasieren – kein Wunder, dass ich so krude Gedankengänge hatte. Eines war klar, für heute Nacht würde ich mir eine andere Koje suchen müssen.

»Wir rücken morgen früh um sieben wieder an. Womöglich können wir dann schon die Badezimmer in Angriff nehmen.«

»Das hör ich gerne«, nahm ich Reeds Stimme hinter John wahr. Ich hatte ihn gar nicht erwartet – John offensichtlich auch nicht.

»Hi, Boss«, grüßte er. »Hier läuft alles wie am Schnürchen. Dank der tatkräftigen Mithilfe von Nalu liegen wir inzwischen fast vier Tage vor dem Zeitplan. Ich schätze, die Lady wird noch Ende der Woche auslaufen und zu ihrem neuen Heimathafen Tofino segeln können. Wie klingt das?«

»Das klingt sensationell. Wir planen eine spontane Party in Tofino, schließlich kommt es nicht alle Tage vor, dass wir so eine Schönheit im Hafen haben. Wenn es also bis zum Wochenende klappen würde ...« Er grinste verschmitzt. »Ich weiß, das ist deutlich früher als vereinbart. Wenn es nicht klappt, dann macht es auch nichts. Aber am Wochenende könnten meine Mädels dabei sein. Sonst können sie nicht aus Port McNeill weg, weil sie ja in der Schule sein müssen.«

»Ich denke, das kriegen wir hin. Falls der Kater nichts dagegen hat«, sagte John und verabschiedete sich dann.

»Was hat der Kater damit zu tun?«, wollte Reed wissen, als er mit mir in den zweiten Salon ging, der als Aufenthaltsraum und Esszimmer dienen würde und schon so gut wie fertig war.

»Der spielt sich hier als Hilfs-Klabautermann auf und bestimmt, wann Feierabend ist«, entgegnete ich grinsend. »Ich glaube, er macht gemeinsame Sache mit der Lady. Sie duldet maximal zehn Stunden Arbeit am Tag, danach braucht sie ihre Ruhe.«

»Ihr Seeleute seid echt schräg drauf«, behauptete Reed. Er schnappte sich zwei Flaschen Bier aus dem Kühlschrank und reichte mir eine.

»Nicht schräger als ihr Wissenschaftler«, konterte ich und prostete ihm zu. »Was machst du eigentlich hier?«

»Ich war heute an der Uni, und es hat mal wieder alles etwas länger gedauert als gedacht, weshalb ich in Vancouver übernachten werde, und da dachte ich, ich schau mal bei dir und unserem Schiff vorbei.«

»Gute Idee. Es läuft hier wirklich gut. Im Grunde fehlen nur noch die Sanitäranlagen, etwas frische Farbe und das restliche Material, dann können wir auslaufen.«

»Und was ist mit der Crew?«, fragte er.

»Ich hab ein paar Gespräche geführt. Gestern habe ich in der Kneipe einen Ingenieur kennengelernt. Er ist jahrelang auf großen Frachtern und Kreuzfahrtschiffen unterwegs gewesen und hat sich um die Maschinen gekümmert. Als ich ihm von der ›Sound of my Soul‹ erzählt habe, hat er ganz feuchte Augen bekommen.«

»Ein ausgewiesener Maschineningenieur steht aber nicht auf unserer Heuerliste«, unterbrach mich Reed.

»Ich weiß, aber es würde sicher nicht schaden, wenn wir jemanden hätten, der mehr Ahnung von Motoren hat als ich. Klar, wir werden die meiste Zeit segeln, und ich habe schon an allen möglichen Maschinen rumgebastelt, aber ein Profi wäre natürlich besser.« Ich hob die Hand, um Reed von seinem berechtigten Protest abzubringen. »Greg ist nicht nur ein fähiger Ingenieur, sondern auch ein begeisterter Segler. Er ist auch schon auf größeren Segelschiffen unterwegs gewesen und kennt sich mit Navigation aus. Aber das Allerbeste: Es gibt ihn nur im Doppelpack. Seine Frau Liz würde mitkommen. Sie ist Köchin, hat ebenfalls schon auf vielen Schiffen gearbeitet und würde sich zusammen mit ihm auch um die Kabinen und andere Putzarbeiten kümmern. Wenn du so willst, wären sie eine Art Hausmeisterpaar. Mit den beiden würden wir mindestens einen, vielleicht sogar zwei Helfer einsparen – was bedeutet, dass ihr eine Kabine mehr pro Reise vermieten könntet.«

Reed starrte mich an – ob voller Bewunderung oder aus Fassungslosigkeit, konnte ich nicht sagen. »Willst du damit andeuten, dass du dieses Riesenschiff allein segeln kannst und nur zwei weitere Leute brauchst, um einen sinnvollen Betrieb aufrechtzuerhalten?«

Ich zuckte mit den Schultern, so eine große Sache war das schließlich nicht. »Klar. Außerdem werden die Passagiere sicher mithelfen wollen. Das wollen sie immer, aber mit zwei so erfahrenen Leuten wie Greg und Liz sollte das kein Problem sein. Ich habe da schon ganz andere Herausforderungen gemeistert.«

»Wow, ich bin offiziell beeindruckt.« Reed fuhr sich über seinen struppigen Mehrtagebart. Regelmäßiges Rasieren stand bei ihm eindeutig nicht auf der Agenda. »Das trifft sich insofern gut, als wir uns vor Interessenten kaum retten können. Wir sind gerade dabei, einen Tourenplan zu erstellen, haben aber schon Anfragen von Gästen, die praktisch jeden Trip buchen würden, solange sie dabei die Chance haben, den Wissenschaftlern über die Schultern zu schauen und eventuell auch beim Segeln zu helfen. Esther hatte da einen wirklich guten Riecher. Ich hätte nie gedacht, dass es so viele Leute gibt, die sich gleichermaßen für Wale wie fürs Segeln auf historischen Schiffen interessieren. Aber so scheint aus der ›Sound of my Soul‹ keine reine Geldvernichtungsmaschine zu werden, sondern eine echte Bereicherung.«

»Da bin ich mir absolut sicher. Ihr solltet euch vielleicht überlegen, was ihr in den Wintermonaten mit ihr machen wollt. Sie monatelang ungenutzt im Hafen oder in der Werft liegen zu lassen wäre wirklich schade – und tatsächlich verdammt teuer.«

»Wohl wahr. Allerdings können wir im Winter keine Touren rund um Vancouver Island anbieten. Das gibt das Wetter einfach nicht her – ich fürchte, da haben wir noch keine wirkliche Lösung parat. Vielleicht werden wir sie im Winter einfach verchartern.«

Ich nickte, denn so etwas hatte Esther auch schon erwähnt. »Oder ihr bietet Touren rund um Hawaii an, zusammen mit einem lokalen Partner. Meine Familie ...« Ich klappte den Mund hastig wieder zu und war erschrocken über meine eigenen Gedanken und Worte. Zog ich ernsthaft in Erwägung, über die Sommersaison hinaus auf diesem Schiff zu arbeiten? Rund um Hawaii? In meiner alten Heimat? In Kooperation mit meiner Familie?

Reed sah mich an, als sei ich der Weihnachtsmann. »Das wäre sensationell«, sprudelte es aus ihm heraus. »Hawaii ist ein tolles Walgebiet – gerade im Winter. Ich war zweimal da und habe unglaubliche Beobachtungen gemacht. Die Vorstellung, dass die ›Sound of my Soul‹ im Sommer regelmäßig hier im Norden und im Winter rund um Hawaii unterwegs sein könnte, ist ...« Er rang die Hände und suchte nach einem geeigneten Adjektiv. »Das würde uns sehr viele Sorgen nehmen«, sprach er schließlich weiter. Ich hätte ahnen können, dass der Wissenschaftler Reed eher kein Mann der Superlative, sondern ein Pragmatiker war. »Das Ganze ist nämlich ein ziemliches finanzielles Risiko«, fuhr er fort. »Mit der Anschaffung und der Renovierung ist es ja längst nicht getan, allein was die Liegeplätze und die regelmäßige Instandhaltung kosten ...« Er schüttelte den Kopf. »Das würde mit fünf oder sechs nutzbaren Monaten im Jahr schon verdammt sportlich werden. Wenn wir jedoch das ganze Jahr über fahren können, würde sich das wirklich lohnen.«

»Das ist ja keine Entscheidung, die du und Esther sofort treffen müsst. Überlegt es euch in Ruhe und tüftelt ein sinnvolles Konzept aus. Ich kann gern den Kontakt zu meinem Bruder Keoki herstellen, der auf Big Island einen großen Whale-Watching-Betrieb führt und ebenfalls mit Forschern zusammenarbeitet. Redet mal mit ihm. Ich bin mir sicher, er hätte auch noch tolle Ideen.«

»Und du kennst die Gegend ja wie deine Westentasche. Könntest du dir vorstellen, weiterhin für uns zu segeln?«

»›Weiterhin‹ ist gut. Noch habe ich kein einziges Mal das Trockendock verlassen.« Ich lachte – auch um meine plötzliche Nervosität zu überspielen. Warum hatte ich diese Schnapsidee erwähnt, die mich zurück in die Heimat bringen würde? Für Monate.

»Esther vertraut dir«, entgegnete Reed schlicht.

»Wie gesagt, das ist nichts, was wir heute entscheiden sollten. Lass uns doch erst mal abwarten, wie die Saison anläuft und wie tragfähig das bisherige Konzept ist«, bremste ich seinen Enthusiasmus, aus eher eigennützigen Gründen. Ich wollte es vermeiden, zu weit in die Zukunft zu schauen, denn eins war klar: Wenn mich meine Familie erst mal wieder in ihren liebevollen Klauen gefangen hielte, würden sie mich so schnell nicht wieder ziehen lassen.

»Du hast recht«, gab Reed schließlich zu. »Aber ich habe trotzdem ein gutes Gefühl. Dieses Jahr steht unter einem guten Stern, das weiß ich.« Er grinste auf eine derart verliebte Art, dass es mir fast unangenehm war. Esther hatte mir erzählt, dass sich Reed, nach langer Trauer um seine verstorbene Frau Emily, Anfang des Jahres Hals über Kopf in Kiona verliebt hatte. Esther selbst schwebte mit ihrem Dominic offensichtlich auch im siebten Himmel. Klar, dass die beiden rosarote Brillen trugen und nicht ganz objektiv waren. Nicht sein konnten.

»Wenn du das sagst«, erwiderte ich jedoch diplomatisch. Schließlich war er mein Boss, und wer war ich, seine gute Stimmung zu zerstören?

»Ich sage das. Es fügt sich einfach alles. Ich glaube nicht an solche Dinge – normalerweise –, aber irgendwie scheint alles recht schicksalhaft zu sein.«

Ich zuckte mit den Schultern, weil ich nicht wusste, was ich darauf antworten sollte.

»Mit meiner Familie war es jahrelang ganz schön

verworren«, sprach er jedoch ungerührt weiter und überraschte mich sehr mit dem plötzlichen Themenwechsel. »Seit Emily und meine Mutter vor sechs Jahren gestorben sind, herrschte irgendwie das totale Chaos, und da war ein riesiges kommunikatives Loch. Und das, obwohl wir alle eigentlich so eng miteinander sind.« Er schüttelte den Kopf, als würde er es selbst nicht verstehen. »Aber gestern war es absolut magisch. Wir haben alle zusammen den Geburtstag meiner verstorbenen Mutter gefeiert – all meine Geschwister und mein Vater mit neuen Partnern –, und zum ersten Mal haben wir uns wieder wie eine vollständige Familie gefühlt. Und weißt du, was die Krönung war?«

Ich schüttelte den Kopf, weil er offensichtlich keine Antwort erwartete und ich auch keine geben konnte. Irgendwie berührten mich seine Worte gerade ziemlich unangenehm.

»Die Krönung war, dass meine kleine Schwester Nora gestern ihr Baby bekommen hat, ausgerechnet am Geburtstag unserer Mutter. Sie hat die Kleine Megan genannt, wie unsere Mom. Und so blöd und cheesy das jetzt zweifellos klingt, spätestens seit gestern weiß ich, dass alles aus einem bestimmten Grund geschieht und dass es Wunder gibt. Deshalb bin ich überzeugt davon, dass auch das mit der ›Sound of my Soul‹ gut laufen wird. Es sollte so sein, dass wir dieses Schiff gefunden haben – und dich als Skipper gewinnen konnten.«

»Darauf trinke ich«, krächzte ich und hoffte, dass Reed mir meinen inneren Aufruhr nicht anmerkte. Ich stieß meine Flasche gegen seine und wunderte mich schon gar nicht mehr, dass in diesem Moment Koa wie ein Schlossherr – oder Schiffseigner – in den Raum stolziert kam und mit einem eleganten Satz neben mir auf die Sitzbank sprang. Nach Reeds Theorie hatte mich der Kater ja auch aus einem höheren Grund heraus aufgegabelt und sich mit mir zusammen auf diesem Schiff niedergelassen. Vielleicht sollte ich einfach ein wenig Vertrauen in diese mysteriöse Macht namens Schicksal haben? Vielleicht geschah alles tatsächlich aus einem bestimmten Grund?

TOFINO, VANCOUVER ISLAND, 20. MAI – YUMA:

»Denkst du wirklich, sie freuen sich darüber?«, fragte ich skeptisch, als ich meine Skizze erst in ein Passepartout steckte und dann einpackte. Lilly und ich wollten gleich bei Nora und Matt vorbeischauen und ihnen unsere Baby-Geschenke mitbringen. Noras Tochter war vor vier Tagen in Victoria zur Welt gekommen – ausgerechnet am Geburtstag ihrer toten Mutter, was mich aus unerfindlichen Gründen wahnsinnig rührte. Ich kannte die Familie doch gar nicht wirklich.

Weil ich keine Ahnung hatte, worüber sich Nora wohl freuen würde, hatte ich auf Lillys Rat gehört und ein Bärenjunges gezeichnet. Nora schrieb Geschichten, und eine besonders hübsche handelte von einem kleinen Bärchen, das irgendwelche Abenteuer erlebte. Seit Dienstagabend hatte ich endlich auch das passende Handwerkszeug, wie Tusche, Federn und gutes Papier. Ich hatte alles in einem Fachgeschäft in Victoria bestellt und Esther hatte es mir bei ihrem wöchentlichen Trip dorthin mitgebracht. Es war sogar viel mehr Material, als ich gewollt hatte, denn sie hatte eigenmächtig noch etliche Passepartouts und sehr viel mehr Papier dazugekauft – damit ich anfangen konnte, Bilder für den Shop zu zeichnen. Ich konnte mir zwar immer noch nicht vorstellen, dass irgendjemand meine Zeichnungen kaufen würde, doch ich wollte es auf jeden Fall versuchen.

»Sie werden entzückt sein«, beruhigte mich Lilly und sah verliebt auf das Bild von dem Bärenkind, das soeben in Geschenkpapier eingewickelt wurde. »Ich wette, dass Nora vor lauter Rührung in Tränen ausbrechen wird.«

»Das will ich nicht hoffen. Ich will sie schließlich nicht zum Weinen bringen, sondern ihr eine Freude machen. Ich weiß ja gar nicht, ob der Bär zur Geschichte passt, weil ich sie nicht kenne.« Lilly hatte mir nur davon erzählt, aber leider keine Kopie liefern können, also hatte ich keine Ahnung, ob die Mimik des Bärchens zum Kern der Geschichte passte oder nicht.

»Du denkst viel zu kompliziert«, beklagte sich Lilly. »Es geht um ein Bärenkind, du hast ein niedliches Bärenkind gemalt – was soll da noch schiefgehen?«

»Hm.« Mehr wusste ich dazu nicht zu sagen. Tatsache war, dass ich wegen heute Abend ziemlich nervös war. Lilly hatte mich im letzten Monat zwar regelmäßig in den Pub geschleift und ein paarmal hatten wir auch Leute in der WG zu Besuch gehabt, aber das war etwas anderes. Das waren alles eher oberflächliche Kontakte, doch ein Besuch bei frischgebackenen Eltern in kleiner Runde hatte etwas ... etwas Persönliches. Das war sehr nah, fast schon intim, und ich hoffte, dass mich das nicht in Schwierigkeiten bringen würde.

»Was ist aus der Frau geworden, die in den ersten zwei Wochen täglich verkündet hat, sie würde den besten Tag ihres Lebens genießen?«, wollte Lilly wissen. Das war ganz klar provozierend gemeint und sollte mich aus der Reserve locken, aber seit dem Gespräch mit Bill und

Marcus und spätestens seit meinem peinlichen Zusammenbruch während des Unwetters war mir die unbändige Freude etwas abhandengekommen, die ich in meinen ersten Tagen in Tofino verspürt hatte. Dabei waren alle wahnsinnig nett zu mir und integrierten mich, wo es nur ging. Vielleicht war das das Problem?

»Das mit den besten Tagen hat mir ja doch keiner geglaubt«, entgegnete ich leichthin. »Jetzt freue ich mich einfach nur still für mich und bin dankbar, hier zu sein.«

Lilly sagte nichts, sondern lächelte mich nur wissend an. Seit sie mich für ein Opfer von häuslicher Gewalt hielt, war sie zum einen noch mehr darauf bedacht, mich in die Gemeinschaft aufzunehmen, zum anderen ließ sie mir Dinge und Aussagen durchgehen, die bei jedem anderen zweifellos für verbalen Gegenwind gesorgt hätten. Ich war mir noch nicht sicher, ob das eine gute Entwicklung war, aber es machte mein Leben auf jeden Fall deutlich leichter.

»Was hast du eigentlich für die junge Familie besorgt?«, fragte ich sie, um nicht weiter über all die unausgesprochenen Dinge nachgrübeln zu müssen.

»Ein Baby-Überlebenspaket«, erklärte sie grinsend und deutete auf die knallbunte Papiertüte. »Einen Schnuller und ein Kuscheltier für die Kleine, Ohrstöpsel und ein Fläschchen Whisky für den Dad, Hautöl und Stilltee für Nora.« Sie kicherte.

»Denkst du nicht, dass sich Matt genauso um seine Tochter kümmern wird wie Nora?«, fragte ich skeptisch, weil mir das Geschenk reichlich sexistisch vorkam. Nicht, dass ich in Familiendingen Erfahrung hatte, aber wir lebten im einundzwanzigsten Jahrhundert, da sollte die Gleichberechtigung nicht nur auf dem Papier existieren.

»Natürlich wird er das – auch wenn sie gar nicht sein Kind ist«, sagte Lilly augenrollend. Offenbar war meine unausgesprochene Kritik durchaus angekommen. »Das ist ein kleines Scherzgeschenk! Aber es wäre zumindest aktuell doch ziemlich doof, wenn Nora den Whisky trinkt und dann das Baby stillt, oder?«

»Wieso, dann schlafen wenigstens alle drei – Problem gelöst.« Dieser lahme Gag hatte sich einfach aufgedrängt, fand ich, doch Lilly starrte mich völlig entgeistert an.

»Das ist doch hoffentlich nicht dein Ernst, oder?«, fragte sie einigermaßen schockiert.

»Natürlich nicht! Wieso traust du mir so etwas zu? Ich musste nur deine Vorlage nutzen.«

»Ach so. Dann bin ich ja beruhigt. Ich habe für einen Moment geglaubt, dass du vielleicht aus eigener Erfahrung sprichst oder so. Man weiß ja nie ...« Sie wurde rot und sah verlegen zur Seite.

Ich unterdrückte nur mit Mühe einen tiefen Seufzer. Wäre ja auch zu schön gewesen, wenn sich Lilly keine weiteren Gedanken über meine Vergangenheit gemacht hätte. »Keine Sorge, mir sind zwar einige scheußliche Dinge passiert, aber Alkohol und kleine Kinder spielten dabei keine Rolle«, sagte ich und schob ein aufmunterndes Lächeln hinterher, das sich total falsch anfühlte, aber die gewünschte Wirkung erzielte. »Das war echt nur ein blöder Witz nach deiner Vorlage.«

»Sorry«, murmelte Lilly. »Ich sollte wirklich nicht vom Schlimmsten ausgehen.«

»Kein Ding«, beruhigte ich sie und beneidete sie darum, dass sie saufende Säuglingsmütter schon für das denkbar Schlimmste hielt.

»Vielleicht ist mein Geschenk doch nicht so witzig, wie ich gedacht habe«, kam ihr nun der nächste Gedanke.

»Was, wenn du den Whisky und die Ohrstöpsel einfach weglässt und stattdessen Schokolade und Kekse als Nervennahrung einpackst?«, schlug ich vor und wickelte noch eine Schleife um mein Päckchen. »Das ist neutraler, und alle haben etwas davon.«

»Das ist eine super Idee!« Lillys Gesicht hellte sich wieder auf. Sie zog die kleine Flasche und das Päckchen mit den Ohrstöpseln hervor und plünderte dann unseren Vorratsschrank. »Gegen Salzkaramell-Schoki und Erdnussbutter-Cookies kann niemand etwas sagen, oder?«, fragte sie schließlich, als alles wieder gut verpackt war.

»Definitiv nicht«, behauptete ich und behielt Argumente wie eine Nuss-Allergie für mich. Es musste schließlich nicht alles Schlimme eintreffen, was passieren konnte.

»Oh mein Gott – das ist so zauberhaft«, rief Nora eine knappe Stunde später, als sie mein Geschenk auspackte. Wie von Lilly prophezeit, schossen ihr beim Anblick meines Bärenbildes die Tränen in die Augen.

»Ich freu mich so, dass es dir gefällt«, sagte ich und fühlte mich gleichermaßen beglückt wie befremdet. Es war das erste Mal, dass ich jemandem eines meiner Bilder geschenkt hatte, und Noras Freude war ein wundervolles Lob. Aber ich konnte immer noch nicht so recht fassen, dass es Menschen gab, die einen Wert darin sahen.

»Gefallen? Das ist die Untertreibung des Jahres. Ich liebe den kleinen Bären. Du hast in seinem Gesichtsausdruck genau das eingefangen, was ich mit meiner Geschichte ausdrücken wollte. Das ist phänomenal.«

»Und das, obwohl Bären in Wirklichkeit gar keine

nennenswerte Mimik haben«, warf Matt grinsend ein und bekam dafür von seiner Freundin einen Schlag auf den Arm.

»Spar dir deine Klugscheißer-Kommentare«, schimpfte sie mit ihm. »Findest du nicht, dass Yuma das ganz wundervoll eingefangen hat?«

»Doch, finde ich schon. Und die künstlerische Freiheit erlaubt es auch, Bären einen Gesichtsausdruck zu verpassen.«

»Ich kenne die Geschichte gar nicht«, gab ich zu. »Lilly hat mir nur davon erzählt und ich habe mir einfach vorgestellt, wie sich ein mutterloses Bärenjunges wohl fühlen würde, das die aufregende Welt nun allein beziehungsweise mit ein paar neuen Freunden erobern muss.«

Das konnte wiederum Nora kaum glauben und ließ sich noch ein ganzes Weilchen darüber aus, wie bemerkenswert es doch sei. Glücklicherweise meldete sich schließlich Baby Megan und zog die unerwartete Aufmerksamkeit von mir ab, was mir ganz recht war.

Es wurde ein sehr schöner Abend, an dem auch noch Sarah und Andy vorbeikamen, zwei Studenten von Reed Archer, die gelegentlich bei unseren Touren aushalfen. Es war schön, Teil einer so netten und freundlichen Gruppe zu sein, und eine Zeitlang vergaß ich fast, mich als fremde Außenseiterin zu fühlen, obwohl ich mit diesen Menschen, die so viel jünger waren als ich selbst, nichts gemein hatte. An die Zeit mit Anfang zwanzig dachte ich nicht so gern zurück und manchmal gelang es mir sogar, sie zu verdrängen. Was wäre gewesen, wenn ich damals hier statt in Toronto gelebt hätte?

»Und wie sieht's bei euch mit Baby-Plänen aus?«, riss mich Nora aus meinen Gedanken.

Ich merkte, dass Sarah bei der Frage leicht errötete,

doch Andy winkte ab. »Erst wollen wir das Studium fertig machen und ein bisschen arbeiten.«

»Ich würde schon, aber mir fehlt der passende Dad dazu«, sagte Lilly mit einem theatralischen Seufzer. »Wenn ich die Kleine so anschaue, höre ich es ganz laut ticken.«

»Du bist fünfundzwanzig«, warf Matt ein. »Da kann es gar nicht so laut ticken.«

»Und was die Daddy-Frage betrifft – manchmal funktionieren auch unkonventionelle Wege«, bemerkte Nora und sah Matt verliebt an. Ich wusste inzwischen, dass Matt nicht der leibliche Vater der kleinen Megan war, sondern Nora erst kennengelernt hatte, als sie bereits schwanger gewesen war – ungeplant, vom besten Freund ihres Zwillingsbruders. Das hatte wohl für einiges Chaos gesorgt, aber inzwischen schienen alle Wogen geglättet zu sein, und Matt ging zweifellos in seiner Rolle auf.

»Was ist mit dir?«, wollte Lilly von mir wissen, und ich spürte, wie mich fünf Augenpaare neugierig fixierten.

»Ich werde keine Kinder bekommen«, sagte ich und bereute es bereits im selben Atemzug. Warum konnte ich nicht einfach lügen und behaupten, ich hätte noch keinen passenden Partner gefunden? Oder sonst eine sozial anerkannte Ausrede benutzen? Prompt wechselten die Blicke von »neugierig« zu »betroffen und irritiert«.

»Das ist ja auch keine Entscheidung, die man sich leicht machen sollte«, meinte Andy. »Außerdem bist du noch total jung und hast reichlich Zeit, dir darüber Gedanken zu machen.«

»Ich bin dreißig«, entgegnete ich und ahnte, dass die Wahrheit meine Situation auch diesmal nur verschlimmern würde.

»Du bist doch niemals dreißig!«, rief Lilly und klang

nun richtig schockiert. »Ich hätte dich allerhöchstens auf fünfundzwanzig geschätzt, eher jünger.«

Ich zuckte mit den Schultern. Irgendwann würde ich es vielleicht gut finden, jünger auszusehen, als ich tatsächlich war, aber noch war es nicht so weit.

»Wenn das stimmt, musst du krass gute Gene haben«, stellte Sarah fest und musterte mich beeindruckt. Von ihr wusste ich sicher, dass sie dreiundzwanzig war, aber man sah ihr an, dass sie viel Zeit draußen verbrachte, denn schon jetzt hatten sich kleine Lachfältchen um ihre Augen gebildet.

»Schon möglich«, murmelte ich unbestimmt. Tatsache war, dass ich nicht die geringste Ahnung hatte, wer meine Eltern waren, insofern konnte ich zu meinen Genen gar nichts sagen. Aber das fühlte sich gerade wie verdammt dünnes Eis an. Schließlich waren Sarah und Andy angehende Biologen, und das Letzte, wonach mir jetzt der Sinn stand, waren Spekulationen über meine Herkunft.

»Dafür, dass du keine Kinder haben möchtest, hast du ein sehr gutes Auge für sie«, rettete mich Matt, der gerade aufgestanden war, um neue Getränke zu holen, und mir über die Schulter schaute. Er deutete auf mein Notizbuch, das geöffnet in meinem Schoß lag. Ich hatte gar nicht gemerkt, dass ich die ganze Zeit hineingekritzelt hatte.

»Oh«, hauchte ich tonlos und starrte verwundert auf das Porträt von Baby Megan in Noras Arm. Ich hatte es gezeichnet, ich hatte ja noch den Stift in der Hand, aber ich konnte mich nicht daran erinnern.

»Darf ich mal sehen?«, bat Nora, und ich reichte ihr mein Notizbuch.

»Das ist ...«, ihre Stimme brach schon wieder vor

lauter Rührung. »Das ist der absolute Wahnsinn. Viel schöner als jedes Foto. Darf ich es haben? Bitte?«

Ich wusste nicht, was ich sagen sollte, war gerade völlig überfordert von der Situation, doch Nora schien mein Zögern falsch zu interpretieren, denn sie fuhr fort: »Ich würde natürlich dafür bezahlen! Du musst es mir nicht schenken oder so, aber es wäre eine so wundervolle Erinnerung.«

»Natürlich kannst du es haben«, beeilte ich mich, ihr zu versichern. »Aber ich habe eine bessere Idee. Ich werde eine Tuschezeichnung draus machen. Auf gutem Papier, genau wie bei dem Bären, das hält dann auch viel länger. Und es ist natürlich ein Geschenk.«

Nun war es Nora, die sprachlos zu sein schien. Allerdings nicht wegen meiner Worte, sondern weil sie in meinem Notizbuch blätterte und mit großen Augen meine zahllosen anderen Skizzen betrachtete. »Du bist eine verdammte Künstlerin, hat dir das schon mal jemand gesagt?« Sie sah mich ungläubig an. »Du musst diese Bilder verkaufen, die wären in Esthers Shop der absolute Renner.« Sie hielt eine Doppelseite mit drei Walskizzen in die Runde.

»Das erzähl ich ihr schon die ganze Zeit, und Esther auch«, nahm Lilly den Faden auf.

»Es hat sich bisher nicht ergeben«, wiegelte ich ab. »Diese Bleistift- und Kuli-Zeichnungen aus dem Notizbuch kann man nicht verkaufen. Ich musste mir erst Material besorgen, aber das habe ich ja jetzt.« Ich schielte zu dem Bärenbild. »Sobald ich ein paar ruhige Momente habe, werde ich einige Motive mit Tusche zeichnen und dann testweise in den Shop geben. Aber als Erstes werde ich Megan verewigen – kostenlos natürlich.«

»Das kann ich nicht annehmen«, behauptete Nora jedoch.

»Doch, denn ich werde dir keinen Preis nennen. Aber ich würde mich sehr über die Bärengeschichte freuen. Das reicht als Honorar.« Ich lächelte sie an und blickte dann gespielt erschrocken auf mein Handy. »Was, schon so spät? Ich muss noch ein paar Dinge erledigen und morgen früh raus.« Ich schnappte der überraschten Nora das Notizbuch aus der Hand, stopfte es hektisch in meine Tasche und stand dann auf. »Vielen Dank für die Einladung, es war superschön bei euch. Bis bald.«

SCHICKSALHAFT

TOFINO, VANCOUVER ISLAND, 23. MAI – YUMA:

Ich beobachtete von der Eingangstür unseres Shops aus das aufgeregte Treiben am Anleger. Esther, Reed und alle Mitarbeiter von »Johnson's Giants« und »Scott's Spout Scouts« hatten seit vorgestern Himmel und Hölle in Bewegung gesetzt, um eine große Begrüßungsparty für das neue Schiff zu organisieren, das heute in den Hafen einlaufen würde. Gefühlt war der ganze Ort auf den Beinen, und Tofinos Bürgermeister hatte es sich nicht nehmen lassen, ein großes Barbecue zu organisieren. Außerdem hatten die Foodtrucks geöffnet, und mehrere Stände für Getränke aller Art. Die Mitglieder des Schulorchesters, die sonst ihre Mitschüler bei Sportveranstaltungen anfeuerten, standen ebenfalls am Pier parat, um die Ankunft der »Sound of my Soul« angemessen musikalisch zu untermalen. Zahlreiche Touristen hatten sich eingefunden und warteten auf die Ausflugsboote, die das Segelschiff außerhalb des Hafens in

Empfang nehmen und dann in seine neue Heimat begleiten würden.

Ich musste zugeben, dass die Aufregung inzwischen auch auf mich übergesprungen war, obwohl ich mich mit Schiffen überhaupt nicht auskannte und nicht wirklich nachvollziehen konnte, warum alle so begeistert waren. Aber es war eine große Sache für Esthers und Reeds Betriebe und den ganzen Ort. Fast bedauerte ich, dass ich mich freiwillig für die Schicht im Shop gemeldet hatte, doch es war ohnehin nicht viel los, und von der Tür aus hatte ich die Hafeneinfahrt gut im Blick. Allerdings tat sich im Moment noch nicht viel. Es war witzig, das kollektive Aufjapsen der Menge zu hören, wenn ein Schiff in die Marina einfuhr. So viel Applaus hatten die drei Ausflugsboote anderer Anbieter und die beiden Sportsegler wohl noch nie bekommen.

Esther telefonierte gerade und signalisierte Reed etwas, das ich als »Dauert noch ein bisschen« interpretierte. Also ging ich zurück in den Laden und nahm hinterm Tresen Platz. Die Wartezeit konnte ich genauso gut mit Zeichnen überbrücken. Da offensichtlich alle Welt der Meinung war, dass ich Talent hatte und meine Bilder verkaufen sollte, wollte ich mich nicht länger dagegen wehren. Wobei, so stimmte das nicht. Genau genommen war ich absolut besessen und wie entfesselt. Nach meinem etwas plötzlichen Abgang bei Nora und Matt war ich nach Hause gelaufen und hatte die halbe Nacht am Küchentisch gesessen und gezeichnet. Erst das Babyporträt, das in Tusche noch viel zarter und gleichzeitig intensiver geraten war, danach Wale. Die bisherigen Begegnungen mit den Tieren hatten mich tief beeindruckt und ich bezweifelte, dass ich ihnen mit meiner Feder auch nur ansatzweise gerecht werden konnte. Allerdings flossen mir die Motive buchstäblich aus den Fingern. Ich musste nicht darüber nachdenken, was ich als Nächstes zeichnen, welches Detail ich besonders in den Fokus nehmen sollte. Es passierte einfach.

Das war gleichzeitig absolut magisch und irgendwie unheimlich. Und grundlegend anders als früher. Da hatte ich vor allem Kundenwünsche interpretiert und ... Ich schluckte und verdrängte die düsteren Gedanken auf der Stelle. An diesen dunklen Ort wollte ich nicht zurückkehren. Nicht einmal in meiner Erinnerung. Stattdessen konzentrierte ich mich lieber auf die Gegenwart.

Bereits am nächsten Tag, nach meiner durchgezeichneten Nacht, hatte ich einige Bilder in den Shop gebracht und sie so an den Wänden und Regalen angebracht, dass sie wie Dekoration und nicht wie Waren wirkten. Ich hatte zunächst einmal testen wollen, ob sie überhaupt Interesse weckten. Ich war damit noch nicht fertig gewesen, als mich die erste Kundin auf das Motiv eines springenden Buckelwals angesprochen hatte. Ich war völlig überrumpelt gewesen und hatte nur hilflos etwas von »unverkäuflich« und »Dekoration« gestammelt, doch dann war Esther herbeigeeilt, die im Lager gewesen war, und hatte fünfundsiebzig kanadische Dollar aufgerufen. Die Kundin hatte den Betrag bezahlt, ohne mit der Wimper zu zucken, und sogar etwas von »Schnäppchen« gemurmelt.

Nachdem sie sich verabschiedet hatte, hatte Esther kommentarlos alle weiteren Bilder mit je einhundert Dollar ausgezeichnet und mir einen Deal angeboten: Zwanzig Prozent der Verkaufserlöse würden als Provision an den Laden gehen, und ich würde die restlichen achtzig Prozent erhalten. Darüber konnte ich immer noch nur den Kopf schütteln, denn Galerien nahmen mindestens dreißig Prozent Provision – und das nur bei wirklich bekannten und namhaften Künstlern. Ansonsten wurden bis zu fünfzig Prozent fällig. Doch Esther hatte grinsend bemerkt, dass ihr Laden ja keine Galerie, sondern ein Souvenirshop sei und ich mich schleunigst an den Nachschub machen möge.

Das war vorgestern gewesen. Seitdem hatten wir sieben meiner Bilder verkauft und ich hatte fünfhundertsechzig Dollar verdient. In zwei Tagen. Es war absolut unwirklich, aber unfassbar berauschend. Und es gab mir eine Perspektive. Vielleicht würde ich nie völlig frei sein, aber die finanzielle Abhängigkeit könnte aufhören. Ich genoss es, wie meine Hand ihr Eigenleben ausnutzte und Strich um Strich auf das Papier zauberte, so als würde sie von den Tiefen meines Unterbewusstseins gesteuert. Gerade entstand ein Detailbild – das sanfte, wissende Auge einer Grauwalkuh, die schräg im Wasser liegend den Betrachter ansah. Das war einer dieser besonderen Momente bei meiner letzten Tour gewesen, als ich den Eindruck gehabt hatte, dass mir diese Walmutter direkt in die Seele blickte. Seitdem hatte ich das Motiv in etlichen Variationen gezeichnet, von denen eine schon verkauft war. Es war zwar längst nicht so spektakulär wie die Bilder von springenden Buckelwalen und Orcas, aber mich berührte es mehr als alles andere. Das warme Glücksgefühl, das ich in den ersten Tagen in Tofino fast die ganze Zeit gespürt hatte, durchflutete mich wieder, und ich war mir ganz sicher, dass ich hier mein Schicksal finden würde.

NALU:

Der Wind war schlecht, sonst wären wir längst angekommen. Ich hatte kurz in Erwägung gezogen, den Motor anzuwerfen, aber irgendwie wäre das nicht der passende Auftritt für ein Segelschiff in seinem neuen Heimathafen gewesen, oder? Esther war derselben Meinung, und nun hoffte ich, dass wir die Einfahrt in den Hafen von Tofino ohne Motorkraft schafften. Auf der Höhe von Ucluelet hatten uns ein paar Ausflugsschiffe von »Johnson's Giants« und »Scott's Spout Scouts« in Empfang genommen und flankierten uns nun auf dem Weg Richtung Tofino. Gerade passierten wir den Long Beach, von dem aus uns etliche Menschen begeistert zujubelten.

»Man könnte meinen, die Queen kommt zu Besuch«, stellte Liz mit ihrem trockenen Humor fest. Greg und Liz anzuheuern war eindeutig eine meiner besseren Ideen gewesen. Sie hatten während der letzten Tage tatkräftig mit angepackt, sodass die alte Lady pünktlich abreisefertig gewesen war. Die beiden hatten eine Doppelkabine bezogen, sich häuslich eingerichtet und waren seitdem symbiotisch mit der Brigg verschmolzen, so als wären sie schon immer Teil der Mannschaft gewesen. Auch menschlich lief es gut. Greg hatte eine ähnliche Einstellung zur Seefahrt wie ich, verstand sein Handwerk und hatte glücklicherweise nicht das geringste Problem damit, meine Führungsrolle zu akzeptieren. Und Liz hatte einen Narren an Koa gefressen, der es tatsächlich vorgezogen hatte, mitzufahren und nicht etwa in Vancouver zu bleiben. Okay, ernsthaft hatte ich damit auch gar nicht gerechnet, aber ich hatte ihm vor unserer Abfahrt gestern Nachmittag noch einmal die Möglichkeit gegeben, sich für ein Landrattendasein zu entscheiden – mit einer Ansprache, die ihn überhaupt nicht beeindruckt, bei Greg und Liz aber vor lauter Lachen zu Schnappatmung geführt hatte.

»Nicht die Queen – obwohl ich unsere Brigg durchaus majestätisch finde –, sondern der König.« Ich deutete lächelnd auf Koa, der an Deck herumstolzierte, als würde er eine Parade abnehmen. Was irgendwie ja auch stimmte.

»Aber die Leute scheinen sich tatsächlich zu freuen.« Liz winkte in Richtung Strand.

»Dabei sollten sie den Anblick schicker Schiffe gewohnt sein. In den Sommermonaten ist Vancouver Island ja *der* Hotspot für schicke Luxusjachten jeder Couleur. Dagegen ist unsere Lady geradezu unscheinbar.« Wir waren bereits an einigen dieser hochmotorisierten und superschicken Angeberkähnen vorbeigekommen. Nicht dass ich etwas gegen diese Schiffe hatte – wenn überhaupt, dann gegen die Eigner, denen es in der Regel nicht um das Erlebnis auf dem Meer, sondern um die Show in den Häfen ging.

»Die ›Sound of my Soul‹ ist viel, aber sicher nicht unscheinbar. Nicht einmal dann, wenn die Segel so schlapp herumflattern wie heute.« Liz deutete nach oben. Es war tatsächlich ein ziemlich trauriger Anblick, und ich überlegte, ob ich die Rahsegel einfahren sollte – was übrigens automatisch funktionierte, weil die Vorbesitzer keine Lust auf zu viel Schweiß, Schwielen und Schwindel gehabt hatten, wie mir John Osborne verraten hatte. Automatisches Segelsetzen bei einer historischen Takelage war zwar nicht wirklich stilecht, aber recht praktisch. Vor allem, wenn man wie wir mit einer Minimalcrew unterwegs war. Schließlich entschied ich mich für die Optik und ließ die Segel draußen – was zweifellos in Esthers Sinn war.

»Wenn ihr heute noch ankommen wollt, solltet ihr vielleicht doch mal den Motor anwerfen«, rief mir der Skipper eines der Ausflugsboote zu und grinste breit. »Wir sind hier fast im Leerlauf unterwegs. Oder ihr spannt ein paar Delfine oder Wale ein.« Er lachte gutmütig.

»Er hat leider recht, allmählich können wir froh sein, wenn wir nicht rückwärtsfahren«, sagte ich zu Liz und startete den Motor. Das sonore Brummen und die leichte Vibration bewiesen, dass Gregs »Baby« wie ein Kätzchen schnurrte. Wobei diese Analogie hinkte – das schiffseigene Kätzchen würde das empört von sich weisen.

Immerhin kamen wir jetzt ganz gut vom Fleck, und ich nahm erneut mein Telefon zur Hand und rief Esther an.

»Ich hab schon gehört, dass ihr gerade am Long Beach vorbeigefahren seid«, rief sie fröhlich, um die Geräuschkulisse im Hintergrund zu übertönen.

»Was geht denn bei dir ab?«, fragte ich sie, weil ich sie kaum verstand.

»Das wirst du gleich erleben. Mach dich auf einiges gefasst!« Sie legte auf, und langsam machte sich in mir eine untypische Aufregung breit. Ich war es wirklich gewohnt, mit den unterschiedlichsten Schiffen zu fahren, und hatte auch bei meinem letzten Trip von San Francisco nach Vancouver reichlich bewundernde Blicke geerntet, aber so ein Trubel war mir neu. Spontan kam mir eine Idee.

»Vielleicht sollten wir uns noch umziehen?« Ich sah zu Liz, die eine Jeans und ein rotes Sweatshirt trug. Ein ähnliches Outfit wie ich, nur dass ich ein grünes T-Shirt anhatte. Greg, der gerade zu uns kam, war mit beigen Cargoshorts und einer schwarzen Fleecejacke bekleidet. »Ich glaube, die erwarten etwas mehr ... nun ja ... Klasse ... von der Crew.«

»Sorry, meine weiße Galauniform habe ich vergessen«, gab Greg knochentrocken zurück und zwinkerte seiner Frau zu.

»Reed hat doch vorgestern ein paar Poloshirts mit den Firmenlogos vorbeigebracht«, sagte Liz jedoch unbeeindruckt. »Hast du eine weiße Hose?«, fragte sie mich und ich nickte. »Dann lasst uns das machen. Jeder zieht eine weiße Hose und ein dunkelblaues Poloshirt an, und auf die Liste der Dinge, die dieses Schiff noch braucht, kommt eine eigene Klamottenkollektion. T-Shirts, Polos, Pullis mit der eingestickten Silhouette der ›Sound of my Soul‹.« Sie ignorierte meinen irritierten Blick, grinste breit und scheuchte mich und ihren Mann unter Deck. »Beeilt euch, damit ich mich auch noch hübsch machen kann. Ich halte solange die Stellung.«

Fünf Minuten später standen Greg und ich wieder am Steuer – beide in weißen Shorts, er mit einem »Scott's Spout Scouts«-Shirt, ich mit einem von »Johnson's Giants«. Er hatte sich außerdem noch eine weiße Matrosenmütze aufgesetzt und ich mir meine zerzausten Haare wenigstens zu einem Knoten zusammengebunden.

»Mau«, sagte Koa bei unserem Anblick. Ich wusste allerdings nicht, ob er sich über uns lustig machte oder uns genauso schick fand wie ich.

»Wenn du rummaulst, binde ich dir diese Schleife um«, drohte Greg und zog ein etwas zerknittertes dunkelblaues Ripsband aus der Hosentasche, das vermutlich bis vor kurzem seine Mütze geziert hatte.

»Mau!« Das klang in meinen Ohren eindeutig herausfordernd, und Greg schickte sich an, seine Drohung wahr zu machen.

»Jetzt machen wir doch wirklich was her«, befand Liz eine Viertelstunde später. Auch sie trug weiße Shorts und ein »Johnson's Giants«-Polo, dazu eine weiße Baseball-Cap. Und sie hielt Koa auf dem Arm, der sich gegen die Schleife um seinen Hals erstaunlicherweise nicht zur Wehr gesetzt hatte. Gerade hatten wir Wickaninnish Island an unserer Backbordseite passiert und hatten nun das winzige Felice Island im Visier, ehe steuerbords gleich die Marina von Tofino auftauchen würde. Die Ausflugsschiffe grüßten uns erneut mit ihren Sirenen. Inzwischen waren auch ein paar kleine Jollen, etliche Kajaks und sogar eine ganze Reihe Stand-up-Paddler dazugekommen. Vor ein paar Jahren war ich mal beim Hamburger Hafengeburtstag gewesen – das Spektakel jetzt erinnerte mich daran. Ich drosselte den Motor fast bis zum Leerlauf, und wie aufs Stichwort frischte der Wind ein wenig auf, sodass die vielen wartenden Zuschauer wenigstens ein paar geblähte Segel vor die Fotolinsen bekamen. Das war zwar hübsch anzusehen, aber ziemlich unpraktisch, denn wir nahmen jetzt mehr Fahrt auf, als für die Einfahrt in den Hafen gut war.

»Das wird wohl nichts mit einem Auftritt unter vollem Tuch«, sagte ich bedauernd und begann, die Segel zu reffen. Dank der Automatik wickelten sie sich flugs ordentlich in den Hohlrahen auf und ich navigierte die »Sound of my Soul« mit Motorkraft an ihren prächtig geschmückten Anleger im Hafen.

Ich war lange nicht mehr in dem kleinen Städtchen gewesen, aber es sah noch so proper und putzig aus wie früher. Die Bewohner schienen mit Mann, Maus und Touristen am Hafen zu stehen und beobachteten unser

Manöver jubelnd. Offensichtlich waren wir die Attraktion des Wochenendes. Ein Kinderblasorchester spielte ein Shanty – etwas eigenwillig in der Intonation, aber voller Elan und Begeisterung. Zwischendurch dröhnten Nebelhörner und Schiffssirenen auf allen Frequenzen. Hunde bellten, Kinder kreischten – es war der helle Wahnsinn. Koa fand das Spektakel offenbar unangemessen, denn er flüchtete auf den Großmast, was ein mittleres Kunststück war, denn der war aus Metall.

Greg und Liz befestigten die Brigg am Pier und ich fuhr die Gangway aus. An vorderster Stelle am Anleger standen Esther mit einem kleinen Jungen an der Hand, Dominic, der ein kleines Mädchen auf dem Arm trug, Reed, der seine Arme um Kiona und seine Teenagertochter Grace gelegt hatte, außerdem Reeds Schwiegermutter Kelly, die mit ihm zusammen Geschäftsführerin bei »Scott's Spout Scouts« war, und Marty Johnson, Esthers Vater, den ich auch noch von früher kannte. Dazwischen drängelten sich drei wuschelige Riesenhunde, die es augenscheinlich ebenfalls nicht erwarten konnten, das Schiff zu besichtigen.

»Ich habe eure Brigg sicher in ihren neuen Heimathafen gebracht«, rief ich über den Lärm. »Wollt ihr sie begrüßen?«

Ich gab die Gangway frei und die beiden Eignerfamilien kamen an Bord. Esther strahlte wie ein Kind an Weihnachten und konnte ihr Glück offensichtlich kaum fassen, doch ehe ich mich um sie kümmern konnte, fiel mein Blick auf eine schmale junge Frau, die in der Eingangstür des Souvenirladens im Bootshaus von »Johnson's Giants« stand. Sie war zu weit weg, als dass ich ihren Gesichtsausdruck genau hätte erkennen können, aber für einen Sekundenbruchteil schien die Welt stehen zu bleiben. Es fühlte sich an wie in einem Science-Fiction-Film, in dem alles einfriert, nur man selbst nicht. Es war total irre, aber ich war mir einen Moment lang vollkommen sicher, dass diese Frau mein Schicksal war.

YUMA:

Erschrocken wich ich zurück und knallte die Ladentür hinter mir zu. Mein Herz schlug mir bis zum Hals und ich hatte das Gefühl, keine Luft mehr zu bekommen. Was genau war da eben passiert?

Ich setzte mich auf den Stuhl hinter dem Verkaufstresen, nahm mit zitternden Händen meine Wasserflasche und trank einen Schluck. Mein Hals war ganz trocken und ich konnte keinen klaren Gedanken fassen. Draußen tobte weiterhin eine Kakophonie aus Musik, Schiffssirenen, bellenden Hunden und fröhlichen Menschen, die das neue Schiff jubelnd begrüßten und es nicht erwarten konnten, an Bord zu gehen und es zu besichtigen.

Wir hätten Tickets dafür verkaufen können, schoss es mir durch den Kopf. Esthers Vater Marty hatte das gestern scherzhaft vorgeschlagen, doch seine Tochter hatte abgewinkt. Angesichts der Situation da draußen wäre das aber ein ziemlich schlaues Geschäftsmodell gewesen. Ich kniff die Augen zusammen, als könnte das die wirren Gedanken, die in meinem Kopf kreisten, zur Aufgabe bewegen. Ich ahnte, warum sich mein Hirn mit totalen Nebensächlichkeiten ablenkte – weil es nicht an den Moment denken wollte, in dem mich die Blicke des Skippers getroffen hatten. Dabei war er viel zu weit weg gewesen, als dass ich ihn überhaupt richtig hätte erkennen können.

Ich sah auf meine Hand, die schon wieder auf dem Papier kritzelte – ärgerlicherweise mit der Tuschefeder und auf dem guten Papier. Neben dem aus den Wellen springenden Delfin, den ich unmittelbar vor der Einfahrt der »Sound of my Soul« gezeichnet hatte, entstand in kühnen Strichen der schlanke Rumpf des Schiffs mit geblähten Segeln – auf denen plötzlich die Augen dieses polynesischen Halbgottes auftauchten.

Ich blinzelte wieder. Die Augen waren verschwunden. Zumindest auf dem Papier. Ansonsten fühlte ich den Blick immer noch auf mir ruhen. Wer um alles in der Welt war dieser Mann? Und was hatte er mit mir gemacht? Einen irren, winzigen Moment lang war ich mir sicher gewesen, dass er mein Schicksal war.

Unwillig schüttelte ich den Kopf. Was war heute nur los mit mir? Diese Schicksalsfantasie hatte ich doch vorhin schon gehabt, dabei sollte ich es wirklich besser wissen. Es gab kein Schicksal – zumindest kein gutes –, das hatte mir das Leben recht ausführlich und nachhaltig bewiesen. Und falls doch, dann ganz sicher nicht in Männergestalt – sei sie auch noch so ansehnlich. Männer bedeuteten vor allem Gefahr und ich tat gut daran, mich von ihnen fernzuhalten. Jedenfalls dann, wenn sie mich an ... Ja, was eigentlich?

»Reiß dich zusammen!«, schimpfte ich mit mir und schloss kurz die Augen, um die Entspannungsübung zur praktizieren, die ich vor Jahren gelernt hatte und die mir doch so oft ihre Wirkung versagte. Bitte keine Panikattacke, beschwor ich mich innerlich, aber dann wurde mir etwas klar, das ich noch bedrohlicher fand: Ich hatte keine Angst. Ich hatte Sehnsucht. Eine schier unstillbare Sehnsucht danach, mich von seinen muskulösen Armen umfangen zu lassen und in den Tiefen seiner dunklen Augen zu versinken.

»Oh Gott«, krächzte ich und war drauf und dran, schreiend davonzurennen. Doch dann öffnete sich die Ladentür, und Lilly kam mit roten Wangen und dem breitesten Grinsen, das ich jemals in ihrem Gesicht gesehen hatte, hereingepoltert.

»Du musst unbedingt mitkommen«, rief sie mir entgegen.

»Wohin?«

»Na raus, zum Schiff! Hast du den Skipper gesehen? Er könnte Jason Momoa sein – nur nicht so bullig und zottelig. Und ohne Bart, dafür mit unglaublich geilen Tattoos.«

»Also streng genommen überhaupt nicht wie Jason Momoa«, entgegnete ich und musste unwillkürlich schmunzeln. Lillys Begeisterung und ihre absurden Vergleiche hatten mich wieder ins Hier und Jetzt zurückkatapultiert. Ins sichere, überschaubare Tofino, wo die Ankunft eines alten Segelschiffs schon als *das* Ereignis der Saison galt. Welche durchgebrannten Synapsen auch immer in meinem Kopf für Verwirrung gesorgt hatten, sie hatten sich schlagartig erholt. Ich fühlte mich wieder normal. Völlig normal und absolut unbeeindruckt.

»Doch«, beharrte Lilly. »Absolut wie Jason Momoa. Allein die Ausstrahlung. Ein Blick von ihm reicht, und alle Frauen bekommen feuchte Höschen.«

»Bäh«, entfuhr es mir, ich wusste aber nicht, ob ich erleichtert oder eher angewidert sein sollte. Offenbar hatte der gut aussehende Kapitän nicht nur auf mich eine seltsame Wirkung gehabt, sondern zumindest auch auf Lilly.

»Nicht bäh, superhot!« In Lillys Augen hüpften Herzchen.

»Wenn du das sagst ...«

»Das ist keine Meinung, das ist eine Tatsache, und du würdest mir recht geben, wenn du ihn dir ebenfalls ansiehst. Also komm mit! Hier ist doch eh nichts los.«

»Nein, ich hab Esther versprochen, die Stellung zu halten. Wenn die erste Aufregung abgeflaut ist, tauchen bestimmt wieder ein paar Kunden auf.«

»Oh Mann, Yuma, du bist soooo spießig«, beklagte sie sich.

»Das nennt man ›pflichtbewusst‹«, korrigierte ich sie lächelnd. »Und ich werde sicher später noch die Gelegenheit haben, mir das Schiff anzuschauen.«

»Das Schiff ist mir total schnurz, mir geht es ...«, fing Lilly an, wurde dann aber von unserem Mitbewohner Carlos unterbrochen, der nun ebenfalls in den Laden gestürmt kam.

»Alles klar?«, fragte ich ihn, weil er mit weit aufgerissenen Augen mitten im Raum stand und wie ein Reh wirkte, das im Scheinwerferlicht eines heranbrausenden Autos gefangen war.

»Habt ihr den Skipper gesehen?«, keuchte er mit seinem dicken mexikanischen Akzent. Offenbar machte unser Neuankömmling Eindruck auf beide Geschlechter. Mir war allerdings nicht klar gewesen, dass Carlos an Männern interessiert war. Doch das wollte auch nichts heißen, denn er hatte sich bisher noch verschlossener und zurückhaltender gegeben als ich selbst.

»Was ist mit ihm?«, erkundigte ich mich ganz unschuldig.

»Er sieht aus wie Jason Momoa, nur besser, weil ...«

»Nicht so zottelig und ohne Bart?«, vervollständigte ich seinen Satz.

»Genau. Und mit geilen Tattoos!« Nun entdeckte ich auch in seinen Augen Herzchen. Merkwürdig, wirklich sehr, sehr merkwürdig.

Lilly starrte Carlos an und man konnte buchstäblich dabei zuschauen, wie es in ihrem Kopf arbeitete. »Du bist schwul!«, platzte es schließlich aus ihr hervor. »Ha! Endlich hab ich's kapiert. Wobei ich darauf ja schon längst hätte kommen können, weil du nie auf meine Flirtereien eingegangen bist. Aber Reality-Check: Jason Momoa ist hetero!«

»Jason vielleicht schon, aber was den unbekannten Schiffsführer betrifft, kannst du das ja nicht wissen«, warf ich ein und erntete ein dankbares Lächeln von Carlos.

»Stimmt«, gab Lilly stirnrunzelnd zu. »Aber das werde ich gleich rausfinden.« Sie warf Carlos einen Blick zu. »Kommst du mit?«

Er sah mich kurz hilfesuchend an, doch dann straffte er energisch die Schultern und reckte sein markantes Kinn nach vorn. »Ich bin dabei!«

Damit verließen die beiden entschlossen den Laden, und ich verspürte fast ein wenig Mitleid mit Mr X. Und ärgerlicherweise einen winzigen Stich Eifersucht. Doch das konnte gar nicht sein, oder?

(SCHIFFS-)PERSÖNLICHKEITEN

ERFREULICHERWEISE KAM ICH NICHT MEHR GROß DAZU, weiter über meine seltsamen Empfindungen nachzudenken, sondern wurde in den nächsten Stunden von Kunden überrollt. Offenbar hatten die Partystimmung und der Anblick des schönen Schiffs viele Touristen in einen regelrechten Kaufrausch versetzt. Besonders gefragt waren Polos und T-Shirts mit unserem Firmenlogo, und mehrfach wurde ich auf Andenken mit der »Sound of my Soul« darauf angesprochen. Das war eine Marktlücke, die wir dringend schließen mussten. Selbst meine halb fertige Skizze mit dem Schiff und den springenden Delfinen hatte mir eine Kundin abgeschwatzt, plus zwei weitere Bilder. Alles in allem also ein höchst erfolgreicher Sonntagnachmittag. Am frühen Abend waren die meisten Tagesgäste abgereist, und jene, die länger hierblieben, verzogen sich in die umliegenden Restaurants oder in ihre Quartiere. Viele der Einheimischen waren ebenfalls nach Hause gegangen, und auch

Reed war mit Kiona und seiner Tochter Grace wieder nach Port McNeill geflogen. Morgen war schließlich Montag und somit für die meisten ein ganz normaler Arbeits- oder Schultag.

Mit Kiona hätte ich mich gerne länger unterhalten. Sie war vorhin kurz im Laden gewesen und hatte sich sehr für meine Bilder interessiert. Sie selbst machte in ihrer Freizeit Holzschnitzereien und verkaufte die kunstvollen kleinen Walskulpturen im Shop von »Scott's Spout Scouts«, wo ich sie schon bewundert hatte. Ich fand es faszinierend, wie man aus Holz und mit einem Messer solche Kunstwerke erschaffen konnte. Dieser Werkstoff war mir völlig fremd, aber ich hatte große Lust, es mal damit zu probieren. Kiona war Englisch-, Sport- und Kunstlehrerin und hatte mir versprochen, mir bei Gelegenheit ein Schnitzmesser mitzubringen und mir die Basics zu zeigen. Das wäre toll, aber viel mehr war ich an ihr selbst interessiert. Sie war eindeutig indigener Herkunft, aber ich schätzte, dass sie auch einen weißen Elternteil hatte.

Bei mir selbst war ich mir nicht so sicher. Im Heim und in den Pflegefamilien hatte man immer spekuliert, dass ich indigene und lateinamerikanische Wurzeln haben könnte, aber Gewissheit gab es nicht. Ich fühlte mich zu beiden Kulturkreisen hingezogen, war mir aber nicht sicher, ob das Interesse authentisch war oder daher kam, dass ich es als Abgrenzungsmöglichkeit sah. Ich hatte mir selbst den Namen Yuma Solano gegeben, der meine möglichen Wurzeln widerspiegelte, aber mir fehlte die nötige Substanz. Bei Kiona hatte ich das Gefühl gehabt, dass auch sie eine Suchende war, die ihren Antworten aber schon erheblich näher war als ich. Wir hatten mit keiner Silbe darüber gesprochen, sondern nur über unsere Kunst, doch irgendwie war da eine Verbindung zwischen uns beiden entstanden, wie ich sie bei anderen Menschen bislang selten gespürt hatte. Sehr schade, dass sie am anderen Ende der Insel lebte und nur ziemlich selten nach Tofino kam.

»Zeit für Feierabend!«, rief Esther, die den Laden betrat, als ich gerade die Kasse machte. Sie sah so entspannt und fröhlich aus, wie ich sie bislang kaum erlebt hatte.

»Bin fast fertig«, entgegnete ich. »Es war gut, dass wir geöffnet hatten, denn die Leute waren ordentlich in Kauflaune.« Ich druckte den Abschlussbeleg aus und reichte ihn Esther.

»Wow, das hat sich ja gelohnt«, freute sie sich. »Aber jetzt hast du dir ein bisschen Freizeit verdient. Ich hab mit Lilly gesprochen, sie übernimmt morgen deine Schicht im Shop. Du kannst freimachen.«

»Das ist lieb, wäre aber echt nicht nötig, ich arbeite wirklich gerne hier.«

»Ja, ich weiß, und darüber bin ich auch wahnsinnig froh. Aber ich will auch, dass es so bleibt, und du hast, seit du hier bist, fast überhaupt noch nicht freigehabt. Das ist nicht gut. Du kennst die Gegend ja noch gar nicht. Das Wetter ist schön, da könntest du mal an einen unserer tollen Strände gehen«, schlug sie vor und schien es wirklich ernst zu meinen mit der Freizeit.

»Ich könnte ja auch bei einer Tour mitfahren«, bot ich an. »Das ist für mich wie Urlaub, und ich bin total gern bei den Walen draußen.« Ich schaute zu einem meiner Bilder. »Sie inspirieren mich.«

»Nein, bei einer Tour würdest du auch wieder nur

arbeiten«, lehnte sie ab. »Und die Strände sind auch sehr inspirierend. Ich wette, da findest du Anregung ohne Ende. Du kannst natürlich machen, was du willst«, fügte sie noch hinzu, als sie meinen skeptischen Gesichtsausdruck sah. »Solange du weder im Laden noch im Büro noch bei den Touren aufkreuzt.« Sie zwinkerte mir verschwörerisch zu. »Glaub einer alten Frau, wenn sie sagt, dass Erholung wichtig ist.«

»Du bist doch maximal fünf Jahre älter als ich«, erwiderte ich. »Und ich habe noch nie erlebt, dass du dich mal erholt hättest.«

»Eben«, bemerkte sie schlicht. »Und fünf Jahre können einen Riesenunterschied machen. Vor allem, da es fast sieben sind – jedenfalls dann, wenn deine Angaben zum Geburtsdatum richtig sind. Ich kann nämlich immer noch nicht glauben, dass du schon dreißig sein sollst. Aber andererseits – wer macht sich schon freiwillig älter? Also, wenn man nicht gerade siebzehn ist und gerne in einen Club gehen möchte.«

Ich hob abwehrend die Hände. Diskussionen über mein Geburtsdatum oder andere persönliche Daten konnte ich jetzt überhaupt nicht brauchen. »Überzeugt. Ich werde mir morgen einen netten Tag machen und zeichnen.«

»Das ist aber auch irgendwie Arbeit«, stellte sie stirnrunzelnd fest.

»Nicht für mich. Für mich gibt es nichts, was mich zufriedener macht.« Diese schlichte Wahrheit so inbrünstig auszusprechen tat wahnsinnig gut, und Esther lächelte mich versonnen an.

»Dann ist Zeichnen für dich das, was für mich Segeln ist«, sagte sie und seufzte leicht. Dabei blickte sie aus dem Fenster und auf die »Sound of my Soul«, die nun friedlich im Abendlicht lag und den Trubel des Tages gut überstanden hatte. Die Sehnsucht in ihren Augen kannte ich.

»Du und Reed solltet euch dringend überlegen, Schiffs-Merchandise anzuschaffen«, wechselte ich das Thema. »Wir hatten wahnsinnig viele Nachfragen. Vor allem nach T-Shirts, Pullis oder Polos. Aber ich bin mir sicher, dass auch Postkarten, Notizbücher oder Tassen gut weggehen würden. Entweder ganz simpel nur mit dem Namen oder vielleicht etwas aufwendiger mit der Schiffssilhouette.«

»Nalu hat vorhin etwas Ähnliches gesagt.« Esther riss ihren Blick vom Fenster los und sah mich nachdenklich an. Dann hellte sich ihr Gesicht auf. »Wirst du sie zeichnen? Dann könnte man daraus eine Druckvorlage machen und Klamotten damit besticken lassen.«

»Klar, kein Problem. Das könnte ich beispielsweise morgen machen. Oder gleich jetzt.« Offen gestanden juckte es mich schon wahnsinnig in den Fingern.

»Wann immer du dazu kommst«, entgegnete sie. »Aber damit du dir ein richtiges Bild machen kannst, musst du sie dir natürlich anschauen. Komm mit.« Sie schnappte meine Jeansjacke und meine Umhängetasche, die über der Stuhllehne hinterm Tresen hingen, drückte mir beides in die Hand und schob mich aus dem Laden. Dann schloss sie die Tür ab und verkündete: »Du kriegst jetzt eine exklusive Führung.«

Es ging so schnell, dass ich nicht einmal die Chance hatte, mir eine Ausrede dafür zu überlegen, warum das keine gute Idee war. Esther quasselte auf der kurzen Distanz zwischen Laden und Anleger ununterbrochen.

»Ich bin so froh, dass wir dieses Schiff gekauft haben.

Zugegeben, es ist ein ziemlich riskantes Unterfangen, aber wie hätte ich dieser Schönheit ernsthaft widerstehen können? Zumal sie praktisch alles bietet, was wir uns von einem Expeditionsschiff gewünscht haben. Die Größe ist perfekt, die Ausstattung passt auch, und die Tatsache, dass wir uns vorwiegend mit Windenergie fortbewegen, ist ebenfalls ein Argument, das ganz oben auf der Liste stand und uns der Auszeichnung als ›nachhaltiger Ökotourismus‹ ein Stückchen näher bringt.«

»Warum nur vorwiegend?«, wollte ich wissen – hauptsächlich, um irgendwas zu sagen und nicht völlig ahnungslos zu wirken.

»Nun ja, wir brauchen natürlich einen leistungsstarken Motor, schon allein aus Sicherheitsgründen. Und um den Generator zu betreiben. Die Takelage lässt sich automatisch bedienen, das ist bei den altmodischen Rahsegeln schon sehr praktisch, sonst wäre das mit wenig nautischer Crew gar nicht zu schaffen. Außerdem brauchen die Computer der Wissenschaftler Strom, genau wie die ganze Schiffstechnik, Navigation, Radar und so.«

Ich nickte. Ehrlich gesagt verstand ich nichts von dem maritimen Kauderwelsch oder Seemannsgarn, das mir Esther gerade um die Ohren geschleudert hatte, aber vermutlich erwartete sie gar keine ernsthafte Antwort. Außerdem hatten wir das Schiff gerade erreicht. Aus der Nähe wirkte es noch beeindruckender, geradezu majestätisch. Ein fröhliches, wettergegerbtes Paar in den Fünfzigern kam eben die Gangway runter.

»Wir haben gehört, hier soll es ein paar nette Pubs geben«, sprach der Mann Esther an.

»Einige. Für jeden Geschmack ist etwas dabei, und ich wette, dass ihr jede Menge Leute treffen werdet, die euch heute schon auf unserer Lady heimgesucht haben. Braucht ihr irgendwelche Tipps?«

»Nein, wir kommen klar, vielen Dank.«

»Ihr könnt eigentlich gar keinen Fehler machen. Ich würde euch auch begleiten, aber ich will meine Kinder ins Bett bringen und vorher noch Yuma das Schmuckstück zeigen. Yuma, das sind Greg und Liz, die dafür sorgen werden, dass auf der ›Sound of my Soul‹ alles glattläuft. Ich habe den Verdacht, dass die zwei bald genauso unentbehrlich sein werden wie du.« Sie strahlte die beiden an und fuhr dann mit der Vorstellung fort: »Greg und Liz, das ist Yuma, die mir vor einem guten Monat in Vancouver zugelaufen ist, so wie Nalu sein Kater, und seitdem geradezu unverzichtbar für ›Johnson's Giants‹ geworden ist. Sie hat nicht nur das hochkomplexe Buchungssystem besser im Griff als ich, sondern auch das Shopmanagement. Außerdem hat sie sich innerhalb kürzester Zeit ein enormes Wissen über Wale angeeignet und ist daher auch als kompetenter Guide bei den Touren einsetzbar. Aber vor allem ist sie eine wahnsinnig talentierte Künstlerin, die unser Schiff zeichnen wird, damit wir ein Signet für die ›Sound of my Soul‹-Kollektion haben.«

Ich merkte, wie ich bei dem übertriebenen Lob rot anlief und ziemlich verlegen wurde, aber ich schüttelte dem netten Paar die Hände und hoffte, dass sie Esthers übersprudelnde gute Laune richtig einzuordnen wussten. »Freut mich, euch kennenzulernen.«

»Ebenso. Wir müssen uns unbedingt bald zusammensetzen und über die ›Kollektion‹ reden«, antwortete Liz mit einem Augenzwinkern. »Vor ein paar Stunden wollte Esther von Klamotten mit dem Schiffslogo drauf nämlich noch nichts wissen. Aber ich hätte ein paar tolle Ideen, und vielleicht können wir uns da austauschen.«

»Sehr gerne«, entgegnete ich. »Ich hab zwar nicht viel Ahnung davon, aber die Kunden haben im Shop recht präzise Wünsche geäußert. Das könnte man ja als Basis nehmen. Und was mir beim Stichwort Nachhaltigkeit in den Sinn gekommen ist – vielleicht sollte man bei den neuen Merchandise-Sachen ebenfalls darauf achten. Ich meine, es ist ja schön, wenn das Schiff vorwiegend mit Windkraft fährt, wenn aber die Sachen, die wir im Shop verkaufen, billiger Plastikkram aus China sind, ist das sicher nicht gütesiegelwürdig. Von Klamotten, die unter mutmaßlich fragwürdigen Bedingungen in Bangladesch hergestellt wurden, ganz zu schweigen.« Keine Ahnung, aus welchen Untiefen das jetzt kam, aber ich klappte sogleich peinlich berührt den Mund zu. War sicher kein besonders schlauer Schachzug, die Chefin, die einen gerade so überschwänglich gelobt hatte, derart harsch zu kritisieren, auch wenn ich ihren Vergleich mit der zugelaufenen Katze ziemlich doof fand. »Sorry«, fügte ich rasch hinzu.

Esther lachte lauthals auf. »Hab ich's nicht gesagt? Unersetzlich! Du hast in allen Punkten recht, und tatsächlich steht das alles auch schon längst auf meiner unendlich langen To-do-Liste, nur bin ich einfach nicht dazu gekommen, mich um all das zu kümmern. Aber dafür habe ich ja jetzt dich.« Sie drückte mir aufmunternd den Arm. »Oder vielmehr euch, denn mir scheint, da habe ich zwei weitere Juwelen gefunden. Jetzt will ich euch aber nicht länger aufhalten. Habt einen schönen Abend. Ist Nalu an Bord oder unterwegs?«

Ich nahm an, dass Nalu der Jason-Momoa-artige-nur-ohne-Bart-und-mit-Tattoos Skipper war. Vermutlich musste er sich gerade Lilly und Carlos vom Leib halten. Oder auch nicht. Womöglich stand er auf einen der beiden. Oder auf beide. Und warum dachte ich schon wieder über solche Dinge nach?

»Ich bin hier«, hörte ich eine tiefe, weiche Stimme hinter uns, die mir eine Gänsehaut über den Rücken jagte, wie ich sie nicht oft erlebt hatte. Jedenfalls nicht wegen einer Stimme. Ich drehte mich um und fand mich der beeindruckenden Erscheinung gegenüber, die mich vor ein paar Stunden auf die Distanz fast umgehauen hatte. Aus der Nähe betrachtet ...

»Wie schön!«, rief Esther begeistert, winkte noch einmal Greg und Liz zu und stieg rasch die Gangway hinauf an Bord. Mit ihrem Ausruf unterbrach sie meine Gedanken und die chemische Reaktion in meinem Körper, die zweifellos gleich dafür gesorgt hätte, dass meine Knie weich wie Pudding wurden. Was ungünstig gewesen wäre. Um es vorsichtig zu formulieren.

Zaghaft folgte ich ihr und kam prompt leicht ins Wanken, doch ein sicherer Griff an meinem Oberarm hielt mich aufrecht – fühlte sich allerdings wie ein Stromstoß an. Nalu schien es auch gespürt zu haben, denn er ließ mich sofort wieder los und sah mich überrascht an.

»Was kann ich für meine werte Chefin tun?«, fragte er dann Esther, und ich hatte den Eindruck, dass er um jeden Preis cool und lässig rüberkommen wollte, dass es aber ziemlich angestrengt klang.

»Chefin, wie sich das anhört.« Sie lachte und knuffte ihn leicht in den Arm. »Yuma, das ist Nalu. Ein ganz alter Freund von mir und der beste Skipper, den ich kenne. Er war schon auf jedem Ozean dieses Planeten unterwegs und hat drei Weltumseglungen hinter sich. Es ist eine absolute Ehre, dass er sich bereit erklärt hat, die ›Sound of my Soul‹ in ihrer ersten Saison unter unserer Flagge zu segeln.«

»Hi«, sagte ich lahm. Angesichts von Esthers Hang zu Superlativen wusste ich nicht, ob ich ihr glauben sollte, dass dieser Nalu tatsächlich so ein toller Hecht war, wie sie behauptete. Und wie er aussah ...

»Und das ist Yuma, die großartigste Office-Managerin, die ich jemals hatte, und eine wahnsinnig talentierte Künstlerin. Ich möchte ihr das Schiff zeigen, damit sie es angemessen zu Papier bringen kann.«

»Ich bin beeindruckt«, entgegnete die Samtstimme und klang dabei ganz aufrichtig. »Esther neigt nicht zu Übertreibungen.«

»Tut sie nicht?«, platzte ich ungläubig heraus.

»Nicht was meine Vorstellung betrifft, jedenfalls.« Nun ließ er seine makellosen Zähne in einem breiten Lächeln blitzen. »Höchstens der ›ganz alte Freund‹ ist nicht völlig korrekt. So alt bin ich schließlich noch nicht.«

»Immerhin kennen wir uns seit ungefähr siebzehn Jahren«, konterte Esther. »Das qualifiziert sich schon als alte Freundschaft.«

»Jedenfalls dann, wenn man unterschlägt, dass wir uns in den letzten dreizehn Jahren nicht gesehen haben.«

»Was nicht an mir lag«, gab sie zurück und ich spürte plötzlich eine leichte Spannung zwischen den beiden, die bis eben nicht da gewesen war.

»Ich weiß, aber so spielt das Leben eben manchmal, nicht wahr? Es geschehen Dinge, die man nie für möglich gehalten hätte. Bei uns allen, nehme ich an.«

Täuschte ich mich oder knisterte nun auch die Luft? Mit unmöglichen Geschehnissen kannte ich mich aus, aber das war nichts, was ich mit diesen beiden

Menschen teilen würde. Außerdem schien mir sehr viel Unausgesprochenes zwischen den beiden angeblich so alten und engen Freunden zu stehen. »Ähm ... also ... ich schau mich einfach schon mal ein bisschen an Deck um«, warf ich ein und wandte mich rasch in Richtung des schlank zulaufenden Bugs. Sollten die zwei doch allein klären, was sie sich zu sagen hatten. Lieber wäre ich nach Hause gegangen, denn für eine Zeichnung der Schiffssilhouette brauchte ich wohl kaum das Innere zu sehen. Doch die beiden blockierten den Zugang zur Gangway.

»Mau.«

Ich zuckte zusammen, als direkt neben mir laut und deutlich ein Katzenmaunzen ertönte. Auf einem aufgerollten Tau lag ein grauer Tiger mit blauer Schleife um den Hals und fixierte mich aus klugen Augen. *Zugelaufen ... wie Nalu sein Kater*, schossen mir Esthers Worte durch den Kopf. Ich ging in die Hocke, streckte meine rechte Hand aus und ließ das Tier daran schnuppern. Offenbar war ich akzeptabel für ihn, denn er stand auf und rieb seinen runden Kopf an meinem Handrücken.

Ich dachte flüchtig an die Katzen zurück, die es in meinem früheren Leben gegeben hatte. Die einzigen Lebewesen, die mich nie enttäuscht hatten. Kurz tauchten vor meinem inneren Auge Bilder von ganz ähnlichen Bernsteinaugen auf, die allerdings aus einem roten Tigerpelz hervorschauten. Tigger war ... Nein, nicht weiterdenken. Mit einiger Mühe verdrängte ich die Erinnerungen. Tigger war nicht mehr da. Genau wie mein altes Leben. Eine Träne, die ich nicht rechtzeitig einfangen konnte, lief mir über die Wange, und ich drückte mein Gesicht in das warme Fell des grauen Katers. Wie war er auf meinen Arm gekommen? Ich konnte mich nicht mehr erinnern, aber sein Schnurren und sein kompakter, warmer Körper trösteten mich.

»Jetzt bin ich wirklich beeindruckt.«

Ich fuhr herum und fand mich Nalu gegenüber, der mit einem leichten Lächeln auf den Lippen zwischen mir und der Katze hin und her sah.

»Koa ist sehr wählerisch, was Menschen betrifft«, fuhr er erklärend fort. »Seit der Einfahrt in den Hafen habe ich ihn nicht mehr so entspannt erlebt. Der Trubel war ihm eindeutig zu viel.«

»Kann ich verstehen«, murmelte ich in das Fell hinein und hoffte, dass Nalu meinen Moment der Schwäche nicht mitbekommen hatte. »Mir wäre das auch zu viel gewesen. Aber für Esther und Reed war und ist es doch ein grandioser Einstieg.«

»Hm«, entgegnete er unbestimmt, ehe er sich räusperte. »Esther ist übrigens heim zu ihrer Familie gefahren. Sie meinte, dass ich dir alles zeigen und dir alle Fragen beantworten soll, die du hast. Wo wollen wir anfangen?«

»Ich habe ehrlich gesagt keine Ahnung«, gab ich zu. »Ich kenne mich mit Schiffen überhaupt nicht aus, und um die ›Sound of my Soul‹ zu zeichnen, muss ich eigentlich auch gar nichts wissen. Ich habe sogar das Gefühl, dass ich schon alles weiß, was ich wissen muss.«

Er hob eine Braue, erwiderte aber nichts.

»Vermutlich klingt das total blöd, aber es kommt mir so vor, als ob ich ...« Ich suchte nach Worten, die sich nicht vollkommen paranoid anhörten. »Dieses Schiff hat eine sehr präsente Persönlichkeit, und die habe ich, ähm, irgendwie abgespeichert«, versuchte ich und kam mir unsagbar dämlich vor. Was musste dieser Mann von mir denken? Er schwieg jedoch weiter und betrachtete mich nur interessiert, und da es jetzt auch schon egal war, fuhr ich fort: »Ich glaube, ich könnte sie einfach so zeichnen und würde sie gut wiedergeben.«

»Jetzt verstehe ich, warum sich Koa zu dir hingezogen fühlt«, sagte Nalu zu meiner Überraschung. Das war sicher nicht die Antwort, mit der ich gerechnet hätte. »Das muss dir nicht peinlich sein. Es gibt nicht sehr viele Menschen, die die Persönlichkeiten von Schiffen erkennen können. Meistens werde ich seltsam angeschaut, wenn ich etwas davon erzähle.«

»Kann ich mir vorstellen«, erwiderte ich. »Dabei ist sie so präsent. Ich konnte sie sogar vom Laden aus spüren, als sie in den Hafen gefahren kam.«

»Erstaunlich«, murmelte er und schenkte mir erneut ein Lächeln, das ungünstige Auswirkungen auf die Stabilität meiner Gliedmaßen hatte.

Vielleicht lag es aber auch nur am leichten Schwanken durch die Wasserbewegungen. Jedenfalls geriet ich wieder etwas ins Straucheln, und wieder war Nalu da, um mich zu stabilisieren. Diesmal fasste er mich an den Schultern, denn ich hielt ja noch den Kater im Arm, aber erneut durchzuckte es mich wie ein Blitz.

»Bist du elektrisch aufgeladen?«, wollte er verwundert wissen und starrte auf seine Hände, die er sofort wieder weggenommen hatte. »Jedes Mal, wenn ich dich anfasse, bekomme ich einen Stromschlag.«

»Ich nicht, aber du vielleicht?« Ich schluckte und verspürte plötzlich zwei stark widerstreitende Impulse. Einerseits war da wieder die Sehnsucht nach mehr. Nach mehr Blicken aus den fast schwarzen Augen, nach der weichen, dunklen Stimme, nach dem Lächeln, nach den knisternden Berührungen. Dieser Nalu war ein durch und durch faszinierendes Geschöpf, das Saiten in mir zum Klingen brachte, die lange verstaubt und verstimmt gewesen waren. Andererseits wollte ich mindestens genauso dringend fliehen. Nur weg von diesen bedrohlichen Gefühlen, die mich durcheinanderbrachten und meine Denkfähigkeit zu Staub zermalmten. Das war gefährlich.

»Ich bin mir ziemlich sicher, dass es an dir liegt«, gab er zurück. »Schon als du mich vorhin vom Bootshaus aus angesehen hast, konnte ich es spüren.«

Extrem gefährlich. »Unwahrscheinlich«, nuschelte ich in Koas Fell hinein und setzte den Kater dann auf das Holzdeck. »Mir ist gerade eingefallen, dass ich noch dringend was erledigen muss«, brachte ich die dümmste denkbare Ausrede hervor. »Danke, dass ich das Schiff anschauen durfte, mach's gut.« Und ehe er noch etwas sagen oder mich mit einem weiteren knieerweichenden Blick zu Fall bringen konnte, eilte ich zur Gangway und lief rasch die wenigen Schritte bis zum Bootshaus, in dem über dem Laden die Wohnung lag, die ich mir mit Lilly und Carlos teilte.

Glücklicherweise waren die beiden nicht zu Hause, denn ich hatte wirklich keine Lust, mir Schwärmereien über Nalu anzuhören – auch weil ich nicht scharf darauf war, mich in den sabbernden Fanclub einzureihen. Stattdessen schob ich mir eine Tiefkühlpizza in den Ofen und startete mein Ablenkungsprogramm: Zeichnen. Wie von allein entstand der schlanke Rumpf des Segelschiffs auf meinem Skizzenblock, doch bei den Segeln wusste ich nicht weiter. Vielleicht hätte ich doch ein paar Fotos machen sollen? Ich hatte ein ziemlich gutes Gedächtnis und konnte mir viele Dinge – Gesichter, Tiere, Gegenstände – fast fotorealistisch einprägen, doch ich merkte, wie ich jetzt an den Details scheiterte. Die »Sound of my

Soul« hatte zwei Masten, an denen jeweils mehrere rechteckige Segel übereinander befestigt waren. Wie man die genau nannte und wie viele es pro Mast waren, konnte ich nicht sagen, denn das Schiff war mit Motorkraft in den Hafen gekommen. Ich kramte mein Handy aus der Tasche, um die Firmenwebsite und die Social-Media-Kanäle zu öffnen, da hatten wir in den letzten Tagen einige Bilder hochgeladen. So weit kam ich jedoch gar nicht, denn es lagen mehrere Textnachrichten von Lilly vor.

Die erste war schon drei Stunden alt. Sie hatte ein Selfie mit Nalu gemacht und es mir mit diversen Herz-Smileys geschickt. Sie strahlte auf dem Bild über beide Ohren, aber Nalus Lächeln wirkte eher gequält. Ganz schien er ihren Enthusiasmus nicht zu teilen, was mir seltsamerweise eine gewisse Genugtuung bescherte.

Carlos spürt keine Gay-Vibes – 1:0 für mich!, lautete die nächste Nachricht, die sie zehn Minuten nach dem Selfie geschickt hatte. Vor einer Stunde hatte sie sich erkundigt, ob und wann ich denn endlich Feierabend machen würde, und behauptet, dass ich unbedingt in unseren Lieblingspub kommen müsse, um »über alles zu reden«. Ich wusste nicht, worüber ich mit ihr sprechen sollte – also, grundsätzlich schon, aber nicht, wenn das Hauptthema Nalu hieß und jeder Satz von ihr die Triggerworte »Jason Momoa«, »weniger zottelig«, »kein Bart« und »geile Tattoos« enthielt. Ich seufzte, weil ich ahnte, dass die nächsten Tage ziemlich anstrengend werden könnten. *Lass alles stehen und liegen, und komm endlich in die Kneipe*, hatte sie vor zehn Minuten in ihrer jüngsten Nachricht gefordert, die sie mit unzähligen Ausrufezeichen und sich abwechselnden Sternchenaugen- und Herzchenaugen-Emojis garniert hatte. Und nun stöhnte ich richtig auf, weil ich nicht wusste, wie ich reagieren sollte.

Jetzt klingelte auch noch mein Handy. Lilly. Natürlich.

»Hi, Lilly, was gibt's?«

»Wo bleibst du?«, fragte sie anklagend. »Du hast meine Nachrichten doch gesehen.«

»Ja. Vor zwei Minuten«, entgegnete ich. »Außerdem habe ich andere Pläne. Ich will ein bisschen zeichnen und habe außerdem eine Pizza im Ofen.«

»Ich weiß aus sicherer Quelle, dass du morgen freihast und dir deshalb einen lustigen Abend machen kannst. Die Pizza kannst du morgen auch kalt zum Frühstück essen. Oder als Mittagessen.«

Plötzlich roch es reichlich verbrannt und ich hastete in die Küche. »Fuck«, schimpfte ich und riss die Ofentür auf.

»Kein Grund, ausfallend zu werden«, tönte es aus dem Telefon.

»Nein, nicht du. Die Pizza. Sie ist total verkohlt«, erklärte ich und öffnete das Fenster, damit die stinkende Rauchwolke abziehen konnte. Wie lange hatte ich gezeichnet, ohne auf die Uhrzeit zu achten? So ein Mist.

»Ha, das Schicksal weiß eben, was gut für dich ist!«, hörte ich Lillys triumphierende Stimme. »Es will nicht, dass du einsam Pizza mampfst, sondern dass du dir mit uns einen lustigen Abend machst. Kommst du jetzt endlich? Ich kann dir auch schon einen Burger bestellen.«

»Na schön.« Mein Blick fiel auf die schwarz verbrannten Überreste der Thunfischpizza, die mein Abendessen hätte werden sollen. »Ich bin in zehn Minuten da. Bestell mir bitte einen Cheeseburger mit Süßkartoffel-Pommes und einen kleinen Salat«, bat ich sie, ehe ich das Gespräch beendete und die Pizzaleiche vom Backblech ins Spülbecken beförderte, wo sie vor ihrer endgültigen Beisetzung in Ruhe auskühlen konnte. Die bizarren Vergleiche schob ich auf meinen knurrenden Magen, denn an die anderen möglichen Gründe – meinen etwas angegriffenen Geisteszustand beispielsweise – wollte ich gerade lieber nicht denken.

DIE GEZEICHNETEN

NALU:

»MAU!« KOA KLANG EINDEUTIG VERÄRGERT, ALS YUMA so plötzlich das Schiff verließ, und bedachte mich mit einem genervten Blick.

»Es ist nicht meine Schuld, dass sie gegangen ist«, verteidigte ich mich halbherzig, doch es war klar, dass mir der Kater keine Silbe glaubte. Ich glaubte mir ja selbst nicht. Allerdings wusste ich auch nicht, was ich falsch gemacht haben könnte. Es war sonnenklar, dass zwischen uns die Luft vibrierte, auf eine Art, wie ich es noch nie erlebt hatte. Unklar war mir jedoch, woher das kam. Von den Mini-Blitzeinschlägen, wenn ich sie berührte, ganz zu schweigen. Sie hatte diese Stromstöße genauso gespürt wie ich, und ich wusste nicht so recht, ob ich froh darüber sein sollte, dass ich mir dieses Phänomen nicht eingebildet hatte, oder besorgt, weil es womöglich für etwas anderes stand. Etwas Größeres. Etwas Großes. »Stromstöße« traf es auch nicht ganz. Es hatte ja nicht wehgetan, sondern mir ganz im Gegenteil ein angenehm prickelndes Gefühl geschenkt. Am ganzen Körper.

Koa warf mir noch einen Blick zu, anscheinend wartete er ab, ob ich vielleicht noch einen besseren Erklärungsansatz finden würde. Doch als ich schwieg, stolzierte er mit hoch aufgerichtetem Schwanz davon. Nun war ich wieder allein mit mir und meinen Gedanken. Und mit einem latenten Hungergefühl. Genauer gesagt einem massiven, denn meine letzte wirklich erwähnenswerte Mahlzeit heute war das üppige Frühstück gewesen, das Liz für uns zubereitet hatte. Ich war hin- und hergerissen. Einerseits verspürte ich wenig Lust, mich nach dem Tollhaus-Nachmittag wieder in den Trubel zu stürzen, andererseits war mir auch nicht so unglaublich danach, selbst zu kochen. Die Faulheit siegte schließlich und ich zog mir rasch etwas anderes an. Es musste ja nicht sein, dass ich auf den ersten Blick wie der Seemann wirkte, der ich war. Die weißen Shorts, das Poloshirt und die blaue Fleecejacke, die ich vorhin schon übergezogen hatte, flogen in meiner Kabine aufs Bett, und ich kramte in dem schmalen Spind, der als Kleiderschrank diente, nach unauffälligen Alternativen.

Als ich schon meine Jeans anhatte und mich nach den Shirts streckte, fiel mein Blick auf den schmalen, langen Spiegel, der innen an der Schranktür befestigt war. Esther hatte sich vorhin sehr überrascht über meine Tattoos gezeigt, die ich noch nicht gehabt hatte, als wir beide zusammen gewesen waren. Sie hatte nur die am linken Arm gesehen – und davon auch nur einen Teil. Die meisten anderen Tintenmotive befanden sich auf meinem Oberkörper, auf dem Rücken, aber vor allem auch auf Brust und Bauch. Meinen Rücken, die Schulter und den Arm zierten typisch polynesische Ornamente, Bauch und Brust waren dagegen von Tieren bevölkert. Vorwiegend Wale und Delfine, aber auch ein Hai, zwei Fische und eine Schildkröte. All diese Motive bedeuteten mir sehr viel. Ich fühlte mich durch sie mit meiner Heimat verbunden, seltsamerweise mehr, als wenn ich selbst auf Hawaii war. Vor allem aber dokumentierten sie die bislang größte Zäsur in meinem Leben – und verdeckten ein wenig das Schlachtfeld, das die diversen Operationen hinterlassen hatten.

Ein bisschen graute mir schon davor, was Esther sagen würde, wenn ich ihr die ganze Geschichte erzählte, doch sie hatte ein Recht darauf, sie zu erfahren, war sie doch der Grund für die plötzliche Funkstille zwischen ihr und mir gewesen. Ich fuhr mit der Fingerspitze über den ornamentalen Buckelwal mitten auf meinem Brustbein, der in tiefere Regionen abzutauchen schien. An genau dieser Stelle hatte es besonders geprickelt, als ich Yuma berührt hatte. Sehr, sehr merkwürdig.

Ich griff mir ein leicht ausgeblichenes Langarmshirt und verdeckte damit rasch die kühnen schwarzen Körperzeichnungen. Die sollten heute nicht mehr zum Thema werden. Meine schwarze Lederjacke machte das Outfit komplett. Dann ging ich wieder hoch an Deck, verriegelte die Tür und verließ das Schiff.

Es war lange her, dass ich das letzte Mal hier in Tofino gewesen war, und ich bezweifelte, dass es die Pubs und Bars von damals noch gab. Das Örtchen hatte in den letzten Jahren offenbar ganz schön aufgerüstet und war nun ein wirklich schmuckes Touristenjuwel. Ich schlenderte ziellos vom Hafen in Richtung Innenstadt und wusste nicht so recht, wonach mir eigentlich der Sinn stand. Ich kam an ein paar Läden vorbei, die nett aussahen, einer Pizzeria und einem Japaner, aber so richtig lockten sie mich nicht. Bis ich vor einer Kneipe namens »Shed« stand, die mit hausgemachten Burgern, Bowls und eigenem Bier warb. Das klang ganz nach meinem Geschmack. Der Pub war gut gefüllt, und ich schlängelte mich zur Bar durch. Kaum hatte ich meine Getränkebestellung aufgegeben, da tippte mir jemand auf die Schulter. Für einen kurzen, irrationalen Moment hoffte ich, dass es Yuma war, doch als ich mich umdrehte, stand da nur diese Lilly, die mich heute Nachmittag schon einiges an Nerven gekostet hatte. Sie arbeitete ebenfalls für Esther und war »schockverliebt« in mich, wie sie mir ziemlich unverblümt und vor allem unerwartet mitgeteilt hatte, als sie an Bord gekommen war.

»Hi«, säuselte sie und klimperte mit den Wimpern. »Wenn das keine Fügung des Schicksals ist, dass wir uns so schnell wiedersehen.«

»Wohl eher Zufall«, brummte ich und schaute mich hilfesuchend um, ob ich nicht doch noch jemand anderen hier drinnen kannte. Womöglich hatten sich Liz und Greg auch hierher verirrt? Aber Fehlanzeige. Sämtliche Tische waren besetzt, zum Teil zwar schon von Menschen, die ich nachmittags an Bord der »Sound of my Soul« getroffen hatte, aber mit denen verband mich außer der flüchtigen Begegnung nichts. Lilly dagegen war streng genommen meine Kollegin – genau wie die anderen Leute an dem großen Tisch, auf den sie nun deutete.

»Schicksal, Zufall – das ist doch ganz einerlei. Entscheidend ist, dass du dir instinktiv unsere Stammkneipe ausgesucht hast.« Sie zwinkerte mir etwas doppeldeutig zu. »Komm mit, zwischen mir und Carlos ist noch ein Plätzchen frei.«

»Großartig«, sagte ich und hoffte, dass sie den Sarkasmus nicht heraushörte. Dann schnappte ich mir mein frisch gezapftes Blond Ale aus der lokalen Brauerei und gab dem Barmann Bescheid, dass ich meinen Burger am Tisch essen würde. Obwohl noch ein weiterer Platz in der Sechserrunde frei war, nahm ich brav zwischen Lilly und Carlos Platz, der bei meinem Anblick ganz glasige Augen bekam, die ich einfach ignorierte. Wenn ich neben den beiden saß, musste ich sie wenigstens nicht die ganze Zeit ansehen, sondern konnte mich auf die angehenden Meeresbiologen Sarah und Andy konzentrieren, die ich heute ebenfalls schon getroffen hatte. Sie arbeiteten nicht für Esther, sondern für Reed, würden aber bei der ein oder anderen Tour mit der »Sound of my Soul« dabei sein, wenn eine Kabine frei sein sollte. Die beiden waren zwar auch ziemlich jung, hatten vorhin aber einige sehr kluge Fragen gestellt und schienen sich aufrichtig für das Schiff, mein Seefahrerleben und meine praktischen Erfahrungen mit Walen zu interessieren – und nicht für meinen Körper, wie es bei Lilly und mutmaßlich auch bei Carlos der Fall war.

Natürlich schmeichelte es mir, wenn mich andere Menschen attraktiv fanden – wem nicht? –, nur konnte ich es leider so gar nicht erwidern. Weder in Bezug auf Carlos noch auf Lilly, obwohl die mit ihren rotblonden Haaren und den Sommersprossen zweifellos süß aussah und mich ein bisschen an die junge Esther erinnerte. Früher wäre ich sicher auf ihre offensiven Flirtversuche eingegangen, doch heutzutage nervte mich ihre fröhlich-platte Art eher.

Während ich allen mit meinem Bier zuprostete, mich gegen eine weitere Flirt-Attacke wappnete und mir heimlich eine möglichst unauffällige Fluchtstrategie überlegte, schnappte sich Lilly ihr Telefon und verschwand damit aus der Kneipe.

»Wann genau startet eigentlich die erste Tour mit der ›Sound of my Soul‹?«, wollte Andy von mir wissen.

»Wir brechen am Donnerstag zur Jungfernfahrt auf – mit ›Friends and Family‹, wie Esther das genannt hat. Die geht bis Sonntag, dann liegen wir zwei Tage in Tofino, ehe am Mittwoch darauf die erste Gruppe auf Tour geht, die komplett aus Wissenschaftlern der Uni Vancouver besteht. Danach weiß ich es noch nicht genau. Ich schätze mal, dass Esther und Reed noch am Fahrplan tüfteln und schauen müssen, wie es mit der Nachfrage steht. Für den Anfang sind jedenfalls eine ganze Reihe Vier- und Fünf-Tage-Trips geplant. Von Mittwoch bis Samstag oder von Mittwoch bis Sonntag. Es wäre aber auch cool, wenn wir mal länger unterwegs sein könnten – vierzehn Tage Alaska beispielsweise.«

Sarah seufzte. »Das wäre großartig, vor allem, wenn wir mitfahren könnten.« Ich sah, wie sie Andys Hand nahm und drückte. Die beiden waren wirklich ein süßes Paar und offensichtlich beseelt von derselben Leidenschaft für das Meer und die Wale. War das die Grundlage für eine funktionierende Beziehung? Möglichst viele Gemeinsamkeiten? Oder schlicht die Tatsache, dass sie zwangsläufig so viel Zeit miteinander verbrachten? Sie lebten zusammen, studierten dasselbe und hatten jetzt auch noch denselben Sommerjob. Gingen ihnen dabei nicht mal die Gesprächsthemen aus? Wenn man immer das Gleiche erlebte, hatte man dem Partner ja gar nichts zu erzählen, oder?

»Was?« Ich schaute in die Runde. Jemand hatte mich etwas gefragt, doch ich war so in Gedanken gewesen, dass ich es nicht gehört hatte.

»Ich wollte nur wissen, ob die ›Sound of my Soul‹ überhaupt für arktische Gewässer geeignet ist«, wiederholte Andy seine Frage. »Soweit ich weiß, war sie doch bislang vorwiegend in tropischen oder subtropischen Gefilden unterwegs.«

»Da hat jemand seine Hausaufgaben gemacht.« Ich prostete ihm anerkennend zu. »Und ja, es stimmt. Ich habe das ebenfalls gelesen. Es gibt übrigens ziemlich spannende Logbucheinträge von früheren Skippern, eine sehr interessante Gute-Nacht-Lektüre.« Ich grinste, denn ich hatte in der Tat schon viel Spaß mit den alten Logbüchern gehabt und war begeistert gewesen, als ich sie im Bücherregal meiner kleinen Kapitänskajüte entdeckt hatte. »Aber um auf deine Frage zurückzukommen«, fuhr ich fort, »in den Sommermonaten dürfte es in Alaska keine Probleme für die alte Lady geben. Ganz im Gegenteil, ich habe das Gefühl, sie freut sich wahnsinnig auf diese neue Herausforderung.«

»Wer freut sich auf welche Herausforderung?«, wollte Lilly wissen, die wieder zurückgekommen war und den letzten Satz aufgeschnappt hatte.

»Die ›Sound of my Soul‹ auf Alaska«, entgegnete ich, als sie neben mir Platz nahm.

»Und das weißt du woher?«

»Weil sie es mir gesagt hat.«

»Du sprichst mit dem Schiff?« Nun sah sie mich mit großen Augen aufrichtig verwundert an.

»Natürlich. Vielleicht nicht mit Worten, aber ...«

»Das macht jeder gute Skipper«, unterbrach mich Carlos zu meiner Rechten. »Es ist wichtig, wenn man eine erfolgreiche Reise unternehmen möchte.«

»Ganz genau«, bestätigte ich nickend, und der junge, gut aussehende Mexikaner stieg in meiner Achtung. Ich mochte zwar nicht seine sexuellen Präferenzen teilen, doch er war offensichtlich ein ähnlich leidenschaftlicher Seemann wie ich.

»Aber das ist doch Unsinn!« Lilly runzelte die Stirn, als würde sie überlegen, ob wir sie veräppelten oder es ernst meinten. Ich war gespannt, zu welchem Schluss sie schließlich kommen würde. »Das wäre ja das Gleiche, wie wenn ich mein Auto fragen würde, ob es Lust hat, mit mir nach Kalifornien zu fahren.«

»Vielleicht solltest du es mal versuchen?«, schlug ich vor und wollte das Thema gern auf sich beruhen lassen. Es war sonnenklar, dass sie nicht im Ansatz eine Vorstellung davon hatte, welche Beziehung ein Mensch mit einem Schiff eingehen konnte – und ich wollte sie diesbezüglich ganz bestimmt nicht aufklären.

»Wir sind keine Busfahrer«, brauste Carlos jedoch erstaunlich leidenschaftlich auf. »Schiffe haben Seelen, und die müssen respektiert werden. Wenn man sich gegen die Bedürfnisse eines Schiffes stellt und sie ignoriert, dann kann das schlimme Folgen haben.« Er bekreuzigte sich und wirkte für einen Moment regelrecht verstört, sodass ich mich fragte, was für Erfahrungen er schon gemacht hatte.

»Ernsthaft?« Lilly starrte Carlos an, als hätte er nicht mehr alle Tassen im Schrank, doch ich nickte bestätigend.

»Ernsthaft. Und deshalb weiß ich auch, dass die ›Sound of my Soul‹ sich auf Alaska freut.«

»Okaaay«, kam es gedehnt von ihr, und ich erwartete eine weitere scharfzüngige oder inkompetente Replik, doch die blieb aus. Stattdessen erhellte sich ihr Gesicht und sie winkte in Richtung Eingangstür. »Da ist sie ja endlich!«

Ich drehte mich um und bekam gerade noch mit, wie das Lächeln auf Yumas Gesicht gefror. Sie war mindestens so verblüfft bei meinem Anblick wie ich bei ihrem, das war offensichtlich. Und nun kamen mir Lillys Begrüßungsworte in den Sinn. Eine Fügung des Schicksals hatte sie unser Treffen vor ein paar Minuten genannt. Plötzlich war ich geneigt, daran zu glauben – wenn auch zweifellos in einem anderen Sinn, als sie es sich vermutlich erhoffte.

»Was stehst du wie angenagelt da rum?«, rief Lilly Yuma entgegen. »Schwing dein mageres Ärschlein her und setz dich. Dein Burger sollte gleich kommen.«

Ich sah, wie Yuma zögerte, und einen Augenblick lang war ich fast sicher, dass sie am liebsten kehrtmachen und aus dem Pub fliehen würde. Doch dann setzte sie sich in Bewegung und steuerte auf den Tisch zu.

»Hi«, grüßte sie mit leiser Stimme. Es klang fast wie gehaucht. Dann räusperte sie sich und setzte sich auf den freien Platz neben Sarah, schräg gegenüber von mir.

»Stell dir vor, wer kurz vor dir hereingeschneit ist«, sagte Lilly zu Yuma und deutete auf mich.

»Ich hab's gesehen«, entgegnete Yuma, nun mit deutlich festerer Stimme, vermied es aber, mich anzuschauen.

»Habt ihr euch eigentlich schon kennengelernt? Yuma, das ist Nalu, Skipper der ›Sound of my Soul‹ und zukünftiger Vater meiner Kinder!«, verkündete Lilly voller Inbrunst und schmiegte sich tatsächlich an meine Seite.

Ich war so überrascht, dass ich mich an meinem Bier verschluckte und heftig husten musste. Das konnte ja wohl bloß ein Scherz sein, oder? Oder? Die Mienen der anderen waren nicht eindeutig lesbar. Sarah schien mit einem Lachkrampf zu ringen, Andy dagegen blickte mich mitleidig an, und Yumas Gesicht wirkte seltsam ausdruckslos. Carlos neben mir schien ebenfalls an Atemnot zu leiden, denn er röchelte ähnlich wie ich. »Hab ich was verpasst?«, erkundigte ich mich, als ich wieder halbwegs sprechen konnte.

»Keine Sorge«, beruhigte mich Lilly und tätschelte mir den Arm. »Ich will nur deinen Körper, ansonsten erwarte ich nicht, dass du präsent bist.«

»Bitte?« Ich musste eindeutig etwas verpasst haben. Lillys blaue Augen funkelten fröhlich und ein Lächeln machte sich in ihrem hübschen Gesicht breit. »Du verarschst mich doch?«, fragte ich sicherheitshalber nach.

»Ja«, gab sie zu und ließ dann glücklicherweise von mir ab. »Leider. Aber auch nur, weil du so was von gar nicht auf mich abfährst und mit Schiffen sprichst. Beides finde ich creepy.«

Ich fühlte mich einigermaßen überfordert – und leicht gekränkt. »Du findest mich creepy, weil ich mit Schiffen spreche und nicht über dich hergefallen bin wie ein wildes Tier?«

Sie kicherte leise. »Ja, schon irgendwie. Aber ich werde darüber hinwegkommen, auch wenn es schwerfällt.« Sie schenkte mir einen letzten verführerischen Augenaufschlag, dann fuhr sie in sachlicherem Tonfall fort: »Du hast ja sehr deutlich gemacht, dass du weder auf mich noch auf Carlos stehst, doch wer sonst könnte dein Herz erobern? Und sag jetzt nicht, das Boot. Mag ja sein, dass man mit einem Schiff sprechen kann, aber Sex dürfte schwierig werden.« Ich hörte einen erstickten Laut aus Carlos' Richtung, den ich jedoch ignorierte. Stattdessen wurde mein Blick unwillkürlich von Yuma angezogen und die Erkenntnis traf mich wie ein Schlag: Diese

Frau hatte nicht nur das Zeug dazu, mein Herz zu erobern, es war längst geschehen.

Glücklicherweise brachte in diesem Moment eine Kellnerin Yumas und meinen Burger und ersparte mir eine Antwort und weiteres Nachdenken. Es sah wirklich absolut köstlich aus. Ich biss in meinen Cheeseburger und schloss genießerisch die Augen. Er schmeckte so gut, wie er aussah, aber so hungrig, wie ich war, hätte ich vermutlich auch eine alte Schuhsohle lecker gefunden. Ich schob eine Süßkartoffel-Fritte hinterher und freute mich über das perfekte Verhältnis von krosser Hülle und cremig weicher Füllung. Das war mit normalen Kartoffeln einfach nicht möglich. Es dauerte ein Weilchen, bis mir auffiel, dass an unserem Tisch eisern geschwiegen wurde. Ich hob den Blick von meinem Teller, in exakt demselben Moment wie Yuma, und wieder prickelte es unter dem Wal auf meinem Brustbein. Dann schaute ich erst zu Sarah und Andy und danach zu Carlos und Lilly. Alle vier sahen zwischen Yuma und mir hin und her.

»Ist irgendwas?«, fragte ich.

»Möchte jemand meine Pommes probieren?«, fragte Yuma gleichzeitig, der das seltsame Verhalten unserer Tischgenossen offensichtlich auch aufgefallen war.

»Was läuft da zwischen euch?«, wollte Lilly wissen, die vor allen anderen die Sprache wiedergefunden hatte, und wedelte mit ihrer Hand zwischen uns hin und her.

»Nichts?« Yumas Antwort klang wie eine Frage.

»Nichts!«, bestätigte ich, kam mir dabei aber ungemein verlogen vor.

»Das könnt ihr jemand anderem erzählen.« Lillys Blick hatte jetzt eindeutig etwas Sensationshungriges. »Es knistert zwischen euch, und ihr habt exakt dasselbe bestellt.«

Das stimmte. Yuma hatte auch einen Cheeseburger mit Süßkartoffel-Pommes und einen gemischten Salat, doch das war in einem Burger-Laden ja wohl keine so furchtbar exotische Wahl. Erstaunlicher fand ich den anderen Teil von Lillys Behauptung: dass es zwischen uns knisterte. Das tat es zweifellos, aber dass auch andere Menschen es spürten, fand ich doch bemerkenswert. Und störend. Und übergriffig. Überhaupt brachte mich das alles gerade ziemlich aus dem Konzept.

Yuma blieb jedoch völlig cool und sagte mit einem strahlenden Lächeln, das mir wieder durch Mark und Bein ging, zu mir: »Ich versuche schon seit Wochen, diese ignorante Bande dazu zu bringen, mal die Süßkartoffel-Fritten zu probieren, aber sie wollen einfach nicht. Schön, dass ich mit meiner Vorliebe nicht allein bin.« Dann biss sie in ihren Burger und kaute hingebungsvoll, als gäbe es zu der Sache nichts mehr hinzuzufügen. Gab es auch nicht – zumindest nichts, was in größerer Runde besprochen werden müsste.

Ich machte mich also auch wieder über mein Essen her und überließ die Tischkonversation den anderen vier. Sarah und Andy gaben ein paar Anekdoten zum Besten, in denen sie sich über die naivsten Fragen der Gäste lustig machten, mit denen sie bei ihren Touren regelmäßig konfrontiert wurden. Vor allem der Klassiker, dass Wale Fische seien. Ich kannte diese Sprüche auch alle und war immer wieder erstaunt, wie ahnungslos oder ignorant viele Menschen doch waren. Wenn man auf Hawaii bei einem Tauchgang oder – noch seltener – bei einer Whale-Watching-Tour das große Glück hatte, Walhaie zu sehen, folgten dann jedes Mal die Fragen nach der Kreuzung. Also welcher Wal sich mit welchem Hai vermehrte, um derart attraktive Nachkommen zu zeugen. Einer meiner Cousins hatte in solchen Fällen jahrelang mit absolut coolem Pokerface geantwortet, dass sich dafür Buckelwale mit Blauhaien zusammentäten. Ein Reiseblogger hatte das tatsächlich für bare Münze genommen, einen großen Artikel darüber veröffentlicht und meinen Cousin namentlich zitiert. Klassische Fake News und für meinen Cousin verdammt peinlich. Mein Onkel war dezent ausgeflippt und hatte seinem Sohn ein für alle Mal verboten, den Menschen so einen Mist zu erzählen. Irgendwie ein bisschen schade, denn so viel Dummheit gehörte wirklich bestraft.

»Habt ihr die Geschichte gelesen, in der ein Reiseblogger behauptet, dass Walhaie die Nachkommen von Buckelwalen und Blauhaien sind?«, fragte in diesem Moment Lilly und lachte. Ach ja, die Story war absolut viral und kursierte immer noch im Netz. »Er hat sich dann auf eine Quelle berufen, die ihm das ›absolut glaubwürdig‹ geschildert haben soll.«

»Diese Quelle ist mein Cousin, und er hat dafür ziemlich viel Ärger mit seinem Vater bekommen«, sagte ich.

»Echt? Das ist doch total unfair, ich meine, manche Menschen haben es verdient, dass man sie verarscht.«

Ich gab ihr zwar insgeheim recht, hielt aber meine Klappe, denn auch die Gegenargumente waren einleuchtend.

»Reed hat uns nachdrücklich eingeschärft, dass wir die Gäste nicht veräppeln dürfen«, stieg Andy prompt ein. »Man kann einfach nicht davon ausgehen, dass sich alle Menschen so gut mit Meerestieren auskennen wie wir. Und selbst die versiertesten und erfahrensten Meeresbiologen haben reichlich blinde Flecke. Niemand kann alles wissen. Ich kenne mich beispielsweise überhaupt nicht mit Quallen aus, da könnte mir auch fast jeder fast alles erzählen, und ich würde es glauben. Jedenfalls dann, wenn es einigermaßen seriös verpackt wäre.«

»Esther sagt so was Ähnliches«, gab Lilly zu. »Wenn wir eine Frage nicht beantworten können, dann sollen wir das den Gästen gegenüber auch zugeben und nicht irgendwas behaupten. Wir hätten Verantwortung, meint sie.« Sie seufzte. »Trotzdem haben es manche Ignoranten echt nicht anders verdient.«

Das Gespräch ging noch ein Weilchen hin und her. Ich orderte ein weiteres Bier und aß mit Genuss meinen Burger auf, als Lilly unvermittelt das Thema wechselte. »Schade, dass du ein Langarmshirt trägst«, wandte sie sich an mich und fügte nach einem fragenden Blick von mir hinzu: »Ich hätte gerne noch ein bisschen deine Tattoos bewundert und frage mich, was für Motive du sonst noch so zu bieten hast.«

Das wirst du dich noch länger fragen, dachte ich bei mir, sprach es aber nicht aus. »Das eine oder andere«, gab ich vage zurück.

»Soso, das eine oder andere«, äffte sie mich nach. »Wie wäre es mit einer kleinen Stripshow – ganz ohne Hintergedanken und nur unserer alten Freundschaft wegen?«

»Alte Freundschaft, was?«

»Klar, alles, was länger als fünf Stunden her ist, qualifiziert sich in meiner Welt als geschichtliches Ereignis. Also alte Freundschaft.«

»Verstehe. Ich muss trotzdem passen.«

»Wenn nicht für mich, dann vielleicht für Yuma?«, versuchte es Lilly weiter. »Sie interessiert sich bestimmt dafür. Sie hat ja selbst einen Wal auf dem Bauch.«

Klirrend fiel bei diesen Worten Yumas Gabel auf den Teller. Sie starrte Lilly mit einem Blick an, in dem das blanke Entsetzen stand. »Woher ...«, stammelte sie. »Woher weißt du das?«

»Wir wohnen zusammen. Schon vergessen?«, entgegnete Lilly leichthin und schien sich nicht dessen bewusst zu sein, dass Yuma es offensichtlich nicht cool fand, dass sie von ihrem Tattoo wusste – und jetzt auch noch der ganze Tisch und mutmaßlich die halbe Kneipe.

»Wie könnte ich, aber ... Ich meine, wann hast du es denn gesehen?« Yumas Stimme klang zittrig und ich merkte, dass sie um Fassung rang. Diese heftige Reaktion fand ich auch erstaunlich. Ich hatte zwar selbst keine Lust, hier vor versammelter Mannschaft blankzuziehen, aber ich machte auch kein Geheimnis aus meinen Tätowierungen.

»Neulich, als du aus der Dusche gekommen bist.« Lilly zuckte mit den Achseln. »Das ist doch keine große Sache, ist mir halt aufgefallen.«

Das Mienenspiel in Yumas Gesicht war außerordentlich beeindruckend – und verhieß nichts Gutes. Sie rang sichtbar mit sich, wie sie auf die Eröffnung ihrer Mitbewohnerin reagieren sollte. Auch wenn ich nicht verstand, was genau ihr Problem war, erkannte ich doch, dass sie diese Öffentlichmachung als großen Vertrauensbruch empfand, was mir zu denken gab. Es gab viele Gründe für eine Tätowierung, aber die meisten Menschen wollten sich schlicht damit schmücken. In einem solchen Fall bestand eigentlich kein Anlass für Geheimnistuereien. Diejenigen, die sich Körperpartien tätowieren ließen, die nicht sofort zu sehen waren, hatten meist eine andere Motivation. Diese Tattoos waren persönlicher, intimer – und manchmal, wie in meinem Fall, wollte man sich buchstäblich als Gezeichneter darstellen. Wenn ich ihren gequälten Gesichtsausdruck richtig interpretierte, galt das auch für Yuma.

Sie hatte sich schließlich für eine Reaktion entschieden. Für genau die, die ich erwartet hatte: Sie kramte ihr Portemonnaie aus der Tasche, legte einen Schein neben ihren Teller und stand mit einem gezwungenen Lächeln auf. »Ich bin müde und geh jetzt heim«, kündigte sie an. »Schönen Abend noch und bis die Tage.« Dann verschwand sie, ohne auf Lillys verblüfft hinterhergerufene Entschuldigung zu reagieren.

»Weiß jemand, was gerade passiert ist?«, fragte Lilly völlig verdutzt.

»Schon mal was von Grenzüberschreitung gehört?«, gab ich die Frage zurück und beeilte mich, ebenfalls zu zahlen. Gleich darauf verließ ich meinerseits den Burger-Schuppen.

Ich erwartete nicht, Yuma einzuholen, daher ließ ich mir Zeit damit, zum Hafen zurückzukehren. Ich genoss die Ruhe. Es war noch nicht besonders spät, aber Tofino war halt doch nur ein kleines Nest, dessen hart arbeitende Bevölkerung früh ins Bett ging und dessen Besucher erschöpft waren von den außergewöhnlichen Outdoor-Abenteuern des vergangenen Tages. Am Horizont schimmerten noch die letzten rotgoldenen Reste des Sonnenuntergangs, doch am Himmel funkelten bereits die ersten Sterne, und der Mond stand dick und beinahe voll über der Stadt. Es war friedlich.

Zumindest draußen. In mir drin jedoch sah es ganz anders aus. Dieser Tag hatte es wirklich in sich gehabt. Angefangen bei der emotionalen Ankunft mit der »Sound of my Soul« in Tofino bis hin zu Yuma. Sie ging mir in jeder denkbaren Hinsicht unter die Haut, sie elektrisierte mich und weckte Gefühle in mir, die ich noch nie für jemanden empfunden hatte und die ich nicht im Ansatz beschreiben konnte.

Als ich mich dem Anleger näherte, sah ich eine schmale Silhouette am Pier stehen. Ziemlich genau auf halber Distanz zwischen dem Bootshaus von »Johnson's Giants« und dem Schiff. Ich war mir nicht sicher, ob ich sie ansprechen oder ohne ein Wort in einem Bogen um sie herumschleichen sollte. Als ich ungefähr noch zehn Meter entfernt war, nahm sie mir die Entscheidung ab. Sie drehte sich um und lächelte mich an, als hätte sie mich erwartet.

»Da bist du ja«, sagte sie und kam mir entgegen.

Zum zweiten Mal an diesem Abend hatte ich das Gefühl, einen entscheidenden Schritt verpasst zu haben, doch im Gegensatz zu Lillys Avancen von vorhin ängstigte mich die plötzliche Entschlossenheit bei Yuma kein bisschen.

»Geht's dir gut?«, erkundigte ich mich, nicht sonderlich originell, aber ich hatte das Gefühl, irgendwas von mir geben zu müssen.

»Ich bin mir offen gestanden nicht ganz sicher.« Sie strich sich eine lange dunkle Haarsträhne, die ihr die leichte Meeresbrise ins Gesicht geweht hatte, hinters Ohr zurück. »Dieser Tag war ...«

»Meiner auch«, bekannte ich, als sie ihren Satz auch nach mehreren Atemzügen Pause nicht beenden konnte. Oder wollte.

»Was ist da passiert?«, fragte sie und ich wusste sofort, was sie meinte. Die Situation, als sich unsere Blicke zum ersten Mal getroffen hatten. Als ich an Deck und sie im Türrahmen des Souvenirshops gestanden hatte.

»Ich weiß es nicht, aber irgendwas *ist* passiert. Ich ...«

Nun fehlten mir die Worte, auch weil mich ihr intensiver Blick so ablenkte, und ihr Duft. Sie war nämlich noch ein Stückchen näher gekommen und war mir jetzt so nah, dass sich unsere Schuhspitzen fast berührten. Die meisten Frauen rochen irgendwie zart, blumig, frisch. Nach Shampoo-Früchtchen oder irgendeinem angesagten Parfum. Yuma dagegen duftete einzigartig. Luftig wie die Weite des Himmels, tief und salzig wie der Pazifik. Ich erschnupperte eine Schwärze, die irgendwo zwischen Espresso und Tusche lag, und einen leicht melancholischen Rosenhauch, der mein profanes Seefahrerhirn zum Poeten machte. Hatte ich das eben wirklich gedacht?

»Ich empfinde Dinge, die ich noch nie gespürt habe und für die ich keinen Namen habe«, führte Yuma meinen Satz zu Ende und sprach damit genau das aus, was ich fühlte. Ich sah, wie sie schluckte. »Das macht mir Angst, und gleichzeitig ist es unfassbar berauschend.«

Sie hob beide Hände und legte sie mir auf die Brust. Es war eine merkwürdige Geste, die mich mehr elektrisierte als die beiden flüchtigen Berührungen von vorhin. Doch sie zuckte nicht zurück, sondern schaute mich mit staunenden Augen an. Energie pulsierte zwischen uns, und ich hatte das Gefühl, dass der Buckelwal auf meiner Brust zu zappeln anfing.

Ich wusste nicht, wie lange wir so dagestanden und wer von uns beiden letztlich die Initiative ergriffen hatte, doch irgendwann fanden sich unsere Münder und vereinigten sich zu einem Kuss. Ein Kuss, der mehr war als die Berührung zarter Haut, mehr als die Erforschung neugieriger Zungen, mehr als das Eindringen in geheimnisvolle, fremde Lebenskammern. Es war eine schicksalhafte Verschmelzung und die Besiegelung eines Paktes, den unsere Blicke vor wenigen Stunden miteinander ausgehandelt hatten.

»Gute Nacht, Nalu«, sagte sie, als es vorbei war. Sie lächelte und ging dann, ohne Hast und ohne sich noch ein weiteres Mal umzublicken, zu ihrer Wohnung.

Ich dagegen stand noch ein ganzes Weilchen wie angewurzelt an dieser Stelle im Hafen und wartete, bis ich Licht sah, dort, wo ich ihr Zimmer vermutete.

JUNGFERNFAHRT

TOFINO, VANCOUVER ISLAND, 27. MAI – YUMA:

Es war ein wahrhaft majestätischer Anblick, als die »Sound of my Soul« die Segel hisste und aufs offene Meer hinausglitt – und diesmal machte ich reichlich Fotos, damit ich später auch eine wirklich akkurate Zeichnung anfertigen konnte. Ich war gerade mit einem unserer Ausflugsboote auf einer mehrstündigen Tour unterwegs, als die Brigg zu ihrer Jungfernfahrt aufbrach. Als Carlos und ich mit unseren fünfzehn Gästen abgelegt hatten, war am Anleger noch die Hölle los gewesen. Es war reichlich Material verstaut worden, und Gäste und Besatzung hatten ihre Kabinen bezogen. Andy und Sarah waren spontan eingeladen worden, mitzufahren, weshalb ich heute als Guide die Waltour begleiten durfte. Außerdem waren ein Unterwasserkameramann, eine japanische Walsprachen-Expertin, drei junge Frauen von der lokalen Segelschule, die unbedingt mal ihre Hochseefähigkeiten testen wollten, und natürlich Esther und

Reed mit ihren Familien an Bord. Ich musste zugeben, dass ich sie ein wenig darum beneidete, auch wenn ich keine Ahnung hatte, wie ich mich auf diesem vergleichsweise kleinen Schiff inmitten des gigantischen Ozeans fühlen würde.

Es war reiner Zufall, dass die Segler an uns vorbeifuhren – oder auch nicht, wer wusste das bei Nalu schon so genau? –, aber unsere Gäste konnten sich gar nicht entscheiden, was sie aufregender finden sollten: den Anblick der geblähten Segel und der um den Bug surfenden Delfine oder die drei Buckelwale, die wir eigentlich gerade beobachteten. Wir winkten von Schiff zu Schiff, und just in dem Moment, wo ich mir sicher war, dass ich wieder Blickkontakt mit Nalu hatte, wurde ich komplett nassgespritzt. Einer der drei Buckelwale war offensichtlich der Meinung gewesen, er bekäme zu wenig Aufmerksamkeit von uns, und hatte angefangen, unmittelbar neben uns mit seiner langen Brustflosse auf die Wasseroberfläche zu klatschen, sodass alle an Bord durchnässt wurden.

»Warum macht der das?«, rief ein kleiner Junge neben mir aufgeregt und lenkte meine Aufmerksamkeit endgültig wieder auf wichtigere Dinge – an Nalu konnte ich später immer noch denken.

»Ganz genau weiß ich es nicht«, gab ich zu. »Aber es wirkt auf mich fast so, als ob es ihm nicht gefallen hätte, dass wir alle auf das schöne Schiff geschaut haben und nicht auf ihn.« Ich lächelte den Jungen an, der sich nun über die Reling beugte und dem Wal zuwinkte.

»Keine Sorge, Wal, du gefällst mir viel besser als das Segelschiff.«

Wir blieben noch eine halbe Stunde an dieser Stelle, bis sich die Wale endgültig verzogen hatten, dann war es auch schon Zeit für die Rückkehr in den Hafen. Es war ein wirklich schöner Ausflug mit tollen Sichtungen gewesen, und die Gruppe war restlos begeistert. Ich selbst war jedoch viel zu abgelenkt gewesen, um alles richtig genießen zu können. Meine Gedanken kreisten praktisch nonstop um Nalu – oder besser gesagt um meine Gefühle für ihn, die ich immer noch nicht einordnen konnte.

Ich hatte ihn seit dem Kuss am Sonntagabend nicht mehr gesehen, was angesichts der räumlichen Nähe hier in Tofino schon ein größeres Kunststück war. Meinen freien Montag hatte ich, wie von Esther vorgeschlagen, damit verbracht, etwas die Umgebung zu erkunden. Ich hatte mir ein Fahrrad ausgeliehen und war zu einigen der legendären Strände geradelt, derentwegen Tofino vor allem bei Wassersportlern beliebt war. Surfen war wahnsinnig populär, aber auch Kajakfahren und Stand-up-Paddling. Während ich mir nicht vorstellen konnte, mich auf einem Brett in die Brecher zu stürzen und Wellen zu reiten, faszinierten mich die Kajaks sehr. Damit konnte man fast lautlos durchs Wasser gleiten und war sehr nah dran am Element und doch irgendwie geschützt. Vermutlich war das zwar nur ein sehr theoretischer Schutz, aber subjektive Angstgefühle waren ja auch oft viel stärker als die reale Gefahr. Vielleicht konnte ich bald mal einen Einführungskurs machen und dann selbst hinauspaddeln. Esthers Vater war fast jeden Tag mit seinem Kajak unterwegs und erzählte von den tollsten Begegnungen. Reed Archer fuhr in Telegraph Cove das ganze Jahr über mit Kajaks zu den Orcas, und auch wir boten in den Sommermonaten Waltouren zum Paddeln an. Es wäre doch toll, wenn ich da mitmachen könnte.

Esther hatte insofern recht behalten, als mich die Strände unglaublich zum Zeichnen inspirierten. Formationen aus Treibgut, das zum Teil meterhoch aufgetürmt war, zum Teil weit verstreut am schier endlosen Long Beach verteilt lag, regten meine Fantasie zu Höchstleistungen an. In meinem Skizzenbuch hatte sich Seite um Seite gefüllt, bis die Motive von knorrigen, ausgeblichenen Baumstämmen, putzigen Ottern und sich träge sonnenden Seelöwen zu Nalus tiefem Blick gewechselt hatten. Es war beinahe erschreckend, wie präzise ich seinen Ausdruck getroffen hatte, allerdings fehlten glücklicherweise die Tiefe seiner Augen und die Seele in ihnen, sodass ich bei dem Anblick keine weichen Knie bekam. Wohl aber verknotete Gedanken, was ähnlich störend war und meine inneren Alarmsensoren etwas blockierte. Lilly hatte ich bislang einigermaßen aus dem Weg gehen können, aber ich schätzte, dass sie mich bald zur Rede stellen würde. Was sollte ich ihr dann sagen? Ich wusste ja selbst nicht, was los war.

Als wir am Anleger festmachten, sah ich Sergeant Tillerson – Marcus – am Pier herumstehen. Ich hatte ihn seit unserem ersten Gespräch zwar ein paarmal getroffen, aber immer nur zufällig. Das hier wirkte nicht wie ein Zufall, und seine rote Uniform leuchtete weithin.

»Was will denn die Polizei von uns?«, fragte Carlos misstrauisch.

»Keine Ahnung«, entgegnete ich nicht ganz wahrheitsgemäß. Ich wusste zwar nicht, was genau Marcus von mir wollte, aber dass es um mich ging, war mir sonnenklar.

»Vielleicht betrifft es ja einen unserer Gäste?«, murmelte Carlos und schaltete dann endgültig den Motor aus.

Ich nickte nur, sammelte die Schwimmwesten ein und bedankte mich artig für das Trinkgeld, das mir einige

Passagiere zusteckten. Wenn sich viele Wale zeigten, waren die Leute immer besonders großzügig, und das war einer der Gründe, warum die Schichten als Tourguide bei allen Mitarbeiterinnen und Mitarbeitern so beliebt waren. Dabei hätten wir das Geld streng genommen nicht nur mit dem jeweiligen Skipper teilen müssen, wie wir es immer taten, sondern auch mit den Walen, die ja die eigentliche Arbeit machten.

Ich verstaute die Schwimmwesten und half Carlos noch, den Müll einzusammeln und alles auf dem Schiff in Ordnung zu bringen, dann ging auch ich an Land, wo ich prompt von dem jungen Mountie angesprochen wurde.

»Hi, Yuma«, sagte er freundlich. »Hast du vielleicht ein paar Minuten Zeit für mich?«

Ich nickte, obwohl mir schlagartig flau im Magen wurde. »Wird es länger dauern? Dann müsste ich schnell im Büro Bescheid geben.« Ich sah kurz zum Bootshaus und erkannte hinter dem geöffneten Fenster Lilly, die neugierig in meine Richtung schaute und mir winkte. Automatisch hob ich ebenfalls die Hand.

»Nein, keine Sorge, das haben wir in ein paar Minuten erledigt«, beruhigte er mich. »Wollen wir ein paar Schritte gehen?«

Wieder nickte ich nur.

»Alles klar, Yuma?«, wollte Carlos wissen, der mir und Marcus einen halb misstrauischen, halb erleichterten Blick zuwarf.

»Alles bestens«, log ich. »Kannst du bitte Lilly sagen, dass ich in ein paar Minuten komme und sie ablöse?«

Er hob bestätigend den Daumen. Marcus führte mich ein Stück vom Hafen weg, wo sich zahlreiche Menschen tummelten, sagte aber zunächst nichts. »Kaffee?«, fragte er schließlich, als wir vor dem »Rhino Coffee House«

standen. Ich mochte den Kaffee von »Tofino Coffee Roasting«, der lokalen Kaffeerösterei, zwar lieber, aber das wäre noch ein Stückchen weiter gewesen.

»Gern«, entgegnete ich also und schluckte die Bemerkung, dass mir Antworten lieber wären, hinunter.

»Espresso, Cappuccino oder irgendeine fancy Latte?«, wollte er noch wissen.

»Einfach nur einen kleinen schwarzen Filterkaffee, bitte, aber du musst ...«

»Ich weiß, dass ich gar nichts muss, aber es ist mir ein Bedürfnis und außerdem hätte ich selbst gerne einen Kaffee.« Er verschwand in dem Laden, noch ehe ich meinen Mehrwegbecher aus dem Rucksack kramen konnte. Der stammte vom Marina-Café in Vancouver, von meinem letzten Job, ehe ich hierhergekommen war. Ich zeichnete mit dem Finger das Orca-Logo nach und fragte mich, was zur Hölle Marcus von mir wollen könnte. Ginge es um eine wirklich brenzlige Lage, würde er wohl kaum gemütlich einen Kaffee mit mir trinken, oder?

Eine Minute später war er auch schon wieder da und reichte mir einen Pappbecher. »Oh, du hättest sogar ein Mehrwegding gehabt«, sagte er, als er meinen Becher bemerkte.

»Hm. Du warst zu schnell ...« Ich schüttelte den Kopf. »Danke für den Kaffee, aber was gibt es?«, fragte ich rundheraus. »Hat Bill irgendwelche Neuigkeiten über ...«

Er schüttelte den Kopf, und ich schluckte den restlichen Satz hinunter. »Nein. Aber ich habe mit Bill telefoniert und ihm von dem Kuss erzählt. Ich wollte wissen, wie wir jetzt vorgehen wollen und ...«

»Was!«, rief ich und hätte vor Entsetzen fast den ersten Schluck Kaffee ausgespuckt. Wie konnte Marcus von dem Kuss wissen? Was ging es ihn an und warum hatte er nichts Besseres zu tun, als Bill darüber zu informieren? Ich hustete, weil ich ein paar Tröpfchen Kaffee in den falschen Hals bekommen hatte. »Woher weißt du von dem Kuss?«

»Es ist mein Job, Bescheid zu wissen«, behauptete er mit einem gleichbleibend freundlichen Lächeln und tat so, als sei das die normalste Sache der Welt.

»Aber du wirst mich doch nicht vierundzwanzig Stunden am Tag überwachen? Oder hast du mich irgendwie verwanzt?« Ich war wirklich schockiert.

»Natürlich nicht, aber wenn du weiterhin so laut schreist, gibt's gleich noch mehr Gerüchte über dich«, entgegnete er amüsiert und schob mich zurück auf den Gehweg.

So ähnlich hatte mich Nalu auch angefasst, doch bei Marcus sprühten keine Funken, sondern ... gar nichts. »Welche Gerüchte?«, zischte ich nun deutlich leiser.

»Das war nur ein Scherz«, beeilte er sich zu erklären. »Aber wenn du Wörter wie ›überwachen‹ oder ›verwanzen‹ durch die Gegend rufst, wird das die Fantasie im Ort anregen. Hier passieren ja nicht so viele aufregende Dinge.«

»Marcus«, begann ich und wunderte mich selbst darüber, wie drohend meine Stimme klang. »Woher weißt du von dem Kuss, und warum hast du es an Bill weitergetratscht?«

»Ich war mit meiner Freundin auf dem Heimweg, da habe ich es zufällig gesehen«, antwortete er, und ich fühlte mich gleich deutlich leichter. Dann war es ein blöder Zufall gewesen und keine Überwachungsaktion oder gar etwas, was inzwischen der ganze Ort wusste. »Außerdem habe ich gestern in der Bäckerei davon gehört und am Montag von meinem Kumpel Jasper von der Surfschule.«

»Was?«, rief ich wieder, weil es einfach zu verstörend war. »Es war kein Mensch in der Nähe«, fuhr ich mit deutlich leiserer Stimme fort. »Und überhaupt, warum interessieren sich Menschen in der Bäckerei und Jasper von der Surfschule – den ich übrigens überhaupt nicht kenne – für mich?« Ich begriff das wirklich nicht. Ich bemühte mich, ein superunauffälliges Leben zu führen und unterm Radar zu fliegen. Die Fähigkeit, mich unsichtbar zu machen, hatte ich schließlich mein ganzes Leben lang und vor allem in den letzten Jahren perfektioniert. Dachte ich jedenfalls.

»Du warst eher nicht so im Fokus«, erwiderte Marcus. »Aber Nalu.«

»Ähm?«

»Er hat für einiges Aufsehen gesorgt, als er mit dem schicken Schiff hier ankam, und dann sieht er auch noch so blendend aus.«

»Behaupten Jamie aus der Surfschule und die Leute in der Bäckerei?«

»Jasper.«

»Wer?«

»Mein Kumpel von der Surfschule heißt Jasper, nicht Jamie. Aber ja, er ist ihm aufgefallen. Meiner Freundin ebenfalls.«

»Deiner Freundin.« Ich wusste, ich stammelte dummes Zeug, aber ich versuchte, irgendwie Sinn in all diese Informationen zu bekommen.

»Wie auch immer, einigen wir uns darauf, dass es nicht unbemerkt geblieben ist, dass Nalu dich am Sonntagabend geküsst hat. Sehr leidenschaftlich geküsst hat, wenn ich das hinzufügen darf«, fasste Marcus zusammen.

»*Ich* habe *ihn* geküsst«, korrigierte ich ihn idiotischerweise, denn das machte wohl nicht den geringsten Unterschied. Zumindest nicht in der Außenwirkung, für mich persönlich schon. Und vielleicht auch für Nalu, doch das wusste ich nicht, wir hatten ja nicht mehr miteinander gesprochen. Wie ich überhaupt erschreckend wenig über ihn wusste. Nichts, genau genommen. Und das war womöglich auch Marcus' Problem.

»Wie auch immer«, entgegnete er prompt. »Entscheidend ist doch, ob er ein sicherer Kontakt ist oder nicht. Was weißt du über Nalu Kalakaoa?«

»Nichts«, gab ich zu. »Bis eben kannte ich nicht einmal seinen Nachnamen. Aber er scheint ein Freund von Esther zu sein und ihr Vertrauen zu genießen, und Esther ...«

»Ist ein sicherer Kontakt, ich weiß. Aber das bedeutet gar nichts. Ich habe also Bill informiert, und wir haben entschieden, dass wir Nalu überprüfen werden. Ich wollte von dir eigentlich nur wissen, wie ... ähm ... perspektivisch du die Sache angehen möchtest.«

Statt eine Antwort zu geben, starrte ich ihn nur fassungslos an. Ich hatte nicht die leiseste Ahnung.

»Okay, dann graben wir sicherheitshalber mal gründlicher.«

IRGENDWO AUF DEM PAZIFIK, 28. MAI – NALU:

»Ihre Fahreigenschaften sind super«, schwärmte Esther, die neben mir am Steuer stand und gar nicht genug davon bekommen konnte, alle Finessen auszuprobieren, die die diversen Vorbesitzer der »Sound of my Soul« für ihr

Schmuckstück hatten einbauen lassen. Speziell der erste Eigner hatte vor achtzig Jahren alles, was damals technisch möglich gewesen war, auf diesem Schiff verbauen lassen. Schon im Original hatten sich die Rahsegel zumindest halbautomatisch setzen und reffen lassen. Bei der letzten großen Modernisierung war alles auf Vollautomatik umgestellt worden.

Ich selbst war eigentlich ein Fan von Handarbeit, aber um ein Schiff von dieser Größe und mit dieser Segelfläche manuell zu segeln, bräuchten wir erheblich mehr Crew – und hätten damit erheblich weniger Platz für Gästequartiere und das Expeditionslabor.

»Ich bin auch ziemlich angetan von ihr«, bestätigte ich. »Mal sehen, wie sie sich verhält, wenn es richtig Wind gibt.«

»Zweifellos vorbildlich«, behauptete Esther und lächelte stolz.

Ich konnte es ihr nachfühlen. Es musste ein großartiges Gefühl sein, so ein wunderbares Schiff zu besitzen, wobei ich fast die bessere Rolle hatte. Ich würde es in den nächsten Monaten praktisch ständig in Aktion erleben und alle möglichen Abenteuer genießen dürfen, während Esther ihrem normalen Job nachging, der sehr viel Zeit im Büro erforderte. »Ich freue mich wirklich sehr auf die nächsten Wochen und Monate mit ihr und bin dir echt dankbar für diesen Job.«

»Schon witzig, wie sich die Dinge im Leben manchmal fügen«, erwiderte Esther lächelnd und sah erst in die leicht geblähten Segel hinauf und dann zu mir. »Es scheint ja fast so, als hätte dich das Schicksal wieder in mein Leben gespült, als ich dringend Bedarf an einem fähigen Skipper hatte. Vielleicht hätte ich schon viel früher ein großes Schiff kaufen sollen, um dich aus der Versenkung zu locken.«

»Vielleicht«, ging ich auf ihren leichten Tonfall ein. Ich hätte es dabei belassen können, denn ich wusste, dass Esther niemand war, der nachbohrte. Sie respektierte die Geheimnisse ihrer Mitmenschen, aber sie war zweifellos neugierig darauf, warum ich damals den Kontakt zu ihr abgebrochen hatte. Außerdem verdiente sie die Wahrheit. »Ich war schwerkrank und dachte, ich würde sterben«, begann ich.

»Was?«, rief Esther schockiert. »Wann?«

»Vor dreizehn Jahren, kurz nachdem ich das letzte Mal bei dir auf Vancouver Island war«, sagte ich.

»Da hast du eine Überführungsfahrt nach Hawaii gemacht, oder?«

»Genau.« Ich seufzte bei der Erinnerung. »Auch ein Segelschiff, aber viel kleiner, und wir hatten die ganze Zeit verdammt ungünstiges Wetter. Jedenfalls waren wir ziemlich lang unterwegs und ich bekam immer mehr seltsame Symptome. Erst war da ein fühlbarer Knoten im Hoden, der aber nicht wehtat, dann sah es irgendwann geschwollen und entzündet aus, und ich hatte echt Panik, dass ich mir eine Geschlechtskrankheit zugezogen hätte.«

»Scheiße«, murmelte Esther und ich merkte, wie sie ihr Gesicht verzog. »Was für ein Horror.«

»Allerdings. Ich meine, ich liebe es, wochenlang auf dem Meer unterwegs zu sein und keine Menschenseele zu hören und zu sehen, aber das ist eigentlich nur dann richtig schön, wenn man gesund ist und sich gut fühlt.« Ich strich mir eine lange Strähne aus dem Gesicht, die sich aus meinem Haarknoten gelöst hatte. »Wenn man wochenlang Zeit hat, sich einen Kopf über Symptome zu machen, dann ist das die absolute Vorhölle und schlimmer als jede Seekrankheit.«

»Sagt der Seebär, der noch nie an Bord gekotzt hat«, warf Esther mit einem schiefen Lächeln ein.

»Mag sein. Ich habe mich jedenfalls in die totale Paranoia reingesteigert und war mir sicher, dass ich mir irgendwas eingefangen hatte, was meine Eier und meinen Penis verrotten ließ, und dass ich nie wieder in meinem Leben Sex haben könnte. Es kamen dann auch Schmerzen dazu – im Sack, der sich plötzlich bleischwer angefühlt hat, in der Leistenregion und im Rücken. Ich habe die komplette Reiseapotheke an Bord gefressen – Antibiotika, Schmerzmittel, alles, was ich dabeihatte. Dann waren wir endlich in Maui, wo ich das Schiff abliefern musste.«

»Und dann?«

»Kaum hatte ich alle Formalitäten mit der Hafenbehörde erledigt und die Übergabe gemacht, habe ich mir meine Sachen geschnappt und bin in die nächste Ambulanz gerast.«

»Noch auf Maui, nicht bei dir zu Hause auf Big Island?«, fragte Esther.

»Noch im Hafenareal! Wie gesagt, ich war überzeugt davon, dass ich kurz davor war, mich für immer von meinem Liebesleben zu verabschieden.« Ich lachte bitter auf. »Die größte Sorge, die ich mit dreiundzwanzig hatte, war, nicht mehr vögeln zu können. Nicht im Ansatz wäre ich auf die Idee gekommen, dass es schlimmer sein könnte.«

»Wie viel schlimmer?«

»Sehr viel schlimmer. Der erste Kommentar des alten, ziemlich hemdsärmeligen Hafenarztes lautete: ›Scheiße!‹ Der zweite, dass er sich sehr sicher sei, dass ich nicht an einer ›Seefahrerkrankheit‹ litt – er hat das ernsthaft so gesagt! –, sondern an einem ›gravierenden urologischen Problem‹. Das war nun nicht die Reaktion, mit der ich gerechnet hatte. Und mit ›einem gravierenden urologischen Problem‹ konnte ich überhaupt nichts anfangen. So etwas haben doch nur alte Männer, wenn die Prostata versagt, dachte ich. Ich fragte ihn also: ›Aber meine Fähigkeit, Sex zu haben, ist nicht nachhaltig eingeschränkt?‹« Ich schloss bei der Erinnerung an dieses bizarre Gespräch gequält die Augen, fühlte aber Esthers Hand auf meinem Arm.

Das tat gut. Die Berührung hatte etwas Tröstliches und Vertrautes, allerdings überhaupt nichts Elektrisierendes wie bei Yuma. Ich schob den Gedanken an diese geheimnisvolle Frau aber sofort wieder weg. Ich wollte mich nicht ablenken lassen, sondern Esther endlich die ganze Geschichte erzählen.

»Der alte Arzt sah mich eindringlich an und sagte: ›Du kannst froh sein, wenn deine Fähigkeit, zu leben, nicht nachhaltig eingeschränkt sein wird, Junge. Ich tippe auf Hodenkrebs im fortgeschrittenen Stadium.‹ Bämm! Einfach so haut er eine Horrordiagnose raus.«

»Das ist aber extrem unseriös«, empörte sich Esther. »Und wie konnte er das wissen? Nur durch Augenschein?«

»Das müsstest du ihn wohl selbst fragen«, entgegnete ich. »Es stellte sich jedenfalls heraus, dass er recht hatte. Noch während ich buchstäblich mit heruntergelassener Hose bei ihm im Sprechzimmer stand, hat er rumtelefoniert und dafür gesorgt, dass ich den nächsten Flieger nach O'ahu nehmen und in die Uniklinik gehen konnte. Die lokalen Krankenhäuser auf den Inseln hätten nicht die besten Behandlungsmöglichkeiten. Ich war so überrumpelt, dass ich genau das getan habe, was er angeordnet hat, und kam noch am selben Tag in die Urologie, wo Spezialisten den Befund leider bestätigt haben.«

»Wie krass«, sagte Esther und sah mich mitfühlend an. »War wenigstens deine Familie bei dir?«

»Nein, denen hatte ich noch nichts erzählt. Die wussten ja gar nicht genau, wann ich wieder da sein würde, und haben mich nicht weiter vermisst. Ich war zu diesem Zeitpunkt immer noch der Meinung, dass ich die Sache schon in den Griff kriegen würde. Vielleicht eine OP und ein paar Tage Krankenhaus – kein Grund, die Pferde scheu zu machen.« Ich schüttelte den Kopf über die grenzenlose Naivität meines jüngeren Ichs. »Ich habe den hinzugezogenen Onkologen sogar ganz selbstbewusst mitgeteilt, dass ich gut allein klarkäme und niemanden zum Händchenhalten bräuchte. Oh Mann, ich war wirklich dämlich. Da mein Dad auf eine gute Krankenversicherung für uns alle Wert legte, gab es auch keine finanziellen Hürden, sodass die ganze Maschinerie gleich zu laufen begann. Bereits am nächsten Tag war ich im OP, wo mir der betroffene rechte Hoden und einige Lymphknoten in den Leisten und im Bauchraum entfernt wurden. Das Ergebnis war ernüchternd. Der Krebs war bereits weit fortgeschritten, und sämtliche Lymphknoten waren befallen. Danach wurde die Strategie diskutiert. Erst noch eine weitere OP, um weitere Lymphknoten und eventuelle Metastasen zu entfernen, die man beim Röntgen und im CT noch nicht entdeckt hatte, oder lieber erst eine aggressive Chemotherapie.«

»Oh Gott, das tut mir so wahnsinnig leid«, sagte Esther, und ihre Augen schimmerten voller Mitgefühl.

»Danke. Es war wirklich schlimm, aber erst der Anfang von dem ganzen Elend. Ich will dich nicht mit allen Details quälen, nur so viel: Es war ein verdammt langer Weg, und mehr als einmal sah es so aus, als würde ich den Kampf verlieren.«

»Hast du aber nicht, oder? Ich meine, du wirkst total gesund und so?« Sie schaute mich besorgt an.

»Bin ich auch. Ich gehe regelmäßig zur Nachuntersuchung, und bislang bin ich dabei immer gut rausgekommen. Du musst dir also keine Sorgen machen, dass ich bei der Jungfernfahrt hier plötzlich die Biege mache«, scherzte ich, um die Stimmung wieder aufzulockern.

Sie knuffte mich gegen den Arm. »Das meinte ich auch nicht. Es täte mir nur sehr leid. Nicht um den besten Skipper, den ich kenne, sondern um einen guten Freund.«

Ich zog sie in die Arme und genoss das vertraute Gefühl. Esther und ich waren uns vor vielen Jahren ein Weilchen sehr nahe gewesen, mit einer heißen Affäre und monatelangen gemeinsamen Abenteuern auf verschiedenen Schiffen. Ein richtiges Liebespaar waren wir nie gewesen, sondern eher Freunde mit Extras. Auf die hatten wir irgendwann verzichtet, die Freundschaft aber war geblieben. Bis ich mich nicht mehr bei ihr gemeldet hatte. Weil ich krank gewesen war – und ein echter Idiot.

»Es tut mir leid, dass ich mich nie mehr bei dir gemeldet habe«, raunte ich ihr ins Haar. »Ich ... ich ...« Eine gute Begründung wollte mir nicht einfallen.

»Ich kann mir vorstellen, dass das alles ganz schön viel für dich war. Ist doch klar, dass du in dieser Zeit keinen Nerv dafür hattest, Freundschaften zu pflegen«, sagte sie, großzügig und großherzig, wie sie war.

»Damit habe ich mir vor allem selbst geschadet«, brummte ich. »Denn ich hätte wirklich ein paar Freunde an meiner Seite brauchen können.« Mir fiel

Ruben ein, den einzigen Menschen außerhalb meiner Familie, den ich aktiv um Hilfe gebeten hatte. Doch ausgerechnet er war damals nicht gekommen, sondern hatte mich mit einer Karte abgespeist. Danach hatte ich es nicht mehr gewagt, mich bei anderen Leuten zu melden.

»In Ausnahmezuständen trifft man nicht immer die schlauesten Entscheidungen«, tröstete mich Esther und befreite sich dann aus meiner Umarmung. Sie deutete auf meinen linken Oberarm. »Hast du dir die Tattoos nach dem Krebs stechen lassen?«

»Wie kommst du darauf?« Es stimmte, aber ich hatte keine Ahnung, wie sie das hatte erraten können.

»Intuition. Ich meine, du hast früher keine Tattoos gehabt und auch nie den Wunsch danach geäußert. Ich erinnere mich an einen Abend auf Tahiti, als ich drauf und dran war, mir einen Delfin auf die Schulter nadeln zu lassen. Da hast du mir gesagt, dass man sich nie aus einer Laune heraus tätowieren lassen sollte, sondern nur auf Basis einer tiefen Gewissheit. Da bist du mir wie eine Spaßbremse erschienen.« Sie lachte auf. »Versteh mich nicht falsch, inzwischen bin ich froh, dass du mich davon abgehalten hast, aber damals hätte ich das echt cool gefunden.«

»Hm.« Ich lächelte sie an, ziemlich angetan von ihrer Kombinationsgabe.

»Wenn du also schon mit zwanzig so überlegt warst, was Tätowierungen betrifft, könnte ich mir vorstellen, dass daran nur etwas Großes, etwas Lebensveränderndes was geändert haben kann. Ich schätze mal, eine Krebserkrankung fällt in diese Kategorie.«

»Wenn es mit dem Wale-Beobachten und dem Segeln mal nicht mehr läuft bei dir, könntest du auf Detektivin umschulen«, gab ich zurück und zog mir mein Shirt über den Kopf.

»Wow«, hauchte sie und betrachtete die vielen schwarzen Motive auf meinem Oberkörper. »Ich wette, die haben alle eine besondere Bedeutung.« Sie kniff die Augen zusammen und fuhr dann mit einer Fingerspitze vorsichtig über den Buckelwal auf meiner Brust. »Und sie verdecken Narben, nicht wahr?« Ich sah, wie sie schluckte und sich offensichtlich vorstellte, welche Art von Operation für die große Narbe zuständig war.

»Nach der ersten Runde Chemotherapie galt ich als geheilt«, erklärte ich. »Meine Familie hat das zum Anlass genommen, eine Riesenfete zu veranstalten – um das Leben zu feiern. Doch ...« Ich zögerte, denn die nächsten Worte würden mich näher an die bislang dunkelsten Momente meines Lebens heranbringen. »Doch ich habe irgendwie gewusst, dass es noch nicht vorbei war, nur hat es niemanden interessiert, was ich gesagt habe. Mein Onkologe hat mir mehr oder weniger zu verstehen gegeben, dass ich mir besser psychologische Hilfe suchen sollte, denn mit meinem Körper sei alles in Ordnung.« Ich schüttelte den Kopf. »Angeblich haben viele Tumorpatienten solche Probleme. Dass sie sich nicht trauen, an ihre Genesung zu glauben. Aber das war es nicht. Ich war mir sicher, dass noch etwas in mir war, wie eine tickende Zeitbombe.«

»Und so war es dann auch?«

»So war es. Ich habe versucht, wieder ganz normal zu leben, habe für meine Familie gearbeitet. Ich bin für meine Bruder auf Whale-Watching-Touren gegangen, habe Segelkurse für Touristen gegeben und ein paar kleinere Überführungsfahrten zwischen den Inseln gemacht. So Kleinkram halt. Meine Lieben waren total happy, weil sie glaubten, ich würde mich jetzt endlich niederlassen und so leben wie sie alle, doch für mich war das nichts. Ich habe mich wie ein eingesperrtes Tier gefühlt, gleichzeitig habe ich mich aber nicht getraut, wieder auf eine große Tour zu gehen, weil ich ja ahnte, nein wusste, dass der Krebs noch nicht fertig war mit mir.«

»Oh Mann ...«

»Beim nächsten großen Check-up kam die Hiobsbotschaft. Schatten auf der Lunge und in der Leber. Es stellte sich heraus, dass der Krebs großflächig gestreut hatte, Metastasen überall. Es folgten mehrere große Operationen, Chemos, Bestrahlungen – und zwischendurch die Gewissheit, dass ich es nicht schaffen würde.« Ich presste die Lippen aufeinander, weil ich eigentlich nicht darüber sprechen wollte, aber nun hatte ich schon angefangen und konnte nicht mehr aufhören. »Es sah eine Zeitlang wirklich sehr, sehr schlecht aus und ich hatte es akzeptiert. Ich war bereit, den Weg zu gehen, und hatte meinen Frieden damit gemacht. Meine Eltern und Geschwister wollten das jedoch nicht akzeptieren. Sie haben sich schlicht geweigert, die Möglichkeit, dass ich sterben könnte, überhaupt in Erwägung zu ziehen.«

»Vielleicht haben sie dir mit ihrer positiven Einstellung das Leben gerettet?«, fragte Esther. »Ich würde es bestimmt auch nicht akzeptieren können, wenn meine Kinder todkrank wären.«

Ich schüttelte den Kopf. »Ich werde es wohl nie erfahren, aber ich weiß sicher, dass es für mich nicht die richtige Reaktion war. Ich glaube auch nicht, dass sie mir Optimismus schenken wollten, sondern dass es ziemlich egoistisch war. Sie hatten natürlich Angst um mich, aber größer war die Angst davor, mit meinem Verlust umgehen zu müssen.«

»Na ja, das ist ja irgendwie auch menschlich«, nahm Esther meine Familie in Schutz.

»Wahrscheinlich«, gab ich zu. »Aber ich hätte mir damals etwas anderes gewünscht. Dass sie mich und meinen Weg respektieren und mir Stärke und Trost spenden. Dass sie für mich da sind und mir nicht das Gefühl geben, ich müsste noch mehr kämpfen, als ich es ohnehin schon tat. Man sollte wirklich nur aus eigenem Antrieb um sein Leben kämpfen und nicht für andere. Das ist mir damals klar geworden. Und es war ja nicht so, dass ich sterben wollte. Wirklich nicht. Aber ich habe die Möglichkeit meiner Sterblichkeit akzeptiert und es hätte mir sicherlich sehr viel mehr Kraft gegeben, wenn meine Familie das auch getan hätte. Aber gut, ich habe es ja geschafft. Offenbar war mein Überlebenswille größer als meine Zweifel, oder vielleicht war meine Zeit auch schlicht noch nicht gekommen. Als es mir wieder besser ging, hatte ich plötzlich das Bedürfnis, meine Narben nicht zu überdecken, sondern zu schmücken. Mit Motiven, die mir viel bedeuten. Es ist kein Zufall, dass die sich allesamt ums Meer drehen.« Ich lächelte schief und schielte an meinem Oberkörper hinunter.

»Aber die Ornamente an der Schulter, am Rücken und am Arm haben nichts mit dem Ozean zu tun, oder?«

»Nein, nicht direkt. Ich habe mir die Tattoos nicht in einem normalen Studio stechen lassen, sondern bei einem alten Hawaiianer, der auch Priester und Schamane ist. Er hat gesagt, dieses Motiv würde als Schutzschild wirken – für Gefahren von innen und von außen. Keine Ahnung, ob es stimmt, aber ich will es einfach glauben. Und seit ich diese Tätowierungen habe, ist mir auch nichts mehr passiert.«

»Das klingt toll«, freute sich Esther. »Und das Gefühl,

dass noch etwas in dir lauert, ist auch weg?«, erkundigte sie sich besorgt.

»Ja, völlig. Alle Nachsorgeuntersuchungen seitdem waren unauffällig. Vielleicht ist es Einbildung, aber mir macht es Mut, und derzeit bin ich ziemlich sicher, dass ich so schnell nicht sterben muss. Jedenfalls nicht an Krebs.«

»Das ist die beste Nachricht des Tages.« Esther stellte sich auf die Zehenspitzen und drückte mir einen Kuss auf die Wange, doch weil das Schiff leicht schwankte, landete sie wieder in meinen Armen.

»Muss ich eifersüchtig werden?«, hörte ich in diesem Moment eine Stimme neben mir.

»Kommt ganz drauf an, wie sich Eifersucht bei dir äußern würde«, sagte Esther und kicherte, während sie sich von mir losmachte und sich stattdessen an ihren Freund Dominic schmiegte.

»Als Erstes würde ich meinen Konkurrenten natürlich zu einem Duell herausfordern«, erklärte er mit seinem lustigen britischen Akzent, mit dem alles irgendwie bedeutungsvoller klang. Dazu warf er mir einen finsteren Blick zu, bei dem ich mir nicht sicher war, wie viel Ironie und wie viel Ernst tatsächlich darin steckten.

Unwillkürlich wich ich einen Schritt zurück. Ich war zweifellos gut in Form, aber mit diesem Muskelmann wollte ich mich nicht anlegen. »Zur Eifersucht gibt es nicht den geringsten Anlass«, beeilte ich mich zu versichern, doch die beiden ignorierten mich.

»Was käme als Nächstes, also nach dem Duell?«, gurrte ihm Esther ins Ohr.

»Dann würde ich natürlich mein Revier markieren und meiner treulosen Gefährtin klarmachen, wie ...«

»Okay, ihr kennt den Weg zu eurer Kabine?«, unterbrach ich ihn. Nicht, weil ich prüde war oder den beiden ihr offensichtliches Glück nicht gönnte, sondern weil ... Ja, warum eigentlich?

»Mommy, Mommy, schau!«, rief Esthers kleine Tochter Ada und deutete aufs Meer. Tatsächlich sah auch ich gerade noch zwei imposante Fluken. Eindeutig Buckelwale, die abtauchten.

Das würden wir uns genauer anschauen. Ich nickte Esther wortlos zu und reffte die Segel, sodass wir unsere Geschwindigkeit drosselten. Während ich das Treiben an Bord und im Wasser beobachtete, wurde mir klar, warum ich eben so seltsam reagiert hatte. Ich wünschte mir jemanden an meiner Seite, mit dem ich all diese Erlebnisse teilen konnte. Aber nicht nur so wie mit Ruben in meiner Jugend und später mit Esther und einigen anderen Freundinnen und Freunden, sondern tiefer und inniger. Ich hatte gelernt, auf Zeichen meines Körpers und meiner Seele zu achten, und deshalb war die Tatsache, dass Yumas Gesicht in diesem Moment vor meinem inneren Auge auftauchte, wohl mehr als nur ein zaghafter Wink des Schicksals.

FREUNDINNEN-KODEX

TOFINO, VANCOUVER ISLAND, 29. MAI – YUMA:

»FEIERABEND!«, RIEF LILLY AM SAMSTAGABEND UND gähnte. Sie hatte gerade den Laden dichtgemacht, kam mit der Bargeldtasche und der Kassenabrechnung ins Büro und packte beides in den Safe.

Ich hatte eben die letzten Buchungen für die morgigen Touren bestätigt und wollte noch ein paar Aktualisierungen auf der Facebook-Seite vornehmen, doch das konnte auch bis morgen warten. Die letzten Tage waren wirklich anstrengend gewesen, die Saison groovte sich in Tofino gerade so richtig ein und wir merkten erst jetzt, wo Esther nicht hier war, wie viel sie eigentlich immer arbeiten musste. Ich schloss also das Browserfenster, sicherte das Buchungssystem und lehnte mich dann im Schreibtischstuhl zurück. »War ein langer Tag«, stellte ich fest, als Lilly den Safe schloss und sich auf einen Sessel fallen ließ.

»Das kannst du laut sagen.« Sie streckte sich und

schüttelte im Sitzen die Beine aus. »Meine Füße killen mich. Ich glaube, ich konnte mich heute keine fünf Minuten hinsetzen. Aber dafür habe ich ordentlich Umsatz gemacht im Laden. Außerdem habe ich ...« Sie zog einen Umschlag aus ihrer Tasche und reichte ihn mir. »Wieder vier Bilder von dir verkauft. Du musst dringend mal Nachschub produzieren.«

Ich sah in den Umschlag und entdeckte vier Zwanzig-Dollar-Noten. »Wenn ich dazu komme, gerne.«

»Nur eine Kundin hat bar bezahlt, die anderen mit Karte«, erklärte mir Lilly, die meinen Gesichtsausdruck offensichtlich falsch interpretiert hatte.

»Das machen die meisten«, sagte ich daher rasch. »Ich kann es nur immer noch nicht fassen, dass so viele Leute bereit sind, für meine Skizzen so viel Geld zu bezahlen.« Ich hatte inzwischen tatsächlich einiges an Extrageld verdient. Der Großteil davon lag auf meinem Bankkonto, aber dank der gelegentlichen Barzahlungen der Kunden konnte ich die meisten Ausgaben von diesem Geld bestreiten. Bill hatte mir eingeschärft, dass ich nach Möglichkeit alles in bar bezahlen und auf Online-Shopping idealerweise komplett verzichten sollte. Beides fiel mir nicht schwer, denn ich brauchte ja so gut wie nichts, außer Lebensmitteln und ganz selten mal ein paar neuen Klamotten. Mein Zeichenmaterial – Papier, Passepartouts, Tusche und Federn – hatte ich telefonisch in einem Laden in Victoria bestellt, und Esther hatte es dort abgeholt und bezahlt. Es kam darauf an, möglichst wenig Spuren zu hinterlassen – digitale genauso wie reale. Auch wenn ich mit meiner neuen Identität eigentlich keine Schwierigkeiten haben sollte, galt immer noch die Parole, lieber nichts zu riskieren. Mir war dieses Verhalten inzwischen in Fleisch und Blut übergegangen, und ich fühlte mich dadurch nicht besonders eingeschränkt, doch natürlich wirkte es auf manche Menschen absonderlich.

»Du bist einfach sehr gut«, entgegnete Lilly.

Sehr gut darin, zu zeichnen – ich wusste, dass Lilly das meinte, aber ihre Antwort hätte sich genauso gut auf meine Fähigkeiten im Unsichtbarmachen beziehen können. Wobei –diesbezüglich ließ ich in letzter Zeit offenbar massiv nach. Dass der Kuss zwischen mir und Nalu inzwischen Ortsgespräch war, hatte mich ins Zentrum des allgemeinen Interesses gehievt, und nur weil Lilly mich deswegen immer noch nicht gegrillt hatte, hieß das nicht, dass mein Glück noch viel länger anhalten würde. Aber vielleicht war das auch gut so? Vielleicht musste ich mich langsam mal wieder aus meinem Schneckenhaus herauswagen und anfangen zu leben. Richtig zu leben.

»Wahrscheinlich könntest du mit deinen Bildern sehr viel mehr Geld verdienen als mit diesem Aushilfsjob hier«, fuhr Lilly fort.

»Das ist kein Aushilfsjob!«, gab ich empört zurück. »Das ist ...«

»Ein Karrieresprungbrett? Wohl kaum.« Lilly schüttelte den Kopf. »Ich meine, wir haben wohl alle unsere Gründe dafür, dass wir hier sind. Meiner ist simpel. Ich komme aus San Diego und habe dort mit einem Marketingstudium angefangen, aber ich war kreuzunglücklich dabei. Deshalb habe ich es auf halber Strecke geschmissen. Meine Eltern sind komplett ausgerastet und haben mir ein Ultimatum gestellt: Entweder ich studiere fertig oder sie drehen mir den Geldhahn zu. Daraufhin habe ich meine Sachen gepackt und bin mit meinem damaligen Freund von einem Surfer-Hotspot zum nächsten gezogen. Er wollte Profi werden und ich war in die Idee verknallt, Freundin eines Surf-Pros zu sein. Jedenfalls mehr als in ihn selbst.« Sie lachte bitter und winkte ab. »Egal, vor ungefähr drei Jahren sind wir in Tofino gelandet, er hat mich für ein anderes Mädel verlassen und ich hatte keine Ahnung, wohin ich gehen und was ich tun könnte. Dann hat mir Esther diesen Job angeboten – und seitdem bin ich die dauerhafteste Aushilfe, die ›Johnson's Giants‹ jemals gesehen hat.« Sie seufzte. »Nicht, dass ich mich beklagen will. Wirklich nicht. Mir macht der Job echt Spaß. Esther ist eine coole Chefin, und die Bezahlung ist okay, aber eine Lebensaufgabe ist das doch nicht.«

»Muss es ja auch nicht sein«, erwiderte ich sachte. »Vielleicht ist es bei mir ähnlich wie bei dir und ich nehme den Job, bis ich genau weiß, was ich mit meinem Leben anfangen will.« Oder bis ich wieder untertauchen musste. Doch das fügte ich nur in Gedanken hinzu. Vielleicht stimmte es ja auch nicht. Vielleicht musste ich nicht mehr untertauchen? Schließlich war der letzte Ortswechsel von Vancouver nach Tofino auch ganz freiwillig geschehen. »Ich könnte mir übrigens gut vorstellen, dass Esther dir mit Freuden einen besseren und vor allem dauerhafteren Job anbieten würde, wenn du das wolltest.«

»Ja, ich weiß, aber insgeheim sind wir beide ganz zufrieden mit diesem Arrangement. So haben wir das Gefühl, flexibel bleiben zu können. Würde ich das Office-Management oder den Shop verantwortlich übernehmen, hätte ich viel mehr Verpflichtungen. Und ganz ehrlich, es würde mich auch langweilen. Ich mag es, einen halben Tag im Laden zu stehen und einen halben Tag lang einen Ausflug zu begleiten. Auch die Büroschichten zwischendurch finde ich okay, aber wenn ich nur noch eine Sache machen dürfte? Nee, das wäre nichts für mich. Für nichts davon könnte ich die nötige Leidenschaft aufbringen.«

»Musst du ja auch nicht. Du könntest einfach Esthers rechte Hand werden. Sie kümmert sich ja auch um alles.«

»Was ich damit eigentlich sagen will: Ich mache den Job, weil es praktisch ist und weil ich nichts anderes kann und weil es mir bisher zu anstrengend ist, mir etwas zu suchen, wofür ich eine Leidenschaft entwickeln kann. Dass ich es in Tofino finden werde, ist auch verdammt unwahrscheinlich, aber da ich mich hier inzwischen echt wohlfühle ...« Sie sprach den Rest des Satzes nicht aus.

»Das klingt zwar vielleicht blöd, aber du bist ja noch jung. Du musst dich nicht sofort entscheiden. Manche Leute brauchen länger, bis sie auf den Trichter kommen, was sie mit ihrem Leben anfangen wollen.«

»Aber andere, die bereits das reife Alter von dreißig Jahren erreicht haben, wissen es auch nicht. Oder sind zu feige, um das Talent zu nutzen, das sie haben. Ich glaube ja übrigens immer noch nicht, dass du schon so alt sein sollst.« Sie funkelte mich herausfordernd an, und ich wurde das Gefühl nicht los, mich selbst in eine Falle hineinmanövriert zu haben. »Warum vergeudest du dein offensichtliches Talent mit diesem Job? In diesem Nest am Ende der Welt?«

Ich sagte nichts. Keine Silbe kam über meine Lippen. Stattdessen starrte ich nur ins Leere, sodass Lilly zweifellos glauben musste, ich hätte nicht mehr alle Tassen im Schrank. Dabei war ich es nur leid, die Lügengeschichte zu wiederholen, die Bill so beschönigend als »Legende« bezeichnete.

»Hat es was mit deinem Ex zu tun?«, fragte sie mich

schließlich, und mir lief es heiß und kalt den Rücken hinunter. Sie war verdammt nah dran.

Ich nickte und überlegte krampfhaft, was genau ich ihr neulich erzählt hatte.

»Du musst natürlich nicht mit mir darüber reden, aber ich habe die Erfahrung gemacht, dass es oft hilft, wenn man sich Freunden anvertraut. Dann fühlt man sich gleich weniger allein.« Sie lächelte mich warmherzig an, und doch ...

»Freunde?«, würgte ich hervor. Wann hatte ich das letzte Mal eine echte Freundin gehabt? Eine, wie man sie aus kitschigen Filmen kennt, die mit einem durch dick und dünn geht? Die Brautjungfer bei der Hochzeit wird und mit der man sich an Sonntagvormittagen zum Brunchen trifft?

»Ich hätte nicht gedacht, dass du so einen schlechten Filmgeschmack hast«, bemerkte Lilly.

Hatte ich das eben ausgesprochen und nicht nur gedacht? Ich spürte, wie mir die Hitze ins Gesicht schoss. Wie unfassbar peinlich. Und wie scheißgefährlich. Ich hatte mich nicht mehr im Griff, und das konnte ich mir wirklich nicht leisten. »Damit könntest du recht haben«, krächzte ich.

»In diesen Filmen sind die Freundinnen in der Regel entweder fiese Bitches, die ihrer Freundin das Glück nicht gönnen und es sabotieren wollen, oder Mauerblümchen, die vielleicht herzensgut sind, aber nie selbst ihr Glück finden. Wenn das deine Definition von Freundschaft ist, dann will ich nicht deine Freundin sein. Sonst schon.«

»Ehrlich?« Ich ärgerte mich ein bisschen darüber, wie klein und hilflos ich klang.

»Natürlich. Ich meine, wir wohnen zusammen, wir

arbeiten zusammen – du bist der Mensch, mit der ich am meisten Zeit verbringe. Ich mag dich. Ich mag dich sogar sehr, und ich hoffe, dass du mich auch nicht völlig unerträglich findest. Also ja, ich wäre sehr gern deine Freundin.«

»Ich fürchte, ich bin nicht besonders gut in Freundschaften«, gab ich zu. Die Untertreibung des Jahrhunderts. Die meisten einsamen Wölfe pflegten engere Freundschaften als ich. Jedenfalls dann, wenn man unter Freundschaft eine vertrauensvolle, von Offenheit und gegenseitiger Wertschätzung geprägte Beziehung verstand. Aber die Verlockung war groß. Ich wollte irgendwo dazugehören. Wollte einen Menschen haben, dem ich mich anvertrauen konnte. Vielleicht nicht mit allen Details, aber doch ein bisschen. sodass ich nicht ständig mit diesem Versteckspiel leben musste. Lilly stammte aus San Diego und hatte überhaupt keine Berührungspunkte mit anderen kanadischen Städten als Vancouver und Tofino. Wie hoch war die Wahrscheinlichkeit, dass sie irgendjemanden aus meinem alten Leben kennen konnte? Außerdem hatten Bill und Marcus garantiert auch sie gründlich durchgecheckt. Wäre da etwas aufgefallen, hätte ich das längst erfahren.

»Woher willst du das wissen, wo du doch noch nie mit mir befreundet warst?«, versuchte Lilly meine Zweifel zu zerstreuen. »Wenn du es dir genau überlegst, sind wir doch längst Freundinnen. Wir gehen zwar sonntags nicht brunchen, aber nur, weil wir da fast immer arbeiten. Und dafür haben wir unsere Pub-Abende. Wir kochen zusammen, schauen die gleichen Serien an und teilen unsere Alltagssorgen.« Sie sah mich an und musste dann grinsen. »Also *ich* teile *meine* Alltagssorgen mit dir, du erzählst maximal von den Erlebnissen mit Gästen oder Kunden.

Aber das ist okay, das ist immerhin schon mal die halbe Miete im Freundschaftsspiel.«

»Meinst du?«

»Absolut. Und sollte ich jemals heiraten, würde ich dich auch sofort zu meiner Brautjungfer ernennen. Du dürftest mir sogar helfen, das Kleid auszusuchen, und mich davon abhalten, zum Brautmonster zu mutieren.« Sie lachte. »Gott, ich stelle mir gerade vor, was meine Mutter sagen würde ...«

»Mit Hochzeiten habe ich noch weniger Erfahrung als mit Freundschaften, da solltest du also lieber nicht auf mich setzen«, gab ich zu bedenken, kam aber nicht umhin, mich von ihrer guten Laune anstecken zu lassen. Sie wirkte so unbeschwert und fröhlich, dabei hatte sie bestimmt auch schon blöde Erlebnisse hinter sich. Also normal blöde, nicht Yuma-blöde. Worum ich sie zutiefst beneidete.

»Ich will ja eigentlich auch gar nicht heiraten. Schon gar nicht so förmlich. Ich würde lieber mit einem heißen Kerl durchbrennen und mir von ihm einen Haufen Babys machen lassen.«

»Ich glaube, du weißt in Wirklichkeit längst, was du im Leben erreichen willst«, entgegnete ich. »Du willst Mama werden.« Ich erinnerte mich an die Sehnsucht in ihren Augen, wenn sie Noras Baby im Arm hielt, oder an das merkwürdige Kindergespräch neulich in der Kneipe, als sie scherzhaft zu Nalu gesagt hatte, dass er der Vater ihrer Kinder werden sollte.

»Ja, schon, aber das ist ja keine Karriere, und überhaupt – das ist doch kein Lebensziel, oder?«

»Warum nicht? Ich finde, es gibt schlechtere Ziele, als Kindern einen guten Start in ihr Leben zu ermöglichen. Es würde die Welt zu einem besseren Ort machen, wenn mehr Menschen intakte Familien und liebende Eltern hätten.«

»Hm.« Das schien sie zum Nachdenken zu bringen, und ich hatte Angst, dass ich schon wieder viel zu viel von mir preisgegeben hatte.

»Du könntest dann eine dieser Mommy-Bloggerinnen werden, die über stylische Kinderzimmereinrichtungen, nachhaltige Windelalternativen und niedliche Babyklamotten schreiben und Fotos dazu posten.« Ich hatte keine Ahnung, ob es tatsächlich genau so ablief, denn ich selbst hatte mich noch nie auf einschlägigen Seiten getummelt, aber laut einem Artikel, den ich mal gelesen hatte, war es so. Sicherheitshalber legte ich noch eine Schippe drauf. »Du hast zweifellos Talent dafür. Deine Social-Media-Posts für ›Johnson's Giants‹ sind immer viel erfolgreicher als meine. Ich weiß nie, was ich bei den Fotos und Videos dazuschreiben soll.«

Lilly strahlte mich geschmeichelt an. »Das liegt aber nur daran, dass dir die Übung fehlt. Ich bin ja schon seit Jahren auf Instagram unterwegs und hab da schon reichlich rumprobiert, daher geht mir das so gut von der Hand. Aber du machst privat ja gar nichts auf diesen Seiten, da ist es doch nur normal, wenn du dich mit den Gepflogenheiten nicht so gut auskennst. Ich kann dir aber gerne helfen. Wie ich überhaupt finde, dass du dir unbedingt eine eigene Instagram-Seite für deine Zeichnungen zulegen solltest. Damit könntest du ein richtiges Business aufziehen, das echt Geld bringt.« Sie sah mich an und lachte. »Kein Grund, so entsetzt zu schauen. Das ist wirklich keine große Sache.«

Natürlich hatte Lilly meine Reaktion falsch verstanden. Sie hatte bestimmt recht damit, dass ich mir einen gewissen Bekanntheitsgrad aufbauen könnte, doch genau das musste ich ja um jeden Preis verhindern. »Das ist total lieb von dir, aber das werde ich nicht tun. Es ist mir ...« Eine Ausrede oder die Wahrheit? »Es ist mir zu gefährlich.« Die Wahrheit hatte gewonnen.

»Zu gefährlich?« Lilly runzelte die Stirn. »Bist du eine von diesen Leuten, die sich absichtlich selbst sabotieren?«

Ich schüttelte den Kopf, auch wenn ihre Annahme nicht völlig falsch war. Doch mein Akt der Selbstsabotage lag schon viel länger zurück und hatte genau genommen mehrere Stufen gehabt. Der Moment, in dem ich mich auf Ricky eingelassen hatte, war nur der Anfang einer ganzen Reihe fataler Fehlentscheidungen gewesen. »Nein, ich meine es tatsächlich so, dass es gefährlich für mich sein könnte, wenn ich zu viele digitale Spuren hinterlasse.«

»›Digitale Spuren‹?«

Ich nickte und wollte mich für diese Formulierung am liebsten ohrfeigen. Das waren Begriffe, wie sie Bill und Marcus benutzten und vielleicht noch irgendwelche Computer-Nerds, wenn es um Datenschutz oder so ging, aber sicher kein normaler Mensch. »Du weißt, was ich meine. Aktivitäten in den sozialen Medien, von denen man darauf schließen könnte, wo ich lebe«, versuchte ich es anders, doch mir war klar, dass das weitere Fragen aufwerfen würde.

»Ist das auch der Grund, warum du dich weigerst, mit mir für Selfies zu posieren, und selbst dann in Deckung gehst, wenn einer der Gäste ein Foto von der Crew machen will?«, fragte Lilly erstaunlich scharfsichtig und fügte nach einer kurzen Denkpause hinzu: »Yuma Solano, ich glaube, du schuldest mir langsam mehr als eine Erklärung.«

»Und wenn ich dir sage, dass ich zu meinem und auch zu deinem Schutz nichts Weiteres erklären sollte?«

»Wenn es um eine echte Gefahr geht – für wen auch immer –, dann ist das erst recht ein Grund, die Fakten auf den Tisch zu legen«, behauptete Lilly im Brustton der Überzeugung. »Das würde dann auch verhindern, dass ich unabsichtlich Dinge mache, die dir schaden könnten. Auch wenn ich es gut gemeint habe ...«

»Was meinst du?« Ich merkte, wie mein Herz urplötzlich schneller schlug – und nicht auf gute Art.

Lilly angelte mit verlegenem Blick ihr Handy aus der Hosentasche ihrer Jeans und öffnete eine App. Dann hielt sie mir das Smartphone unter die Nase – und diesmal schien mein Herz schlagartig stillzustehen.

Sie hatte mir eine Instagram-Seite mit dem Namen »Yuma-Art« eingerichtet und neun meiner Zeichnungen als Fotos mit witzigen Texten gepostet. Der Kanal war erst drei Tage alt, hatte aber erstaunlicherweise schon mehrere hundert Fans, und unter jedem Bild standen etliche Kommentare. »Ach du Scheiße«, entfuhr es mir. Mir wurde schwindlig. In diesem Moment klingelte mein eigenes Handy, und vor lauter Schreck ließ ich Lillys Telefon fast fallen. Mit fahrigen Fingern griff ich nach meinem Smartphone und sah, dass es Bill war. Der hatte mir gerade noch gefehlt, aber den Anruf zu ignorieren war leider keine Option.

»Hi, Bill, was gibt's?«, krächzte ich zur Begrüßung und musste mich dann erst einmal kräftig räuspern.

»Ist alles in Ordnung bei dir?«, konterte er mit einer Gegenfrage. Seine tiefe, dunkle Stimme strahlte die gewohnte Ruhe aus.

»Alles bestens«, log ich. »Und bei dir?«

»Kannst du gerade offen reden?«, wollte er wissen.

»Geht so«, entgegnete ich und merkte zu meiner eigenen Verwunderung, dass ich nicht wie sonst den Impuls verspürte, aus dem Raum zu gehen, um in Ruhe mit ihm sprechen zu können. Ich wollte keine Geheimnisse mehr vor Lilly haben, deren Freundschaftsangebot mich sehr berührt hatte – auch wenn ihre Aktion fehlgeleitet gewesen war. Aber womöglich hatte sie auch in diesem Punkt recht: Wäre ich offen gewesen, wäre das nicht passiert. »Ich sitze mit einer Kollegin zusammen«, fuhr ich also an Bill gewandt fort. »Du kannst mir also ruhig erzählen, was los ist.«

Kurzes Schweigen am anderen Ende der Leitung, bei dem ich das eindeutige Gefühl hatte, dass ihm meine Ansage nicht recht war. Doch damit musste er klarkommen, nicht ich. Schließlich sagte er: »Es gibt ein paar Dinge, die ich mit dir besprechen möchte. Zum einen wurde ich auf eine neue Instagram-Präsenz namens ›Yuma-Art‹ aufmerksam gemacht. Und obwohl die Bilder zweifellos sehr gut sind und jede Aufmerksamkeit verdienen ...«

»Ich weiß«, unterbrach ich ihn. »Ich habe von dieser Seite selbst erst vor wenigen Minuten erfahren. Meine Freundin Lilly hat sie ohne mein Wissen erstellt, aber um mich zu unterstützen und mir eine Freude zu machen. Wir werden sie sofort wieder löschen.« Ich hatte Lillys wohlwollende Intention und unsere Freundschaft so deutlich betont, weil ich ihm, aber auch ihr klarmachen wollte, welch wichtige Rolle sie neuerdings in meinem Leben spielte. Ich war mir sicher, dass Bill den Subtext begriff, und Lilly strahlte einfach nur.

»Okay«, kam es gedehnt durchs Telefon. »Das war sicher sehr nett gemeint von deiner *Freundin*, aber ich muss nicht betonen, wie heikel das sein kann, nicht wahr? Und ich hoffe, dass ihre Absichten tatsächlich so gut sind, wie du denkst.«

Was wollte er mir jetzt damit sagen? »Gibt es Anhaltspunkte dafür, dass es nicht so sein könnte?«, erkundigte ich mich vorsichtig.

»Nein, die gibt es nicht. Aber es gibt eben auch keine hundertprozentige Sicherheit. Ich meine nur, dass du vorsichtig sein sollst. Das gilt in gleichem Maße auch für Nalu Kalakaoa.«

Er machte wieder eine kurze Pause, womöglich um mir die Gelegenheit zu geben, das zu kommentieren, doch ich presste die Lippen aufeinander und schwieg ebenfalls.

»Bist du noch dran, Yuma?«

»Ja.«

»Gut, ich wollte nur sicherstellen, dass dir klar ist, worauf du dich einlässt.«

»Worauf lasse ich mich denn ein?«, schnappte ich in pampigem Tonfall zurück. »Menschen sind soziale Wesen und brauchen andere Menschen, um sich wohlzufühlen. Ich weiß, dass du mich am liebsten in ein tiefes schwarzes Loch stecken würdest, doch das wäre genauso schlimm wie ... wie ... na, du weißt schon! Ich habe mich jahrelang an jede Scheißregel gehalten, aber hier habe ich zum ersten Mal seit sehr langer Zeit, oder vielleicht sogar zum ersten Mal überhaupt, Menschen getroffen, die ich näher kennenlernen möchte und die mich auch irgendwie gut finden.«

»Das freut mich wirklich sehr für dich«, unterbrach er sachte meinen ungewohnten Ausbruch. »Ich meine das ernst! Beziehungen brauchen jedoch Offenheit, und du solltest dir gut überlegen, wie weit du diesbezüglich gehen kannst. Und nur noch mal fürs Protokoll, niemand will dich in ein schwarzes Loch stecken.«

Statt einer Antwort schnaubte ich nur. Ich wusste ja, dass Bill und sein Team einen sehr großen Aufwand für meine Sicherheit betrieben, aber dafür hatten sie schließlich auch eine mehr als üppige Gegenleistung bekommen. Irgendwann musste doch auch in meinem Leben wieder etwas Normalität möglich sein, oder?

»Gut, ich habe gesagt, was ich loswerden wollte«, sprach Bill weiter, als ihm mein Schweigen offensichtlich zu viel wurde. »Lösch diese Instagram-Seite und pass auf dich auf. Wenn irgendwas ist, dann wende dich umgehend an Marcus oder natürlich jederzeit an mich, aber das weißt du ja. Mach's gut, Küken.« Er wartete nicht auf eine Antwort von mir, sondern legte direkt auf. Was mir ganz recht war, denn nun musste ich mich dringend um Lilly kümmern. Ihr Blick sprach Bände.

»Warst du etwa im Knast, und das ist dein Bewährungshelfer?«, fragte sie ohne Umschweife und mit kugelrunden Augen.

»So ungefähr«, murmelte ich und seufzte. »Lass uns bitte erst diese Instagram-Seite löschen, dann ...«

»Schon erledigt«, rief sie. »Das habe ich gemacht, während du mit Mr Unbekannt telefoniert hast. Und jetzt bin ich echt neugierig auf die ganze Geschichte. Noch neugieriger als auf den Kuss mit Nalu!«

Ich stöhnte auf.

»Du glaubst doch nicht, dass ich dich da vom Haken lasse?« Sie lachte. »Das ist die aufregendste Geschichte, die dieses Kaff seit langer Zeit erlebt hat, und ich will wirklich jedes Detail wissen. Aber diese andere Sache klingt auch wahnsinnig spannend.« Sie sah auf ihre Handflächen, als ob es da eine Entscheidungshilfe gäbe. »Also, weswegen warst du im Knast?«

»Gar nicht«, antwortete ich. »Und ich will es nach Möglichkeit auch in Zukunft vermeiden. Lilly, ich werde dir jetzt ein paar Dinge über mich sagen, die dich vermutlich ziemlich schocken werden, die dir aber vielleicht helfen, mich und meine scheinbar seltsamen Verhaltensweisen besser zu verstehen. Aber du musst mir versprechen, diese Dinge niemandem zu erzählen. Wirklich niemandem. Keiner Menschenseele. Nicht dem zukünftigen Vater deiner Kinder, nicht deinen Eltern, keinen Freunden oder Kneipenbekanntschaften und auch nicht unseren Kolleginnen und Kollegen. Selbst Esther nicht.« Ich schaute sie eindringlich an, damit es keinen Zweifel daran gab, wie ernst ich es meinte.

»Natürlich«, bestätigte sie. »Echte Freundinnen tratschen nicht. Das steht im Kodex.«

»Kodex? Davon weiß ich nichts«, entgegnete ich verwirrt und etwas aus dem Konzept gebracht. »Kann man das irgendwo nachlesen?«

»Das ist der ungeschriebene Freundinnen-Kodex, der besagt, dass Geheimnisse nicht verraten und Freunde nicht ausgespannt werden. Es gibt noch ein paar Regeln mehr, aber das sind die absoluten Basics. Meine Lippen sind also versiegelt.« Sie machte mit der Hand eine Bewegung, als würde sie einen Reißverschluss an ihrem Mund zuziehen, und sah mich dann aufmerksam an.

»Gut. Das ist insofern wichtig, als es sonst wirklich gefährlich werden könnte. Nicht nur für mich, sondern auch für dich. Aus diesem Grund werde ich dir auch nicht alle Details verraten, sondern nur die wesentlichen Eckdaten.«

»Puh, das klingt jetzt aber arg geheimnisvoll. Bist du

am Ende eine Sektenaussteigerin oder so? Oder hat es was mit deinem Ex-Freund zu tun? Falls es diesen Ex-Freund überhaupt gibt, vielleicht war das ja nur eine Schutzbehauptung? Also nicht, dass ich dich dafür verurteilen würde, ganz sicher nicht, aber ...« Sie unterbrach ihr etwas hektisches Geplapper, als ich beschwichtigend eine Hand hob. »Sorry.«

»Schon gut«, beruhigte ich sie – und mich irgendwie auch. Es war schließlich das erste Mal, dass ich einem anderen Menschen reinen Wein einschenkte. »Ich fange mit den groben Basics an und gehe dann im zweiten Schritt etwas in die Details. Du kannst mir auch Fragen stellen, aber ich weiß nicht, ob ich alle beantworten werde. Einverstanden?«

»Natürlich.« Sie nickte und lehnte sich dann in ihrem Sessel zurück, nur um im nächsten Moment hektisch wieder aufzuspringen und die Tür abzusperren. »Wir wollen ja keine Unterbrechung«, erklärte sie, als sie wieder zurückkam.

»Guter Gedanke.« Ich schluckte und atmete ein paarmal tief ein und aus. »Die kürzeste Zusammenfassung lautet wohl: Ich war Kronzeugin in einem großen Drogenprozess in Toronto und bin jetzt in einem Zeugenschutzprogramm.«

»Wow.« Lilly sah mich überrascht an, damit hatte sie sicher nicht gerechnet. »Und der Typ, der dich angerufen hat, war dann also ...«

»Nicht mein Bewährungshelfer, sondern mein Ansprechpartner und Koordinator«, vervollständigte ich ihren Satz. »Und er ist deshalb so besorgt, weil die Leute, mit denen wir es zu tun haben, besonders unangenehm und hartnäckig sind.«

»Krasser Scheiß«, rutschte es Lilly raus, und ich

musste fast lachen, denn das war eine ziemlich präzise Zusammenfassung.

»Allerdings.«

»Dann ist Yuma Solano auch nicht dein richtiger Name, oder?«

Ich schüttelte den Kopf. »Nein, ist er nicht. Aber er ist viel besser als mein Geburtsname. Von daher ist er schon irgendwie mein richtiger Name. Aber ich nehme an, du brauchst etwas mehr Info?« Lilly nickte, und ihr fuhr fort. »Ich stamme aus Toronto. Nehme ich jedenfalls an, denn genau weiß ich es nicht. Ich habe keine Ahnung, wer meine Eltern waren oder sind, aber die Vermutung liegt nahe, dass ich indigene Wurzeln habe. Irgendjemand hat mich als Neugeborenes mitten im Januar vor einem Krankenhaus abgelegt. Ich weiß nicht, ob es meine Mutter war oder irgendwelche Angehörigen oder Freunde, und ein Brief oder wenigstens eine Notiz war auch nicht dabei. Ich wurde rasch gefunden, versorgt und kam dann in meine erste Pflegefamilie.«

»Heftig«, murmelte Lilly schockiert, bedeutete mir aber mit einer Handbewegung, weiterzusprechen.

»Ich spule jetzt mal etwas vor. Ich war in etlichen Pflegefamilien und zwischenzeitlich auch mal im Heim. Manche Familien waren nett und engagiert, aber alles in allem habe ich keine schöne Erinnerung an meine Kindheit und Jugend. Ich habe meinen Schulabschluss geschafft, und mein Traum wäre gewesen, Kunst zu studieren, doch das war nicht möglich. Außerdem hat mich meine letzte Pflegefamilie praktisch pünktlich zum achtzehnten Geburtstag auf die Straße gesetzt. Ich hatte also andere Sorgen als ein Studium.«

»Oh Mann, wie bitter muss dann mein Gejammere für dich sein? Ich hätte studieren sollen und wollte nicht

…«

Ich winkte ab. »Das hat nichts miteinander zu tun. Jeder muss seinen eigenen Weg gehen und sollte sich nicht mit anderen vergleichen. Da ein Studium also nicht infrage kam und ich dringend ein neues Dach über dem Kopf brauchte, bin ich zu meinem Freund gezogen, mit dem ich damals recht frisch zusammen war. Er hat in einem Tattoo-Studio gearbeitet und ich habe dort ebenfalls gejobbt. Ich habe mich um den ganzen Verwaltungskram gekümmert, das Terminmanagement auf Vordermann gebracht und hatte nebenbei die Chance, auch Motive für die Tätowierungen zu zeichnen. Es waren immer mal Kunden da, die etwas Ausgefalleneres haben wollten als das, was der Vorlagenkatalog hergegeben hat. Das hat Spaß gemacht, weil man dabei in gewisser Weise sogar dreidimensional denken muss. Das Motiv soll ja nicht nur auf einem Blatt Papier funktionieren, sondern auch auf einem beweglichen Körper. Manchmal habe ich sogar ›Maßanfertigungen‹ gemacht – das Motiv an den Bizeps eines Kunden angepasst beispielsweise.« Ich lächelte traurig bei den Gedanken an diese Zeit. Das waren die Momente gewesen, die mir tatsächlich Freude bereitet hatten.

»Hast du auch selbst tätowiert?«, wollte Lilly wissen.

»Ja, aber nur ein bisschen. Mir war das letztlich zu nah. Ich fand es zwar irgendwie gut, dass Menschen meine Zeichnungen auf der Haut tragen wollten, aber ich hatte immer das Gefühl, dass Blut, Schweiß und Tränen die Kunst in gewisser Weise besudeln. Ich weiß, dass das seltsam klingt.«

»Nein, gar nicht«, behauptete Lilly. »Nur etwas widersprüchlich. Oder auch nicht. Es macht wohl schon einen Unterschied, ob man nur die Vorlage liefert und jemand anders dann die Tätowierung sticht oder ob man selbst nadelt. Kann das sein?« Sie sah mich nachdenklich an und ich musste lächeln.

»Das hast du ziemlich präzise erfasst«, bestätigte ich ihr. »Außerdem ist es wahnsinnig intim. Man kommt den Kunden zwangsläufig sehr nah, und für eine gewisse Zeit, die je nach Motiv oft gar nicht so kurz ist, hat man eine Beziehung zueinander, die buchstäblich unter die Haut geht. Das muss man mögen, können und wollen. Für mich war und ist das jedenfalls nichts.«

»Kann ich total verstehen. Ich hab schon Schiss, mir ein Mini-Tattoo stechen zu lassen. Das tut ja bestimmt auch scheißweh, oder?«

»Kommt immer auf die Körperstelle an, aber eine Wellnessbehandlung ist es in keinem Fall. Außerdem gibt es ja auch keinen zwingenden Grund für ein Tattoo, oder? Egal, wie man es interpretiert, es ist immer eine Botschaft. Ich habe aber das Gefühl, dass es für viele Menschen nur ein modisches Accessoire ist. Dagegen ist grundsätzlich nichts einzuwenden, nur oft gibt's dann nach ein paar Jahren reichlich Katzenjammer, wenn das Motiv nicht mehr zum Lifestyle passt. So gesehen ist tintenfreie Haut auch ein klares Statement.«

»Hm, so habe ich das noch nie betrachtet, aber es macht total Sinn.« Sie schaute auf meinen Bauch, auf dem sich, von mehreren Stofflagen verdeckt, mein einziges Tattoo befand. »Ich nehme an, zu deinem Wal gibt es auch eine Geschichte?«

Ich nickte. »Ja, die gibt es, aber damit würde ich in der Chronologie vorgreifen. Vielleicht willst du erst mal den traurigen Rest hören?«

»Unbedingt.« Lilly musterte mich aufmerksam.

»Mit meinem Freund lief es eigentlich ganz gut.

Jedenfalls soweit ich das beurteilen konnte. Ich hatte ja überhaupt kein gutes Vorbild dafür, was eine stabile, wertschätzende Beziehung auf Augenhöhe ausmacht.« Ich lachte bitter auf. »Genau genommen hätte ich mir damals allein bei den Worten ›stabil‹ und ›wertschätzend‹ verwundert die Augen gerieben, denn für mich bedeuteten Beziehungen immer Unsicherheit und maximale Anpassung, kombiniert mit größtmöglicher Unauffälligkeit auf meiner Seite. So war das in meiner ganzen Kindheit und Jugend gewesen. Solange ich mich in den Pflegefamilien an die Regeln gehalten habe und möglichst unterm Radar blieb, war es zumindest für ein Weilchen okay. Vor diesem Hintergrund kam mir die erste Zeit mit Ri... mit meinem Freund geradezu paradiesisch vor.«

»Warum kannst du seinen Namen nicht sagen?«, wollte Lilly wissen.

»Weil ihn der identifizierbar machen würde. Das Gleiche gilt für alle anderen Namen und die genauen Örtlichkeiten. Ich hoffe, du verstehst das.«

»Natürlich. Sorry.«

»Schon gut. Ich weiß, wie seltsam das klingen muss.« Ich schluckte. Der Impuls, das Gespräch einfach abzubrechen, war verdammt stark, aber nun hatte ich schon angefangen und wollte es auch durchziehen. »Er war ... ich weiß nicht, wie ich es ausdrücken soll ... Er hat mich nie geschlagen oder so. Ich weiß, ich habe da womöglich einen falschen Eindruck erweckt. Er war gewalttätig, aber nicht mir gegenüber. Oder zumindest nicht physisch. Anfangs war es für mich wirklich schön, denn er hat mich beschützt und mir das Gefühl gegeben, ich sei etwas Besonderes. Vielleicht war ich das auch, aber tatsächlich hat er mich vollständig kontrolliert. Ich konnte keinen Schritt ohne sein Wissen machen, durfte niemanden treffen, den er nicht kannte, kaum mal allein einkaufen gehen. Solche Dinge. Das ist mir in der ersten Zeit gar nicht aufgefallen, weil ich so verliebt war und auch gar kein Bedürfnis hatte, irgendwas ohne ihn zu unternehmen. Enge Freundinnen hatte ich nicht, und so habe ich auch nichts vermisst. Zumindest habe ich mir das eingeredet und mich voll auf meine neuen Aufgaben gestürzt. Ich habe aus unserer winzigen Wohnung ein gemütliches Nest gemacht, und ich habe praktisch ununterbrochen gearbeitet. Zunächst fast nur gezeichnet, später habe ich das komplette Office-Management des Studios übernommen.

Irgendwann ist mir dabei aufgefallen, dass das Tätowieren nur Fassade war und dass das eigentliche Geschäft über deutlich dunklere Kanäle lief. Man konnte über das Studio praktisch alle ›Dienstleistungen‹ buchen, die du dir vorstellen kannst. Der Boss meines Freundes und seine Spießgesellen haben für ihre Kunden alles besorgt – Waffen, Drogen, Prostituierte, gefälschte Papiere, Fake News, Hackerangriffe, Auftragskiller, das ganze Portfolio eines mittelständischen Betriebes der organisierten Kriminalität.« Wieder lachte ich bitter.

»Krass«, entfuhr es Lilly, und sie klang halb ungläubig, halb entsetzt.

»Der Boss hat seinen ›Laden‹ wirklich ernsthaft als mittelständischen Betrieb bezeichnet«, fuhr ich fort. »Aber natürlich hatte er Ambitionen auf mehr. Auf viel mehr. Das Erschreckende war, dass er ein verdammt guter Geschäftsmann war, der auch in der legalen Welt eine große Nummer hätte sein können. Sein persönliches Steckenpferd war IT, also vorwiegend Internetkriminalität. Die eher analogen Dinge, wie Drogen und Auftragsmorde, waren für ihn nur ein Nebengeschäft.«

»Wie kannst du das so cool erzählen?«, fragte Lilly mit zitternder Stimme.

»Glaub mir, cool bin ich überhaupt nicht. Aber der Abstand hilft ein bisschen. Und so zynisch es klingt, ich habe verdammt viel von ihm gelernt. Wir hatten Warenwirtschaftssysteme, Buchungssysteme, Auftragsmanagementsysteme, die waren derart komplex und vielschichtig, dass mir die Software bei ›Johnson's Giants‹ wie ein simples Tool vorkommt. Der Boss vertraute mir immer mehr und übertrug mir immer mehr Aufgaben. Ich habe unsere Website im Darknet gepflegt, Angebote aktualisiert, Dienstleistungen gebucht und Geldeingänge kontrolliert. Es hat Jahre gedauert, aber am Ende steckte ich so tief in allem drin, dass ich keine Chance mehr hatte, auszusteigen. Mein Freund hätte mich da gar nicht mehr kontrollieren und gängeln müssen, denn mir war klar, dass es für mich ohnehin nur zwei Optionen gab: mitmachen oder untergehen.«

Lilly gab ein ersticktes Geräusch von sich, und ich konnte es ihr nicht verübeln, dabei war die Version, die ich ihr erzählte, noch vergleichsweise harmlos.

»Soll ich aufhören?«, erkundigte ich mich trotzdem, denn ich wollte sie nicht komplett verschrecken.

»Auf gar keinen Fall! Ich will jetzt wirklich alles wissen«, entgegnete sie entschlossen. »Mich interessiert brennend, wie du aus diesem Horrorsumpf rausgekommen bist. Ich kann mir überhaupt nicht vorstellen, wie es sich für dich angefühlt haben muss. Ich meine, wie kommt man damit klar, wenn man einen Auftragsmord in ein System einbucht?« Sie erschauderte sichtlich.

»Nicht gut«, gab ich zu. »Überhaupt nicht gut. Aber

ich habe es, so gut es ging, verdrängt und mir schöngeredet. Schließlich habe ich mir selbst nie die Hände schmutzig gemacht und ich hatte ja auch keine Wahl. Hätte ich mich geweigert, hätte das ernste Konsequenzen für mich gehabt, und an der Sache selbst hätte sich nichts geändert. Es hätte halt jemand anders gemacht. Außerdem habe ich mich immer noch mit dem Zeichnen abgelenkt. Das war mein Fluchtpunkt, meine seelische Heimat, auch wenn die Bilder in der Regel keine waren, die ich aus eigenem Antrieb gezeichnet hätte. Aber für Kunden die passenden Motive zu finden, mit denen sie zufrieden waren, hat mir wirklich Spaß gemacht.«

»Auch wenn diese Kunden Schwerstkriminelle waren?«

Ich zuckte mit den Schultern. »In diesen Kategorien habe ich nicht gedacht. Ich habe schlicht nicht hinterfragt, wer diese Menschen waren, wenn sie ins Studio kamen. Womöglich waren die meisten kriminell, einige waren sicher auch ganz normale Leute. Mir ging es aber immer nur darum, sie mit einem individuellen Tattoo glücklich zu machen.«

Lilly schnaubte.

»Ich weiß, wie das klingt, und glaub mir, ich kann es in der Rückschau auch nicht begreifen, aber eine Psychologin hat mir erklärt, dass das wohl ein Schutzmechanismus meiner Psyche war, damit ich nicht völlig abstumpfe oder an all dem Horror zugrunde gehe. Aber weiter im Text. Mein Freund war ein verhältnismäßig kleines, unwichtiges Licht im Team. Er war ein talentierter Tätowierer und ein mittelerfolgreicher Kleindealer, hatte aber sonst nicht viel auf dem Kasten. Es wurmte ihn schrecklich, dass der Boss mir mehr vertraute als ihn und ich tiefer in den Geschäften drinsteckte als er. Als ihm das bewusst wurde, ging der Horror für mich richtig los. Er zwang mich, ihm Interna zu stecken, die er dann selbst nutzen wollte. Wie genau, war mir lange nicht klar – zumal ich ihm auch fast nichts verraten habe, immer nur so viel, dass er einigermaßen ruhiggestellt war. Er ist dann immer tiefer in den Drogensumpf abgeglitten und war irgendwann selbst sein bester Kunde. Das hat seiner ohnehin etwas eingeschränkten Auffassungsgabe nicht gutgetan.« Ich räusperte mich vernehmlich, denn das war eine sehr wohlwollende Untertreibung.

»Irgendwann kam er dann auf die total bescheuerte Idee, dass es ein schlauer Move wäre, sich auf eine konkurrierende Organisation einzulassen. Als Spion. Doch dafür hätte er ja echte Infos liefern müssen, die ich ihm aber nicht gegeben habe. Sein größter Fehler war dann, unseren Boss davon überzeugen zu wollen, dass er ja als Doppelagent fungieren und seinerseits bei den anderen Infos rausziehen könnte. So weit kam es aber gar nicht mehr, denn ein Killerkommando der anderen ›Firma‹ stürmte das Tattoo-Studio und metzelte jeden nieder, den sie erwischen konnten. Mein Freund starb dabei, und ich selbst habe nur überlebt, weil ich so schwer verletzt war, dass die Killer dachten, ich sei tot.« Ich schloss die Augen und versuchte, die Bilder, die in mir aufstiegen und mich erneut zu überwältigen drohten, wegzuschieben. Ich achtete nicht mehr auf Lillys Reaktionen, sondern sprach hastig weiter. Ich wollte, nein, ich musste es jetzt zu Ende bringen. »Viel hat nicht gefehlt, und ich wäre auch gestorben«, fuhr ich fort. »Doch ich hatte Glück und wurde rechtzeitig operiert.«

»Aber wenn alle anderen tot sind, warum bist du dann

in einem Zeugenschutzprogramm?«, nutzte Lilly die nächste kurze Pause.

»Weil eben nicht alle tot sind. Der Boss konnte entkommen, genau wie einige seiner Schlüsselmänner. Und ich bin im Zeugenschutz, weil ich der Polizei und der Staatsanwaltschaft meine Hilfe als Kronzeugin angeboten habe. Wobei das jetzt netter klingt, als es war. Man hat mir ziemlich rasch klargemacht, dass man mich ebenfalls anklagen könne, schließlich sei ich ja Teil der Organisation gewesen. Ich habe wirklich in Erwägung gezogen, ob Knast nicht die bessere Option für mich wäre, denn ich wusste, dass der Boss mit Abtrünnigen nicht zimperlich war. Doch dann kam Bill, ein leitender Mitarbeiter vom Zeugenschutzprogramm, und hat mir versichert, dass man mich gut schützen würde – und so habe ich alles gesagt, was ich wusste. Dank meiner Infos konnten sie einen Großteil des Netzwerks aushebeln und auch etliche Männer festnehmen – unter anderem den Boss, der nun seit fast drei Jahren im Gefängnis sitzt.«

»Aber es ist doch super, dass die bösen Jungs einkassiert sind«, rief Lilly erleichtert und regelrecht enthusiastisch.

»Ja, das ist gut. Aber leider kein Garant für Sicherheit, denn Gefängnismauern bieten keinen Schutz vor Menschen wie dem Boss, die immer Wege und Kanäle finden, ihr Geschäft weiterzubetreiben. Man hat versucht, mich offiziell für tot erklären zu lassen, doch dann hätte ich meine Zeugenaussage nicht machen können und die Staatsanwaltschaft hätte keinen wirklichen Hebel in der Hand gehabt. So habe ich eine neue Identität bekommen und wurde auf eine supereinsame Ranch in Manitoba geschickt. Ich fand es schrecklich. Die Einsamkeit dort ist echt bedrückend.«

»Also ungefähr wie hier«, warf Lilly ein.

»Quatsch. Im Vergleich dazu pulsiert hier das Leben«, widersprach ich. »Außerdem sind wir am Meer. Am Meer kann ich überhaupt nicht einsam sein.« Ich schüttelte den Kopf. »Die Ranch war nichts für mich, und sicher war es dort auch nicht, denn zwei Gangmitglieder haben mich tatsächlich aufgespürt. Es war eine verdammt knappe Angelegenheit, heil rauszukommen. Und dann ging alles wieder von vorne los: neue Identität, neue Legende, neuer Ort. Diesmal ein kleines Holzfällerstädtchen in British Columbia, wo ich auch nicht besonders glücklich war. Danach bin ich nach Vancouver gezogen und von dort hierher. Das ist also meine traurige Geschichte – in der Kurzfassung, aber ich habe dir schon viel mehr verraten, als ich eigentlich sollte.« Ich sah Lilly eindringlich an. »Ich hoffe, der Freundinnen-Kodex deckt dieses Vertrauen ab.«

Lilly griff nach meiner Hand und erwiderte meinen Blick. »Natürlich tut er das. Ich verspreche dir, dass ich keiner Seele davon erzählen werde«, sagte sie feierlich – und ich glaubte ihr. Weil ich ihr glauben wollte.

»Gut. Danke. Aber vielleicht sollten wir jetzt wirklich heimgehen und etwas essen?«, schlug ich vor und merkte, wie erschöpft ich mich fühlte.

»Das machen wir. Ich koche uns was Schönes, und dann erzählst du mir von Nalu und dem Kuss.«

SEEMANNSGARN UND GROSSE PLÄNE

IRGENDWO AUF DEM PAZIFIK, 30. MAI – NALU:

»NA, CHEFETAGE, ZUFRIEDEN MIT DER JUNGFERNFAHRT eures neuen Schiffs?«, fragte ich, als Esther und Reed zu mir ans Steuer traten. Wir waren noch ungefähr eine Stunde von Tofino entfernt und pflügten bei gutem Wind mit geblähten Segeln durch den Pazifik. Was mich betraf, war ich mit den vergangenen vier Tagen mehr als zufrieden. Die »Sound of my Soul« war so zuverlässig und so gut zu handeln, wie ich es mir vorgestellt hatte. Mit Greg und Liz lief es völlig unkompliziert, und die drei jungen Frauen von der Segelschule hatten sich ebenfalls gut gemacht, auch wenn wir sie nicht wirklich gebraucht hätten. Doch für meine Arbeitgeber waren wohl vor allem die anderen Aspekte relevant. Wir hatten einige spektakuläre Walsichtungen gehabt, einmal sogar buchstäblich hautnah, als fast alle auf Schlauchbooten oder in Taucheranzügen im Wasser gewesen waren.

»Ich könnte nicht zufriedener sein«, antwortete Reed

mit einem entspannten Lächeln. »Ich bin wirklich froh, dass Esther mich zum Kauf dieses Schmuckstücks überredet und dich als Skipper angeheuert hat. Ich hatte schon im Vorfeld ein gutes Gefühl, aber jetzt bin ich überzeugt davon, dass es ein Hit werden könnte. Sarah und Andy haben auf der Institutsseite über unseren Ausflug gebloggt und in den sozialen Medien Bilder und begeisterte Kommentare gepostet, sodass ich mich vor Anfragen kaum retten kann. Und das sind nur die, die mich von Kollegen und der Uni erreicht haben. In unserem Buchungssystem sieht's aber ähnlich aus, oder?«

»Absolut«, bestätigte Esther, die aus dem Strahlen gar nicht mehr herauskam – was jedoch nur zum Teil am Schiff und an unseren Walsichtungen lag und vor allem an ihrem neuen Freund Dominic, der eine ganz erstaunliche Wandlung durchgemacht hatte. Es war unglaublich schön, zu sehen, wie dieser verkopfte, von irrationalen Ängsten getriebene Mann vom Meer buchstäblich weichgespült worden war. Ein Phänomen, das ich schon häufig erlebt hatte, das mich aber immer wieder aufs Neue faszinierte. Manchmal waren nur ein kleiner Schritt und ein bisschen Mut nötig, um ein Leben von Grund auf zu verändern. Aus irgendeinem Grund kam mir bei dieser Überlegung Yuma in den Sinn, die Sehnsucht, die ich in ihren Augen gelesen hatte und von der ich nicht wusste, ob sie mir galt oder etwas anderem. Zweifellos etwas anderem, denn wir kannten uns ja nicht, zumindest nicht nach herkömmlichen Maßstäben. Ich brannte darauf, mehr über sie zu erfahren, herauszufinden, wonach genau sie sich sehnte und was für ein Geheimnis sie verbarg. Mir fiel wieder Lillys unbedachte Bemerkung im Pub ein, als sie über Yumas Tattoo gesprochen hatte – und deren vollkommen geschockte Reaktion darauf.

»Was sagst du dazu?«, riss mich Esther aus meinen Gedanken. Offenbar hatte sie weitergeredet und erwartete nun eine Antwort.

»Wozu? Sorry, ich war in Gedanken gerade woanders.«

Sie runzelte in gespielter Missbilligung die Stirn. »Wenn das so ist, ziehe ich meine Frage und unser Angebot wieder zurück«, erwiderte sie und zwinkerte Reed zu, der bedauernd nickte.

»Ist wohl besser«, fiel er ein, konnte sein Pokerface aber nicht lange aufrechterhalten, sondern brach in Gelächter aus. »Esther wollte nur wissen, ob du nachher mit zum Barbecue bei meiner Schwiegermutter kommst, um unsere erfolgreiche Jungfernfahrt zu feiern. Wird keine lange Sache, zumindest nicht für mich und meine Mädels, weil wir nachher noch nach Port McNeill fliegen müssen, denn morgen ist ja wieder Schule.«

»Ach so, ja ...« Ich zögerte und wusste nicht so recht, warum. Wann hatte ich zu einem Grillnachmittag schon mal Nein gesagt? Die nächste Tour startete erst am Mittwoch, es war also morgen und am Dienstag Zeit genug, um am Schiff alles auf Vordermann zu bringen.

»Es ist keine Verpflichtung, nur eine Einladung«, fügte Reed hinzu, den meine wenig enthusiastische Reaktion sichtlich irritierte.

»Sorry, wirklich!«, betonte ich und riss mich zusammen. »Ich komme sehr gern. Danke für die Einladung.«

Reed nickte nur, warf Esther einen vielsagenden Blick zu und ging dann hinüber zu Kiona und seiner Tochter Grace, die an der Reling standen und offenbar in ein Gespräch vertieft waren.

»Was ist los mit dir?«, wollte Esther wissen.

»Nichts. Ehrlich. Ich war nur ... abgelenkt.«

»Verstehe«, entgegnete sie und sagte dann ein Weilchen nichts, sondern sah zu Koa, der sich auf dem Kontrollpanel für die Segel zusammengerollt hatte und schlief.

Er machte sich wirklich gut als Schiffskatze, musste ich zugeben. Er war freundlich zu den zweibeinigen Passagieren, hielt sich von Ärger fern und war mir ein besserer Gefährte als die meisten, die ich bisher an Bord eines Schiffes gehabt hatte. Ich war mir jedoch überhaupt nicht sicher, ob er meinetwegen hier war oder wegen des Schiffes selbst.

»Hast du an Yuma gedacht?«, überraschte mich Esther plötzlich mit einer ziemlich scharfsinnigen Frage. Ich hatte mich nie nach Yuma erkundigt, sie mit keiner Silbe erwähnt, und ich bezweifelte ernsthaft, dass Esther etwas von den elektrisierenden Funken mitbekommen hatte, die zwischen mir und Yuma sprühten. Wenn, dann hätte sie bestimmt schon früher etwas erwähnt. Warum also jetzt?

»Wie kommst du darauf?«, konterte ich mit einer Gegenfrage und hoffte, dass man meine Verblüffung nicht raushören konnte.

»Weibliche Intuition«, behauptete sie lapidar, und der Blick aus ihren meerfarbenen Augen scannte mich wie ein Laser.

»Muss anstrengend sein, diese Intuition«, brummte ich, weil ich keine große Lust verspürte, mit ihr über Yuma zu sprechen. Also, eigentlich schon, denn ein paar Informationen mehr über die geheimnisvolle Unbekannte wären schön, aber ich hatte keine Lust auf etwaige Verkupplungsversuche. Frisch verliebte Menschen hatten ja erstaunlicherweise oft das Bedürfnis, die Singles in ihrem Umfeld zu verkuppeln, damit auch sie das Liebesglück genießen konnten – oder nicht in das eigene hineinfunkten?

»Ach, es geht so.« Sie grinste mich herausfordernd an. »Es liegt ein bisschen an den Objekten, denen meine Intuition gilt. In deinem Fall ist es gar nicht anstrengend, sondern ziemlich interessant. Also, was läuft da zwischen dir und meiner neuen Lieblingsmitarbeiterin?«

»Und ich dachte, ich sei dein Lieblingsmitarbeiter ...« Ich seufzte und musste es noch nicht einmal spielen.

»Lenk nicht ab. Ich weiß, dass ihr euch letzten Sonntag geküsst habt. Das ist inzwischen Ortsgespräch in Tofino. Was ich mich jedoch frage, ist, warum du mir nichts gesagt hast.« Sie hatte tatsächlich den Nerv, gekränkt zu klingen.

»Unfassbar«, murmelte ich und schüttelte den Kopf. »Du wartest also seit unserem Ablegen am Donnerstag darauf, dass ich dich auf Yuma anspreche und mit dir über den Kuss diskutiere?«

»Seit heute Morgen«, schränkte sie ein. »Ich hab vorhin mit einer Mitarbeiterin telefoniert und die hat mir gesteckt, dass über wenig anderes geredet wird als über ›den Kuss‹. Der muss ja ziemlich spektakulär gewesen sein, wenn Lyndie das so betont.«

Du hast ja keine Ahnung, wie spektakulär, dachte ich bei mir und hoffte, dass Yuma nicht allzu viel Stress deswegen hatte. »Ich frage mich nur, woher Lyndie und die restliche Stadt wissen wollen, dass wir uns geküsst haben. Ich halte es irgendwie für nicht besonders wahrscheinlich, dass Yuma damit hausieren geht. Und am Pier war sonst niemand.« Hatte ich zumindest gedacht, aber ehrlich gesagt war ich derart auf Yuma fixiert gewesen, dass ich es auch nicht mitbekommen hätte, wenn neben mir eine komplette Eishockeymannschaft herumgeturnt wäre. Der Mond, Yumas zarte Gestalt, die prickelnde Berührung ihrer Hände auf meiner Brust und schließlich der Kuss, der absolut magisch gewesen war.

»Regel Nummer eins: In einem Ort wie Tofino ist man nie allein! Regel Nummer zwei: In einem Ort wie Tofino gibt es kein Privatleben! Regel Nummer drei: Wenn meine Mitarbeiter ein Verhältnis haben, dann muss ich das wissen, um ...«

»Um was? Um einzuschreiten?« Ich musste lachen, denn das wollte ich sehr gern erleben: wie Esther versuchte, bei den Privatangelegenheiten anderer Leute dazwischenzufunken. Einer der Gründe, warum ich sie so mochte, waren ihre gechillte Art und ihr Credo, dass sie sich nie in Dinge einmischte, die sie nichts angingen. Schade, dass sie diesen Grundsatz gerade offensichtlich vergaß.

»Du hast recht.« Sie reckte die Handflächen in einer resignierten Geste nach oben. »Es geht mich wirklich nichts an. Es ist nur ...«

»Was?« Nun war ich neugierig.

»Nichts. Also nichts Richtiges. Es ist nur so, dass Yuma für mich ein großes Geheimnis ist. Sie ist ungewöhnlich verschlossen und erzählt so gut wie nichts von sich und ihrer Vergangenheit. Sie ist einfach nur präsent, hat eine tolle Ausstrahlung und hat sich fast schon unentbehrlich gemacht, aber gleichzeitig ist da eine Düsternis und Traurigkeit, die sie umgibt, die ich nicht greifen kann und für die ich keine Erklärung habe. Ich dachte, vielleicht weißt du ein bisschen mehr.« Nun schaute sie mich treuherzig und etwas verlegen an, und mir wurde klar, dass Esther nicht aus Sensationslust fragte, sondern weil ihr Yuma am Herzen lag.

»Nein. Ich weiß gar nichts über sie. Ich hätte dir

exakt dieselben Fragen gestellt, tatsächlich kenne ich sie sogar noch weniger als du. Ich habe sie ja nur am Sonntag gesehen und kaum mit ihr gesprochen.«

»Hm.«

»Was ›hm‹?«

»›Hm‹ im Sinne von: Das ist ziemlich unbefriedigend und nicht wirklich nachvollziehbar«, brummte sie und fixierte mich dann wieder mit ihrem Röntgenblick. »Es ist doch recht ungewöhnlich, wenn sich zwei angeblich völlig Unbekannte so innig am Hafen küssen.«

»Ist es das?« Ich hob eine Braue. »In Seefahrerkreisen ist das eher der Normalzustand.«

»Ja, ja, ich weiß. Die Mär von der Braut in jedem Hafen.« Esther machte eine wegwerfende Handbewegung.

»Tu nicht so überheblich. Du hast bei diesem Spiel früher recht fleißig mitgespielt.«

»Mag sein, aber das ist etwas anderes. Das passt nicht zu Yuma und ehrlich gesagt auch nicht zu dir. Also nicht zum neuen Nalu, der viel reifer und tiefsinniger ist als der verspielte, neugierige Abenteurer von früher.«

»Diese Einschätzung ehrt mich, aber streng genommen kannst du das gar nicht wirklich beurteilen. Wir haben uns so viele Jahre nicht gesehen und erst vor ein paar Wochen wiedergefunden. So betrachtet kennst du mich eigentlich gar nicht.« Ich wusste, dass das nicht stimmte. Ich hatte schon früher eine besondere Verbindung mit Esther gehabt, und die war auch direkt wieder da gewesen. Ja, dreizehn Jahre waren eine lange Zeit, aber ich hatte das Gefühl, dass ich sie trotzdem kannte – und umgekehrt.

»Du weißt, dass es nicht so ist«, entgegnete sie erwartungsgemäß. »Und auch wenn ich Yuma tatsächlich nicht richtig einschätzen kann, weil ich viel zu wenig von ihr und über sie weiß, habe ich das untrügliche Gefühl, dass sie keine leichte Seemannsbraut ist, die sich einfach so auf einen dahergelaufenen Schönling einlässt.«

»Dahergelaufener Schönling ...«

»Du weißt genau, wie du auf andere Menschen wirkst«, unterbrach sie mich. »Aber darum geht es jetzt nicht. Es passt einfach nicht zusammen. Dass ihr euch am Sonntag angeblich zum ersten Mal getroffen habt und dann gleich ...« Sie verstummte und schüttelte den Kopf.

»Ich weiß, was du meinst«, gab ich zu. »Ich habe leider auch keine Erklärung. Ich habe Yuma vorher wirklich noch nie gesehen. Zumindest nicht in diesem Leben. Aber in dem Moment, als ich sie bei der Einfahrt in den Hafen im Türrahmen deines Souvenirshops habe stehen sehen, ist etwas Merkwürdiges passiert. Es hat mich wie ein Blitz durchfahren und ich war mir sicher, dass diese Frau mein Schicksal sein wird. Und ja, ich weiß, wie bescheuert das klingt.« Laut ausgesprochen hörte es sich tatsächlich noch irrer an als in meiner Fantasie. Aber diese merkwürdige Gewissheit war immer noch felsenfest in mir verankert.

»Es klingt tatsächlich ein bisschen seltsam«, sagte Esther, doch ihr warmherziges Lächeln relativierte ihre Aussage gleich wieder. »Allerdings scheint so etwas viel häufiger vorzukommen, als man gemeinhin annimmt. Frag mal Reed und Kiona. Bei denen war es auch so eine Blitzverbindung – und es funktioniert. Sie waren mutig genug, sich darauf einzulassen, und jetzt kriegen sie sogar ein Baby.« Ihre Augen begannen eigentümlich zu funkeln. »Vielleicht wird das bei euch genauso laufen?«

»Ganz sicher nicht!«, entgegnete ich harsch.

»Muss ja nicht«, ruderte sie sofort zurück. »Ich meine, ihr könnt euch ja Zeit lassen und so.«

»Egal, was sich zwischen mir und Yuma entwickelt, wir werden keine Kinder haben«, sagte ich fest. »Zumindest keine leiblichen.«

»Oh.« Sie sah mich irritiert an und überlegte offensichtlich, ob sie weiterfragen sollte.

Ich seufzte. »Ich kann nach meiner Krebserkrankung definitiv keine Kinder mehr zeugen«, erklärte ich ihr.

»Ach so. Stimmt. Sorry, daran habe ich im Moment gar nicht mehr gedacht.« Sie biss verlegen auf ihre Unterlippe, doch dann hellte sich ihr Gesicht wieder auf. »Aber hast du vor der OP nicht eine Spermaprobe abgegeben?«, wollte sie wissen. »Das ist doch das übliche Prozedere, soweit ich weiß.«

»Hab ich«, gab ich zu. »Aber in der Klinik ist wohl irgendein Missgeschick passiert, und die Probe wurde nicht rechtzeitig eingefroren. Als man es bemerkt hat, war es bereits zu spät.« Ich unterdrückte einen weiteren Seufzer, auch wenn ich ahnte, welche Reaktion gleich kommen würde. Die meisten Menschen konnten nicht verstehen, warum ich mich nicht groß darüber aufregte, aber ich war tatsächlich erleichtert. So war für mich ohne jeden Zweifel klar, dass ich nie eigene Kinder haben würde. Ich war davon befreit, Entscheidungen treffen zu müssen, und sosehr ich Kinder auch mochte, hatte ich mir doch nie vorstellen können, selbst welche zu haben. Zumal sich ein klassisches Familienmodell mit meinem Lebensstil ohnehin nicht vertrug.

»Das ist ja schrecklich«, rief Esther erwartungsgemäß entsetzt und schlug sich die Hand vor den Mund. »Das tut mir wahnsinnig leid. Ich hoffe, du hast die Klinik auf Schadensersatz verklagt.«

»Nein«, entgegnete ich schlicht. »Weder ist es schrecklich, noch habe ich irgendwelche rechtlichen Schritte eingeleitet. Ich glaube fest daran, dass es so sein sollte. Schicksal, Fügung, was auch immer. Glaub mir, in der akuten Phase waren mir andere Dinge wichtiger, als über Familienplanung nachzudenken. Und als ich dann wieder gesund war, war es okay für mich. Ich brauche keine Kinder, um ein ausgefülltes und glückliches Leben zu führen – auch wenn das für Eltern wie dich wahrscheinlich schwer nachzuvollziehen ist.«

Sie sah mich betroffen an, nickte dann aber. »Vermutlich hast du recht. Für mich sind meine Kinder das größte Glück – auch wenn ich ihretwegen auf viele andere schöne Dinge verzichten muss –, aber man kann zweifellos auch ohne Nachwuchs ein gutes Leben führen. Es ist nur die Frage, wie eine potenzielle Partnerin dazu steht. Für die meisten Frauen spielen Kinder nämlich schon eine wichtige Rolle.«

»Ich weiß. Vielleicht ist das auch der Grund, warum ich immer noch Single bin.« Ich grinste schief, auch wenn ich wusste, dass das nicht die Wahrheit war. Aber ich hatte die Unfruchtbarkeitsbombe tatsächlich schon mit Absicht platzen lassen, wenn mir ein Techtelmechtel zu eng geworden war. Nicht, dass es davon in jüngster Vergangenheit viele gegeben hätte, aber wenn, war es eine recht praktische Ausrede gewesen.

»Was ist, wenn sich Yuma Kinder wünscht?«, bohrte Esther weiter.

»Dann wird sie sich einen anderen Vater suchen müssen«, antwortete ich schlicht, auch wenn mir der Gedanke daran einen Stich versetzte. Was völlig bescheuert war, schließlich kannten wir uns überhaupt nicht.

»Hm«, kam es von Esther, die meine Aussage anscheinend genauso unbefriedigend fand wie ich selbst.

»Ich weiß«, sagte ich daher, und diesmal konnte ich den Seufzer nicht unterdrücken.

»Eigentlich ist es ganz schön dämlich von uns, dass wir über solche Dinge reden, wo ihr euch doch noch gar nicht kennt«, sprach Esther dann pragmatisch aus, was ich dachte. »Vielleicht will sie ja auch keine Kinder.«

»Vielleicht will sie auch gar nicht mit mir zusammen sein«, warf ich als weiteres Argument ein. Das fände ich zwar außerordentlich bedauerlich, aber von der Hand zu weisen war es nicht.

»Das halte ich für extrem unwahrscheinlich. Wer kann Nalu Kalakaoa ernsthaft widerstehen?« Sie grinste mich herausfordernd an.

»Auch wieder wahr.« Ich lächelte zurück, und obwohl sich an der grundsätzlichen Lage nicht das Geringste geändert hatte, fühlte ich mich mit einem Mal wieder viel fröhlicher und optimistischer. Vielleicht sollte ich meinem Gefühl vertrauen und dem Schicksal oder den göttlichen Fügungen das Ruder überlassen? Wenn das mit Yuma etwas werden sollte, dann würde das auch geschehen. Und so machte sich in mir die Gewissheit breit, dass ich ganz entspannt abwarten konnte, was passieren würde, wenn wir uns das nächste Mal sahen.

»Wann trefft ihr euch wieder?«, fragte Esther prompt. Langsam hatte ich den Verdacht, dass sie Gedanken lesen konnte.

»Keine Ahnung, aber ich gehe davon aus, dass wir uns in Tofino früher oder später zwangsläufig über den Weg laufen werden«, entgegnete ich und hoffte insgeheim, dass es eher früher sein würde. Vielleicht sogar schon ganz bald – wenn wir einliefen? Womöglich kam sie auch zur Grillparty von Kelly Scott?

»Ich werde dafür sorgen, dass sie morgen wieder einen freien Tag hat«, bemerkte Esther mit einem vielsagenden Blick. »Nutze ihn sinnvoll.«

»Yes, Ma'am!« Ich salutierte. »Aber jetzt muss ich den Kurs ändern, damit wir auch an unserem Ziel ankommen.« Die ersten Inseln waren bereits in Sichtweite, also scheuchte ich Koa von seinem Schlafplatz und machte mich an die Arbeit.

Das Schicksal hatte leider andere Pläne als ich, und so musste ich meine Ungeduld, Yuma wiederzusehen, zügeln. Sie war weder am Pier, als wir einliefen, noch beim Barbecue, wo wir ausgelassen die erfolgreiche erste Tour feierten. Vermutlich lag es schlicht und ergreifend daran, dass sie arbeitete. Reeds Schwiegermutter Kelly hatte sich wohl nur mit einiger Mühe aus dem Büro von »Scott's Spout Scouts« loseisen können, um die Party vorzubereiten, weil so viel los war. Ähnliches galt für Esthers Vater Marty, der uns aber herzlich am Hafen in Empfang genommen und seine Tochter daran gehindert hatte, gleich im Büro nach dem Rechten zu sehen. Bei dem schönen Wetter brummte das Geschäft offenbar richtig.

»Müssen wir wirklich schon gehen?«, nölte Reeds Tochter neben mir, wie es nur ein Teenager konnte.

»Morgen ist wieder Schule, Sweetheart«, entgegnete Reed mit einem geduldigen Lächeln.

»Aber es ist doch noch früh und ...«

»Wir haben zu Hause auch noch einiges zu tun«, unterbrach Reed sie und pfiff dann nach seinem Hund

Ollie, der die letzten Tage mit seinen Geschwistern Carly und Cooper bei Kelly verbracht hatte. Es war mir wirklich ein Rätsel, wie Reeds Schwiegermutter mit diesen drei Fellmonstern klarkam, aber offensichtlich ging es irgendwie.

Koa hatte mich zunächst begleitet, doch beim Anblick der drei Riesenhunde hatte er schleunigst das Weite gesucht, obwohl das Trio ihm gegenüber keinerlei Aggressionen gezeigt hatte. Ich war gespannt, ob er wieder zum Schiff gelaufen war oder sich gleich ein neues Quartier suchen würde. Die letztere Vorstellung fand ich erstaunlich schmerzhaft.

»Wir kommen bald wieder«, beschwichtigte Reed seine schmollende Tochter und seinen Hund, der ebenfalls keine große Lust zu haben schien, seine Geschwister zu verlassen. Dann begann Reed mit seiner Abschiedsrunde.

»Ich begleite euch«, sagte ich kurzentschlossen, als er wieder bei mir ankam. »Ich muss noch was im Logbuch nachtragen und einige ... ähm ... Dinge erledigen.«

»Verstehe«, erwiderte Reed und grinste mir zu.

»Halt die ›Dinge‹ bitte nicht unnötig von der Arbeit ab«, schaltete sich Esther ein, die meinen letzten Satz wohl gehört hatte. »Es scheint wirklich Land unter zu herrschen.« Sie sah mich bittend an.

»Keine Sorge, es geht mir wirklich nur ums Schiff. Was ich heute erledigen kann, muss ich nicht morgen machen.« Ich zwinkerte ihr zu. »Wenn du verstehst, was ich meine.«

»Danke«, antwortete sie und hauchte mir ein Küsschen auf die Wange, ehe ich mit Reed und seinen Lieben die Party verließ.

»Ich wollte eigentlich noch bei Yuma vorbeischauen«,

hörte ich Kiona zu Reed sagen. »Das hat schon am Donnerstag nicht geklappt.«

»Ich fürchte, das kriegen wir nicht hin«, entgegnete er bedauernd. »Außerdem hat Esther ja erzählt, dass sie im Büro und im Shop Land unter haben, da hätte sie ohnehin keine Zeit.«

»Ich weiß, aber ich würde sie wirklich gern besser kennenlernen. Ich glaube, wir hätten uns einiges zu sagen.«

»Ich werde mit Esther sprechen, ob sie Yuma mal für ein paar Tage entbehren kann, dann laden wir sie nach Port McNeill ein. Wir können es ja als Orca-Fortbildung tarnen.« Reed lächelte schelmisch. »Dafür würde ich Esther einen unserer Springer zur Verfügung stellen. Und du und Yuma hättet Zeit miteinander.«

»Das wäre großartig«, freute sich Kiona, und ihr schönes Gesicht begann regelrecht zu leuchten.

Mir kam eine spontane Idee. »In drei Wochen soll doch die große Alaska-Tour starten, mit einem Zwischenstopp in Telegraph Cove«, begann ich. »Wenn es für euch und Esther passt, könnte ich Yuma ja mitnehmen. Dann lernt sie auch die ›Sound of my Soul‹ kennen – das wären zwei Fliegen mit einer Klappe. Und entweder liefere ich sie auf dem Rückweg wieder in Tofino ab, oder ...«

»Oder ich bringe sie mit dem Wasserflugzeug zurück«, vervollständigte Reed meinen Satz und grinste mich zufrieden an. »Ich finde, das klingt nach einem sehr guten Plan!« Er klopfte mir auf die Schulter. »Ich hatte ja ohnehin vor, einen meiner Leute nach Alaska zu schicken, was bedeutet, dass zwischen Tofino und Telegraph Cove eine Kabine leer steht. Hach, ich liebe es, wenn sich die Dinge so gut fügen. Ich rufe Esther morgen an und bespreche alles mit ihr.«

»Hauptsache, ihr seid alle happy«, grummelte Grace, die unser Gespräch mit finsterem Blick verfolgt hatte. »Und was ist mit mir? Ich hätte gern noch mehr Zeit mit Nora und ihrem Baby verbracht. Megan ist schließlich meine Cousine. Und ich würde auch liebend gerne noch mal eine Tour auf dem Schiff machen. Was bringt es mir, dass mein Dad so einen coolen Kahn gekauft hat, wenn ich ihn nicht nutzen kann?«

»Ach, Sweetheart, ich weiß. Du hast es echt nicht leicht«, sagte Reed und ich bewunderte ihn für seine Engelsgeduld. »Du wirst in den Sommerferien reichlich Zeit haben für Nora und deine kleine Cousine, und was das Schiff betrifft ...« Er seufzte und rieb sich mit einer etwas ratlosen Geste über den struppigen Zehntagebart.

»Wenn du in den Sommerferien hier in Tofino bist, nehme ich dich auf jede Tour mit, bei der wir eine kurzfristige Stornierung haben oder noch eine freie Koje in einer der Mitarbeiter-Kabinen«, warf ich ein. »Was hältst du davon?«

»Echt?« Wie weggeblasen war der nölige Teenager-Tonfall. Stattdessen strahlte mich Grace an, wie vorhin Kiona ihren Reed.

»Klar. Du wärst mir eine große Hilfe, denn ich habe festgestellt, dass du dich beim Segeln gar nicht blöd anstellst – was an ein mittleres Wunder grenzt, denn dein Vater hat keine Ahnung davon.« Ich zwinkerte ihr verschwörerisch zu und hoffte, dass Reed mir diese Übertreibung verzeihen würde. Es stimmte nämlich nicht, er konnte sehr wohl segeln. Gut sogar, aber es war offensichtlich, dass er es nicht mit derselben Leidenschaft betrieb wie

Esther oder ich. Und wie seine Tochter. Grace kannte sich zudem fantastisch mit Walen aus und würde sich bei den Trips zweifellos nützlich machen. Außerdem mochte ich die Kleine, weil sie mich sehr an Reeds verstorbene Ehefrau Emily erinnerte, die Esthers beste Freundin gewesen war und mit der wir früher viel Spaß gehabt hatten.

»Darf ich, Dad?«, fragte Grace ihren Vater mit einem seligen Lächeln.

»Wenn Nalu sich das antun will, von mir aus gern, Sweetheart.« Er lächelte erst seiner Tochter, dann mir zu und wirkte ziemlich erleichtert.

Womöglich hatten wir eine weitere Fliege erwischt, um im Bild zu bleiben. »Dann hätten wir das also geklärt«, sagte ich aufgeräumt, als wir den Wasserflugplatz erreichten. »Ich freu mich drauf.«

»Ich mich auch.« Grace strahlte mich an, umarmte mich kurz und kletterte dann in den kleinen Flieger.

»Damit rettest du mir den Arsch«, raunte mir Reed zu. »Danke. Das mit den Sommerferien ist echt ein Problem, weil wir dann Hochsaison haben und ich nicht wegkann.«

»Versteh schon«, entgegnete ich. »Aber so haben wir ja eine gute Lösung gefunden. Und vielleicht klappt ja auch die Alaska-Tour so wie geplant.«

ABGEKARTETES SPIEL

TOFINO, VANCOUVER ISLAND, 31. MAI – NALU:

ICH WACHTE AM NÄCHSTEN MORGEN FRÜH AUF, FÜHLTE mich aber so fit und ausgeschlafen, dass ich Lust auf eine kleine Joggingrunde hatte, ehe ich mich dem Tag stellte – und möglichen schicksalhaften Begegnungen, so es denn dazu kommen würde.

Als ich in Laufklamotten an Deck auftauchte, erwartete mich dort ein empört maunzender Koa, der die Nacht augenscheinlich draußen verbracht hatte.

»Na, mein Freund, das kommt davon, wenn man auf unangemeldete Extratouren geht«, sagte ich zu ihm, begleitete ihn aber in den Salon, wo ich pflichtbewusst und mehr als nur ein bisschen erleichtert seine Näpfe mit Wasser und Futter füllte. Ich hatte tatsächlich etwas Sorge gehabt, die drei Hunde könnten ihn derart verschreckt haben, dass er nicht zurückkam. Doch offenbar war die Sorge unbegründet gewesen.

»Mau!«, forderte er mich ungeduldig auf, mich mit dem Futter zu beeilen.

»Du wirst schon nicht verhungern«, tröstete ich ihn und überlegte, ob man vielleicht doch irgendwo eine Katzenklappe einbauen könnte, damit der Kater bequemer ein und aus gehen konnte. Verrückt, worüber ich mir inzwischen alles Gedanken machte. Ich lachte über mich selbst, servierte das Schälchen mit dem Katzenfutter und stieg wieder nach oben.

Es war etwas dunstig an diesem frühen Morgen, aber die Luft fühlte sich angenehm frisch an. Laut Wetterbericht sollte es heute allerdings richtig warm werden. Ich lief durch die Stadt, die erst langsam erwachte, und bog dann auf einen Wandertrail ab, der, wenn mich meine Erinnerung nicht völlig trog, ein Stückchen durch den Wald und anschließend an einen Strand führen würde.

Ich genoss die gleichmäßige Bewegung und lauschte den Geräuschen des Waldes. Mir fiel das Erlebnis von Dominic ein, der vor ein paar Wochen eine etwas gruselige Bärenbegegnung gehabt hatte. Esther hatte das an Bord in den schillerndsten Farben geschildert und damit an den gemeinsamen Abenden für große Lacherfolge gesorgt. Aber Dominic war cool und selbstironisch genug, um seine Sicht der Dinge ebenso amüsant zu schildern. Ich selbst hatte noch nie einen Bären getroffen und war mir nicht sicher, ob ich deutlich souveräner reagieren würde als er, aber ich war vorgewarnt und hatte eine Trillerpfeife einstecken. Allerdings schien heute Morgen alles ruhig zu sein an der Bärenfront, sodass ich mich immer weiter entspannte. Ich ließ den kleinen »Bärenstrand« links liegen und rannte weiter, bis ich zu einem größeren Strandabschnitt kam, an dem es sich gut laufen ließ. Die höher steigende Sonne saugte den

Seenebel immer weiter auf, sodass ich einen guten Überblick über die Sandbänke und das Meer hatte.

Der Strand war zwar menschenleer, aber längst nicht entvölkert, denn ein Stückchen entfernt lagen mindestens zwei Dutzend Seelöwen im Sand. Ich blieb in einiger Entfernung stehen, um die Tiere nicht aufzuscheuchen, war aber so fasziniert, dass ich nicht weiterlaufen wollte. Die Robben hatten hier offensichtlich die Nacht verbracht und kamen erst langsam in die Gänge. So erschien es mir jedenfalls, denn nach und nach hörte ich herzhaftes Gähnen und Grunzen, und ich beobachtete, wie ein Tier nach dem anderen träge ins Wasser robbte. Mir fiel wieder das Gespräch ein, das ich mit Lilly, Sarah und Andy vor einer Woche im Pub gehabt hatte. Selbst wenn man sich gut auf dem Meer auskannte und ein bisschen Ahnung von der Natur und einigen Tierarten hatte, wusste man doch längst nicht alles. Klar waren mir schon oft Seelöwen und andere Robben begegnet, aber ich musste zugeben, dass ich nichts über ihr Verhalten wusste. Ich hatte schlicht keinen Schimmer, ob sie nachts wirklich an Land schliefen und erst morgens zur ersten Jagdrunde ins Wasser zurückkehrten. Vielleicht war es auch ganz anders und ich hatte mir das alles nur so zusammengereimt, wie es für mich logisch war.

Galt das auch für andere Bereiche im Leben? Waren freier Wille und souveräne Entscheidungen nur Illusionen, die uns von unserem Bewusstsein vorgegaukelt wurden? Ich wusste es nicht. Wie ich ja offensichtlich vieles nicht wusste. Womöglich war auch die vermeintlich schicksalhafte Begegnung mit Yuma reine Einbildung gewesen – oder ein Wunschtraum meines einsamen Herzens? Nein, ganz sicher keine völlige Einbildung, denn sie hatte die Elektrizität zwischen uns ja auch gespürt. Irgendwas war da, und ich merkte, wie in mir der unwiderstehliche Drang wuchs, der Sache auf den Grund zu gehen. Ich wollte nicht mehr auf unzuverlässige Zufälle oder Fügungen warten, sondern selbst aktiv werden, und dafür brauchte ich einen Plan. Idealerweise schnell.

YUMA:

»Es macht mir wirklich nichts aus, heute zu arbeiten«, sagte ich zum wiederholten Mal am Telefon zu Esther. Es war halb acht und ich war gerade erst aus den Federn gekrochen. Die letzten Tage waren wirklich anstrengend gewesen – weniger wegen der vielen Arbeit als vielmehr emotional. Es hatte gutgetan, Lilly von meiner Vergangenheit zu erzählen, aber es war auch schmerzhaft gewesen. Sehr sogar. Indem ich ihr meine Geschichte in groben Zügen geschildert hatte, war sie auch für mich gleich wieder viel realer geworden. Und näher gekommen. Es war gleichermaßen erleichternd und beängstigend, eine Mitwisserin an meiner Seite zu haben. Nein, keine Mitwisserin, eine *Freundin*, wie Lilly immer wieder betonte.

Ich freute mich darüber, aber es war auch ungewohnt. Jahrelang war ich auf mich allein gestellt gewesen. Auf mich und auf Menschen wie Bill, die sich zwar um mich kümmerten, aber eher aus professionellen Gründen als aus echter Herzlichkeit und wahrem Interesse an mir und meinen Bedürfnissen. Aufrichtige Zugewandtheit konnte ich Lilly nicht absprechen, aber ehrlich gesagt wurde es mir fast ein bisschen zu viel. Ich fühlte mich beobachtet und ständig neugierig beäugt. Und das betraf nicht nur mich, sie weitete ihr Radar auch auf unschuldige Tagesgäste aus. Gestern hatte sie mich auf drei Leute aufmerksam gemacht, die ihr »irgendwie verdächtig« vorgekommen waren, die mir jedoch – natürlich – nichts sagten. Das war alles sehr, sehr mühsam, aber trotzdem kein Grund, auf die Arbeit zu verzichten, die nun mal anlag und gemacht werden musste. Doch Esther wollte davon nichts hören.

»Keine Widerworte, meine Liebe«, entgegnete sie durchs Telefon. »Ich hatte jetzt vier Tage Erholung und Spaß, und morgen nehme ich Lilly mit nach Victoria, da musst du sowieso eine Doppelschicht einlegen, also machst du heute definitiv frei.«

»Ich könnte dir wenigstens die Skizzen zeigen, die ich von der ›Sound of my Soul‹ gezeichnet habe«, versuchte ich es weiter, denn diese Sache lag mir am Herzen. »Damit wir bald ein paar Merchandise-Artikel verkaufen können? Ich habe die Tage auch nach Anbietern recherchiert, die nachhaltige und fair produzierte Werbemittel anbieten. Die sind zwar etwas teurer, aber ich glaube, die Kunden wären bereit, dafür mehr Geld zu bezahlen«, sprudelte es aus mir hervor.

Kurze Stille am anderen Ende der Leitung. Offenbar hatte ich einen Nerv getroffen. »Okay«, sagte Esther schließlich gedehnt. »Du hast eindeutig recht. Wir sollten wirklich nicht mehr zu viel Zeit ins Land gehen lassen.« Ich hörte sie im Hintergrund kramen und rascheln, dann war sie wieder dran. »Sollen wir uns um neun auf dem Schiff treffen? Liz hatte ja auch ein paar gute Ideen, dann können wir das schnell zu dritt besprechen. Anschließend machst du aber wirklich frei und genießt den Tag, ja?«

»Einverstanden. Bis gleich.« Ich setzte mich zurück auf mein Bett und ließ mich auf das Kissen fallen, denn mein Herz hatte plötzlich rasend schnell zu klopfen begonnen. Bei den Worten »auf dem Schiff«. Weil »auf dem Schiff« ziemlich sicher auch Nalu war, den ich gestern nur einmal kurz von Weitem erspäht hatte. Leider. Oder auch nicht. So genau wusste ich das noch nicht. Unser Kuss, der in Tofino für so viel Wirbel gesorgt hatte, lag jetzt schon eine gute Woche zurück. Seitdem hatten wir uns nicht mehr richtig gesehen oder gar gesprochen, und ich konnte immer noch nicht genau sagen, welcher Teufel mich in diesem Moment geritten hatte. Ich hatte den Kuss initiiert. Und ich konnte bis heute nicht nachvollziehen, warum ich es getan und was genau es in mir ausgelöst hatte. Ich wusste nur, dass ich mich in diesem Moment in all meine Atome aufgelöst und nicht ganz korrekt wieder zusammengesetzt hatte. Kein schlechtes Gefühl, aber beängstigend und ...

»Hey, du Schlafmütze, pennst du etwas noch?«, rief Lilly, die in mein Zimmer gestürmt war, ohne anzuklopfen, und meine kruden Gedanken dankenswerterweise unterbrach.

»Leider nicht. Obwohl ich heute freihabe.« Ich richtete mich auf und zog mein Schlafshirt nach unten, das hochgerutscht war und Lillys Blick wieder auf meinen tätowierten Bauch lenkte. Ich sah die Fragezeichen in ihren Augen, doch alles wollte ich ihr doch nicht erzählen – Vertrauen hin, Freundinnen-Kodex her. »Was gibt's?«, fügte ich noch hinzu, als sie nichts sagte.

»Wir haben wirklich gar nichts mehr zu essen im Haus, und deshalb wollte ich dich fragen, ob wir uns einen Kaffee und ein süßes Teilchen holen wollen.«

»Wenn du noch zehn Minuten warten kannst und wir

zu ›Tofino Coffee‹ gehen können und nicht ins ›Rhino‹, bin ich dabei. Und ich werde nachher einkaufen, aber jetzt muss ich schnell ins Bad.«

»Okay, aber beeil dich«, antwortete sie und scheuchte mich aus dem Zimmer.

Ich hüpfte kurz unter die Dusche, verzichtete aber auf Haarewaschen, weil ich mir vorgenommen hatte, nachher wieder an einen der Strände zu gehen. Angeblich sollte es heute richtig warm werden, und falls ich ganz mutig wäre, wollte ich mal ins Wasser gehen. So war ich tatsächlich keine zehn Minuten später abmarschbereit.

»Kommst du auch mit?«, fragte ich Carlos, der gerade zur Tür hereinkam. In verschwitzten Joggingklamotten – also eher nicht. Aber irgendwie wollte ich nicht mit Lilly allein sein, denn ich witterte wieder Fragen.

»Wohin?«, erkundigte er sich.

»Zum Frühstücken zu ›Tofino Coffee Roasting‹«, antwortete Lilly an meiner Stelle. »Aber du bist ja schon versorgt.« Sie deutete auf eine Papiertüte in seiner Hand.

»Ich hab dort gerade einen Kaffee getrunken und mir einen Bagel mitgenommen«, erklärte er und grinste uns dann breit an. »Und ich habe jemanden getroffen.«

»Wen denn?« Lillys Augen blitzten, doch irgendwie ahnte ich die Antwort schon.

»Den phänomenalen Nalu«, antwortete er auch prompt. »Ich soll euch herzlich grüßen. Außerdem hat er sich nach dir erkundigt«, sagte er zu mir.

»Was wollte er denn wissen?«, mischte sich Lilly wieder ein, ehe ich auch nur die Chance gehabt hatte, den Mund aufzumachen.

»Nur, ob du heute freihast«, antwortete Carlos, wieder an mich gerichtet. »Ich schätze, dich erwartet ein

Date ...« Er grinste vielsagend, legte seine Bageltüte auf die Flurkommode und verschwand im Badezimmer.

»Mich erwartet jetzt erst mal ein Date mit einem starken Kaffee«, murmelte ich und zupfte Lilly, die offensichtlich noch mehr Fragen an Carlos gehabt hätte, an der Jacke.

»Wieso fragt Nalu, ob du heute freihast?«, wollte sie von mir wissen, als wir schon Richtung Coffeeshop unterwegs waren.

»Keine Ahnung.« Das war nicht mal gelogen, ich wusste es wirklich nicht. Aber ich merkte, wie sich mein Herzschlag wieder erhöhte. Offensichtlich wollte er mich auch sehen.

»Klar will er dich sehen«, behauptete Lilly, und ich fragte mich, ob ich meine letzten Gedanken mal wieder versehentlich ausgesprochen hatte oder ob sie übersinnliche Fähigkeiten besaß. »Nach dem, was ich über den Kuss der Küsse gehört habe, wäre alles andere auch verwunderlich.«

»Ich schätze mal, dass alles, was du gehört hast, schamlos übertrieben war«, versuchte ich meine Verlegenheit zu überspielen. Das war eine Lüge – die Gerüchte konnten gar nicht so aufregend sein wie die Gefühle, die dieser Kuss bei mir ausgelöst hatte und die ich immer noch nicht eindeutig identifizieren konnte.

»Wie auch immer. Tatsache ist, dass er eigentlich nicht wissen kann, dass du heute freihast – weil du es zumindest bis gestern Abend selbst noch nicht wusstest, oder?« Lilly sah mich mit ihren hellblauen Augen prüfend an und kombinierte dann weiter: »Wenn das so ist, muss ihm Esther den Tipp gegeben haben. Und wenn *das* so ist, dann ist unsere Chefin eine verdammte Kupplerin.« Sie kicherte los, als sei das der Witz des Jahrhunderts.

»Oder er hat einfach einen Schuss ins Blaue gewagt«, entgegnete ich, um Lillys überbordende Fantasie zu stoppen. Aber vergeblich.

»Im Leben nicht. Er ist ein Mann. In diesem Fall hätte er Carlos gefragt, ob er denn wüsste, wann du mal wieder freihast. Aber er hat sich gezielt nach heute erkundigt. Ich finde, das hat Esther ganz geschickt eingefädelt.«

»Wenn du das sagst.«

»Sag ich. Aber jetzt du: Was willst du mit ihm machen? Die Wohnung ist den ganzen Tag leer, ihr könntet also ...«

»Lilly!«, unterbrach ich sie energisch. »Ich habe mit Nalu vielleicht zehn Sätze gewechselt, ich werde ganz sicher nicht mit ihm ins Bett gehen. Schon gar nicht bei meiner Geschichte.« Ich funkelte sie gereizt an, doch es prallte an ihr ab.

»Warum nicht? Hast du etwa Angst, dass er ein Spion für die Gang ist und dich im Bett ermorden würde? Oder dir heimlich einen Mikrochip einsetzt, damit man dich überall auf der Welt tracken kann?«

»Du spinnst«, entfuhr es mir. Ich war fassungslos ob der abenteuerlichen Fantasien, die meine neue beste Freundin von sich gab. Doch blöderweise nagte etwas von ihren Worten an mir.

»Wieso? Du hast doch selbst gesagt, dass der Tattoo-Mafia-Boss aus Toronto so ein IT-Crack ist. Das wäre doch eine Möglichkeit.«

»Und wie sollte mich Nalu heimlich chippen?«, fragte ich, wider besseres Wissen, denn eigentlich wollte ich über solche Möglichkeiten gar nicht nachdenken. Igor war nämlich wirklich alles zuzutrauen.

»Vielleicht mit seinem Sperma?«, fabulierte Lilly

sensationslüstern weiter. »Du solltest unbedingt ein Kondom benutzen. Also auch grundsätzlich, aber in diesem speziellen Fall sowieso.«

Ich schüttelte den Kopf, viel zu sprachlos, um etwas zu erwidern. Lilly schwieg glücklicherweise ebenfalls. Vermutlich dachte sie sich gerade weitere krude Dinge aus.

»Ich brauch jetzt erst mal einen starken Kaffee«, kündigte ich an, als wir mein bevorzugtes Café im Ort erreicht hatten. Es herrschte wie immer ordentlich Betrieb, sodass ich vor weiteren neugierigen Nachfragen und haarsträubenden Thesen einigermaßen sicher war, zumal uns eine Freundin von Lilly an ihren Tisch winkte. Ich nutzte die Plauderei der beiden, um unauffällig eine Textnachricht an Marcus Tillerson zu schreiben: *Guten Morgen, Marcus. Habt ihr Nalu inzwischen überprüft?*

Ich hasste mich selbst dafür, aber Lillys Worte hatten eine irrationale Sorge in mir ausgelöst – auch wenn ich nicht an Mikrochips und Mordabsichten dachte. Also nicht ernsthaft.

Augenblicke später summte mein Handy mit seiner Antwort: *Er scheint sauber zu sein. Hast du irgendwelche anderen Anhaltspunkte?*

Hatte ich nicht. Lillys Hirngespinste zählten nicht. Also antwortete ich mit einem schlichten: *Nein, alles gut. Danke.*

Ich biss in meine Rosinenschnecke und begann, mich etwas zu entspannen, doch dann kam eine weitere Nachricht von Marcus: *Viel Spaß bei deinem Date! Aber bitte sei vorsichtig und benutze ein Kondom.* Zwinkersmiley.

»Der hat sie ja wohl nicht alle!«, platzte ich unwillkürlich heraus.

»Wer? Nalu?«, erkundigte sich Lilly. »Hat er dir geschrieben? Und ein blödes Date vorgeschlagen?«

»Nein. Weder noch.« Mehr sagte ich nicht. Ich hatte ohnehin schon viel zu viel gesagt und fühlte mich komplett überfordert von der Situation. Offensichtlich wussten alle besser über mein Privatleben Bescheid als ich selbst. Doch eins war klar: Ein Kondom würde ich heute sicher nicht benutzen. Weil es nämlich kein Date geben würde. Auf gar keinen Fall.

»Ich finde das sehr gelungen«, lobte mich Liz eine gute Stunde später bei unserem improvisierten Meeting auf der »Sound of my Soul«. Ich war mit schlotternden Knien an Bord gekommen, doch die Aufregung hätte ich mir sparen können, denn von Nalu war nichts zu sehen. Ich hätte mir auch die Rosinenschnecke sparen können, denn Liz hatte ein tolles Frühstück für Esther und mich vorbereitet, aber vor lauter Nervosität brachte ich zunächst gar nichts runter.

»Sehr gelungen? Ich finde es sensationell«, entgegnete Esther enthusiastisch und schaufelte sich einen weiteren Löffel von dem sahnigen Porridge in den Mund, den Liz zubereitet hatte. Sie deutete auf die mittlere Skizze. Eine stilisierte Version der »Sound of my Soul«, die mit geblähten Segeln durch die Wellen pflügte. »Diese hier gefällt mir am besten«, fügte sie schmatzend hinzu.

Bei einem der beiden anderen Motive hatte ich mich am Firmenlogo von »Johnson's Giants« orientiert und eine Art modifizierten Comic-Stil gewählt, das andere war dagegen sehr detailreich, erinnerte eher an einen historischen Kupferstich und war für eine T-Shirt-Stickerei vermutlich nicht so gut geeignet. Ich legte nun noch zwei Varianten zum mittleren Motiv dazu – eine noch reduzierter, eine mit auf der Bugwelle surfenden Delfinen –, aber mir persönlich gefiel die erste Version auch am besten. »Wie findet ihr diese?«, fragte ich die beiden trotzdem.

»Hm«, brummte Esther mit vollem Mund.

»Die Delfine sind süß, aber mir ist das für ein Logo zu detailreich und zu verspielt«, sprach Liz aus, was ich dachte. »Und das andere ist zwar sehr edel, aber auch nicht mehr wirklich eindeutig erkennbar.«

»Man erkennt schon, dass es ein Schiff ist, aber es könnte als Icon für ein beliebiges Segelboot dienen«, gab ich zu. »Ich mag die Basisversion auch am liebsten. Sie ist gleichzeitig elegant und lässig und passt sogar noch einigermaßen zum Firmenlogo – wenn auch nicht ganz so gut wie die Comic-Version.« Ich deutete auf die entsprechende Skizze.

»Du darfst nicht vergessen, dass die ›Sound of my Soul‹ nicht nur ›Johnson's Giants‹ gehört, sondern zur Hälfte auch Reeds Firma, und das Logo von ›Scott's Spout Scouts‹ ist ganz anders als unseres. Insofern ist eine eigenständige Version viel besser«, sagte Esther, die ihren Porridge aufgegessen hatte. »Ich bin total begeistert davon und sehe die Schiffssilhouette schon auf T-Shirts, Pullis, Kappen, Tassen und tausend anderen Dingen.«

»Dafür, dass du die Idee einer eigenen Kollektion noch vor einer guten Woche völlig abwegig fandest, bist du jetzt reichlich enthusiastisch«, warf Liz mit einem verschmitzten Grinsen ein.

»Auch alte Hunde lernen neue Tricks«, entgegnete Esther lapidar. »Außerdem habt ihr mich überzeugt.«

»Tausend Dinge sollten wir vielleicht nicht damit

bedrucken«, nahm ich den Faden auf. »Ich habe drei tolle Anbieter für nachhaltige Werbeartikel gefunden, die ich dir gerne vorstellen möchte. Vielleicht beschränken wir uns fürs Erste auf eine kleine Auswahl und sehen dann weiter?«

»Das machen wir auf jeden Fall. Allein schon aus Budgetgründen.«

»Ich habe eine Präsentation zusammengestellt, mit Produkten, die infrage kämen«, sprach ich weiter und zog mein Laptop aus der Tasche, den einzigen wertvollen Gegenstand, den ich besaß.

»Wow«, hauchten Esther und Liz nach der kleinen Slideshow, die ich zusammengestellt hatte. »Was für versteckte Talente schlummern denn noch in dir?«, wollte meine Chefin, offenbar tief beeindruckt, wissen.

»Das ist wirklich keine große Sache«, wiegelte ich ab. Präsentationen erstellte ich im Schlaf, und für diese hier hatte ich maximal eine halbe Stunde Zeit benötigt. Auch Kriminelle legten Wert auf effizientes Office-Management und ansprechende Produktpräsentationen – jedenfalls dann, wenn sie Igor Andrejew hießen. Ich hatte in all den Jahren im Tattoo-Studio unzählige solcher Slideshows gebaut – die wenigsten mit Hautverzierungen. Doch das behielt ich sicherheitshalber für mich.

»Wenn du das sagst ...«, entgegnete Esther gedehnt und klang etwas fassungslos. »Jedenfalls finde ich es sensationell. Auch die Produktauswahl. Die Coffee-to-go-Becher aus recyceltem Meeresplastik mag ich besonders.« Sie deutete auf das letzte Bild und lächelte mich an. »Ich werde nachher mit Reed telefonieren und mich mit ihm abstimmen, aber ich bin mir sicher, er wird genauso begeistert sein wie ich. Dann gebe ich deine Skizze an unsere Grafikerin, die daraus Druckvorlagen erstellt, und dann kann es auch schon losgehen. Vielen Dank für die tolle Arbeit, Yuma«, lobte sie mich.

»Gern. Das hat mir echt Spaß gemacht. Ich schick dir die Präsentation mit allen Links zu den Shops per Mail.« Ich freute mich sehr über Esthers Begeisterung. Sie gab mir das Gefühl, etwas Sinnvolles und Nützliches getan zu haben, was wirklich eine neue Erfahrung für mich war. Früher hatte ich es vermieden, überhaupt darüber nachzudenken, was für Effekte meine Arbeit haben konnte. Ich hatte einfach meine Aufgaben erledigt und nichts hinterfragt – auch, weil mir nichts anderes übrig geblieben war. Zumindest hatten mir das mein Ex Ricky und Igor, der Boss, immer eingeredet.

»Deine Worte und dein Gesichtsausdruck passen irgendwie nicht zusammen«, sagte Esther stirnrunzelnd. »Ist alles in Ordnung?«

»Ja, natürlich. Ich musste nur an ... etwas denken. Aber das hat nichts mit euch und dem Job zu tun. Und ich freue mich ehrlich von ganzem Herzen über das Lob.« Mein Lächeln fühlte sich reichlich gezwungen an, aber ich hoffte, dass es aufrichtig wirkte.

»Gut, aber ich hoffe, du weißt, dass du jederzeit mit mir reden kannst, wenn es ein Problem gibt oder du einfach nur ein offenes Ohr brauchst«, erwiderte sie sanft. »Aber jetzt will ich dich nicht länger von deinem freien Tag abhalten. Hast du schon irgendwelche Pläne?«

»Ich will vielleicht wieder an den Strand, das Wetter soll ja toll werden. Womöglich kann ich eine Kajak-Schnupperstunde machen?«

»Oh, das solltest du tun, mit Reed. Das ist seine absolute Spezialität.« In Esthers Augen glitzerte es verräterisch und ich hatte den Eindruck, dass sie irgendetwas plante. Prompt fuhr sie fort: »Wie es der Zufall so will, könntest du in drei Wochen mit der ›Sound of my Soul‹ nach Telegraph Cove segeln und dort ein paar Tage bleiben. Nalu würde dich auf dem Rückweg von Alaska wieder einsammeln. Dann würdest du erstens das Schiff kennenlernen und hättest zweitens die Gelegenheit, dich bei Reed über Orcas weiterzubilden. Er ist der Schwertwal-Experte schlechthin und kann dir alles über die Tiere erzählen, die dort im Norden heimisch sind. Bei der Gelegenheit bringt er dir bestimmt auch gern das Kajakfahren bei.«

Nun war ich offiziell sprachlos. Das klang alles zu gut, um wahr zu sein. Ich hatte schon einiges über Reeds Arbeit gelesen und viele Stunden mit den spektakulären Videos verbracht, die er auf seiner Firmenwebsite hochgeladen hatte. Außerdem hätte ich die Möglichkeit, Zeit mit Kiona zu verbringen, was ich mir mindestens genauso wünschte, seit ich sie neulich kurz getroffen hatte. Trotzdem kam das jetzt alles sehr überraschend.

»Wie klingt das?«, forschte Esther nach, weil sie offensichtlich eine Antwort von mir erwartete.

»Fantastisch«, platzte es aus mir hervor. »Aber eigentlich geht das doch nicht. Ich meine, ich kann doch nicht eine Woche oder so weg sein. Hier herrscht ja wirklich ein Höllenbetrieb und laut Lilly wird es in der nächsten Zeit eher noch mehr werden. Da käme es mir falsch vor, quasi Urlaub zu machen.«

»Urlaub?« Esther prustete los. »Von Urlaub hat niemand was gesagt. Du würdest natürlich bei ›Scott's Spout Scouts‹ einspringen, dafür schickt Reed einen Mitarbeiter zu uns. Wir machen solche Tauschaktionen häufig, damit unsere Teams flexibel bleiben. Frag Lilly, die ist jedes Jahr mindestens zweimal bei Reed.« Sie drückte meine Hand.

»Ach so«, murmelte ich und wollte am liebsten im Boden versinken, so peinlich war mir meine Annahme. »Also dann natürlich liebend gerne. Ich will nur keine Extrawürste. Für mich ist ja auch der Job hier wie Urlaub. Jedenfalls im Vergleich ...« Ich klappte hastig den Mund zu, um nicht zu viel zu verraten. Das wurde langsam wirklich problematisch. Ich fühlte mich hier viel zu wohl und wurde unvorsichtig.

Liz grinste. »Geht mir auch so«, pflichtete sie mir bei.

»Dann mach ich offensichtlich irgendwas falsch.« Esther seufzte gespielt dramatisch.

»Ich würde eher sagen, dass du eine Menge richtig machst«, lobte Liz. »Ein schöneres Kompliment kann man als Arbeitgeber doch gar nicht kriegen. Ich freue mich jedenfalls sehr auf die Alaska-Tour. Ich war da schon oft mit großen Kreuzfahrtschiffen. Im Sommer ist es traumhaft, aber mit unserem Segeljuwel wird es sicher noch viel spektakulärer werden.«

»Was wird spektakulär?«, mischte sich nun eine männliche Stimme ein, die bei mir prompt Gänsehaut am ganzen Körper erzeugte. Nalu war in den Salon gekommen und hatte den letzten Satz noch gehört.

Meine Herzfrequenz stieg schon wieder in ungesunde Regionen und ich wagte nicht, mich umzudrehen, weil ich Angst hatte, dass sein schierer Anblick zu sichtbareren körperlichen Reaktionen führen könnte. Und nach dem Fettnäpfchen von eben wollte ich weitere peinliche Situationen um jeden Preis verhindern.

»Alaska«, klärte Liz ihn auf. »Ich habe den Mädels gerade erzählt, dass ich schon oft da war, mich jetzt aber auf die Tour mit dem Segler freue.«

»Ja, das wird bestimmt toll.« Seine Stimme war näher gekommen. Ich hörte sie nicht nur, ich fühlte den samtig-warmen Tonfall regelrecht in mir. »Was habt ihr sonst so gemacht?« Er setzte sich schräg gegenüber von mir an den Tisch und blickte aufmerksam in die Runde.

»Yuma hat uns Logo-Entwürfe für die ›Sound of my Soul‹-Kollektion gezeigt«, antwortete Esther und legte ihm das Gewinnermotiv vor.

Er betrachtete es intensiv und ich sah, wie sich ein Lächeln auf seine Lippen stahl. »Das ist wirklich wunderschön geworden. Ich werde mein neues T-Shirt mit Stolz tragen.« Aus dem Lächeln wurde ein Grinsen, als er an sich hinunterschaute. Er hatte allen Ernstes ein verwaschenes T-Shirt mit Blumenmuster und der Aufschrift »Hawaiians do it on the beach« – Hawaiianer machen es am Strand – an.

»Offensichtlich sind alle meine Mitarbeiter in Urlaubsstimmung«, kommentierte Esther das Shirt augenrollend.

»Ich hab ja heute frei und will gleich an den Strand«, entgegnete er. »Und keine Sorge, mit zahlenden Gästen an Bord würde ich es niemals anziehen.«

»Da bin ich außerordentlich beruhigt«, sagte Esther mit einigem Sarkasmus in der Stimme. »Aber wenn du an den Strand willst, dann nimm doch Yuma mit. Die hat heute auch frei. Am Ende wollt ihr ja gemeinsam was unternehmen?« Sie sah zwischen ihm und mir hin und her, und der Ausdruck in ihren Augen vermittelte mir das Gefühl, dass es sich hier um ein abgekartetes Spiel handelte.

Ich wusste nicht, was ich sagen sollte, und vermied es, Nalu in die Augen zu schauen.

»Das wäre mir ein außerordentliches Vergnügen«, hörte ich sein Samtorgan. »Ich wollte vielleicht ein bisschen Stand-up-Paddling machen. Hättest du darauf eventuell Lust?«

»Ähm …« Mehr brachte ich nicht hervor, denn Stehpaddeln stand nun wahrlich nicht auf meiner Liste erstrebenswerter Aktivitäten. Mit Nalu jedoch …

»Ich werte das mal als Ja«, fuhr er fort, unbeeindruckt von meiner sparsamen Reaktion. »Ich wäre in einer Viertelstunde bereit. Wir müssten uns nur noch überlegen, wohin genau wir wollen, wie wir hinkommen und wo wir Ausrüstung leihen können.«

»Ich empfehle euch den MacKenzie Beach«, schaltete sich Esther ein. »Wir haben einige Boards und Paddel im Bootshaus, die könnt ihr euch ausleihen. Genau wie Neoprenanzüge. Yuma, dir müsste der Anzug von meiner Schwester Zoe passen. Und ihr könnt euch mein Auto nehmen.«

»Wir werden aber womöglich den ganzen Tag weg sein«, wandte Nalu ein.

»Ich werde den ganzen Tag hier sein«, entgegnete Esther. »Und falls ich irgendwohin muss, leihe ich mir Dominics Auto oder das von meinem Vater. Also keine Sorge wegen mir. Habt viel Spaß!«

»Soll ich euch ein Picknick einpacken?«, bot nun auch Liz an. »Es ist so viel vom Frühstück übrig geblieben.«

»Großartig«, freute sich Nalu. »Also, dann treffen wir uns in einer Viertelstunde am Bootshaus«, sagte er zu mir, und ich ergab mich stumm und stupide nickend in mein Schicksal.

STRANDLÄUFER

NALU:

Es war mehr als eindeutig, dass Yuma sich vollkommen überrumpelt fühlte. Ich schaute ihr nach, während sie mit ihrem Laptop und ihrer großen Tasche die Gangway der »Sound of my Soul« verließ und zum Bootshaus ging, in dem auch ihre Wohngemeinschaft untergebracht war.

»Das haben wir doch ganz geschickt eingefädelt, was?« Esther grinste mich zufrieden an.

»Schon mal was von Overacting gehört?«, brummte ich. »Subtil sieht wirklich anders aus. Ich glaube, wir haben sie total verschreckt.«

»Ach was, das glaube ich nicht. Und selbst wenn, wird sie deinem unglaublichen Charme zweifellos innerhalb von Minuten verfallen.«

»Hm.« Ich war mir da ehrlich gesagt nicht so sicher. Ja, ich hatte vorgehabt, selbst aktiv zu werden, ob es aber so eine schlaue Idee gewesen war, ausgerechnet Esther als

Assistentin mit ins Boot zu holen, wagte ich langsam zu bezweifeln. Und irgendwie hatte ich das Gefühl, dass auch Liz mit in dem Komplott steckte. Doch nun war es nicht mehr zu ändern. Der Plan stand fest und ich konnte nur hoffen, dass sich der restliche Tag etwas natürlicher gestaltete.

»Ach komm, im Krieg und in der Liebe ... du weißt schon«, versuchte Esther, mich aufzumuntern.

»Wir werden sehen.«

»Reed hat mich vorhin übrigens auch angerufen und mir von deiner schlauen Idee berichtet, dass Yuma auf dem Weg nach Alaska bis Telegraph Cove mitfährt und dann bei ihm und Kiona bleibt, bis du sie wieder einsammelst. Also erzähl mir nichts von Overacting.« Sie zwinkerte mir zu. »Ich hab natürlich zugesagt. Aber jetzt sieh zu, dass du loskommst.«

»Du kannst gerne Stand-up-Paddling machen, aber für mich ist das nichts«, waren Yumas erste Worte, als ich sie fünfzehn Minuten später vor dem Bootshaus traf. Ganz offensichtlich hatte sie in der kurzen Zeit die Sprache und ihr Selbstbewusstsein wiedergefunden.

»Hast du es schon mal ausprobiert?«

»Nein, aber ich habe es mir letzte Woche angeschaut, und das hat mir schon gereicht.« Sie reckte ihr Kinn nach vorn, wie um ihre Aussage zu betonen.

»Verstehe. Zuschauen ist ja bekanntlich ein probates Mittel dafür, sich einen Eindruck von einer Sache zu machen«, gab ich zurück.

»Natürlich. Man kann schließlich nicht alle Dinge ausprobieren, nur um wirklich zu wissen, ob sie einem liegen oder nicht. Oder würdest du auf einem zehn

Meter hohen Seil balancieren, nur weil es schön aussieht?«

Ich unterdrückte mit einiger Mühe ein Grinsen. »Nein, würde ich nicht. Ich würde auf einem zehn Zentimeter hohen anfangen. Deine Logik hat also einige Lücken, aber ich verstehe schon, worauf du hinauswillst. Du musst selbstverständlich nicht auf ein Board klettern, wenn es dir Angst macht. Wollen wir trotzdem zwei Bretter und Paddel mitnehmen? Zur Sicherheit? Und auch einen Neoprenanzug für dich?«

Sie blickte haarscharf an mir vorbei, so als ob sie um jeden Preis einen direkten Blickkontakt vermeiden wollte, was ich ausgesprochen bedauerlich fand. Doch schließlich nickte sie zustimmend. »Meinetwegen. Aber nur, um weitere Diskussionen zu vermeiden.« Sie schielte schräg nach oben, wo Esther und Lilly aus dem Bürofenster sahen und uns zuwinkten.

Zehn Minuten später hatten wir die wuchtigen Boards auf das Autodach bugsiert und alle anderen Dinge verstaut. Es war inzwischen kurz vor elf, die Sonne gab sich richtig Mühe und strahlte von einem wolkenlosen, klaren blauen Himmel. Nur Yuma wirkte weiterhin angespannt und saß verkrampft neben mir auf dem Beifahrersitz.

»Was ist los?«, fragte ich sie rundheraus, denn so hatte ich mir unser Wiedersehen nicht vorgestellt. Gut, mir war schon klar gewesen, dass es nicht so ablaufen würde, wie ich es mir in so mancher nächtlichen Fantasie ausgemalt hatte, aber diese beinahe abweisende Haltung war irritierend.

»Nichts«, behauptete sie und schnaubte leise. Doch ehe ich sie mit einem weiteren Kommentar aus der Reserve locken konnte, sprudelte es aus ihr hervor: »Ist das ein Spiel für dich? Oder für Esther? Soll das ein Verkupplungsversuch werden? Oder sonst was?«

»Definitiv kein Spiel«, antwortete ich nach einer kurzen Pause. Dieser Ausbruch war für mich genauso überraschend wie ihre vorherige Kratzbürstigkeit. »Für Esther kann ich natürlich nicht sprechen, aber ich gehe davon aus, dass sie nur Gutes im Sinn hat. Ich übrigens auch. Aber ich gebe zu, dass wir das ziemlich ungeschickt eingefädelt haben.« Ich warf ihr einen kurzen Blick zu, der meine aufrichtige Zerknirschung hoffentlich zum Ausdruck brachte, doch sie sah gar nicht in meine Richtung.

»Dann habe ich mich zumindest in dem Punkt nicht getäuscht, dass der Vorschlag für den gemeinsamen Ausflug reichlich inszeniert wirkte«, sagte sie, den Blick starr nach vorn auf die Straße gerichtet, aber ich hatte den Eindruck, dass sie sich ein bisschen entspannte.

»Schuldig im Sinne der Anklage.«

Ein kleines Lächeln zuckte in ihren Mundwinkeln. »Aber warum?«

»Warum?« Ich holte tief Luft und beschloss, dass die Wahrheit die beste Strategie sein würde. »Weil ich mich nicht allein auf das Schicksal verlassen wollte. Ich bin nur zwei Tage hier und dann wieder auf Tour, und so lange ...« Vielleicht doch nicht die ganze ungeschminkte Wahrheit. Mit meinen ziemlich expliziten Fantasien, die mich in den Tagen seit dem Kuss gequält hatten, musste ich sie vielleicht doch nicht unbedingt konfrontieren.

»Und so lange was?«, wollte sie jedoch wissen und schaute mich zum ersten Mal an diesem Tag an. Nur ganz flüchtig, aber ich fühlte ihren Blick wie Berührungen auf meinem Gesicht. Es war das gleiche elektrische Kribbeln, das ich auch spürte, wenn wir uns anfassten.

»Und so lange kann ich nicht darauf warten, herauszufinden, was dieser Kuss zu bedeuten hat«, brachte ich schließlich hervor. Das immerhin war die Wahrheit – ohne dass ich meine weiteren Überlegungen, die damit verknüpft waren, thematisieren musste.

»Ich weiß es nicht.«

Das war überraschend. »Du weißt es nicht?« Ich sah sie so lange an, dass ich fast von der Straße abgekommen wäre, und riss das Steuer im letzten Moment wieder herum. »Du küsst mich am Hafen, mit einer Leidenschaft, wie ich sie noch nie zuvor erlebt habe, dann lässt du mich stehen und gehst nach Hause. Und jetzt sagst du mir, du weißt nicht, was es zu bedeuten hat?«

»Ja.«

»Was ja?« Die Frau machte mich offiziell wahnsinnig.

»Ja, es war genau so, wie du es schilderst. Ich hatte das unwiderstehliche Bedürfnis, dich zu küssen, aber ich weiß nicht, woher es kam. Das ist verdammt unheimlich für mich.«

»Unheimlich? Wie meinst du das? Unheimlich aufregend? Unheimlich schön? Oder eher unheimlich beängstigend?«

»Nun ja, alles irgendwie ...« Ich hatte den Eindruck, dass sie noch etwas hinzufügen wollte, aber sie brachte keine weitere Silbe hervor.

»Ehrlich gesagt empfinde ich es genauso«, gab ich zu – und auch das war die Wahrheit, auch wenn ich die Angstkomponente meistens verdrängte. Zumindest in den Momenten allein in meiner Koje, wenn ich besonders intensiv an sie dachte und den aufregenden Gefühlen nachspürte, die ihre Berührungen in mir ausgelöst hatten. »Aber vielleicht sollten wir gemeinsam erforschen, was dahintersteckt?«, schlug ich vor. »Im

Rückblick neigt man ja dazu, solche Erlebnisse zu überhöhen.«

»Ach ja?« Sie klang skeptisch. »Also meiner Erfahrung nach neigt man im Rückblick eher dazu, einschneidende Erlebnisse kleinerzureden und zu relativieren.«

»Möchtest du den Kuss denn kleinreden und relativieren?«, fragte ich atemlos und lenkte Esthers Wagen dann auf den Parkplatz am MacKenzie Beach, der erfreulich leer war.

»Es wäre womöglich besser, wenn ich es täte«, antwortete sie nach einer Weile, den Blick wieder geradeaus gerichtet. »Alles andere könnte zu gefährlich werden.«

Gefährlich? Puh. »Ich wusste nicht, dass Küsse gefährlich sein können.«

»Dann musst du ein sehr glücklicher Mann sein, Nalu«, sagte sie und sah mir jetzt richtig in die Augen.

Ich musste unwillkürlich schlucken. Nicht nur wegen ihrer Worte, sondern vor allem wegen dem, was ich in ihrem Blick lesen konnte. In der sehr aparten, geheimnisumwobenen Gestalt von Yuma Solano steckte eine verletzliche Seele. Ich hatte plötzlich den Eindruck, ach was, die Gewissheit, dass sie schon Dinge gesehen und erlebt hatte, die ich mir nicht einmal vorstellen konnte. Dinge, die weit schlimmer waren als meine Krebserkrankung, die vielen Operationen und aggressiven Therapien. Dinge, die ihr Angst vorm Leben gemacht hatten. Wie aus dem Nichts erwachte in mir ein machtvoller Beschützerinstinkt, der mich beinahe so überwältigte wie der Kuss.

»Ich ... du ... wir ...«, stammelte ich hilflos und fühlte mich der Situation gerade überhaupt nicht mehr gewachsen.

»Was ist das zwischen uns?«, fragte sie verwundert

und ich ahnte, dass sie auch in meinem Blick einiges gelesen haben musste.

»Ich weiß es nicht. Aber da ist eine Verbindung, die wir nicht ignorieren können. Ich meine, es muss doch einen Sinn haben, dass wir diese Empfindungen füreinander haben, oder?«

Sie zuckte ratlos mit den Achseln und knetete gleichzeitig nervös ihre Finger, eine wirklich seltsame Kombination von Gesten.

»Glaubst du an Gott?«, erkundigte ich mich, ehe ich mich beherrschen konnte. Glaube und Religion waren für viele Menschen ein Tabuthema und ganz sicher nicht geeignet für ein erstes Date, aber ich stocherte gerade ziemlich hilflos im Nichts herum.

»An Gott?« Sie schüttelte den Kopf. »Wenn es einen gibt, dann ist er ein verdammter Zyniker und Menschenhasser«, befand sie. »Also nein, ich ziehe es vor, nicht an ihn zu glauben. Wobei ...« Sie unterbrach sich und schien zu überlegen, ob sie den nächsten Satz aussprechen konnte oder wollte.

»Wobei?«, half ich ihr auf die Sprünge.

»Gott ist ja auch nur ein Konzept von uns Menschen, um uns unsere Sterblichkeit schönzureden, und vielleicht auch noch, um gewisse Lebensregeln zu etablieren, die einen sozialverträglichen Umgang miteinander ermöglichen. In vielen Religionen ist das so. Jedenfalls theoretisch, denn richtig gut scheint es nirgends zu funktionieren. Aber es gibt ja noch andere Göttlichkeitsprinzipien, mit unterschiedlichen Zuständigkeitsbereichen.«

»Und noch mehr Konfliktpotenzial allein zwischen diesen Göttern«, warf ich ein. Ich war fasziniert von ihren Gedankengängen. Und ein bisschen erschüttert, denn indirekt hatte sie ja zugegeben, dass sie Schlimmes erlebt haben musste.

»Auch wieder wahr. Einigen wir uns darauf, dass das Prinzip Gott ziemlich kompliziert ist. Ich halte es für fast unmöglich, an etwas zu glauben, das ich nicht wirklich gutheißen kann«, näherte sie sich schließlich wieder meiner eigentlichen Frage. »Aber ich gebe zu, dass ich gerne an eine Art Ordnung glauben möchte. Daran, dass alles, was man erlebt, schon irgendeinen Sinn hat. Und dass das« – sie berührte meinen Arm, und wieder durchzuckte mich ein Stromstoß – »dass das ein Zeichen für etwas Großes sein kann. Ich bin mir nur nicht sicher, ob ich den Mut dafür aufbringe. Wie ist das mit dir?«

Ich nahm ihre Hand von meinem Arm und schlang meine Finger um ihre. So fühlte es sich nicht mehr wie ein Stromstoß an, sondern wie ein warmes Pulsieren. »Was Gott betrifft, bin ich ebenfalls unentschlossen. Zumindest die üblichen Göttergestalten der Großreligionen. Mit den polynesischen Götterriten, die auch auf Hawaii wieder mehr Zulauf bekommen, kann ich auch nicht so furchtbar viel anfangen. Doch wenn ich auf dem Meer bin, manchmal wochen- oder monatelang, erlebe ich Dinge, die ich mir nicht anders erklären kann als mit einer Art Gott oder höherer Ordnung. Das finde ich auch irgendwie sehr tröstlich und schön. Was uns angeht«, ich drückte ihre Hand, »hoffe ich, dass es etwas zu bedeuten hat. Ich habe so etwas jedenfalls noch nie erlebt. Ich will nicht prahlen oder den unwiderstehlichen Womanizer raushängen lassen, aber ich habe noch nie Stromstöße gespürt, wenn ich eine Frau angefasst habe, und ich habe noch nie den Urknall erlebt, wenn es zu einem Kuss kam.« Ich räusperte mich, denn meine Stimme war ganz rau geworden. »Yuma, was immer das ist, ich würde es gerne herausfinden, und ich glaube nicht, dass wir uns davor fürchten müssen.«

»Was, wenn doch?«

»Ein bisschen Restrisiko gibt's doch immer im Leben, oder?«

»Restrisiko«, wiederholte sie leise und schien über dieses Wort nachzudenken.

»Ich mach dir einen Vorschlag. Lass uns eine Runde am Strand spazieren gehen und reden. Vielleicht fühlt sich das alles nur deshalb so überwältigend und beängstigend an, weil wir uns noch gar nicht kennen? Und wenn du dann Lust hast, können wir ...«

»Ich werde auf keinen Fall mit dir schlafen«, platzte es aus ihr heraus, ehe sie, erschrocken über ihre eigenen Worte, den Mund wieder zuklappte und mit hochroten Wangen angestrengt in Richtung Strand starrte.

»Das ist zwar schade, aber das wollte ich gar nicht vorschlagen«, entgegnete ich mit einem kleinen Lachen. »Ich wollte eigentlich die Boards ausprobieren. Ich habe nämlich das untrügliche Gefühl, dass du daran doch ziemlich viel Freude haben könntest.«

YUMA:

Dieser Tag machte mich fertig. Das war ein gefühlter Dauerschleudergang der Emotionen. Nun lief ich neben Nalu an diesem windgeschützten Strand entlang, wie selbstverständlich Hand in Hand, und wünschte mir nichts sehnlicher, als dass ich eine ganz normale Frau mit einer ganz normalen Vergangenheit wäre. Dass ich schlimmstenfalls über Jobkatastrophen und gescheiterte

Beziehungen sprechen müsste oder über ein schwieriges Verhältnis zu meinen Eltern. Ich wollte ihm keine Legende auftischen, die ja doch nur eine Lügengeschichte war, aber ich hatte wohl kaum eine andere Wahl.

Glücklicherweise machte er den Anfang. Mit seiner samtigen Stimme hätte er mir auch ein Telefonbuch vorlesen können und ich hätte ihm wie gebannt gelauscht, doch seine Lebensgeschichte war viel aufregender. Bei jedem Wort wurde deutlich, wie sehr er das Meer liebte und wie wohl er sich auf dem Wasser fühlte. Ich hatte Ähnliches auch schon bei Esther bemerkt, doch bei Nalu hatte es noch mal eine andere Qualität. Dieses für Menschen so lebensfeindliche Element war sein Zuhause und er respektierte die Grenzen, die ihm der Ozean setzte.

Das waren jedoch nicht alle Grenzen, die er in seinem Leben erfahren hatte. Seine Krebserkrankung mit Anfang zwanzig war wirklich krass gewesen, auch wenn er vergleichsweise abgeklärt davon berichtete. Ich konnte mir ausmalen, wie allein er sich gefühlt haben musste – auch wenn er im Gegensatz zu mir eine große und liebevolle Familie hatte, die alles für ihn getan hätte. Alles, außer die Sterblichkeit und den möglichen Tod ihres Sohnes, Enkels, Bruders, Neffen und Cousins zu akzeptieren.

»Am schlimmsten war der permanente Zweckoptimismus«, sagte er nun. »Egal, wie katastrophal meine Werte waren, wie schlecht es mir ging und wie wenig Kraft ich hatte, ständig haben sie mir einreden wollen, dass dies nur eine weitere Prüfung sei, die ich überstehen müsse. Dass sie sicher seien, dass ich es schaffen würde, denn Aufgeben sei schließlich keine Option für einen Kalakaoa. Sie haben sich schlicht geweigert, einen anderen Ausgang der Krankheit in Erwägung zu ziehen.« Ich fand es erschütternd, wie resigniert und, ja, auch wütend und verletzt er nach all den Jahren noch klang.

»Ich ...«, begann ich, aber er unterbrach mich mit einer Handbewegung.

»Ich weiß, was du sagen möchtest. Das, was jeder sagt. Das, was zuletzt auch Esther gesagt hat, obwohl ich mir von ihr eine andere Reaktion erhofft hatte.« Er sah mich herausfordernd an, doch ich hob nur eine Braue.

»Wenn du denkst, ich ticke wie alle anderen oder dass du Gedanken lesen kannst ...«

»Dann wolltest du mir also nicht sagen, dass mir meine Familie mit ihrem Optimismus das Leben gerettet hat? Dass es wichtig ist, Menschen um sich zu haben, die niemals aufgeben? Und dass ich dankbar für dieses Geschenk sein müsste?«

Ich schüttelte den Kopf.

»Nicht?« Er schien es nicht glauben zu können – oder zu wollen. »Was wolltest du mir dann sagen?«

»Ich weiß nicht, wie es ist, eine Familie zu haben. Ich weiß nicht, wie es ist, wenn sich Menschen ernsthaft für einen interessieren und alles dafür tun würden, dass es einem gut geht – oder zumindest besser. Was ich jedoch weiß, ist, dass jeder Mensch seine Entscheidungen selbst treffen muss. Zumindest dann, wenn es gute und wahrhaftige Entscheidungen sein sollen.« Ich holte tief Luft, weil ich mich gerade auf verdammt dünnem Eis befand. Einerseits glaubte ich wirklich daran, andererseits kam ich mir wie die größte Heuchlerin vor. Ziemlich unangenehme Kombination.

»Wie meinst du das?«

»Das gilt doch wohl für alle Lebensbereiche, oder? Genauso, wie man einen anderen Menschen auch nicht von außen ändern kann. Entschlüsse, Entscheidungen, Veränderungen – was auch immer –, all das kann nur aus einem selbst kommen. Ich war glücklicherweise noch nie in einer vergleichbaren Situation, also dass ich gegen eine potenziell tödliche Krankheit ankämpfen musste.« Ich musste mich räuspern, doch es war die Wahrheit. Mit Lebensgefahr durch äußere Bedrohungen und schwerste Schusswunden kannte ich mich aus, aber nicht mit Krebs. »Ich stelle mir jedoch vor, dass es für die Genesung zuträglicher gewesen wäre, wenn dich deine Lieben einfach begleitet hätten – ohne Forderungen zu stellen. Ich finde es unfair, wenn man einen schwerkranken Menschen auch noch unter Druck setzt, indem man ihn nötigt, zu kämpfen.«

Nalu war stehen geblieben und sah mich stirnrunzelnd an. »Meinst du das ernst?«

»Natürlich. Es kostet so viel Kraft, um sein Leben zu kämpfen, da sollte man sich nicht auch noch mit den Bedürfnissen und Erwartungen anderer Menschen auseinandersetzen müssen – so nahe sie einem auch stehen mögen.«

»Das klingt so, als ob du aus eigener Erfahrung sprichst«, meinte er sachte.

»Nein.« Nicht in dieser Form jedenfalls, doch das behielt ich für mich. »Wie gesagt, ich habe keine Familie und keine Menschen, die mir derart nahestehen. Aber ich kann es mir vorstellen. Jeder Mensch, der nur ein bisschen Empathie in sich trägt, sollte das verstehen können. Ich habe mal eine tolle Reportage über Hospizarbeit und Sterbebegleitung gesehen. Diese Menschen sind für die Kranken einfach da. Geben ihnen Stärke und Mut und unterstützen sie bei ihren Entscheidungen. Es war sehr eindrucksvoll, zu verfolgen, wie erleichternd das für die Patienten sein kann. Ich denke, das gilt auch für Schwerstkranke, die noch eine Chance aufs Überleben haben.« Ich machte eine kurze Pause, weil mir ein anderer Gedanke kam, der auch mit dieser Reportage in Zusammenhang stand. »Ich denke aber auch, dass es für Angehörige wahnsinnig schwer ist, diese Rolle zu übernehmen. Es muss die Hölle sein, sein Liebstes derart leiden zu sehen. Und doch ist es meiner Meinung nach die Aufgabe von Freunden und Familienmitgliedern, den Patienten zu unterstützen und ihm nicht die eigenen Ängste und Bedürfnisse überzustülpen.«

»Wow«, sagte er nach einer Weile und klang beinahe ein bisschen fassungslos. Er nahm wieder meine Hand und setzte den Weg am Strand fort. »Du bist der erste Mensch, dem ich meine Geschichte erzählt habe, der meine Meinung teilt.« Er blies lautstark Luft aus, so als würde er aufgestaute Emotionen freilassen. Vielleicht war es auch so.

Mir ging es ähnlich. Ich hatte das Gefühl, eine Prüfung durchlaufen und hoffentlich bestanden zu haben. Vorsichtig drückte ich seine Hand, sagte aber erst mal nichts mehr.

Minutenlang liefen wir schweigend nebeneinander her – jeder in seine eigenen Gedanken versunken. Schließlich sprach er weiter. »Du hast das sehr schön zusammengefasst. Dass sich die Angehörigen zurückhalten und ihre eigenen Ängste nicht so wichtig nehmen sollten und sich stattdessen darauf konzentrieren, Kraft zu spenden und Akzeptanz zu signalisieren. Da gebe ich dir zu einhundert Prozent recht. Bei mir war es noch schlimmer. Speziell meine Mutter und meine Oma haben versucht, mir gezielt einzureden, dass alles nicht so schlimm sei. Dass die Ärzte unrecht hätten, dass meine

Empfindungen übertrieben wären. Sie haben sogar versucht, meinen Onkologen auf ihre Seite zu ziehen, damit er mir nur noch geschönte und optimistische Befunde präsentiert. Ich weiß, dass sie es gut gemeint haben, dass sie versuchen wollten, meine Selbstheilungskräfte durch positive Energie zu stärken, aber so kam es nicht bei mir an. Ich habe mich von den Menschen, die mich angeblich am meisten liebten, verraten und belogen gefühlt.

Du ahnst gar nicht, wie viel Kraft und Energie es mich gekostet hat, dagegen anzukämpfen. Ich wollte ja nicht sterben. Ganz im Gegenteil. Ich war Anfang zwanzig und hatte noch so viel vor im Leben. Ich wollte noch viel mehr von der Welt sehen, Abenteuer erleben, Dinge ausprobieren und kosten – aber ich war auch derjenige, in dessen Körper ein tödlicher Krieg ablief, in dem aggressive Angreifer sämtliche Verteidigungslinien durchbrachen und erst unmittelbar vor dem allerletzten Schutzwall aufgehalten werden konnten. Ich war dabei. Ich habe es gefühlt. Ich habe gewusst, was mit mir passiert. Und dann zu hören, dass das alles gar nicht so schlimm sei, war einfach nur brutal. Und unerträglich. Für mich gibt es keine Entschuldigung für Lügen. Die Wahrheit ist immer besser und erträglicher.«

Was sollte ich dazu sagen? Diese verbale Dampfwalze war überraschend gekommen. Oder nein, eigentlich nicht. Ich hatte bei Nalu direkt das Gefühl gehabt, dass er eine durch und durch ehrliche Haut war, jemand, der immer mit offenen Karten spielte und nicht zweierlei Maß anlegte. Das sprach grundsätzlich sehr für ihn, machte es für mich aber praktisch unmöglich, mich weiter mit ihm zu unterhalten. Allerdings konnte ich jetzt schlecht davonlaufen oder mich unter einem der

Treibguthaufen hier am Strand verstecken und hoffen, dass er meine Existenz einfach vergaß.

»Wahrheit ist sicher eine der höchsten Tugenden«, begann ich vorsichtig, nachdem ich seinen fragenden Gesichtsausdruck bemerkt hatte. »Aber denkst du nicht, dass es Fälle oder Situationen geben könnte, in denen es Menschen schlicht nicht möglich ist, die Wahrheit zu sagen? Denk nur mal an Regimes wie in China oder in anderen totalitären Staaten. Da wäre dein Wahrheitsdogma potenziell tödlich.« Ich war ziemlich stolz auf diese gedankliche Volte.

»Mag sein«, gab er zu, und ich merkte, dass ihn das wurmte. »Aber das sind Ausnahmefälle, von denen wir in der westlichen Welt nicht betroffen sind. Wir haben hier in Kanada oder bei mir in den USA alle die Chance, wahrhaftig zu sein.«

Es sei denn, eine mafiaartige Verbrecherorganisation will deinen Kopf rollen sehen. Doch das dachte ich nur. Ich merkte, wie sich Panik in mir ausbreitete und sich gleich darauf ein gut geprobter Überlebensmechanismus in Startposition brachte: Ablenkungsmanöver! »Dann will ich jetzt auch ganz ehrlich sein«, begann ich mit rasendem Herzschlag, der diesmal nichts mit der freudigen Aufgeregtheit in Nalus Nähe zu tun hatte. »Ich habe Angst davor, mich mit einem Surfbrett oder einem Stand-up-Board auf dem Wasser zu bewegen. Ich fühle mich da schutzlos ausgeliefert. Aus irgendeinem irrationalen Grund stelle ich mir vor, dass ich in einem Kajak sicherer bin als auf einem Schaumstoffbrett – oder woraus auch immer diese Dinger hergestellt werden.« Ich holte tief Luft, um meine etwas atemlos kieksende Stimme zu beruhigen. »Aber ich würde diese Ängste oder Vorurteile gern überwinden und es ausprobieren. Also, wenn du mir zeigen möchtest, wie es geht, dann wäre ich jetzt bereit dazu.«

Ich schaute ihn mit einem Blick an, der hoffentlich irgendwie treuherzig-naiv wirkte und meine wahren Absichten verschleierte. Lieber würde ich mich von Pazifikwellen vom Brett spülen, von Quallen verbrennen und von Haien annagen lassen, als meine eigene Wahrheit zu offenbaren. Ich wollte Nalu gerne vertrauen, aber es war mir unmöglich, ihm auch nur die Lilly-Version meines Lebens zu präsentieren. Mir war klar, dass das wohl das Ende unserer Bekanntschaft bedeutete, aber wenigstens den heutigen Tag wollte ich irgendwie mit Anstand über die Bühne bringen.

Nalu betrachtete mich mit einem merkwürdigen Gesichtsausdruck, doch dann machte sich ein fröhliches Grinsen auf seinem Gesicht breit. »Yuma Solano, du bist eine sehr überraschende Frau. Ich weiß, dass du von deiner Lebensgeschichte ablenken willst, und angesichts meiner Downer-Story lass ich dich vom Haken. Für heute. Stattdessen wirst du gleich den Spaß deines Lebens haben.«

Ich verstand beide Teile seiner Ankündigung als Drohung. Dass er meine Finte erkannt hatte, mich aber zunächst gewähren ließ – und dass er mir nun Spaß ankündigte. Die Optionen Flucht und Verstecken wirkten wieder wahnsinnig verführerisch, aber leider genauso unsinnig wie noch vor wenigen Minuten, also beschloss ich, mich dem Unvermeidlichen zu stellen. Auf dem Rückweg zum Parkplatz dozierte Nalu über Gleichgewicht und Hingabe an die Elemente. Dass man die Wellen nicht als Feind betrachten solle, sondern als Freund. Dass man ihre Energie besser nutzen sollte, statt sie zu bekämpfen. Ich hörte zwar irgendwie zu, war aber nicht ganz bei der Sache. In der Theorie klang alles ganz einfach, aber ich nahm stark an, dass es in der Praxis ganz anders sein würde. Doch er hatte mir versichert, dass mir – egal, was passierte – an diesem Strand und in seiner Gegenwart nichts Schlimmes geschehen würde, und daran hielt ich mich fest. Natürlich wusste ich, dass er vom Stehpaddeln sprach und von nichts anderem, aber ich fand, dass ich mir ein paar süße Momente des Selbstbetrugs verdient hatte, und beschloss, an Sicherheit und Schutz zu glauben.

Zwei Stunden später war ich total erschöpft, aber auf gute Art. Auf körperliche Art. Mir tat jeder einzelne Muskel weh, doch ich war total zufrieden mit mir. Manchmal zahlte es sich wirklich aus, das vermeintlich sichere Schneckenhaus zu verlassen und aus der Komfortzone herauszutreten, die in meinem Fall ja ohnehin nicht so schrecklich gemütlich war. Erstaunlicherweise hatte es mir nämlich großen Spaß gemacht, und Nalu lobte mich als Naturtalent. Das hielt ich zwar für eine schamlose Übertreibung, denn die Zeit, die ich tatsächlich stehend auf dem Board verbracht hatte, hätte ich wohl mit einer Eieruhr messen können – insgesamt und für weich gekochte Eier. Viel mehr Zeit hatte ich im und unter Wasser verbracht. Dabei waren die Wellen am MacKenzie Beach supersanft, wie mir Nalu versichert hatte. Angeblich ging man hier bevorzugt mit Kleinkindern hin, um sie an Wasseraktivitäten zu gewöhnen. Egal, für mich war es herausfordernd genug gewesen, aber das Gefühl, auf dem Brett zu stehen und ein paar Meter über die flache Dünung zu gleiten, war absolut magisch gewesen. Und ich war wild entschlossen, es bei nächster Gelegenheit erneut auszuprobieren. Falls sich mal wieder eine Gelegenheit ergab.

Nun lag ich auf der mitgebrachten Decke im Sand und ließ mich von der Sonne wieder aufwärmen. Trotz des dicken Neoprenanzugs und der anstrengenden Versuche war ich ziemlich durchgefroren und genoss nun die Strahlen auf meiner Haut. Nalu hatte heldenhaft angeboten, die Ausrüstung allein zurückzubringen, und war mit den zwei riesigen Boards, den beiden Paddeln und den nassen Neoprenanzügen zum Parkplatz gestapft. Sobald er weg gewesen war, hatte ich meinen nassen Badeanzug durch einen Bikini ersetzt und darüber wieder meine Shorts und mein T-Shirt angezogen. Ich hatte beim Anlegen des Neoprenanzugs seinen Blick auf meinem Bauch gespürt und war mir sicher, dass er sehr gern mein Tattoo gesehen hätte, doch meinen Orca wollte ich ihm nicht zeigen.

Wobei, das war nicht ganz richtig. Irgendwie hatte ich schon das Bedürfnis, mit ihm über unsere Tintentiere zu sprechen, aber dann hätte ich ihm meine Geschichte erzählen müssen. Seine kunstvollen Tätowierungen im Brust- und Bauchbereich verdeckten zweifellos Operationsnarben. Ich hatte mir nur einen flüchtigen Blick erlaubt, war aber sehr angetan von der kunstvollen und professionellen Ausführung. Besonders der Buckelwal auf seinem Brustbein wirkte beeindruckend lebendig, obwohl er in einem ganz anderen Stil gehalten war, als ich ihn angelegt hätte. Nicht so naturalistisch wie meine Zeichnungen und Tattoo-Vorlagen, sondern ornamental im polynesischen Stil gehalten. Für einen Hawaiianer machte das wohl auch Sinn, und auch wenn es nicht meiner persönlichen Vorliebe entsprach, war ich absolut verzaubert von dem Tier. Irgendwie schade, dass ich keine Gelegenheit mehr haben würde, mir seine Tätowierungen in Ruhe anzusehen.

Die körperliche Erschöpfung und die warmen Sonnenstrahlen bewirkten etwas, das ich noch nie erlebt hatte: Ich nickte ein. In aller Öffentlichkeit, an einem Strand, zu dem praktisch jeder Zutritt hatte – und Zugriff auf mich. Wie konnte es geschehen, dass meine dauernde Alarmbereitschaft buchstäblich in den Schlafmodus geriet? Ich konnte es mir später nicht erklären, aber ich zuckte selbst dann nicht wie tödlich getroffen zusammen, als mich Nalu nach seiner Rückkehr mit einem kleinen Kuss auf den Mund weckte und sich lächelnd neben mir auf die Decke legte.

Die Panik überkam mich erst Stunden später, allein in meinem Bett. Wie hatte ich alle Vorsichtsmaßnahmen vergessen können? Nalus Gegenwart hatte mir ein derart überwältigendes Gefühl der Sicherheit gegeben, dass ich mich nicht dagegen hatte wehren können. Nicht gut. Gar nicht gut.

ÜBERRASCHENDE ERKENNTNISSE

TOFINO, VANCOUVER ISLAND, 1. JUNI – NALU:

Es war beeindruckend, wie viel Ausrüstung man für eine viertägige Forschungsfahrt brauchen konnte. Die zweite Reise der »Sound of my Soul« startete zwar erst morgen, aber schon heute brachte das Wissenschaftlerteam einer privaten Walforschungsorganisation sein Equipment an Bord, damit wir morgen ganz früh in See stechen konnten. Seit Stunden packten sie Kisten in jeden frei verfügbaren Stauraum, und ich musste das alles überwachen beziehungsweise sogar mithelfen. Das war zwar eindeutig Teil meines Jobs, aber insofern ärgerlich, als ich gern die Chance genutzt hätte, mich noch einmal mit Yuma zu treffen, selbst wenn es nur für einen schnellen Lunch gereicht hätte – denn sie war zweifellos ebenfalls ziemlich eingespannt.

Esther war heute Vormittag mit ihren Kindern nach Victoria geflogen, die dort einmal pro Woche zur Logopädie gingen, um ihre Artikulationsfähigkeit zu trainieren. Ich war absolut fasziniert davon, wie gut die beiden gehörlosen Zwerge sprechen konnten. Letzte Woche bei der Jungfernfahrt hatten die Kids nicht mal ihre Implantate getragen, sondern sich weitgehend durch Gebärden und verbale Sprache verständigt. Gerade die kleine Ada plapperte derart unbeschwert, dass ich keinen Unterschied zu einem hörenden Kind feststellen konnte. Die Logopädiestunden waren dafür aber wohl essenziell, und Esther zog sie selbst während der Hochsaison knallhart einmal pro Woche durch. Diesmal hatte sie auch Lilly dabei, sodass die anderen Mitarbeiter – allen voran Yuma – reichlich zu tun hatten.

Der Leiter der Expeditionstruppe hatte sich gerade verabschiedet und mich für nachher in den Pub eingeladen, wo das Team den Start der kleinen Forschungsreise feiern und mit mir mögliche Schwerpunkte des Trips abstimmen wollte. Davor konnte ich mich schlecht drücken – auch wenn das bedeutete, dass ich Yuma heute wohl gar nicht mehr sehen würde. Es sei denn, sie kam zufällig ebenfalls in der Kneipe vorbei.

Zu blöd, dass ich auf einen Zufall angewiesen war, denn ich hatte immer noch nicht ihre Handynummer. Ich hatte gestern schlicht vergessen, sie danach zu fragen – was mir später am Abend in meiner Koje eingefallen war. Wie dämlich ging es eigentlich noch? Das wäre mir früher tatsächlich nie passiert. Ich schüttelte unwirsch den Kopf und starrte auf mein Telefon, als könnte mir das Gerät eine Antwort geben. Was für ein Tag das gestern gewesen war – und was für ein Wechselbad der Gefühle. Yuma hatte mich überrascht. Mehrfach. Ein Teil von mir hatte anfangs gehofft, dass wir einfach nahtlos da weitermachen würden, wo sie mich neulich Nacht nach dem Kuss hatte stehen lassen. Das war eindeutig der animalische Teil von mir gewesen. Doch dem waren ziemlich schnell seine Grenzen aufgezeigt worden, denn Yuma war am Anfang unglaublich scheu und fast verkrampft gewesen. Sehr, sehr merkwürdig.

Doch dann hatten wir zu reden angefangen, und zwar nicht etwa mit den kleinen Alltäglichkeiten wie Lieblingsessen oder dem tollsten Urlaub, sondern gleich mit den ganz großen Geschützen. Während der Autofahrt hatte ich die Sprache auf Gott gebracht – warum auch immer. Schon da war ich beeindruckt gewesen von ihren klugen Ansichten und Aussagen, doch spätestens am Strand, als ich ihr meine Lebens- und vor allem meine Krankheitsgeschichte erzählt hatte, war es endgültig um mich geschehen gewesen. Sie war der erste und bislang einzige Mensch, der verstehen konnte, was ich mit meiner Familie durchgemacht hatte. Ich wurde den Verdacht nicht los, dass es mehr als nur reine Empathie war. Vielmehr war ich mir inzwischen sicher, dass sie Ähnliches durchgemacht haben musste. Keine Krebserkrankung, das hätte sie mir bestimmt nicht verschwiegen, aber doch irgendetwas Lebensbedrohliches. Statt dass ich Geheimnisse gelüftet hätte, wie ich es mir ursprünglich vorgenommen hatte, waren neue dazugekommen. Wer war Yuma Solano? Welche Geschichte steckte hinter den aparten, wenn auch häufig verschlossenen Gesichtszügen? Welches Leid rief mir aus den eindrucksvollen dunklen Augen zu?

Ich hatte versucht, sie aus der Reserve zu locken. Unbewusst fast, nämlich als ich von meinem Drang nach Wahrheit angefangen hatte. Das war keine Spinnerei oder dumme Attitüde, sondern für mich tatsächlich überlebenswichtig. Inzwischen hatte es sogar meine Familie begriffen – einigermaßen zumindest –, sodass mein Bullshit-Radar nicht mehr allzu oft anschlug. Doch für ein erstes Date war es viel zu tiefgründig gewesen. Gut, das Thema »Angemessene Date-Konversation« war schon bei der Gott-Diskussion durch gewesen, da war es dann auch schon egal. Die meisten Frauen hätten längst die weiße Flagge gehisst und jedes weitere Kennenlernen im Keim erstickt, doch Yuma war erst beim Thema Ehrlichkeit sichtbar in die Knie gegangen. Das hatte mich zunächst ein kleines bisschen enttäuscht, dann aber noch mehr fasziniert. Ich war mir sicher, dass sie kein grundsätzlich unehrlicher Mensch war, sondern dass sie mein Bedürfnis nach Wahrheit nachvollziehen konnte. Sie schien aber auch etwas – oder jemanden – schützen zu müssen. Ihr Argument mit den totalitären Staaten, in denen die Wahrheit gefährlich werden konnte, war ein cleverer Schachzug gewesen, und ich hatte ein Weilchen gebraucht, bis ich die Transferleistung hinbekommen hatte, dass es gar nicht um irgendwelche chinesischen Dissidenten ging, sondern um sie selbst. Dass sie sich in einer Situation befand, in der die Wahrheit gefährlich werden konnte.

Ich hatte keine Ahnung, was genau der Grund dafür sein könnte, aber mein Bedürfnis, sie zu beschützen, war spontan schier übermächtig geworden. So etwas hatte ich in dieser Intensität noch nie empfunden, aber ich würde sie zweifellos mit jeder Faser meines Körpers verteidigen. Gegen wen oder was auch immer. Doch dafür müsste ich zwingend wissen, worum es ging – und wer der vermeintliche oder tatsächliche Gegner war. Es war eindeutig, dass sie mir nichts sagen wollte, aber das war in Ordnung. Vertrauen konnte man nicht erzwingen, es musste wachsen, und ich wollte mich würdig zeigen.

Ihr Ablenkungsmanöver mit dem Stand-up-Paddling

war irgendwie rührend, wenn auch sehr durchschaubar gewesen, aber ich war mit Freuden darauf eingegangen. Körperliche Betätigung wirkte sich oft genug entspannend auf den Geist aus und vermutlich hatte ich mir insgeheim zwei Dinge erhofft: erstens, dass sie ihren Schutzschild so weit runterfuhr, dass sie mir doch ein paar Dinge über sich verriet, und zweitens, dass wir uns auch auf anderer Ebene näherkamen.

Beides war nur eingeschränkt erfolgreich gewesen. Sie hatte tatsächlich geschlafen, als ich vom Parkplatz zurückgekehrt war, also musste sie entspannt genug gewesen sein – oder womöglich einfach nur bis auf die Knochen erschöpft. Ich hatte sie aus einem Impuls heraus wach geküsst. Wie ein Märchenprinz die schlafende Prinzessin. Leider war es märchenhaft keusch weitergegangen, denn aus dem Küsschen war nicht mehr geworden, obwohl auch dieser zarte Lippenkontakt wieder absolut verheißungsvoll gekribbelt hatte. Sie hatte es zweifellos ebenfalls gespürt, doch es war klar, dass sie nicht weiter gehen wollte. Warum auch immer.

»Mau!« Koa, der den ganzen Tag über mit Abwesenheit geglänzt hatte – wahrscheinlich hatte ihn die Unruhe beim Einladen des Equipments genervt –, sprang auf die Sitzbank neben mir und sah mich aus seinen gelben Katzenaugen aufmerksam an.

»Ist es bei dir mit den Mädels auch so kompliziert?«, erkundigte ich mich.

»Mau.«

»Nicht? Beneidenswert. Da lerne ich schon mal eine tolle Frau kennen, mit der sich alles anders anfühlt als mit allen anderen – besser, aufregender, intensiver –, und dann vergesse ich das absolute Anfänger-Einmaleins. Ich hab sie nicht mal nach ihrer Telefonnummer gefragt, kannst du dir das vorstellen? Und jetzt kann ich sie nicht anrufen oder ihr schreiben und ... Warum klage ich eigentlich einer Katze mein Leid?« Ich musste fast selbst über mich lachen.

»Mau.«

»Ich könnte natürlich einfach mal in den Laden oder ins Büro gehen und schauen, ob sie da ist, und sie dann ...«

Ich kam nicht weiter mit meiner Überlegung, denn in diesem Moment klingelte mein Handy. Für einen kurzen, irrationalen Augenblick war ich mir sicher, dass es Yuma sein würde, die sich vielleicht von Esther meine Handynummer hatte geben lassen. Doch auf dem Display erschien keine unbekannte Nummer, sondern die von Ruben. Der hatte mir gerade noch gefehlt.

»Hi«, meldete ich mich wenig enthusiastisch.

»Hey, Mann, ich wollte nur mal hören, wie es dir geht und wie die Lage so ist«, entgegnete er und klang sogar aufrichtig interessiert. Wir hatten seit neulich nicht mehr gesprochen, nur ein paar Textnachrichten ausgetauscht. Ich hatte mich nicht groß zu den Fotos von der »Hokulani« geäußert, die er mir geschickt hatte. Was hätte ich sagen sollen? Der dumpfe Schmerz, den ich beim Anblick dieser Bilder empfand, war vor allem ein Echo aus der Vergangenheit. Ja, ich hatte dieses Schiff geliebt und große Pläne damit gehabt. Es hatte mir das Herz zerrissen, als ich es verkaufen musste, so sehr, wie es bislang bei keinem Liebeskummer der Fall gewesen war. Und doch war es Vergangenheit. Ich war mir nicht sicher, ob ich überhaupt noch Platz für mein früheres Traumschiff hatte. Wollte ich jetzt, mit Ende dreißig, die Dinge nachholen, die ich eigentlich vor zwanzig Jahren hatte tun wollen?

Ich verstand Rubens Geste. Er wollte unsere Freundschaft wieder aufleben lassen – indem er mir den gemeinsamen Schatz zurückgab, den er mir damals genommen hatte. Doch langsam wurde mir klar, dass unsere Freundschaft nicht an einem materiellen Wert zerbrochen war, sondern an seinem Verrat. Hätte er mir gesagt, dass er sich verliebt hatte und lieber ein Studium beginnen wollte, als mit mir über die Meere zu reisen, dann hätte ich es verstanden. Na ja, vielleicht – so fair musste ich bleiben. Ich war damals ziemlich engstirnig und nur auf die eine Sache fixiert gewesen. Wir würden es niemals erfahren. Aber nun musste ich wohl oder übel antworten.

»Alles bestens bei mir«, entgegnete ich also betont munter. »Und bei dir?«

»Auch. Viel zu tun, und die Kinder haben ständig irgendwelche Veranstaltungen und Events in der Schule und im Sportverein.«

»Hm. So ist das wohl als Familienvater.« Ich fragte mich, wie lange wir noch Smalltalk machen mussten, ehe er zum Kern seines Anrufs kam.

»Ja, so ist es. Und ich bin dankbar dafür, dass ich das haben kann. Aber ...« Er zögerte und hoffte offensichtlich auf einen Einwurf meinerseits, doch diesen Gefallen tat ich ihm nicht.

Ich schwieg weiter und streichelte Koa, der nach wie vor neben mir saß und mir gelegentlich wissende Blicke zuwarf.

»Aber ich vermisse meinen besten Freund«, kam es schließlich.

»Hast du etwa noch einen verloren?«, entfuhr es mir bissiger als beabsichtigt, aber die Vorlage war zu gut, um sie nicht zu nutzen.

»Nun sei nicht so, Nalu«, bat er. »Ich weiß nicht, wie

lange ich noch zu Kreuze kriechen und mich bei dir für mein Verhalten damals entschuldigen muss.«

»Musst du gar nicht«, sagte ich und seufzte. »Vermutlich liegt es an mir, nicht an dir.«

»Oh.« Dieser Erkenntnisgewinn schien ihn ähnlich zu überraschen wie mich selbst.

»Es ist seit damals viel Zeit vergangen«, fing ich wieder an – mehr, um meine Gedankengänge für mich selbst zu sortieren, als für ihn. »Du hast mir damals wirklich das Herz gebrochen, auch wenn du mir jetzt wieder Melodramatik vorwerfen möchtest. Ich habe es so empfunden. Aber mir ist inzwischen auch klar, dass ich so versessen auf meinen Traum war, von dem ich dachte, es sei unser gemeinsamer, dass ich überhaupt keine andere Interpretation zugelassen hätte. Die schlichte Wahrheit ist womöglich, dass wir füreinander nicht die Freunde waren, die wir tatsächlich gebraucht hätten. Du nicht für mich, ich nicht für dich. Ein paar Jahre später, als ich krank war, hat es sich ja wiederholt. Ich hätte dich gebraucht – du konntest oder wolltest mir nicht geben, was ich mir von dir erhofft habe. Auch das hat mich bitter enttäuscht, aber ich habe mir die Frage gestellt, ob es nicht auch in deinem Leben Situationen gegeben hat, in denen du mich als guten Freund gebraucht hättest und ich nicht da war. Oder zu ignorant und zu beleidigt, um deine Kontaktversuche anzunehmen.«

Ich spürte meinen Worten nach, von denen ich nicht wusste, aus welchen versteckten Regionen meines Hirns sie gekommen waren. Wobei mein Kopf wohl eher nicht die Quelle war, sondern mein Herz. Es fühlte sich seltsam an, mir selbst zuzuhören, aber gleichzeitig wusste ich, dass es die Wahrheit war. Zumindest meine Wahrheit.

»Oh«, sagte Ruben erneut, doch diesmal viel leiser und ... nachdenklicher?

»Ich habe keine Ahnung, woher diese Erkenntnis plötzlich kommt«, gab ich zu. »Aber ich glaube, es ist die Wahrheit. Ich mag keinen Groll mehr hegen, der sich ja letztlich nur gegen mich selbst richtet. Ich verzeihe dir und hoffe, du kannst mir ebenfalls verzeihen. Irgendwann.«

»Ich weiß nicht, was ich sagen soll«, entgegnete Ruben, und seine sonst so volltönende Stimme klang dünn und ein bisschen unsicher. Vielleicht war er aber auch gerührt? Wie ich selbst – der dicke Kloß in meinem Hals machte mir das Sprechen ebenfalls nicht einfacher.

»Dass du die ›Hokulani‹ zurückgekauft hast, ist ...«

»War vermutlich ein ziemlich hilfloser und dummer Versuch, deine Freundschaft zurückzugewinnen.« Ich hörte, wie er heftig schluckte.

»Vielleicht. Vielleicht auch nicht. Ich kann dir ehrlich nicht sagen, was ich davon halte«, gab ich zu. »Ich weiß nicht, ob wir die Zeit zurückdrehen können – oder ob wir es überhaupt versuchen sollten.«

»Ich dachte, die ›Hokulani‹ könnte das Symbol unserer Freundschaft sein.«

»Ist sie ja auch. Aber dass wir sie so ambivalent betrachten, liegt sicher daran, dass es mit unserer Freundschaft auch nicht zum Besten steht. Kein Schiff der Welt kann zwanzig Jahre und viele Entscheidungen ungeschehen machen. Wir haben uns verändert – du, ich, die ganze Welt. Wenn unsere Freundschaft eine Chance haben soll, dann nur auf Basis eines neuen Fundaments.«

»Aber dafür müssten wir uns mal wiedersehen«, warf er ein.

»Hm. Idealerweise schon, aber ich finde, dass wir

doch schon jetzt einen ganz guten Anfang machen. Mit diesem offenen Gespräch.«

»Das hätten wir auch früher schon haben können.« Ruben seufzte bedauernd.

»Ich bin mir nicht sicher. Wahrscheinlich wäre ich viel früher nicht bereit dazu gewesen. Ehrlich gesagt hätte ich noch vor zehn Minuten meinen Arsch darauf verwettet, dass ich immer noch nicht bereit dafür bin.«

»Ein akuter Fall von Altersweisheit?« Ruben klang nun fast ein bisschen amüsiert.

»Tja, wer weiß? Sind wir nicht in einem Alter, wo wir die Dinge und unser Leben neu bewerten?«

»Keine Ahnung. Ich bin mit meinem Leben eigentlich ganz zufrieden. Ich mag meinen Job, liebe meine Frau und meine Kinder. Das Einzige, was mir fehlt, ist mein bester Freund.«

»Oder eher die Idee eines besten Freundes?«

»Hm. Ich finde, das hört sich ziemlich zynisch an.«

»Nein, gar nicht. Doch jetzt, wo ich damit angefangen habe, kann ich gar nicht aufhören, alles zu hinterfragen.«

»Was mach ich jetzt mit der ›Hokulani‹?«

»Das war aber ein abrupter Themenwechsel. Ich kann dir die Frage nicht beantworten, das kannst du nur selbst tun. Geh doch mit deinen Kindern oder deiner Frau segeln.«

»Die interessieren sich nicht dafür«, gab er zerknirscht zurück. »Und sie halten mich für verrückt, weil ich das Boot gekauft habe.«

»Wahrscheinlich haben sie recht. Also nicht damit, dass sie Segeln nicht mögen, sondern mit ihrem Urteil über deine Kaufentscheidung.«

»Du willst sie also nicht wiederhaben?«

»Darüber denke ich nach, seit du mir vor ein paar

Wochen zum ersten Mal davon erzählt hast. Ich weiß es nicht. Ich weiß nicht, ob sie einen Platz in meinem Leben haben kann. Ich bin gerade in einer Art Umbruchphase und weiß nicht, in welche Richtung es gehen wird.«

»Dann kommst du nicht so schnell zurück?«

»Nicht in den nächsten Monaten, aber vielleicht im Spätherbst. Meine aktuellen Auftraggeber überlegen, ob sie ihre Jacht in den Wintermonaten rund um Hawaii fahren lassen sollen, was für ihr Konzept absolut Sinn machen würde. Und ich überlege, ob ich das übernehmen will.«

»Verstehe«, murmelte Ruben und schwieg dann ein Weilchen. Schließlich sagte er mit entschlossener Stimme: »Ich werde die ›Hokulani‹ auf jeden Fall bis Ende des Jahres behalten, sodass wir gemeinsam entscheiden können, was wir mit ihr machen wollen.«

»Einverstanden.«

»Und ich wünsche dir aufrichtig viel Glück in deiner Umbruchphase. Ich bin gespannt, in welche Richtung du dich entwickelst, und würde mich freuen, wenn ich wieder Teil der Gleichung werden dürfte.«

»Das wäre schön«, hörte ich mich selbst zu meiner Überraschung sagen. »Mach's gut, Ruben, und danke für deinen Anruf.« Ich beendete das Gespräch und fühlte mich seltsamerweise viel besser als vorher.

»Mau.« Koa, der die ganze Zeit nicht von meiner Seite gewichen war, meldete sich nun auch wieder zu Wort.

»Hast du irgendwelche magischen Fähigkeiten?«, erkundigte ich mich bei ihm.

»Mau.«

»Dachte ich mir. Danke, Kumpel.« Vielleicht war es auch ein Zeichen, dass ich vergessen hatte, mir Yumas

Telefonnummer zu besorgen? Vielleicht sollte ich doch nichts erzwingen, sondern das Schicksal oder was auch immer seine Arbeit machen lassen?

TOFINO, VANCOUVER ISLAND, 2. JUNI – YUMA:

Es war wie ein Déjà-vu: Ich war auf einem Ausflugsboot, und die »Sound of my Soul« flog mit geblähten Segeln an uns vorüber. Nalu hatte spielerisch salutiert, als wir ihm zugewinkt hatten, doch der Abstand war zu groß gewesen, um seinen Gesichtsausdruck zu erkennen. Ich hatte jedoch seinen Blick gespürt, der mehr sagte als viele Worte. Es war auch ein Versprechen gewesen. Das Versprechen, dass er noch nicht fertig war mit mir – und ich war mir nicht sicher, was genau ich davon halten sollte.

Ich kam aber auch kaum zum Nachdenken, denn es gab wirklich viel zu tun. Nach der Vormittagstour und einer kurzen Mittagspause hatte ich Schicht im Laden, und gerade wurden wir von einer Busladung Touristen überschwemmt, die es sich offensichtlich zum Ziel gesetzt hatten, uns leer zu kaufen. Es war immer wieder frappierend, wie viel Geld manche Menschen für nutzlosen Plunder ausgaben. Nicht, dass ich schlecht über unser Warensortiment sprechen wollte, gar nicht, aber wie viel Nippes konnte man schon brauchen? Reichte es nicht, sich ein kleines Teil als Andenken zu kaufen? Wofür brauchte man Kühlschrankmagneten, Trinkflaschen, Kappen, T-Shirts und Plüschwale? Nun ja, ich musste es nicht verstehen und ich freute mich für Esther, die über den Umsatz sicher begeistert sein würde.

Beklagen konnte ich mich selbst ebenfalls nicht, denn auch meine Bilder hatten reißenden Absatz gefunden. Zehn Stück hatte ich an diesem Nachmittag verkauft – machte erneut achthundert Dollar extra für mich.

»Na, wie war dein Tag?«, wollte Esther wissen, als ich nach Ladenschluss mit der Kassenabrechnung und der Bargeldtasche ins Büro kam.

»Ich würde sagen, erfolgreich.« Ich reichte ihr mit einem breiten Lächeln beides und freute mich, als ihr schier die Augen übergingen.

»Das dürfte ein Rekordumsatz für die Ewigkeit sein«, stellte sie verblüfft fest.

»Das habe ich mir auch gedacht. Allerdings wird bei einigen Artikeln der Lagerbestand dünn.«

»Das ist nicht schlimm, wir wollen das Sortiment ja ohnehin umstellen. Schau mal.« Sie winkte mich zu ihrem Bildschirm und zeigte mir meine Zeichnung von der »Sound of my Soul«, die ihre Grafikerin inzwischen in ein druckfähiges Logo verwandelt hatte. »Ich habe vorgestern noch mit Liz eine Liste der neuen Artikel erstellt. Danke übrigens für die Links zu den Anbietern nachhaltiger Werbemittel. Ich werde nachher noch die Bestellungen rausschicken, und das angesichts des üppigen Cashflows heute gleich mal in größerer Stückzahl.«

»Toll, das freut mich. Welche Sachen werden es denn nun werden?«, fragte ich neugierig.

Esther klickte eine weitere Mail der Grafikerin an und öffnete eine Reihe von Fotos, die Produktdummys mit dem neuen Logo zeigten. »Klamottenmäßig machen wir ein T-Shirt, ein Poloshirt, jeweils in Frauen- und Männerschnitten, und einen blau-weiß gestreiften Unisex-Pullover aus recycelter Lambswool.« Sie deutete mit stolzem Lächeln auf einen wirklich hübschen Pulli mit Knöpfen an einer Schulter und Ellbogen-Verstärkung.

»Der ist ja klasse«, befand ich. »Sieht so maritim aus, wie eine Matrosenuniform. Also nicht, dass ich viel Ahnung davon habe, aber so stelle ich mir Matrosen-Outfits vor.«

Sie lachte. »Ja, genau. Der Look ist ein bisschen retro, aber letztlich ein Klassiker und passt damit perfekt zu unserem alten Schiff. Ich hatte keine Ahnung, dass man auch Wolle recyceln kann, finde es aber total toll. Außerdem wird es noch Kappen geben. Liz hätte gern Matrosenmützen gehabt, und die hätten zweifellos süß ausgesehen, aber erstens gab es die nicht in einer nachhaltigen Version und zweitens tragen die Leute so was nicht zu Hause. Dagegen hat eine normale Baseball-Cap gute Chancen, auch im Alltag genutzt zu werden und so weiter als Werbemittel für uns zu dienen.«

»Ausgefuchst«, lobte ich mit einem Augenzwinkern.

»Dann machen wir noch die von dir vorgeschlagenen Coffee-to-go-Becher aus wiederaufbereitetem Meeresplastik, außerdem Trinkflaschen aus demselben Material und diese Stoffrucksäcke.« Sie deutete auf das nächste Bild, auf dem schlichte Baumwollbeutel zu sehen waren, die aber dank meinem Logo und der Farbkombi – blauer Stoff, naturweiße Kordeln – fast wie Mini-Seesäcke wirkten.

»Die sind ja total süß«, sagte ich begeistert.

»Finde ich auch. Und ich überlege jetzt, ob wir da ein bisschen über die Stränge schlagen und sie in unterschiedlichen Größen verkaufen sollten. Es gibt sie im üblichen Turnbeutelformat, aber auch größer. Da sind sie aus deutlich dickerem Stoff und haben tatsächlich etwas von Seesäcken. Man könnte sie als Strandtaschen nutzen oder als Extra-Reisetasche.«

»Klingt gut.« Vor meinem geistigen Auge sah ich mich selbst, wie ich meine überschaubare Habe statt in IKEA-Taschen in diesen hübschen Seesäcken unterbrachte. Mir entfuhr ein erschrockenes Grunzen. Woher war dieser Gedanke gekommen? Ich hatte nicht vor, mich so schnell von hier wegzubewegen. Hier war doch mein Zuhause. Der erste Ort seit langem, der sich tatsächlich so anfühlte.

»Alles klar?« Esther schaute mich durchdringend an.

»Natürlich«, krächzte ich und räusperte mich. »Wie gesagt, ich finde die Idee toll. Was ist mit Kleinkram?«

»Ich dachte, du hasst sinnlosen Nippes?«

»Ja, schon, aber ich bin ja nicht der Maßstab. Die Kunden lieben es. Wir brauchen auf jeden Fall Postkarten. Natürlich welche mit Fotos drauf, aber eventuell auch welche mit irgendwelchen schlauen Sprüchen und dem Logo. Und dann noch was in Richtung Schlüsselanhänger oder so. Davon habe ich heute ungefähr zwei Dutzend verkauft. Und vielleicht auch was für Kinder. Was meinst du?«

Esther runzelte die Stirn und ich war mir nicht sicher, ob das meinem Themenwechsel oder meinen Produktvorschlägen galt. »Ich denke nicht, dass wir besondere ›Sound of my Soul‹-Kinderprodukte brauchen. Wir haben die Plüschwale und einige Bücher für die unterschiedlichen Altersgruppen. Was die Schlüsselanhänger angeht, denke ich noch mal darüber nach. Aber die anderen Sachen bestelle ich jetzt. Die Idee mit den Sprüchepostkarten ist super. Magst du die gestalten oder soll ich meine Grafikerin bitten?«

»Lieber die Grafikerin. Da kommt's ja auch darauf an, wie der Schriftzug gestaltet ist, und das kann ich nicht.«

Esther nickte und machte sich ein paar Notizen. »Wie war's eigentlich am Montag mit Nalu am Strand?«, überrumpelte nun sie mich mit einem krassen Themenwechsel.

»Ich weiß nicht, ob Stand-up-Paddling wirklich der geeignete Sport für mich ist, aber es hat Spaß gemacht. Auch wenn ich immer noch Muskelkater habe.«

»Das gehört dazu«, behauptete sie grinsend. »Und sonst so?«

Ich wusste, worauf sie hinauswollte, aber ich hatte keine Lust, mit ihr über Nalu und unsere Gespräche zu reden. »Sonst war es ein rundum schöner Tag«, wand ich mich heraus. »Tofino ist ein traumhafter Flecken Erde, und ich kann es kaum erwarten, noch mehr von der Gegend zu erkunden.«

Esther seufzte frustriert. »Du bist echt eine harte Nuss, Yuma.«

»Tut mir leid.«

»Tut es nicht, sonst würdest du ja was verraten.« Sie seufzte erneut. »Aber du hast auch recht. Es geht mich nichts an, und solange ich nichts Gegenteiliges höre, nehme ich einfach an, dass es dir gut geht und alles in Ordnung ist. Einverstanden?«

»Einverstanden. Und nur fürs Protokoll: Es geht mir blendend. Ich fühle mich hier so wohl wie sonst nirgends. Ich liebe meinen Job und die großartigen Möglichkeiten, die du mir bietest. Alles andere ...«

»Ja?«

»Ist kompliziert. Sehr kompliziert.« Mehr wollte ich ihr nicht sagen, auch wenn es mir leidtat, dass ich nicht offener sein konnte. Esther war mehr als nur eine Chefin.

Sie vertraute mir und schätzte mich, und ich zahlte es ihr mit Geheimniskrämerei zurück.

»So ist das Leben manchmal«, bemerkte sie. »Oder so erscheint es jedenfalls gelegentlich.«

»Ich weiß, dass du mir eine Brücke bauen willst«, erklärte ich ihr. »Und ich weiß, dass du das nicht aus Neugier, sondern aus echtem Interesse tust. Aber ich kann da nicht drüberlaufen, auch wenn ich es mir sehr wünschen würde.«

»Okay. Verstehe.« Esther drückte meine Hand und lächelte mich warmherzig an. »Aber ich hoffe, du weißt, dass du hier Freunde hast, denen du vertrauen kannst.«

»Das weiß ich. Danke.« Dann verabschiedete ich mich und ging eine Etage höher, in unsere Wohnung. Carlos war unterwegs, aber Lilly fand ich in der Küche, wo sie ratlos in den Kühlschrank starrte.

»Mist, ich war am Montag doch nicht einkaufen«, sagte ich zerknirscht. Ich hatte es vollkommen verpennt und war auch gestern und heute nicht dazu gekommen.

Sie klappte die Tür zu und musterte mich mit gefährlich glitzernden Augen. »Ich verzeihe dir, wenn du mir eine saftige Nalu-Geschichte erzählst.«

Am Montagabend war ich nach unserem Strandausflug wie tot ins Bett gekippt und hatte Lilly gar nicht mehr gesehen. Gestern hatte ich früh rausgemusst, und Lilly war mit Esther nach Victoria geflogen, sodass wir uns da auch nicht begegnet waren und nicht über meinen freien Tag hatten sprechen können. Was mir ganz recht war. Doch nun schien ich nicht mehr entkommen zu können. »Ich fürchte, ich habe keine saftigen Details für dich«, entgegnete ich also bedauernd.

»Wie? Kein Quickie im Auto, keine wilde Knutscherei am Strand?« Sie klang tatsächlich enttäuscht und ich schnaubte frustriert.

»Denkst du wirklich, ich würde mich auf einen Auto-Quickie einlassen? Nach meiner Geschichte?«

Lilly hatte den Anstand, ein betretenes Gesicht zu machen. Wenn auch nur kurz. »Ich weiß, dass du ziemlich krasse Sachen erlebt hast, aber du bist doch auch eine junge Frau mit Bedürfnissen, oder nicht? Wenn ein Mann wie Nalu an mir Interesse hätte, würde ich keine Sekunde zögern. Ein bisschen Spaß muss doch mal drin sein. Muss ja nicht gleich für die Ewigkeit sein.«

Ich schüttelte den Kopf. »Das ist ja die Crux an der Sache. Ich kann nicht mit jemandem intim werden, dem ich nicht vertraue und ... ach, ist ja auch egal. Was meine Bedürfnisse angeht, die habe ich im Griff.«

Lilly hob eine Braue. »Das ist das Traurigste, was ich seit langem gehört habe«, sagte sie völlig ohne Ironie. »Ehrlich, das finde ich noch schlimmer als all den Horror, von dem du mir schon erzählt hast. Denkst du nicht, dass du Nalu vertrauen kannst?«

»Ich weiß es nicht. Ich weiß ganz ehrlich nicht, wem ich vertrauen kann und wem nicht. Vermutlich könnte ich den allermeisten Menschen vertrauen, aber ich kann mir einfach keinen Irrtum leisten, das könnte mich das Leben kosten.« Von meinem Herzen und meiner Seele wollte ich gar nicht erst anfangen. Meine Gefühle für Nalu verwirrten mich. Ich fühlte mich derart zu ihm hingezogen, wie ich es noch nie erlebt hatte. Er war mir auf eine merkwürdige Art nah und kam mir fast wie ein Teil von mir selbst vor. Meine Knie wurden weich, wenn er mich nur ansah. Schmetterlinge tanzten in meinem Bauch, wenn er mich anlächelte, und sämtliche Körperzellen gerieten in Aufruhr, wenn er mich berührte. Ich war mir nicht sicher, aber ich hatte den starken Verdacht, dass ich mich in ihn verliebt hatte. Ohne Vorwarnung, ohne Netz und doppelten Boden. Und ohne die leiseste Ahnung, wie ich damit umgehen sollte. Klar war nur, dass ich mich nicht auf eine flüchtige Affäre einlassen wollte, obwohl ich wahnsinnig gerne mal erleben würde, wie sich guter Sex anfühlte. Etwas, das ich weder mit Ricky noch mit Igor jemals erlebt hatte.

Ricky war der erste Mann für mich gewesen, und in all den Jahren war es nie schön gewesen, mit ihm zu schlafen. Keine Ahnung, ob es an mir oder an ihm gelegen hatte – oder an der ungesunden Mischung unserer beider Existenzen. Lust, Befriedigung oder auch nur Spaß hatte ich jedenfalls nie empfunden. Mit Igor hatte ich nur zweimal Sex gehabt – definitiv nicht einvernehmlich. Er war ein grandioser Manipulator und ein Mann, der vor keiner Grausamkeit zurückschreckte. Es schauderte mich, wenn ich nur daran dachte. Ich war mir relativ sicher, dass es mit Nalu anders wäre, auch wenn es nicht den geringsten Beweis für diese These gab. Doch Nalu schien mir in seinem ganzen Wesen großzügig und hingebungsvoll zu sein, und das musste sich zweifellos auf sein Liebesleben auswirken, oder? Da blieb jedoch noch das Problem mit seinem Drang nach Wahrheit und Ehrlichkeit. Für mich kam eine flüchtige Affäre nicht infrage, und für etwas Verbindlicheres müsste ich in mehr als einem Wortsinn die Hosen runterlassen. Wie man es auch drehte und wendete, es war unmöglich.

»Echt schade, dass ich nicht Gedanken lesen kann«, sagte Lilly nun. »Da lief gerade ein Film in deinem Kopf ab, den hätte ich gerne gesehen.«

»Glaub mir, das hättest du nicht«, behauptete ich und war froh und dankbar, dass mir nicht, wie so oft in der letzten Zeit, einige meiner Gedankenfetzen verbal entfleucht waren.

»Hm, es wäre bestimmt ziemlich informativ gewesen. So muss ich jetzt wieder nachbohren.«

»Musst du nicht, weil es nichts zu erzählen gibt. Aber ich mach dir einen Vorschlag: Ich hol uns schnell zwei Pizzas, und dann machen wir uns einen gemütlichen Abend auf dem Sofa, mit irgendeiner sinnlosen Serie. Einverstanden?«

»Nur, wenn du zusätzlich noch ein Eis mitbringst.«

DELFINTHERAPIE

TOFINO, VANCOUVER ISLAND, 7. JUNI – NALU:

»Es hat was von Murmeltiertag, findest du nicht?«, sagte ich grinsend, um die Stimmung aufzulockern. Wieder saß ich mit Yuma im Auto, auf dem Weg zum Strand. Wieder mit Boards, Paddeln, Neoprenanzügen und Picknick ausgerüstet. Und wieder schien Yuma unnötig verkrampft zu sein.

»Hm?« Sie sah mich verstohlen von der Seite an.

»Na ja, wie letzten Montag halt.«

»Ach so.« Sie lachte etwas gezwungen.

»Und wieder grenzt es an ein mittleres Wunder, dass es überhaupt so weit gekommen ist. Du hast mir immer noch nicht deine Handynummer gegeben.«

»Du hast mich nicht danach gefragt«, konterte sie. »Aber du kannst sie natürlich jederzeit haben.«

»Danke, das ist ein echter Vertrauensbeweis.« Ich lächelte. Als wir gestern von der Tour zurückgekommen waren, hatte ich keine Sekunde gezögert und war zuerst in den Laden gelaufen, wo ich Yuma vermutet hatte. Zu Recht, wie sich herausstellte. Sie hatte Kunden gehabt, doch ich hatte sie mit meiner Frage nach ihrem freien Tag und einem weiteren gemeinsamen Ausflug an den MacKenzie Beach überrumpelt. Ich hatte ihr kaum die Chance gelassen, anders als mit einer Zusage zu reagieren, aber ich schämte mich nicht dafür. Sie hatte wieder tage- und nächtelang meine Gedanken beherrscht, auf eine Art, die womöglich nicht gesund war. Ich wollte, nein, ich musste endlich herausfinden, wer Yuma Solano wirklich war und ob wir eine Zukunft miteinander haben könnten. Zukunft? Das war ein großes Wort, aber seit unserem ersten Blickkontakt war eigentlich klar gewesen, dass sie *die* Frau in meinem Leben sein würde. Nun musste sie es auch endlich begreifen.

»Vertrauensbeweis? Meine Telefonnummer?« Sie lachte kopfschüttelnd, was ich hochgradig irritierend fand.

»Also ich gebe längst nicht allen Menschen meine Nummer«, behauptete ich, obwohl das so nicht stimmte. Als Frau wäre ich jedoch sicher wählerischer damit gewesen, wem ich meine Nummer gab. Redete ich mir zumindest ein.

»Das mache ich auch nicht«, stimmte sie mir zu. »Allerdings fragen mich auch nicht allzu viele Leute danach.«

»Das zu glauben fällt mir schwer.«

Sie kramte ihr Smartphone aus ihrer Tasche. »Na dann, verrat mir deine Nummer, ich speichere sie bei mir ab und schicke dir eine Nachricht, damit du meine auch hast.«

Ich diktierte ihr die Zahlenfolge und wechselte dann das Thema: »Willst du heute gleich aufs Wasser oder müssen wir erst wieder tiefsinnige Gespräche führen? Diesmal vielleicht über dich und dein Leben?« Aus den Augenwinkeln nahm ich wahr, wie sie erschrocken zusammenzuckte. Irgendwie hatte ich das erwartet, aber trotzdem enttäuschte es mich etwas. Sie hatte ihre Mimik jedoch schnell wieder im Griff.

»Gerne gleich aufs Wasser. Ich muss doch deine kühne These testen, nach der ich ein Naturtalent sein soll. Außerdem tut mir seit vorgestern nichts mehr weh. Wird Zeit, dass sich das ändert.« Sie grinste.

»Du stehst also auf Schmerzen«, entgegnete ich mit leichter Ironie in der Stimme. »Interessant.« Womit ich nicht gerechnet hatte, war ihr vollkommen entsetzter Gesichtsausdruck nach meinen Worten. Sie war weiß wie eine Wand geworden. »Das war ein Scherz«, ruderte ich rasch zurück. »Bitte glaub mir das. Ich würde dir nie wehtun, ich dachte nur an den Muskelkater und die blauen Flecken, von denen du zweifellos gesprochen hast.« Inzwischen hatten wir den Parkplatz erreicht. Ich schaltete den Motor aus, drehte mich zu ihr und nahm ihre Hand. Wieder spürte ich das inzwischen so vertraute Prickeln zwischen uns.

Sie schluckte und rang ganz offensichtlich um Fassung. »Ich weiß«, krächzte sie. »Ich weiß auch nicht, was mit mir los ist und warum ich bei so einem harmlosen Scherz so heftig reagiere.« Sie holte zweimal tief Luft und schloss kurz die Augen. »Nur fürs Protokoll: Der einzige Schmerz, den ich erstrebenswert finde, ist Muskelkater.« Sie schenkte mir ein schwaches Lächeln.

»Oder vielleicht Geburtsschmerzen?« Welcher Teufel

ritt mich gerade? Blöderweise konnte ich die Frage nicht mehr zurücknehmen, doch wieder überraschte sie mich mit ihrer Reaktion.

»Das mag für viele Frauen gelten, aber nicht für mich«, sagte sie reichlich kühl. »Ich werde keine Kinder haben. Insofern bleibe ich beim Muskelkater.«

Nun hatte ich Mühe, meine Mimik vorm Entgleisen zu bewahren. Ein Teil von mir wollte gerade einen Freudentanz aufführen, schließlich hegte meine Seelenverwandte, meine Schicksalsfrau keinen Kinderwunsch, den ich ihr nicht erfüllen konnte. Ein anderer Teil war ob der Kälte, mit der sie es ausgesprochen hatte, ziemlich entsetzt. Da steckte zweifellos mehr dahinter, aber ich wagte nicht, nachzufragen. Daher reagierte ich mit der nächstdümmeren Alternative: »Das trifft sich insofern gut, als ich keine Kinder zeugen kann. Du weißt ja, Hodenkrebs, alles ruiniert da unten – und meine präoperative Samenprobe wurde nie eingefroren.«

Sie sah mich mit einem Ausdruck an, den ich beim besten Willen und bei aller Fantasie nicht interpretieren konnte.

»Sorry, das war eindeutig zu viel Information, was?«

Sie zuckte nur mit den Schultern und wusste offensichtlich nicht, was sie dazu sagen sollte.

»Vielleicht kompensiere ich damit, dass von dir so wenig kommt?«

Ihr eben noch undurchschaubarer Blick wurde nun eindeutig traurig. »Es gibt Dinge in meinem Leben ... genau genommen ist es fast mein ganzes Leben ...« Sie klappte den Mund wieder zu und schüttelte den Kopf.

Okay, ich hatte es offiziell verbockt. Warum hatte ich nicht einfach meine Klappe halten können? Warum hatte ich sie weiter bedrängt? Sie durch einen dummen Kommentar getriggert und dann auch noch mit dem dämlichsten Scherz der Menschheitsgeschichte verstört? Statt ihr einfach Raum zu geben und die Chance, mich wirklich kennenzulernen? Mir zu vertrauen und sich vielleicht zu öffnen?

»Weißt du, was?«, begann ich sachte. »Ich sehe jetzt zwei Möglichkeiten. Entweder fahren wir wieder zurück in die Stadt und achten darauf, dass wir uns zukünftig nicht mehr über den Weg laufen.« Vertiefte sich die Traurigkeit auf ihren Zügen gerade? »Oder wir versuchen, die letzten Minuten zu vergessen, stürzen uns in die Fluten und haben einfach nur Spaß.«

Es dauerte ein Weilchen, bis sie antwortete, offenbar war der Entscheidungsprozess nicht so einfach wie von mir erhofft. »Ich möchte gern ins Wasser«, sagte sie dann mit erstaunlich fester Stimme. »Ich denke, das würde mir guttun.« Sie schenkte mir sogar ein kleines Lächeln, das mir wieder etwas Zuversicht gab, dass ich vielleicht doch nicht alles versaut hatte.

»Uns beiden. Und sorry für meine dummen Kommentare.«

»Schon gut«, entgegnete sie großzügig. »Aber jetzt hätte ich gerne den Spaß, den du mir versprochen hast.«

YUMA:

Es wäre tatsächlich ziemlich verführerisch gewesen, zurück in die Stadt zu fahren und Nalu und sein offenherziges Wesen einfach zu vergessen. Es wäre vielleicht sogar die bessere und gesündere Entscheidung gewesen, in Anbetracht meines aufgeregten Herzens und meiner qualvollen Gedanken. Es hätte auch meiner typischen, eingeübten Fluchtreaktion entsprochen. Allerdings war es komplett unmöglich. Es war undenkbar, Nalu und all das, was er mir gesagt hatte und was er in mir auslöste, einfach zu vergessen. Aber vor allem wollte ich es nicht. Das war dumm von mir, denn ich konnte ihm nicht das geben, was er sich am dringendsten wünschte – Aufrichtigkeit. Doch ich sehnte mich derart nach seiner Nähe, dass ich mich fürs Bleiben entschied – auch wenn ich es ziemlich sicher sehr bereuen würde.

»Und sorry für meine dummen Kommentare«, sagte er und klang auf herzerweichende Art zerknirscht.

»Schon gut«, entgegnete ich. »Aber jetzt hätte ich gerne den Spaß, den du mir versprochen hast.«

Allein für das Strahlen, das nun wieder seine Augen erreichte, hatte sich dieser Satz gelohnt. Ich beschloss, meine gesammelten Bedenken und Ängste für die nächsten Stunden zu ignorieren. Schließlich konnte ich mich auch später wieder mit Herzschmerz auseinandersetzen.

»Ich hab das eindeutige Gefühl, dass wir heute sehr viel Spaß haben werden«, bemerkte er und stieg aus dem Auto.

Ich tat es ihm gleich, und wir zogen uns direkt auf dem Parkplatz die sperrigen Neoprenanzüge an. Das hatte den entscheidenden Vorteil, dass kein Sand reinkam, wie beim letzten Mal. Ich hatte wieder meinen einteiligen Badeanzug an, doch diesmal achtete ich nicht darauf, ob Nalu guckte oder nicht. Ich wollte nicht über irgendwelche Dinge nachdenken, die ich nicht beeinflussen konnte, sondern mich voll auf den Spaß konzentrieren, der mich hoffentlich erwartete. Als ich angezogen war, schulterte ich meine Strandtasche und die beiden Paddel. Nalu bestand darauf, unseren Proviant, den er in einem voluminösen Rucksack stecken hatte, sowie beide Boards zu tragen.

Das Wetter war wieder herrlich. Schon an die zwanzig Grad und strahlender Sonnenschein. Dafür, dass es hier normalerweise ständig regnen sollte, überwog in den letzten Wochen eindeutig der Sonnenschein. Trotzdem war der Strand fast leer, nur am Surfshop hingen ein paar Leute herum, und in einiger Entfernung sah ich zwei Jogger. Mir sollte es recht sein, wenn ich so wenig Zuschauer wie möglich bei meinen hilflosen Versuchen hatte, auf dem Brett zu stehen. Wir suchten uns eine schöne Stelle am Strand, neben einer imposanten Treibholzformation, um unsere Sachen abzustellen, und dann ging es auch schon ins Wasser.

Wie beim letzten Mal paddelten wir zunächst bäuchlings auf den Brettern liegend ein Stückchen raus, damit wir nicht Gefahr liefen, von den Wellen direkt wieder an Land gespült zu werden. Die Dünung war zwar sehr sanft, aber mit etwas Abstand vom Strand war es noch einfacher und ruhiger. Das hatte mir beim letzten Mal noch reichlich Angst gemacht, weil ich das trügerische Gefühl gehabt hatte, näher am Land sicherer zu sein, doch heute paddelte ich schon viel selbstsicherer hinaus. Ich spürte eine Vorfreude in mir, die mich überraschte. Es fühlte sich fast so aufregend an wie das Prickeln, das Nalus Berührungen in mir auslösten. Aber da war noch etwas anderes im Spiel. Ich hatte den sicheren Eindruck, dass mich heute definitiv viel Spaß erwartete – und noch eine überraschende Begegnung. Keine Ahnung, woher ich das wusste, aber es fühlte sich gut an und ich machte mir erstaunlicherweise nicht die geringste Sorge.

»Es ist schön, wie du strahlst«, sagte Nalu zu mir, der direkt neben mir war und mich anlächelte.

»Ich freue mich einfach. Letzte Woche hatte ich noch solche Angst und heute fühle ich mich wohl auf dem Board.«

»Ich wusste, dass tief in dir eine kleine Meerjungfrau schlummert.« Er grinste. »Okay, ich wusste es nicht, aber ich habe es wirklich gehofft. Lass uns noch ein Stück weiter rauspaddeln. Es sind perfekte Bedingungen für ...« Er sprach nicht weiter.

»Wofür?«, wollte ich wissen – nicht alarmiert, sondern einfach nur neugierig. Positiv neugierig, was eine echt angenehme Abwechslung war. Und eigentlich unglaublich, wenn man an die mehr als seltsame Autofahrt vorhin dachte.

»Für eine Überraschung.«

»Da bin ich aber gespannt.« War ich. Gespannt und gleichzeitig entspannt. Aufgeregt, aber nicht ängstlich. Fühlte sich so normales Leben an? Ich kam nicht mehr dazu, groß darüber nachzudenken, denn ich hörte ein lautes Platschen ganz in unserer Nähe.

»Oh, das ging schneller als gedacht mit der Überraschung«, hörte ich Nalu amüsiert sagen.

Ich richtete mich etwas auf, sodass ich einen besseren Überblick hatte. Zunächst sah ich gar nichts, doch dann tauchte ein Delfinkopf ungefähr zwei Meter entfernt neben mir auf, und ich hatte fast das Gefühl, als lächelte er mich an. Ein zweiter Delfin sprang aus dem Wasser und tauchte mit dem platschenden Geräusch von eben wieder ein. Ein plötzliches Glücksgefühl durchströmte mich – und es kamen immer mehr Delfine dazu. Es gab hier in der Gegend eine ganze Menge der eleganten, freundlichen Meeressäuger. Auf den Walbeobachtungsfahrten trafen wir eigentlich immer welche an, aber so nah war ich ihnen noch nie gekommen. Oder vielmehr war es umgekehrt – so nah waren sie mir noch nie gekommen, denn eine Nase tauchte jetzt unmittelbar neben meinem Brett auf, gefolgt von einem klugen, aber verschmitzt dreinblickenden Auge, das mich mit der gleichen Neugier betrachtete, wie ich selbst sie zweifellos zeigte.

Esthers Credo, dass wir keine Wale anfassen sollten, war mir in Fleisch und Blut übergegangen, aber ich konnte mich trotzdem nicht zurückhalten. Wie fremdgesteuert bewegte sich mein Arm zur Seite, und ich streckte neben dem Board die Hand aus. Es war dann der Delfin selbst, der den Kontakt herstellte. Er stupste mich mit seiner Schnauze an, und dann wieder und wieder, so wie Esthers Hündin Carly, wenn sie mich zum Streicheln animieren wollte. Vorsichtig ließ ich meine Finger über die glatte, beinahe gummiartige Haut gleiten, und meinem neuen Freund schien das sehr zu gefallen, denn er drückte sich regelrecht gegen meine Hand.

Ich war gerührt – ein Wildtier, das meine Nähe suchte, das mich nicht nur visuell abcheckte, sondern sich von mir berühren ließ. Und mich gleichzeitig auf eine Art berührte, die ich kaum kannte, die mich aber frappierend an Nalu erinnerte. Minutenlang genoss der Delfin meine Liebkosungen, dann kam ein weiteres Tier ganz nah. Dieses hier war viel kleiner und schien ein Kalb aus diesem Jahr zu sein. Neugierig und ungestüm wie viele Jungtiere drängte es sich an seinem erwachsenen Familienmitglied vorbei an meine Hand.

»Gott, bist du süß«, hörte ich mich keuchen und kraulte den Neuankömmling.

Ich verlor jeden Sinn für Zeit und Raum, ich vergaß all meine Sorgen, ja sogar Nalu, der mutmaßlich irgendwo an meiner Seite war und vielleicht selbst ein paar Delfine streichelte. Ich war so sehr im Hier und Jetzt, dass Zen-Großmeister und Yogis vor Neid erblasst wären. Es gab nur noch die Sonne, das Meer, den leichten Wind und die freundlichen Tiere, die meine Nähe suchten. Das Delfinkalb hatte sich nun auf den Rücken gedreht und mir seinen Bauch zugewandt. Wieder erinnerte es mich an Carly, die es liebte, am Bauch gekrault zu werden. Aus den Augenwinkeln nahm ich weitere Delfine wahr. Ein erwachsenes Tier beobachtete mich mit Argusaugen – zumindest bildete ich mir das ein. Ich schätzte mal, dass es die Mutter des liebebedürftigen Babys war. »Keine Sorge, ich tu deinem Kind nichts«, sagte ich leise zu ihr, obwohl das Unsinn war, denn sie konnte mich ja nicht verstehen. Oder etwa doch?

Irgendwann ging dem Kleinen die Luft aus. Er drehte sich um und blies mir aus seinem Luftloch eine kleine Wasserfontäne ins Gesicht. Ich kicherte haltlos und hörte, dass auch einige der Delfine keckerten und schnatterten. Lachten sie mich etwa aus? Oder mit mir? Egal, es war einfach nur magisch, und jetzt kam auch schon das nächste Tier zum Liebkosen vorbei. Es verscheuchte das Kalb und legte sich seitlich neben mein Brett, damit ich ihm die Flanke streicheln konnte. Fast sah es so aus, als hielte es bei meinen Berührungen die Augen genüsslich halb geschlossen.

Irgendwann hatten sie wohl genug und tauchten unter erneutem Schnattern einer nach dem anderen ab. Diesmal klang es wie ein freundlicher Abschiedsgruß. Ich war ein wenig traurig, als sie verschwanden, aber vor allem fühlte ich mich zum Überlaufen glücklich. Mein ganzer Körper schien von Endorphinen geflutet worden zu sein – jede noch so kleine, versteckte und dunkle Ecke in mir war voller Liebe, Helligkeit und Glück, und ich brauchte ein Weilchen, um meine Fassung wiederzuerlangen. Nach und nach bekam ich meine Umgebung aber wieder besser in den Fokus, und mein Blick fiel auf Nalu, der im Schneidersitz auf seinem Brett saß und mich warmherzig anlächelte.

»Das war ...«, setzte ich an, doch ich fand nicht die geeigneten Worte, um meine Empfindungen auch nur ansatzweise angemessen wiederzugeben, also klappte ich den Mund wieder zu. Nalu verstand mich auch so, das sah ich an seinem Gesichtsausdruck.

»Wusstest du, dass sie kommen würden?«, fragte ich ihn nach einem Weilchen. Mir war eingefallen, dass er von einer Überraschung gesprochen hatte, und damit konnte er ja wohl nur die Delfine gemeint haben, oder?

»Nein, natürlich nicht. Es sind Wildtiere, und man kann nie wissen, ob sie auftauchen oder nicht und wie sie reagieren, falls sie es tun.« Er lächelte immer noch buddhagleich. »Aber ich gebe zu, ich habe heute früh von einem Fischer gehört, dass eine Delfinschule in der Nähe des MacKenzie Beach unterwegs ist. Offenbar eignet sich die Bucht sehr dafür, den Jungtieren das Jagen beizubringen. Und ich hatte irgendwie das Gefühl, dass du die Delfine ... Na ja, dass ihr euch irgendwie gegenseitig gut finden würdet.«

»Wie kann man so etwas wissen?«, fragte ich verblüfft.

»Keine Ahnung. Und ich wusste es ja auch nicht sicher, es war eher eine Ahnung. Ich habe in meinem Leben schon so viele Delfin- und Walbegegnungen gehabt, da bekommt man ein Gefühl für das Verhalten der Tiere.«

»Hm, das mit den Tieren verstehe ich, aber was ist mit den Menschen? Konkret mit mir?«

»Da gilt das Gleiche. Ich habe keine wissenschaftliche Erklärung dafür, falls du so etwas verlangst, aber ich habe gelernt, auf meine Instinkte zu vertrauen.«

»Und die haben dir geflüstert, dass wir heute Delfine treffen und streicheln würden?« Ich konnte das nicht glauben, es klang viel zu fantastisch, um wahr zu sein.

»Nein. Es war eher so, dass ich geahnt habe, dass du eine eindrucksvolle Delfinbegegnung haben würdest. Für mich haben sie sich übrigens kein bisschen interessiert.«

»Echt?«

»Ganz echt. Und ich gebe zu, dass ich ein bisschen eifersüchtig war, als du sie gestreichelt hast.« Sein Lächeln nahm eine etwas verwegene Note an, die das Glücksgefühl in mir um eine weitere Komponente ergänzte, über die ich gerade nicht nachdenken wollte.

»Wenn Esther erfährt, dass ich Delfine geknuddelt habe, bekomme ich vermutlich eine Abmahnung«, sagte ich und empfand ein dumpfes Schuldgefühl. »Sie wird ja nicht müde, uns immer und immer wieder einzuschärfen, dass wir die Tiere nicht anfassen sollen.«

»Wenn du es ihr nicht verrätst, wird sie es nicht erfahren«, entgegnete er leichthin. »Aber ich könnte dir auch Geschichten davon erzählen, wie Esther vor Hawaii und Tahiti mit Delfinen geschwommen und getaucht ist und dabei den dogmatischen und grundsätzlich auch sehr sinnvollen ›Nichtangriffspakt‹ vollkommen vergessen hat. Versteh mich nicht falsch, ich finde es gut und richtig, den Touristen auf Walbeobachtungstouren einzuschärfen, dass sie die Tiere respektieren und nicht anfassen sollen. Aber es gibt Situationen wie gerade eben, in denen die Tiere selbst den Kontakt suchen. Du hast dich ja in keiner Weise aufgedrängt – ganz im Gegenteil. Da wäre es albern und in meinen Augen auch unnatürlich, wenn man sich verweigern würde. Es ist doch toll, wenn diese sensiblen und intelligenten Wesen unsere Nähe suchen, oder?«

Ich nickte, und dann platzte aus mir heraus, was ich die ganze Zeit empfunden hatte: »Ich hatte das Gefühl, dass sie mich glücklich machen wollten. Das ist sicher total idiotisch, aber so kommt es mir vor.«

Ein etwas wehmütiger Zug verschattete für einen Augenblick Nalus Gesicht, aber dann lächelte er wieder. »Das wäre noch ein Grund für mich, eifersüchtig zu sein, aber ich freue mich von Herzen, dass den Delfinen das gelungen ist. Es ist ihnen doch gelungen, oder?«

»Oh ja«, entgegnete ich voller Inbrunst. »Ich werde das nie vergessen und immer daran zurückdenken, wenn es mir mal wieder nicht so gut gehen sollte.« Ich schluckte, denn diese Phasen waren in meinem Leben erfahrungsgemäß nie besonders weit weg. Auch wenn ich seit meiner Ankunft in Tofino in einem für meine Verhältnisse fast unnatürlichen Dauerhoch lebte. »Und ich werde dir auf ewig dankbar sein, dass du mir dieses Erlebnis ermöglicht hast.«

»Ich habe doch gar nichts gemacht«, wiegelte er ab, aber ich merkte, wie sehr ihn meine Worte freuten. »Ich hatte dir nur Spaß versprochen – beim Stand-up-Paddling. Und dieses Versprechen werde ich jetzt auch einlösen. Also hoch mit dir, Madame!«

. . .

Wir hatten wirklich viel Spaß, denn heute klappte es erstaunlicherweise viel besser als letzte Woche. Vielleicht hatte mein Körper die Abläufe gespeichert, vielleicht war ich auch nur so beseelt von der Delfinbegegnung, aber nach nur wenigen unfreiwilligen Tauchgängen schaffte ich es tatsächlich, mich stabil auf dem Brett zu halten. Wir paddelten fast eine Stunde lang in Sichtweite des Strandes, beobachteten kreischende Möwen und ein paar Seelöwen, die offenbar auf der Jagd waren. Zurück am Strand merkte ich erst, wie erschöpft ich war. »Ich bin fix und fertig«, sagte ich und ließ mich noch im Neoprenanzug in den Sand fallen.

»Du hast dich mehr als tapfer gehalten«, lobte mich Nalu. »Das war schon weit jenseits vom Anfängerniveau. Aber ich habe ja schon letzte Woche gesagt, dass du ein Naturtalent bist. Glaubst du es inzwischen selbst?«

»Keine Ahnung, aber ich gebe zu, dass es mir sehr großen Spaß gemacht hat und dass ich es unbedingt wiederholen möchte. Aber nicht mehr heute. Heute will ich mich am liebsten keinen Millimeter mehr bewegen.«

»Schaffst du es noch bis zu unserem Platz? Dann bringe ich die Sachen wieder zum Auto und wir können anschließend unser Picknick machen.«

NALU:

Wieder schleppte ich Boards, Paddel und Neoprenanzüge allein zum Auto, und wieder traf ich Yuma beim Zurückkommen schlafend auf der Decke an. Doch das war es auch schon mit der Wiederholung der Ereignisse. Der Ausflug heute hatte sich nach dem holprigen Start viel entspannter angefühlt. Keine Ahnung, was die Delfine mit Yuma gemacht hatten, aber ich war geneigt, dem ansonsten eher fragwürdigen Konzept der Delfintherapie einiges abzugewinnen. Sie war nach der intensiven Kuscheleinheit wie ausgewechselt gewesen. Strahlend, in sich ruhend und einfach nur glücklich. Alles Misstrauen und alle Vorbehalte mir gegenüber waren für den Moment wie weggeblasen gewesen. Mein Verdienst war das nicht, sondern allein das der Delfine, aber ich beschloss, die Geschenke zu nehmen, wie sie kamen.

Sie hatte wieder Shorts und T-Shirt an, aber anders als letzte Woche steckte das Top nicht in der Hose, sondern war ein Stückchen hochgerutscht, sodass ich einen Blick auf ihr Tattoo erhaschen konnte. Es war ein Orca, der aus dem Wasser sprang – zumindest nahm ich das an, denn ich konnte nur den Rücken des Tieres oberhalb des Hosenbunds erkennen. Eines recht tief sitzenden Hosenbunds. Was bedeutete, dass das gesamte Motiv am Unterbauch sein musste, ein gutes Stück unterhalb des Nabels. Das war keine klassische Stelle für Tätowierungen. Es sei denn, sie sollten etwas verdecken. Ich dachte an meine eigenen Motive am Bauch, die allesamt OP-Narben überdeckten. An genau dieser Stelle hatte ich einen Hai und eine Schildkröte. Was war mit Yumas Unterleib geschehen? Hatte sie eine schlimme Operation gehabt? Wegen der sie womöglich keine Kinder bekommen konnte? Meine Gedanken kehrten zu unserem Gespräch im Auto zurück, bei dem ich wenig subtil das Thema meiner Zeugungsunfähigkeit aufgebracht hatte. So viele Fragen und so wenig Antworten. Doch ich wollte mich diesmal wirklich zurücknehmen. Ich hatte ihr einen Tag voller Spaß versprochen und würde lieber meine Zunge verschlucken, als noch eine weitere indiskrete Frage zu stellen.

Also legte ich mich neben Yuma auf die Decke, schloss die Augen und genoss die Sonnenstrahlen auf meinem Bauch. Tatsächlich musste ich kurz eingenickt sein, denn ich wachte auf, als ich ihre Blicke auf meinem Oberkörper spürte.

Sie sah ertappt zur Seite, als ich die Augen aufschlug und sie anlächelte. »Sorry«, sagte sie. »Ich wollte dich nicht so anstarren.« Unwillkürlich und so, als hätte sie sich selbst nicht unter Kontrolle, glitt ihr Blick wieder zu den ornamentalen Tieren auf meinem Oberkörper.

»Das muss dir nicht leidtun«, erwiderte ich. »Ich mag die Motive auch sehr gern und bin dem Künstler dankbar, der sie gestochen hat. Willst du die Geschichte hören, die dahintersteckt?« Sie nickte und ich begann ihr von dem alten Hawaiianer zu erzählen, der halb Schamane, halb Tätowierer war. Jedenfalls meiner Wahrnehmung nach. Er selbst würde sich wohl eine andere Selbstzuschreibung geben, doch die wäre mir ungläubigem Gesellen zu esoterisch. Jedenfalls hatten all die Tintentiere laut ihm nicht nur einen gewissen ästhetischen Wert, sondern auch eine Schutzfunktion, die mich vor weiterem Unheil bewahren sollte. Das wiederum wollte ich sehr gern glauben.

»Spannend«, befand Yuma und blickte versonnen auf meinen Bauch. »Und wirklich wundervoll gearbeitet. Es ist gar nicht so einfach, diese ornamentalen Strukturen so klar zu stechen, dass die Farbe nicht verläuft. Für dieses tiefe Schwarz braucht man eine besondere Tinte, und es kommt darauf an, mit welcher Nadelstärke man wie tief sticht. Wer oder was auch immer dieser Mann ist, er ist auf jeden Fall ein Meister im Tätowieren.« Sie zog mit dem Zeigefinger ihrer rechten Hand die Konturen des Buckelwals auf meinem Brustbein nach, was zu einer dramatischen Erhöhung meiner Herzfrequenz und einem gewissen Blutstau in südlicheren Regionen sorgte.

»Du kennst dich mit Tätowieren aus?«, fragte ich, um mich selbst von meinen Empfindungen abzulenken und mich daran zu hindern, sie in meine Arme zu reißen und besinnungslos zu küssen.

»Nur ein bisschen«, gab sie zu. »Das war in einem früheren Leben, aber einiges habe ich dabei aufgeschnappt.«

So viele Fragen, so wenig Antworten. Nur ein winziges Informationsschnipselchen – aber das immerhin. Doch ich erinnerte mich an meinen Schwur und fragte nicht weiter.

»Narbengewebe ist besonders schwierig zu bearbeiten«, fuhr sie jedoch fort und betastete nun den Rochen an meinem linken Schlüsselbein. Dort hatte ich den Zugang für meine diversen Chemotherapien gehabt. Die fast sternförmige Narbe wurde von den Strukturen des Rochens perfekt aufgenommen. Auf den ersten Blick konnte man sie nicht mehr erkennen – und eigentlich auch auf den zweiten nicht. Aber ich wusste, dass sie da war. Wusste, welche Pein mir dieser Zugang zugefügt hatte. Wenn ich die Augen schloss, fühlte ich immer noch das Gift, das von dieser Stelle aus meinen Körper geflutet hatte. Wieder und wieder, bis entweder der Krebs oder ich aufgeben musste. Letztlich war es der Krebs gewesen – und der Rochen diente nun als Bewahrer dieser Stelle. Er würde dafür sorgen, dass nie wieder Gift in meinen Körper eindrang. Das hatte mir jedenfalls der alte Schamane versichert.

»Du hattest großes Glück«, sagte Yuma zu meiner Überraschung.

»Glück? Die meisten Menschen bedauern mich für mein Schicksal, und ich selbst würde die Krankheit auch nicht als Glück bezeichnen.«

»Natürlich nicht. So habe ich das auch nicht gemeint. Es war eine riesengroße Prüfung, und nach allem, was du mir letzte Woche erzählt hast, war es die absolute Hölle auf Erden, die man niemandem wünscht. Was ich meinte, ist, dass du das Glück hattest, jemanden zu finden, der aus deinem geschundenen Körper nicht nur ein Kunstwerk gemacht hat, sondern dir mit jedem Nadelstich neuen Lebensmut, Stärke und Schutz geschenkt hat.«

»Ja, da ist was dran«, gab ich zu.

»Denkst du noch daran?«, wollte sie wissen. »Also, an die schlimme Zeit? Die Angst, die Schmerzen, die Ungewissheit? Oder wird es irgendwann leichter?«

Wieder hatte ich den Eindruck, dass sie sich nicht nur aus reiner Menschenfreundlichkeit danach erkundigte, sondern weil sie sich von meiner Antwort eine Perspektive für sich selbst erhoffte – da war ich mir plötzlich ganz sicher. Ich wog die Worte also ganz genau ab, ehe ich antwortete. »Ich denke jeden Tag daran«, begann ich. »Aber es sind nur noch Gedanken, ein fernes Echo der Empfindungen von damals. Sie haben keine Macht mehr über meinen Alltag. Ich glaube, ich habe diese Phase gut verkraftet und verarbeitet, aber das dauert. Ich hatte jahrelang Albträume und bin oft schweißgebadet aufgewacht, weil ich dachte, ich läge wieder auf der Intensivstation. Aber ich habe das Vertrauen zu mir und zu meinem Körper wiedergefunden. Und ich habe gelernt, nichts im Leben für selbstverständlich zu halten. Jeder Tag ist ein Geschenk. Selbst die blöden.« Ich lachte, denn Weisheit und tiefe Gelassenheit waren leider nicht im Paket inbegriffen gewesen.

»Hast du noch Angst, dass es wieder passieren könnte?«, fragte sie weiter und klang etwas atemlos.

»Nein.«

»Nein?« Sie klang mehr als erstaunt.

»Nein, wirklich nicht. Vielleicht bin ich naiv oder doof, aber ich bin mir sicher, dass ich nicht noch einmal an Krebs erkranken werde. Ändern könnte ich es ohnehin nicht, da finde ich es erheblich entspannter, ohne Angst zu leben.«

Sie seufzte, und es klang erschütternd sehnsüchtig. So als würde sie sich nichts mehr wünschen, als ohne Angst leben zu können. Doch ich hakte nicht nach. Falls sie irgendwann dazu bereit war, würde sie mir ihre Geschichte erzählen. Und bis dahin würde ich mich in Geduld üben – auch wenn ich nichts lieber getan hätte, als ihr die Angst zu nehmen oder zumindest zu lindern. Weil das nicht ging, tat ich etwas anderes. Ich zog sie in meine Arme, strich ihr die Haare aus dem Gesicht und küsste sie so, wie ich es seit dem ersten Kuss vor gut zwei Wochen wollte. War es nicht so, dass ein Kuss mehr sagte als tausend Worte? Ich hoffte es sehr und legte all die ungefragten Fragen, all die ungesagten Worte und all meine bislang unter Verschluss gehaltenen Empfindungen für sie in diese Berührung.

Keine Ahnung, ob alles bei ihr ankam, aber nach einem ersten überraschten Aufkeuchen erwiderte sie den Kuss mit mindestens so viel Leidenschaft und Ausdrucksstärke wie ich. *Ich kann dir leider noch nichts über mich erzählen*, meinte ich aus ihrem Zungenspiel herauszuspüren. *Aber ich weiß, dass etwas zwischen uns ist. Es macht mir Angst, aber ich will und kann es nicht bekämpfen. Bitte gib mir die Zeit, die ich brauche. Bitte*, flehten ihre Lippen lautlos an meinen.

»Alles, was du willst. Alles«, versprach ich ihr keuchend, als wir uns schließlich voneinander lösten. Und als ich ihr schließlich noch die Tränen von den Wangen küsste, wirkte es für mich wie eine unlösbare Vereinbarung. Nichts war ausgesprochen, aber alles war klar. Ich hoffte, das würde reichen.

SCHIFFSKATZENWEISHEITEN

AUF SEE, NAHE VANCOUVER ISLAND, 19. JUNI – YUMA:

Ich konnte es nicht glauben. Ich war tatsächlich an Bord der »Sound of my Soul« und durfte bis Telegraph Cove mitsegeln. Wir waren vor einigen Stunden am frühen Morgen aufgebrochen, und Nalu hatte gesagt, dass wir für die Strecke ungefähr zwei Tage brauchen würden. Normalerweise ginge es natürlich viel schneller, aber die Wissenschaftler an Bord wollten unterwegs an einigen Stellen Hydrofone aussetzen, um einerseits die Geräuschbelästigung durch Schiffsmotoren zu dokumentieren und andererseits Wal- und Delfin-Unterhaltungen aufzunehmen. Sie hatten tatsächlich von »Unterhaltungen« geredet und es auch so gemeint. Wir hatten zwei Linguisten an Bord, die seit Jahren die Sprache der Meeressäuger erforschten, und die hatten mir erzählt, dass sich Delfine sogar eigene Namen gaben. Für jedes Individuum gab es eine spezifische Lautfolge, mit der sie sich auch ansprachen. Das fand ich unglaublich faszinierend und hoffte, dass ich noch mehr erfahren würde und bei ihrer Arbeit vielleicht sogar ein wenig mithelfen durfte.

Ansonsten sah mein Job hier an Bord ganz ähnlich aus wie an Land: Ich machte mich nützlich, wo man mich am nötigsten brauchte. Ich hatte Liz mit dem Mittagessen geholfen und mir erklären lassen, wie die Hydrofone am Meeresboden verankert werden würden. Gerade waren einige der Wissenschaftler tauchend damit beschäftigt. Ob ich mich jemals trauen würde, zu tauchen? Derzeit konnte ich mir das noch nicht vorstellen, aber bis vor wenigen Tagen war es für mich auch undenkbar gewesen, auf einem schmalen Board zu stehen und übers Wasser zu gleiten. So änderten sich die Zeiten.

Während ich an der Reling stand und zuschaute, wie der zweite Tauchtrupp sich gerade fertig machte, spürte ich Nalus Blick in meinem Rücken. Lächelnd drehte ich mich um. Seit unserem zweiten Ausflug und dem Kuss am Strand hatte sich zwischen uns alles geändert. Zumindest gefühlt, denn faktisch war nichts anders. Und genau genommen hatten wir uns in der Zwischenzeit bis heute nur zweimal kurz gesehen, weil er zwei größere Touren direkt hintereinander gehabt hatte. Er war erst vorgestern Nachmittag von der letzten zurückgekehrt und hatte gestern alle Hände voll damit zu tun gehabt, das Schiff für den großen Alaska-Trip vorzubereiten.

Ich begriff immer noch nicht ganz, was bei diesem Kuss passiert war. Abgesehen davon, dass ich seitdem fast permanent erotische Träume hatte, wie ich sie noch nie zuvor erlebt hatte, war doch so viel mehr geschehen. Es hatte eine Unterhaltung stattgefunden, ohne Worte zwar, aber mit viel Inhalt. Seitdem fühlte ich mich besser. Ich war mir sicher, dass er verstanden hatte, dass ich Zeit brauchte – und dass ich ihm nicht absichtlich Dinge verheimlichte. Allerdings befürchtete ich, dass seine Geduld nicht ewig anhalten würde und ich mich irgendwann würde offenbaren müssen, um ihn nicht zu verlieren. Ob und wann ich das wagen konnte, wusste ich jedoch nicht. Die Sorge darüber, dass er sich irgendwann doch enttäuscht von mir abwenden könnte, weil ich ihm nichts von mir erzählte, verdüsterte die gute Stimmung ein wenig, in der ich mich seit der Delfinbegegnung und dem Kuss befand. Womöglich würde ihn die Wahrheit ja auch noch mehr abstoßen?

»Na, bist du schon wieder am Grübeln?«, wollte Nalu wissen, als er neben mich an die Reling trat. Er trug, wie ich selbst, eines der coolen »Sound of my Soul«-Crew-Shirts, die gestern angekommen waren – und ein unwiderstehliches Lächeln auf den Lippen.

»Ich habe mir nur überlegt, ob ich mich wohl jemals trauen werde, zu tauchen«, entgegnete ich leichthin und schämte mich dafür, wie leicht mir diese Schwindelei über die Lippen kam. Andererseits war mir Lügen seit Jahren zur zweiten Natur geworden.

»Ich traue dir alles zu, meine kleine Meerjungfrau«, sagte er und sein Lächeln wurde noch breiter. Er rückte näher und legte einen Arm um mich.

Unwillkürlich kuschelte ich mich an seinen starken, muskulösen Oberkörper. Es war einfach zu verführerisch, sich dem Gefühl der Sicherheit hinzugeben, das er ausstrahlte. Sicherheit und Sexyness, wenn ich ehrlich war. Beides war trügerisch und gefährlich. Eigentlich. Doch hier an Bord ... Meine Gedanken drifteten ab, als er mir einen kleinen Kuss in den Nacken hauchte, und Gänsehaut überzog meinen ganzen Körper.

»Tauchen ist wirklich toll«, sprach er schließlich

weiter. »Aber es gibt bessere Reviere dafür, es zu lernen, als die hier im Norden. Ich habe es auf Hawaii gelernt. Einer meiner Onkel betreibt seit Jahrzehnten eine große Tauchschule und hat mich und meine Geschwister zusammen mit seinen eigenen Kindern und den zahllosen anderen Cousins und Cousinen schon früh mit seiner Leidenschaft angesteckt. Meine tollsten Tauchgänge hatte ich in Australien. Und auf Tahiti. Aber eigentlich hat jeder Ozean seine Reize. Ich habe mal Bilder von einer Taucherin gesehen, die in Grönland unterm Packeis getaucht ist. Mal abgesehen davon, dass das scheißgefährlich ist und abartig kalt, war es spektakulär«, schwärmte er.

»Das kann ich mir vorstellen, aber ich schätze, mir würde für den Anfang schon ein bisschen Schnorcheln reichen.«

»Das ist ein guter Start«, bestätigte er nickend. »Können wir bei unserem nächsten Ausflug an den MacKenzie Beach ja mal ausprobieren. Aber auch beim Schnorcheln ist es schöner, wenn das Wasser wärmer ist. Wenn man ohne Neoprenanzug unterwegs ist, ist das Erlebnis noch viel intensiver. Es geht buchstäblich unter die Haut, und man wird eins mit dem Element. Diese Schutzhaut, so sinnvoll und notwendig sie in diesen Breiten auch ist, ist immer auch eine Barriere. Man erlebt das Meer nur dann richtig, wenn man sich ihm hingibt – verletzlich und nackt.« Seine Hand glitt bei diesen Worten über meine Seite und landete schließlich auf meinem Bauch – und mir wurde klar, dass er nicht nur vom Tauchen gesprochen hatte, sondern von uns.

Ich schluckte heftig. »Verletzlich und nackt« klang verführerisch – und sehr, sehr bedrohlich. Unwillkürlich rückte ich ein Stückchen ab. Ich wollte es nicht, aber ich konnte nicht anders. Glücklicherweise tauchten in diesem Augenblick die ersten beiden Taucher wieder auf, sodass ich nicht erklären musste, wofür ich ohnehin keine Worte hatte.

»Das erste Hydrofon ist befestigt. Die Stelle ist perfekt, es herrscht einiger Betrieb da unten. Die Kollegen installieren gerade die Kamerafalle, aber wir wollen jetzt auch ein bisschen filmen«, rief uns einer der Männer zu.

»Wollt ihr an Bord kommen, oder können wir euch das Equipment runterreichen?«, wollte Nalu wissen, doch ich lief schon weiter.

»Ich weiß, wo die Kamera ist«, sagte ich, denn die Wissenschaftler hatten mir vorhin alles gezeigt, weil sie bereits gehofft hatten, dass es sich lohnen könnte, dort unten zu filmen. Ich holte die große und ziemlich unhandlich wirkende Unterwasserkamera aus ihrer Kiste und kam zur Reling zurück. »Wie kriegen wir die jetzt runter?«, fragte ich ratlos.

Nalu griff sich ein Tau, an dem er eine Art offenen Käfig befestigte, und legte die Kamera hinein. Dann ließ er sie vorsichtig ins Wasser. »Viel Erfolg. Ich bin gespannt auf die Bilder«, rief er den beiden Tauchern zu, die kurz darauf wieder in der geheimnisvollen Unterwasserwelt verschwanden.

»Wirst du auch mal tauchen auf diesem Trip?«, erkundigte ich mich, um bloß nicht auf das vorherige Thema zu sprechen zu kommen.

»Vermutlich nicht. Ich bin hier der Kapitän und muss dafür sorgen, dass alles ordentlich und sicher abläuft. Das kann ich vom Meeresgrund aus eher nicht tun.«

»Ja, schon, aber du hast doch auch mal frei und ...« Ich verstummte, als er den Kopf schüttelte.

»Mir wurden dieses Schiff, die Crew und die Gäste anvertraut. Solange wir unterwegs sind, habe ich also praktisch nie frei. Ich bin verantwortlich für alles.«

»Aber Greg würde doch bestimmt die Stellung halten und ...«

Wieder unterbrach er mich. »Natürlich würde er das. Sicher sogar mit Freuden, doch es bleibt dabei – es ist meine Verantwortung, und die nehme ich ernst.«

Ich fand es beeindruckend, wie wichtig ihm diese Verpflichtung war, und musste zugeben, dass es mich enorm beruhigte, ihn in dieser Position zu wissen. Ich fühlte mich tatsächlich sicher hier bei ihm, und ich nahm an, dass es den anderen Leuten an Bord ähnlich ging. »Danke, das ist wirklich ein gutes Gefühl.«

Er lächelte verschmitzt. »Freut mich zu hören. Gute Gefühle löse ich besonders gern aus.« Er zwinkerte mir auf reichlich zweideutige Weise zu, wandte sich dann aber Greg zu, der ihm vom Bug aus etwas zurief. »Vielleicht finden wir ja nachher noch eine andere Gelegenheit für schöne Gefühle«, rief er mir im Weggehen zu und ließ mich mit flammend roten Wangen zurück.

Er würde mich zu nichts drängen, da war ich mir sicher, aber er wollte einen Schritt weiter gehen, das war auch klar. Ich wollte es auch, eigentlich, aber meine grundsätzlichen Probleme waren noch nicht verschwunden.

»Mau.«

Ich blickte nach unten und musste lächeln, als ich sah, wie mich Schiffskater Koa anhimmelte. Der graue Tiger war zuckersüß und schien ein untrügliches Gespür dafür zu haben, wann ich Zuwendung brauchte. Genau wie mein geliebter Tigger damals. Ich hob ihn hoch und er rieb seinen Kopf schnurrend an meinem Kinn. »Du bist so ein

Schatz«, sagte ich leise zu ihm und merkte, wie Tränen aus meinen Augen tropften. Warum weinte ich schon wieder?

»Alles klar, Herzchen?«, fragte Liz, die unbemerkt neben mir aufgetaucht war und mir nun eine Hand auf die Schulter legte.

»Hm«, schniefte ich in Koas Fell.

»Hat sich Nalu etwa unangemessen verhalten?«, forschte Liz weiter.

»Was? Nein! Natürlich nicht. Nalu ist ... perfekt. Aber ich ...« Ich konnte nicht weitersprechen, aus Angst, dass alles aus mir hervorsprudeln würde.

»Perfekt? Das ist ein großes Wort – und eine große Last. Niemand ist perfekt, aber ich gebe zu, dass Nalu tatsächlich ein ziemlicher Prachtbursche ist. Er sieht toll aus, hat sein Herz am richtigen Fleck und ist einer der souveränsten Schiffsführer, die ich bisher erlebt habe. Und glaub mir, Schätzchen, das waren einige.« Sie lachte leise. »Also wenn ich meinen Greg nicht hätte und zehn oder zwanzig Jahre jünger wäre ...«

»Warum will uns eigentlich alle Welt verkuppeln?«, fragte ich und fühlte leichten Ärger in mir aufsteigen. Reichte es nicht, dass ich selbst mit meinen Gefühlen kämpfte? Musste ich mich auch noch mit den Sprüchen und Erwartungen anderer Menschen auseinandersetzen? Warum konnten Esther, Lilly, Liz und auch Marcus und Bill mich nicht einfach nur unterstützen, warum meinten sie, sich einmischen zu müssen?

»Ich kann nicht für die ganze Welt sprechen«, entgegnete Liz, offensichtlich völlig immun gegen meine gereizte Stimmung. »Und ich kenne weder dich noch Nalu wirklich gut, aber ich habe das sichere Gefühl, dass ihr gut zueinander passen würdet und euch guttun könntet. Vertrau einer alten Frau wie mir, ich täusche mich in solchen Fällen nie.« Sie hatte tatsächlich den Nerv, mir zuzuzwinkern.

»Du bist keine alte Frau«, sagte ich lahm, weil ich keine Lust hatte, auf ihre anderen Argumente einzugehen.

»Wenn du meinst, Yuma.« Sie lächelte und tätschelte dann noch einmal meine Schulter. »Versuch, dir nicht selbst im Weg zu stehen. Das große Glück ist manchmal flüchtig, wenn man es nicht festhält.« Damit drehte sie sich um und verschwand wieder unter Deck.

Wenn es doch nur so einfach wäre. Für normale Menschen galt das sicherlich, aber normale Menschen hatten auch nicht so viel zu verlieren wie ich.

»Mau«, meldete sich Koa wieder zu Wort.

»Was? Reihst du dich jetzt etwa auch bei den Kupplern ein?«, fragte ich ihn einigermaßen empört.

»Mau.« Es klang nicht wie eine Bestätigung, sondern eher gereizt.

»Ich habe keine Ahnung, was du mir klarmachen willst«, murmelte ich ihm ins weiche Fell, doch dann kam mir ein kühner Gedanke, den ich noch nie gehabt hatte. Was, wenn ich gar nicht so »unnormal« war, wie ich dachte? Was, wenn auch ich ein Recht auf eine normale, liebevolle Beziehung hatte? Was, wenn die größten Hürden nur in meinem Kopf lagen? Was, wenn ich einfach mal über meinen Schatten springen und mich dem Leben, dem Glück stellen würde? Wäre das tatsächlich so gefährlich?

»Mau!« Das klang nun eindeutig nach Zustimmung.

»Ihr Katzen seid wirklich magische Geschöpfe«, sagte ich zu Koa. »Tigger wusste auch immer, wie er mich aus meinen Tiefs herausholen konnte, und glaub mir, er hatte einiges zu tun.«

Ich dachte an den rot getigerten Kater, den ich in Toronto als winziges, halb totes Kätzchen aus dem Müll gezogen und gerettet hatte – gegen den erklärten Widerstand von Ricky, der Katzen hasste. Doch irgendwie hatte ich die Stärke gefunden, für den Kleinen zu kämpfen, der schließlich zu einem stattlichen Kater herangewachsen war und zum treuesten und liebevollsten Gefährten, den ich jemals gehabt hatte. Acht Jahre war er an meiner Seite gewesen – auch beim Überfall der konkurrierenden Drogengang. Er war in meinen Armen gestorben, ehe ich selbst das Bewusstsein verloren hatte. So viel Blut, so viel Leid, so viel Schmerz. Und so unendlich viele Tränen, die jetzt wieder hochkamen. Ich wollte endlich mit meiner Vergangenheit abschließen, aber die Erinnerungen gärten und schwelten noch immer in mir, wie eine schlecht verheilte Wunde. Und jedes Mal, wenn ich Koa sah und streichelte, dachte ich an Tigger und ...

»Yuma, was ist los?«, riss mich Nalus sanfte Stimme aus meinem Tränentaumel. Ich musste irgendwie von der Reling weg und auf einen der Liegestühle gekommen sein, auf dem ich nun weinend und nach wie vor mit Koa im Arm kauerte. Ich hatte keine Erinnerung daran, wie und wann das geschehen war, der Flashback war einfach zu stark.

»Ich weiß es nicht genau«, gab ich schluchzend zu – und das war nicht einmal gelogen. »Koa ... Koa erinnert mich ...«

»Woran erinnert er dich? Hattest du mal eine Katze wie ihn?«, fragte er sachte, aber beharrlich nach.

Ich nickte. »Er hieß Tigger und war ein roter Tiger.«

»Ist er gestorben?«

»Ja.« Ich schloss die Augen und versuchte mit aller Macht, die schrecklichen Bilder zu verscheuchen. So viel Blut.

»Wenn ein geliebtes Haustier geht, hinterlässt es immer eine riesengroße Lücke in unseren Herzen«, sagte Nalu, und es klang, als wüsste er, wovon er sprach. »Und dabei spielt es keine Rolle, ob sie nach einem langen, glücklichen Leben eines natürlichen Todes sterben oder vor ihrer Zeit durch Krankheit oder einen Unfall von uns weggerissen werden. Es tut immer weh, denn sie nehmen immer einen Teil von uns mit.«

Ich starrte ihn mit großen Augen verblüfft an. Wie konnte er das ahnen?

»Aber sie lassen auch immer einen Teil von sich selbst bei uns. Darum werden wir mit jedem Tier, das wir geliebt haben, zu einem besseren Menschen«, sprach er weiter. »Ich habe bis vor kurzem gedacht, das gilt nur für Hunde, aber seit Koa in meiner Nähe ist, hat er mich davon überzeugt, dass auch in Katzen wunderbare Seelen hausen.«

»Katzen sind die Besten«, schwärmte ich. »Hunde mag ich auch, aber ich hatte nie einen.«

»Wir hatten immer Hunde. Gefühlt haben mich unsere Familienhunde aufgezogen und gar nicht so sehr meine Eltern.« Er lachte bei der Erinnerung daran. »Ein paar waren absolut verrückt – aber auf gute Art. Hunde sind tatsächlich das Einzige, was ich auf hoher See vermisse.« Er seufzte wehmütig und lachte dann, als Koa indigniert maunzte. »Für Hunde ist das kein Leben, wochenlang auf einem kleinen Schiff auf den Ozeanen unterwegs zu sein, aber mir scheint, dass manche Katzen Gefallen an diesem Leben finden, was, Koa?« Er streichelte den runden Katzenkopf und berührte dabei auch meine Hände, die den Kater immer noch fest an mich gepresst hielten. Das bekannte wohlige Kribbeln durchzog mich. Ich entspannte mich ein bisschen und lockerte meinen Mördergriff um den armen Koa, der jedoch weiter auf meinem Bauch liegen blieb und keine Anstalten machte, zu flüchten.

»Magst du mir von Tigger erzählen?«

»Ich habe ihn als winziges Kätzchen aus dem Müll gezogen und aufgepäppelt«, erklärte ich. »Seitdem waren wir unzertrennlich – auch wenn das anderen Menschen nicht gefallen hat.«

»Deinen Eltern?«

»Nein, meinem Freund, mit dem ich zusammengelebt habe.« Ich presste die Lippen aufeinander, weil ich schon viel zu viel preisgegeben habe, doch Nalu tat so, als hätte er das nicht bemerkt.

»Wie ist er gestorben?«

»Er wurde erschossen«, hörte ich mich sagen, ehe ich mich bremsen konnte.

»Was?«, rief Nalu entsetzt. »Wer tut so etwas? War das etwa dein Freund?«

Ich schüttelte den Kopf und brachte nur ein tonloses »Nein« hervor. Unwillkürlich war meine Hand auf meinen Unterbauch gewandert, wo der Orca die Wunden verbarg, die ich an diesem schrecklichen Nachmittag davongetragen hatte, die jedoch so viel harmloser waren als die auf meiner Seele. Leider war Nalu diese Geste nicht entgangen.

Er schaute auf meine Hand und räusperte sich. »Ich habe mir geschworen, nichts zu sagen und nicht zu fragen, doch ich kann das nicht mehr. An unserem zweiten Strandtag habe ich dein Tattoo gesehen.«

»Was?« Ich war schockiert. Ich hatte mich doch umgezogen, als er die Sachen ins Auto gebracht hatte.

»Dein T-Shirt ist ein Stückchen hochgerutscht und hat den Rücken eines Orcas freigelegt. Ich mag mich irren, aber angesichts meiner Tätowierungen und ihrer Geschichte würde ich fast annehmen, dass bei dir etwas Ähnliches dahintersteckt. Du hast gesagt, dass du niemals eine schlimme Krankheit hattest, aber vielleicht war es eine schlimme Verletzung? Womöglich eine Schusswunde?«

Dieser Mann hatte eine gefährliche Kombinationsgabe. Gefährlich für mich – und schlimmstenfalls auch für ihn selbst. Trotzdem konnte ich nicht anders, als zu nicken. »Zwei Unterbauchschüsse, es ist ziemlich viel kaputtgegangen, aber ich hatte Glück. Ich habe nur meine Gebärmutter und eine Niere verloren. Eine Kugel steckte in der Wirbelsäule. Einen Millimeter weiter, und ich wäre querschnittsgelähmt – oder tot.« Warum konnte ich nicht einfach meinen Mund halten? Nalu starrte mich entsetzt an, doch er fing sich wieder.

»Ich habe so viele Fragen«, erwiderte er. »Aber irgendwie glaube ich, dass du sie mir noch nicht beantworten wirst, also lasse ich es gut sein. Zumindest im Moment. Ich kann mir jedoch vorstellen, dass du Grauenvolles mitgemacht hast, und es tut mir aufrichtig leid, was dir widerfahren ist.«

»Danke«, murmelte ich. Ich fühlte mich zittrig, aber seltsamerweise etwas besser. Es hatte gutgetan, Nalu ein bisschen was zu erzählen.

»Es klingt vielleicht merkwürdig, aber ich spüre eine enorme Stärke in dir und so viel Neugier und Lebenslust, die unter einem Mantel von Kummer und Leid schlummern. Daher bin ich sicher, dass du alles, was dir zugestoßen ist, früher oder später gut verarbeiten wirst.« Er nahm meine Hand und drückte sie. »Und ich wäre sehr glücklich, wenn ich dabei an deiner Seite sein dürfte.«

Ich nickte – viel zu bewegt, um Worte zu finden. Wieder sammelten sich Tränen in meinen Augen, doch diesmal flossen sie nicht aus Verzweiflung, sondern aus Dankbarkeit.

»Wir haben Besuch!«, rief in diesem Moment Greg, und dann hörte ich auch schon das schnaubende Geräusch von atmenden Walen.

»Das sind Buckelwale«, sagte ich, ohne sie gesehen zu haben.

»Bravo«, lobte Nalu lächelnd. »Ich wusste, dass du eine wahre Meerjungfrau bist. Erkennst die Wale schon am Blasgeräusch.« Er hielt mir die Hand hin und half mir beim Aufstehen. Wir traten an die Reling und beobachteten, wie zwei neugierige Buckelwale unser Boot umkreisten und mit den Tauchern interagierten, die noch im Wasser waren und zweifellos eines der intensivsten Erlebnisse ihrer Karriere feierten.

TELEGRAPH COVE, VANCOUVER ISLAND, 21. JUNI – NALU:

Die Einfahrt in Telegraph Cove, den Heimathafen von Reed Archer, war fast so beeindruckend gewesen wie vor einem Monat die in Tofino. Zahllose Touristen hatten im Hafen dieses winzigen Nests gestanden und uns begeistert begrüßt. Leider hatten wir nur ein paar Stunden Zeit gehabt. Yuma war ausgestiegen, dafür war einer von Reeds wissenschaftlichen Mitarbeitern an Bord gekommen und hatte ihre Kabine bezogen. Ich fragte mich, ob sie genauso wehmütig war wie ich. Es war irrational, aber es fühlte sich an wie eine verpasste Gelegenheit. Yuma war von Bord gegangen, ohne dass wir uns wirklich viel näher gekommen waren. Jedenfalls nicht körperlich.

»Mau«, kommentierte Koa meine kruden Gedanken.

»Hast ja recht«, brummte ich. »Ich sollte mich auf meine Arbeit konzentrieren.« Ich begann mit den Vorbereitungen fürs Ablegen. Greg hatte die Gangway eingeholt und löste nun die Taue von den Pollern. Der Motor der »Sound of my Soul« brummte sonor und ich steuerte das Schiff vorsichtig vom Anleger weg.

»Habt eine tolle Fahrt! Wir sehen uns in zehn Tagen!«, rief uns Reed vom Ufer aus zu und hob die Hand zum Abschied.

Ich winkte ebenfalls kurz, hatte aber nur Augen für Yuma, die mir ein letztes Lächeln schenkte. Ob sie auch über verpasste Gelegenheiten sinnierte? Andererseits hatte sie sich mir geöffnet, zumindest ein kleines Stück weit. Ich war immer noch bestürzt über ihre Geschichte. Was mochte da passiert sein, dass sie und ihr Kater ins Kreuzfeuer einer Schießerei geraten waren? Hatte dieses Erlebnis etwas damit zu tun, dass sie so verschlossen war? Wäre es ein Unfall oder ein Überfall gewesen, gäbe es doch keinen Grund für Geheimnisse, oder? Ich nahm an, dass sie mal in einem Tattoo-Studio gearbeitet hatte, oder ihr ominöser katzenhassender Freund. Womöglich war da etwas passiert? Aber was? Irgendwie ergab das alles noch keinen Sinn.

Immerhin verstand ich jetzt, warum sie keine Kinder bekommen würde: Es ging schlicht nicht mehr ohne Gebärmutter. Das war eine schauerliche Parallele zu meinem eigenen Leben, doch ähnlich wie bei mir schien die unfreiwillige Kinderlosigkeit kein größeres Problem für sie zu sein. Vermutlich weil sie erheblich schwerwiegendere hatte – von denen ich immer noch nichts wusste, was mich unglaublich frustrierte. Aber gleichzeitig konnte ich nicht verhindern, dass ich mir ausmalte, wie ein gemeinsames Leben mit ihr aussehen könnte. Die meiste Zeit zusammen auf einem Schiff – wir würden die Weltmeere bereisen und nur gelegentlich Zeit an Land verbringen. Ohne Kinder wäre so ein Nomadenleben tatsächlich machbar. Ein warmes Gefühl durchströmte mich, wenn ich an diese Möglichkeit dachte, und ich stellte mir vor, wie ich ihr meine Lieblingsorte zeigen würde.

»Mau!«, mischte sich Koa wieder ein.

»Wir würden dich auch mitnehmen«, versicherte ich ihm, doch er schlug nur gereizt mit dem Schwanz. Offenbar war er genervt davon, dass ich ihn nicht richtig verstand. »Was willst du? Das klingt doch toll, oder? Wir drei auf den Ozeanen dieser Welt. Wir müssten natürlich sehen, wie wir dein Katzenfutter erwirtschaften«, fügte ich grinsend hinzu. »Aber das schaffen wir. Yumas Bilder bringen ein paar Dollar ein, und die gelegentliche Überführungsfahrt lohnt sich ebenfalls.«

»Mau.«

»Ich würde natürlich nur Jobs annehmen, bei denen du mitsegeln dürftest«, versprach ich ihm halbherzig, merkte aber, dass mir selbst der nötige Elan fehlte. Irgendwie war ich durch mit dem Thema Überführungsfahrten. Ja, ich hatte dabei schon wirklich tolle Schiffe segeln dürfen und grandiose Erlebnisse gehabt, aber irgendwie war diese Zeit vorbei. Ich wollte etwas anderes. Ich dachte an die »Hokulani«, das kleine Schiffchen, das vor vielen Jahren mein ganzes Universum gewesen war und das jetzt wieder auf mich wartete. Konnte das meine Zukunft sein: mit dieser kleinen Nussschale unterwegs zu sein? Sie war hochseetauglich, aber für zwei Leute fast schon grenzwertig klein, und irgendwie konnte ich mir nicht mehr vorstellen, längere Trips mit ihr zu unternehmen. Auch Yuma und Koa sah ich nicht auf ihr. Wenn ich dagegen an meinen aktuellen Job dachte ... Ich ließ meinen Blick über das Deck der »Sound of my Soul« gleiten. Außer mir war niemand oben. Die Wissenschaftler brüteten zweifellos an ihren Computern oder katalogisierten die bislang genommenen Proben. Greg wollte die Maschine checken, die jedoch wie ein Kätzchen schnurrte – ganz im Gegensatz zu Koa, der immer schlechtere Laune zu bekommen schien –, und Liz zauberte in der Kombüse zweifellos irgendwelche Leckereien für die Teestunde oder bereits fürs Abendessen.

Dieses Schiff fühlte sich erstaunlicherweise wie ein Zuhause an. Und was als Verlegenheitsjob angefangen hatte, mit dem ich mir ein bisschen Bedenkzeit hatte verschaffen wollen, stellte sich jetzt als echte und dauerhafte Möglichkeit dar. Ich mochte es, mit Wissenschaftlern und interessierten Laien unterwegs zu sein. Ich liebte es, Tiere zu beobachten und gute Gespräche zu führen. Mit Greg und Liz lief es unglaublich entspannt, und wenn dann noch Yuma hier wäre ... dauerhaft an Bord wäre ...

»Mau!«

»Darauf wolltest du also die ganze Zeit hinaus«, sagte ich schmunzelnd und der Kater strich mir um die Beine. »Sorry, ich bin nur ein dummer Mensch, bei dem es manchmal etwas länger dauert mit der Erkenntnis.«

Vielleicht sollte ich die nächste Gelegenheit nutzen, mit Reed und Esther ausführlich über die Idee zu sprechen, die »Sound of my Soul« für die Wintermonate nach Hawaii zu bringen. Reed wollte mit meinem Bruder reden, aber ich wusste nicht, ob das inzwischen schon passiert war. Andererseits könnten Esther und Reed das Ganze auch in Eigenregie durchziehen – mit mir als Skipper an Bord.

VERSUCHTE VERGANGENHEITSBEWÄLTIGUNG

PORT MCNEILL, VANCOUVER ISLAND, 24. JUNI – YUMA:

Ich atmete tief den Geruch nach Holz, Spänen, Wachs und Farbe ein und genoss die Stille, die sich in Kionas Werkstatt ausbreitete. Bis vor wenigen Minuten hatte hier noch ausgelassener Trubel geherrscht. Zehn Teenagermädchen aus Kionas Kunstklasse, die sich donnerstagabends immer in ihrer Werkstatt zum Holzschnitzworkshop trafen, hatten während der vergangenen anderthalb Stunden praktisch ohne Punkt und Komma geschnattert – und nebenbei an ihren kleinen und größeren Kunstwerken gearbeitet.

Ich war fasziniert davon, wie geschickt sich viele Mädchen anstellten, allen voran Reeds Tochter Grace, die ein fantastisches Auge für Formen und Farben hatte, wie auch Kiona bestätigte. Ich musste über den fast mütterlichen Stolz in ihrer Stimme lächeln, wenn sie das Talent ihrer Stieftochter herausstellte. Wie sich diese Familie gefunden hatte, war für sich genommen schon ein kleines Wunder – wie gut sie harmonierten, vielleicht ein noch größeres. Ich freute mich von Herzen für die drei, die ich während der letzten Tage deutlich besser kennengelernt hatte, doch dass es mir einen kleinen Stich gab, konnte ich nicht leugnen. Neid? Eifersucht? Ich hoffte nicht, denn solche destruktiven Gefühle halfen niemandem. Vielmehr sollte es mir Hoffnung machen, denn diese drei Menschen waren alle auf ihre Art ebenfalls schon durch die Hölle gegangen.

»Puh, endlich Ruhe«, sagte Kiona lächelnd, als sie in ihre Werkstatt zurückkehrte. Sie hatte die Mädchen verabschiedet und die Kartons von der Pizza, die Reed vorhin als Proviant für uns alle vorbeigebracht hatte, im Müll entsorgt.

»Ich kann mich nicht erinnern, dass ich als Teenie genauso war«, entgegnete ich. Es hatte ironisch klingen sollen, aber das war mir eindeutig misslungen, wenn Kionas Gesichtsausdruck ein Indiz war.

»Natürlich nicht. Wie könntest du auch? Du hattest keine so unbeschwerte Kindheit wie diese Mädchen«, gab sie zurück, und ich fühlte ihre dunklen Augen auf mir. Warmherzig, aber prüfend – und irgendwie wissend. So hatte ich das schon empfunden, als ich sie vor ein paar Wochen zum ersten Mal in unserem Shop in Tofino erlebt hatte. Als würde sie mich durchschauen. Oder besser: erkennen.

Ich wohnte während meines Aufenthalts hier im Gästezimmer bei Reed, Kiona und Grace, war mir aber sicher, dass das nicht die übliche Beherbergung für Austauschmitarbeiter war, für die es in Telegraph Cove eigentlich hübsche Quartiere gab. Doch ich wollte mich bestimmt nicht beklagen. In den wenigen Tagen hatte ich die drei in mein Herz geschlossen. Allen voran Kiona, der ich mich unerklärlicherweise nahe fühlte wie kaum einem anderen Menschen. Mit Ausnahme von Nalu vielleicht – aber doch auf ganz anderer Ebene. Sie hatte mir ihre Geschichte erzählt. Dass sie als Tochter einer alleinerziehenden indigenen Frau hier in Port McNeill aufgewachsen war, ohne zu wissen, wer ihr Vater war. Die Mutter war dann eines Tages spurlos verschwunden, als Kiona selbst noch ein Teenager gewesen war, aber irgendwie hatte sie sich allein durchgeschlagen. Erst vor ein paar Monaten war die ganze Wahrheit ans Licht gekommen: Ein Lehrer an der Schule, an der Kiona selbst unterrichtete, der sie bereits als Schülerin terrorisiert hatte, war der Entführung und Ermordung ihrer Mutter überführt worden. Und das Schlimmste: Dieser Mann war auch Kionas biologischer Vater.

Ich bewunderte sie dafür, mit welcher Gelassenheit sie ihr Schicksal angenommen hatte und wie scheinbar ruhig sie sich auf den Prozess gegen ihren Erzeuger, den Mörder ihrer Mutter, vorbereitete. Doch vielleicht war das alles nur Fassade? Von mir hatte ich jedenfalls nicht viel erzählt. Nur, dass ich überhaupt keine Ahnung hatte, wer meine biologischen Eltern waren. Angesichts von Kionas Geschichte wusste ich jedoch nicht, ob das schlimmer oder besser war.

»›Unbeschwert‹ ist tatsächlich ein Zustand, den ich kaum kenne«, gab ich schließlich zu.

Sie nickte. »Ich weiß.« Dann schenkte sie mir ein wehmütiges Lächeln. »Magst du einen Tee?« Sie wartete jedoch nicht auf meine Antwort, sondern verschwand in der winzigen Küche ihrer Werkstatt und kam kurze Zeit später mit zwei großen, dampfenden Tassen zurück.

»Macht es für dich einen Unterschied, zu wissen, wer dein Vater ist?«, platzte es aus mir hervor, ehe ich es verhindern konnte. »Ich meine, abgesehen von der Tatsache, dass ...« Ich klappte meinen Mund energisch zu.

»Du meinst, abgesehen von der Tatsache, dass er meine Mutter umgebracht und sie sechzehn Jahre vorher mutmaßlich vergewaltigt hat, um mich zu zeugen?« Es war ein wenig Bitterkeit aus ihrer Stimme herauszuhören, aber längst nicht so viel, wie ich erwartet hätte.

»Tut mir leid. Das war sehr unsensibel von mir«, bat ich sie um Verzeihung. »Ich weiß auch nicht, warum ich das gesagt habe.«

»Schon gut«, beschwichtigte sie und schenkte mir wieder dieses wissende Lächeln. »Ich weiß, warum du es wissen willst. Mich hat es jahrelang gequält, dass ich nicht wusste, wer mein Vater ist. Ich mag mir gar nicht vorstellen, wie es sich anfühlen muss, beide Eltern nicht zu kennen. Und doch ...« Sie zögerte einen Moment, so als müsste sie ihren eigenen Empfindungen nachspüren. »Es war grauenvoll, die Wahrheit zu erfahren, und ich habe wirklich Angst gehabt, daran zu zerbrechen, aber es ist nicht geschehen. Ich fühle mich nicht als das Kind eines Vergewaltigers und Mörders – auch wenn ich es faktisch bin –, ich fühle mich nicht mal als Tochter einer Mutter, die nichts anderes kannte als Zerrissenheit und gescheiterte Träume. Ich bin ich. Ich habe mich dazu entschlossen, ein gutes Leben zu führen.«

Mir entfuhr ein seltsamer Laut, den ich selbst nicht richtig einordnen konnte, Kiona jedoch schon.

»Übrigens schon lange bevor ich Reed kennengelernt habe.« Sie sah mich an. »Yuma, vergiss diese Märchen vom Retter. Man kann sich nur selbst retten, niemanden anderen. Reed, Grace und unser Baby sind ein Geschenk. Ein Geschenk, das ich aber erst annehmen konnte, als ich dazu bereit war.« Sie streichelte über ihren leicht gewölbten Bauch. »Erforsch deine Wurzeln, wenn es dir wichtig ist, aber damit meine ich nicht deine biologischen Eltern. Du bist der Mensch, der du sein möchtest. Du hast dich dafür entschieden, Yuma Solano zu sein, also werde die beste Version von ihr, die dir möglich ist. Das ist nicht immer leicht, und Menschen wie wir werden immer um jedes bisschen Unbeschwertheit kämpfen müssen, aber es lohnt sich.«

»Woher weißt du?«, krächzte ich, mehr schockiert als fasziniert. Wie konnte Kiona wissen, dass ich mich dafür entschieden hatte, Yuma Solano zu sein? Dass das nicht mein wahrer Name war, sondern der, den ich mir selbst gegeben hatte? Weil ich einen neuen Namen gebraucht hatte, aber vor allem, weil ich der Meinung gewesen war, dass er viel besser zu mir passte als Allison Ramos, der Name, der ursprünglich in meinen Papieren gestanden hatte.

»Woher ich das weiß?« Nun schaute sie mich überrascht an. »Na, weil ich es ja selbst erlebt habe.«

»Du warst auch im Zeugenschutzprogramm?«, entfuhr es mir.

»Was?« Kionas Augen hatten sich erschrocken geweitet, und mir wurde schlagartig klar, dass sie das eben nicht wörtlich, sondern im übertragenen Sinn gemeint hatte. Was war ich bloß für eine Idiotin!

»Ähm ...«, brachte ich nur hervor und fühlte, wie Panik in mir aufstieg. Das hier war der absolute Super-GAU. Ich wollte aufspringen und davonrennen, doch meine Beine fühlten sich an wie Blei und versagten mir den Dienst.

Kiona hatte sich deutlich schneller wieder im Griff. Sie nahm mir die Teetasse aus der Hand, die ich krampfhaft umklammert hielt, und umschloss meine Hände mit ihren. Dabei sah sie mich unverwandt an und der Blick aus ihren dunklen Augen, die so sehr meinen eigenen glichen, strahlte wieder Ruhe und Zuversicht aus. »Hab keine Angst. Ich habe den letzten Satz nicht gehört. Verstehst du das?«

Ich nickte verunsichert.

»Ich werde nicht nachfragen. Ich habe eine Bekannte aus der Selbsthilfegruppe für indigene Frauen, die etwas Ähnliches durchgemacht hat, sich aber irgendwann offenbaren durfte, als die ... ähm ... Ursache aus der Welt geschafft war. Ich maße mir nicht an, über dein Schicksal zu urteilen, das kann niemand außer dir selbst. Aber was ich vorhin noch sagen wollte, ist das: Du hast so viel Lebensfreude und Kreativität in dir, Hunger nach Leben und Neugier – das ist die Yuma Solano, die du sein möchtest und die ich und mutmaßlich alle anderen Menschen sehen. Egal, was dir widerfahren ist, egal, ob du weißt, wer deine Eltern sind – du trägst den größten Schatz in dir selbst. Und auch wenn du es vielleicht selbst nicht erkennen kannst, dieser Schatz glitzert und glänzt absolut verführerisch.« Damit ließ sie meine Hände wieder los und trank selbst einen Schluck Tee.

Ich wusste nicht, was ich antworten sollte. Ich wusste nicht einmal, was ich fühlen oder denken sollte, aber ich merkte, dass die Panik abebbte – und seltsamerweise auch die Last leichter wurde, die mich seit vielen Jahren zu zerquetschen drohte.

»Hast du es schon mal mit Holzschnitt versucht?«, wechselte Kiona so abrupt das Thema, dass ich lachen musste.

»Nein, wie kommst du darauf?«

»Ich denke, du hast einen ganz anderen Zugang zur Kunst als ich. Ich erschaffe dreidimensionale Figuren, du hingegen lässt auf einem Blatt Papier und mit einem Stift Bilder von unglaublicher Tiefe und Intensität entstehen. Aber ich merke, dass dir der Werkstoff Holz gefällt.« Sie sah auf meine ziemlich dilettantischen Schnitzversuche, die neben mir auf der Werkbank lagen.

»Gefallen schon, aber ...« Ich seufzte. Selbst die uninspiriertesten Mädchen in Kionas Kurs hatten mehr Talent für figürliche Arbeit.

»Du hast doch bestimmt schon mal alte japanische Holzschnitte gesehen. Da gibt es ja wundervolle Meeresmotive. Deine Zeichnungen erinnern mich ein bisschen daran, auch wenn sie natürlich viel filigraner sind. Aber vielleicht willst du es mal ausprobieren? Manchmal bringen neue Ansätze frische Impulse für die eigene Arbeit.«

»Daran habe ich ehrlich gesagt noch nie gedacht«, gab ich zu. »Ich bin ja schon froh, dass ich überhaupt wieder zeichnen kann. Das hat jahrelang nicht geklappt, aber jetzt ...«

»... fühlst du dich frei genug dazu?«, mutmaßte Kiona scharfsinnig. »Ich kenne das. Als ich in Vancouver gelebt habe, habe ich kaum etwas zustande gebracht, nur ganz kleine und simple Projekte mit meinen Schülern dort, aber seit ich wieder hier bin, strömt die Kreativität geradezu aus mir heraus. Das liegt sicher zu einem Teil an der Werkstatt meines Großvaters, zum anderen aber ...« Sie strahlte mich an. »Ahnst du, worauf ich hinauswill und was ich besonders bemerkenswert finde?«

Ich schüttelte den Kopf, denn genau genommen fand ich alles an diesem Gespräch und meinen aktuellen Lebensumständen bemerkenswert. Ich hätte gar nicht gewusst, was ich besonders herausstellen sollte.

»Ich bin überzeugt davon, dass mir die Nähe zu den

Walen hilft, und ich glaube, dass es bei dir ganz ähnlich ist.«

»Hm.« Mehr konnte ich dazu nicht sagen. Ich hatte gehört, dass Kiona eine ganz besondere, fast spirituelle Beziehung zu Orcas hatte. Yaku, einer von Reeds Mitarbeitern, bezeichnete sie sogar als »Walfrau«, aber das war zweifellos eine ganz andere Liga als bei mir. Ich freute mich einfach, wenn ich Wale oder Delfine sah. Sie berührten mich, das schon, aber das ging den allermeisten Menschen so.

»Ich konnte und wollte es erst auch nicht glauben, aber seit ich mich nicht mehr dagegen wehre, sprudle ich förmlich über. Dein Skizzenbuch erzählt eine ganz ähnliche Geschichte. Eine weitere Parallele ist, dass wir am liebsten Wale zeichnen und schnitzen. Das ist kein Zufall.«

Ich lachte. »Da muss ich dir recht geben, aber das könnte daran liegen, dass Wale sich in den Shops von Whale-Watching-Unternehmen besonders gut verkaufen.«

Kiona schüttelte den Kopf. »Das ist nicht der Grund«, widersprach sie schlicht, aber voller Überzeugung. »Wir haben doch auch miteinander eine besondere Verbindung, die kannst du nicht leugnen.« Sie fixierte mich.

Ich nickte nur unmerklich. Nein, ich konnte diese Verbindung tatsächlich nicht leugnen. Ich hatte sie gespürt, als Kiona das erste Mal bei mir im Shop gewesen war, und direkt wieder, als ich vor drei Tagen zu ihr nach Hause gekommen war. Erstaunlich – und sehr beglückend – fand ich höchstens, dass sie diesen Gleichklang auch empfand.

»Du hast zweifellos ebenfalls indigene Wurzeln, und

wer weiß, vielleicht sind wir ja sogar irgendwie verwandt. Womöglich nicht im engeren biologischen Sinn, aber bestimmt auf einer spirituellen Ebene. Ich hoffe, es klingt nicht anmaßend, aber ich sehe in dir irgendwie die Schwester, die ich mir immer gewünscht habe.« Nun klang sie plötzlich etwas unsicher und schluckte sichtbar.

»Das klingt überhaupt nicht anmaßend, sondern ...« Ich merkte, wie mir vor Rührung Tränen in die Augen schossen. »Sondern wunderschön«, fügte ich leicht erstickt hinzu. »Und mir geht es genauso.«

Kiona nahm wieder meine Hände, und im nächsten Moment saßen wir nicht mehr, sondern standen uns gegenüber und hielten uns in den Armen. Es fühlte sich gut an, richtig und tatsächlich sehr familiär – soweit ich das überhaupt beurteilen konnte.

»Ich fände es sehr schön, dich als Schwester zu haben«, sagte ich nach einer ganzen Weile, als ich meine Fassung und meine Stimme wiedergefunden hatte.

»Ich auch«, entgegnete sie. »Ich denk mir das so: Wenn wir schon entscheiden können, wer wir sein wollen, dann können wir auch entscheiden, wer unsere Familie ist. Zumindest bis zu einem gewissen Grad. In unserem Fall ist die Sache jedoch noch mal anders. Ich bin mir sicher, dass unsere Verbindung außerhalb der freien Entscheidung liegt.«

»Das möchte ich auch gerne glauben.«

»Dann tu es. Und glaub auch an dich selbst. Ich weiß nicht, was dir passiert ist, und es ist vermutlich besser, ich erfahre es auch nicht, aber ich bin überzeugt, dass du stärker bist als ... die Umstände. Du hast die Wale, die dir Kraft geben. Und du hast eine Schwester, die immer für dich da ist.«

»Und ich habe Nalu, wenn ich ihn will«, ergänzte ich,

spontan und ohne darüber nachgedacht zu haben. Erschrocken über meine Worte, deren Wahrheitsgehalt mir aber gleichzeitig glasklar erschien, schlug ich mir die Hand vor den Mund.

Kiona grinste. »Er ist wirklich ein ziemlicher Hottie und dabei ein wahnsinnig netter und tiefsinniger Mann. Ich war sehr beeindruckt von seiner besonnenen und ruhigen Art, mit der er mir und Dominic während der Jungfernfahrt die Angst genommen hat. Aber was heißt ›wenn ich ihn will‹?«

»Na ja, was es eben heißt«, druckste ich herum. Ich war mir nicht sicher, ob ich wirklich mit ihr darüber sprechen wollte. Andererseits wollte ich ganz unbedingt eine halbwegs objektive Meinung hören – von jemandem, der nicht Lilly, Esther oder Liz war und uns verkuppeln wollte. Oder Bill und Marcus, die Nalu inzwischen »gründlich durchleuchtet« hatten, wie sie mir letzte Woche mitgeteilt hatten. Damit hatten sie mir wohl offiziell den Segen für eine Beziehung gegeben, natürlich nur unter der Voraussetzung, dass ich ihm nichts von meiner Vergangenheit erzählte.

»Bist du dir über deine Gefühle im Unklaren oder gibt es andere Gründe?«, fragte Kiona nach.

»Eher andere. Die sind aber ziemlich schwerwiegend.« Ich seufzte.

Kiona ließ sich Zeit mit einer Antwort. Das mochte ich an ihr. Sie dachte nach, statt mich mit Floskeln abzuspeisen, wie ich sie von anderen Leuten zu hören bekam. Ich konnte förmlich sehen, wie es in ihr arbeitete.

»Es liegt an deiner Vergangenheit, was?«, mutmaßte sie. »Und daran, dass du nicht offen mit ihm darüber sprechen kannst, darfst oder willst.«

»Ja«, entgegnete ich schlicht. »Genau das. Er weiß ein

paar wenige Dinge, hat aber keine Ahnung vom großen Ganzen. Und davon darf er auch nichts wissen. Niemand darf das.« Ich merkte, wie mir beim Gedanken daran, dass ich dieses Gelübde bereits einmal gebrochen hatte, die Farbe ins Gesicht schoss. Bisher schien Lilly Wort gehalten und nichts ausgeplaudert zu haben, aber womöglich würde das eher bei einer unbedachten Aktion passieren als in voller Absicht? Auch dass Kiona wusste, dass ich in einem Zeugenschutzprogramm betreut wurde, war schon eine Information zu viel. »Es ist zu gefährlich. Nicht nur für mich, potenziell für jeden, der etwas weiß.«

»Verstehe – und eine Beziehung ohne völlige Offenheit dürfte ... nun ja ... schwierig werden.« Das mitfühlende Bedauern, das ich in ihren Augen lesen konnte, war fast noch schlimmer als ihre Worte.

»Vor allem weil Nalu so ein Ding mit der Wahrheit hat. Ich habe bisher keinen Menschen getroffen, der so auf Ehrlichkeit und Offenheit Wert legt wie er. Und angesichts seiner eigenen Geschichte kann ich das auch sehr gut nachvollziehen. Er weiß, dass ich ihm gewisse Dinge nicht verraten möchte, und er gibt mir Raum, aber er wird nicht ewig Geduld mit mir haben. Und wie du schon sagst, wie soll eine vertrauensvolle Beziehung funktionieren, wenn nicht alle Karten auf dem Tisch liegen?« Ich seufzte aus tiefstem Herzen. »Ich habe noch nie jemanden getroffen, der mich so tief berührt hat wie Nalu. Ich habe mich Hals über Kopf in ihn verliebt. In seiner Nähe fühle ich mich absolut sicher und habe das Gefühl, dass ich einfach ich selbst sein kann. Ich weiß nicht, ob du dir vorstellen kannst, wie ungewohnt das für mich ist. Mein ganzes Leben lang musste ich immer jemand anders sein. Immer angepasst sein, immer unter dem Radar fliegen, nie auffallen. Ich wusste lange überhaupt nicht, wer ich bin oder wer ich sein möchte. Hier auf Vancouver Island fällt mir das insgesamt viel leichter. Ich kann hier atmen und zeichnen und Freundschaften pflegen. All die Dinge, die für andere Menschen selbstverständlich sind, für mich aber ganz neu. Aber wenn ich mit Nalu zusammen bin, bekomme ich ab und zu eine Ahnung davon, wie es sein könnte, wirklich frei zu sein. Diese Erkenntnis ist gleichzeitig wunderschön und schrecklich. Der Hauptpreis der Lebenslotterie ist sozusagen in Griffweite, und trotzdem weiß ich, dass ich ihn niemals erreichen werde.«

»Das klingt nach einem fast unlösbaren Dilemma«, befand Kiona und klang fast so niedergeschlagen, wie ich mich fühlte. Doch in ihren Augen glomm etwas, das ich nur als Kampfgeist beschreiben konnte.

»Fast?«

»Nun ja, es gibt immer Wege und Möglichkeiten, die wir nicht sehen oder erkennen können. Ich gebe zu, es hört sich bedrohlich und absolut schrecklich an, aber trotzdem bin ich überzeugt davon, dass manche Dinge einfach geschehen, weil sie geschehen müssen. Wir haben nicht alles selbst in der Hand. Das ist beängstigend, aber auch eine Chance, denn so haben wir die Möglichkeit, darauf zu vertrauen, dass alles schon irgendwie gut werden wird.«

»Alles gut werden wird?«, stieß ich ungläubig hervor. »Ich kann mir dieses Urvertrauen leider nicht leisten. Ich darf nichts riskieren!« Das hatte mir Bill schließlich monatelang, ach was, jahrelang eingebläut.

»Aber dir ist schon klar, dass Kontrolle eine Illusion ist?«, fragte sie sachte. »Niemand kann alles kontrollieren, und wer etwas anderes behauptet, ist ein Narr.«

»Mag sein«, gab ich zu. »Absolute Kontrolle mag unerreichbar sein, aber Fahrlässigkeit muss ich um jeden Preis vermeiden. Nicht nur für mich, sondern auch für die Menschen in meinem Umfeld.«

»Was ist mit Hoffnung?«

Das erinnerte mich an die Gott-Diskussion, die ich bei unserem ersten Ausflug mit Nalu gehabt hatte. »Du meinst Hoffnung darauf, dass alles gut wird? Dass sich meine Probleme in Luft auflösen? Oder sich ›die Umstände‹, wie du es nennst, klären?« Ich schüttelte den Kopf. »Es ist verführerisch, zu hoffen, aber es ist auch ziemlich dumm.«

»Na, na, dann wären die allermeisten Menschen ziemlich dumm – mich eingeschlossen.«

»Nein, natürlich nicht. Es ist nur so, dass die allermeisten Menschen nicht dasselbe erlebt haben wie ich – zum Glück. Und damit will ich andere Probleme nicht kleinreden. Deine schon gar nicht – und auch nicht die von Nalu. Ich weiß, dass jeder Mensch sein Päckchen zu tragen hat. Manche sind klein, manche sehr groß und erdrückend – und in meinem Fall ist es ein riesiges Containerschiff.« Ich fand mein Bild ganz gelungen und anschaulich, doch Kionas Mundwinkel zuckten.

»Ich habe auch immer gedacht, dass es für mich keine Hoffnung gäbe, doch in dem Moment, als ich mich nur ein winziges bisschen geöffnet habe, ist es geschehen. Ich glaube auch nicht daran, dass sich mit einem Wimpernschlag alle Probleme in Luft auflösen, das wäre wirklich naiv und vermessen, aber manchmal eröffnen sich Möglichkeiten, die man nicht auf dem Schirm hatte.« Sie lächelte milde. »Ohne dir zu nahe treten zu wollen und ohne zu wissen, worum es bei dir tatsächlich geht: Ich weiß aus Erfahrung, dass die eigenen Probleme oft viel erdrückender wirken, als sie in Wahrheit sind.«

Ich wusste, dass Kiona es nur gut meinte, aber bei diesen Worten platzte mir der Kragen. »Ach ja?«, fauchte ich sie an. »Dann wäre es für dich also okay, wenn wegen mir ein Killerkommando hier aufschlägt und dich, Reed, Grace und euren süßen Hund niedermetzelt?« Mir war klar, dass ich das niemals hätte aussprechen dürfen, doch Kionas Reaktion überraschte mich völlig. Ich hatte mit Schock oder Panik gerechnet, aber sie lächelte weiterhin.

»Natürlich wäre das nicht okay, und ich sage nicht, dass du all deine Vorsichtsmaßnahmen in den Wind schießen darfst. Ich sage nur, dass du Vertrauen haben darfst. Vertrauen und Hoffnung, dass gute Dinge passieren werden.«

Ich schnaubte fassungslos.

»Ich meine das vollkommen ernst und bin mir sogar sicher, dass es schon angefangen hat. Die Öffnung ist doch längst geschehen – und seitdem passieren dir nach eigener Aussage laufend gute Dinge. Dein neuer Job, die Tatsache, dass du wieder zeichnen kannst und Freundschaften schließt. Du hast eine Schwester gefunden und einen Menschen, den du lieben kannst und der dich auch lieben möchte. Das klingt doch alles recht hoffnungsvoll, oder etwa nicht?«

Ich starrte sie verblüfft an. So hatte ich die Sache noch gar nicht betrachtet. Trotzdem nagten weiterhin Zweifel – und Ängste – an mir. »Das kann sein«, gab ich zu. »Aber es bleibt das Problem, dass ich Nalu nicht die Offenheit entgegenbringen kann, die er braucht. Und ich weiß nicht, wie geduldig er ist.«

»Wenn ihr füreinander richtig seid, dann wird er dir die Zeit geben, die du brauchst – oder er wird akzeptieren, dass es immer etwas in deiner Vergangenheit geben wird, zu dem er keinen Zutritt hat. Auch das ist normal.

Jeder erwachsene Mensch hat doch Geheimnisse, die bewahrt werden müssen.«

»Nalu nicht«, behauptete ich, weil mir die Offenheit, mit der er mit mir über seine Krankheit und sein Leben gesprochen hatte, mehr als deutlich bewusst war.

»Mag sein. Aber das ist seine Entscheidung. Er kann nicht verlangen, dass alle anderen Menschen nach den gleichen Maßstäben leben. Was die gemeinsame Gegenwart betrifft, da hat er selbstverständlich Offenheit verdient, und vielleicht gibt es ja auch eine Möglichkeit, dich etwas zu erklären, ohne zu viel zu verraten?«

Ich war mir zwar nach wie vor nicht so sicher, wie das funktionieren sollte, konnte aber auch nicht verhindern, dass sich ein kleines warmes Gefühl in mir ausbreitete. Fühlte sich so Hoffnung an?

AUF DEM PAZIFIK ZWISCHEN ALASKA UND VANCOUVER ISLAND, 30. JUNI – NALU:

Ich checkte routinemäßig das Radar und die Navigation und entspannte mich dann ein wenig. Wenn der Wind einigermaßen hielt – und der Wetterbericht klang entsprechend –, sollten wir halbwegs pünktlich im Laufe des Vormittags in Telegraph Cove eintreffen. Das war bis gestern Nachmittag noch nicht klar gewesen, denn wir hatten uns ein bisschen im Zeitplan verheddert.

Dieser Alaska-Trip hatte es wirklich in sich gehabt, und ich war stolz auf meine Crew, zu der ich auch die Wissenschaftler zählte, und vor allem auf die »Sound of my Soul«. Es war das erste Mal, dass die knapp achtzigjährige Brigg so hoch im Norden unterwegs gewesen war, normalerweise hatte sie – oder eher ihre bisherigen Eigner und Skipper – südlichere Gefilde bevorzugt. Doch sie hatte auch diese Herausforderung bravourös gemeistert. Vielleicht auch deshalb, weil es in diesem Sommer ungewöhnlich früh ungewöhnlich warm war. Für mich war es auch das erste Mal in dieser Region gewesen, und ich fand es atemberaubend schön. Eigentlich war ich zwar auch mehr auf wärmere Gegenden gepolt, denn Segeln in großer Kälte bot noch mal ganz andere Herausforderungen, aber ich musste zugeben, dass mich der Norden mit seinem rauen Charme mehr und mehr begeisterte. Die Wissenschaftler waren hingerissen von den unzähligen Walsichtungen, die täglich aufregender zu werden schienen. Es war einiges los auf der Route – ziemlich viele große Kreuzfahrtschiffe –, doch da wir relativ klein und wendig waren, kamen wir auch in enge Fjorde hinein, die für die dicken Dampfer unerreichbar blieben. In den fischreichen Gewässern tummelten sich Orcas, Buckel- und Grauwale und noch einige andere Arten, außerdem zahllose Delfine. Da es so lange hell war, hatten wir mehr Tauchstopps durchführen können als ursprünglich geplant, und es würde zweifellos Monate dauern, bis die Masse an Proben und Datenmaterial vollständig ausgewertet war.

Alles in allem also ein voller Erfolg – nur dass wir im Eifer des Gefechts die Routen- und Terminplanung etwas aus den Augen verloren hatten. Das führte dazu, dass wir nun in der Nacht zurücksegeln mussten, um die Strecke noch zu schaffen. Ich war von acht Uhr bis Mitternacht auf der Brücke gewesen, dann hatte mich Greg abgelöst und ich hatte mich für knapp vier Stunden in meiner Kabine aufs Ohr hauen können, ehe ich um vier wieder den Wach- und Steuerdienst übernommen hatte. Jetzt war es kurz vor fünf, und das Schiff schlief noch – zumindest die zweibeinigen Passagiere lagen alle in ihren Kojen. Koa hielt loyal mit mir Wache, oder besser gesagt: Er war körperlich anwesend. Faktisch hatte er sich auf einem aufgewickelten Tau zusammengerollt und schlummerte.

Ich genoss die Stille und den anbrechenden sonnigen Morgen und ließ meine Gedanken wandern. Weit kamen sie jedoch nicht, denn sie verhakten sich sofort wieder bei Yuma, die meinen Kopf bei Tag und bei Nacht beherrschte, wenn ich nicht gerade mit Arbeit beschäftigt war. In Momenten wie diesen war ich wirklich froh, nicht multitaskingfähig zu sein, denn sonst wäre ich vermutlich schon knapp vorm Überschnappen. Ich legte mich ins Bett, schloss die Augen – und sah Yuma. Ich saß beim Essen am Tisch – und sah Yuma. Ich stand am Steuer – und sah Yuma. Wenn ich es mir recht überlegte, waren die einzigen Momente, in denen ich Yuma nicht sah, die, in denen ich wirklich gefordert war. Bei anspruchsvollen Manövern oder wenn ich mit wertvoller wissenschaftlicher Ausrüstung hantieren musste. Oder wenn etliche Wale das Schiff umkreisten. Wobei – wem machte ich etwas vor? Auch dann sah ich Yuma.

Ich war offiziell und amtlich am Arsch. Und es waren auch nicht die endlosen Tauchgänge und das viele Probensammeln, die den Zeitplan durcheinandergewirbelt hatten, es war meine Unkonzentriertheit. Als Captain war es mein Job, für perfekte Abläufe zu sorgen. Das hatte ich verpasst, und dafür zahlte ich jetzt den Preis. Und sah Yuma. Die mich hoffentlich in ein paar Stunden am Pier von Telegraph Cove in Empfang nehmen würde und die mich vielleicht sogar genauso vermisst hatte wie ich sie.

Würde es auf der Rückfahrt nach Tofino endlich die Gelegenheit geben, ihr näherzukommen? Oder sie wenigstens noch besser kennenzulernen? Ich fühlte mich ihr so nah, als würde ich sie schon ewig kennen, doch andererseits waren Fragmente alles, was ich von ihr und ihrem Leben wusste. Was war da passiert, das es ihr unmöglich machte, mir zu vertrauen? *Und mit mir zu schlafen*, fügte ich in den tieferen Regionen meines Bewusstseins hinzu. Ich hatte kein Problem damit, zu warten, aber nach Küssen, wie wir sie schon geteilt hatten, wäre ich mit jeder anderen Frau längst im Bett gelandet. Doch Yuma? Sie hatte Angst, entweder vor Sex oder vor Intimität oder vor beidem. Keine dieser Möglichkeiten gefiel mir. Wenn sie doch bloß mit mir darüber sprechen würde.

Der Duft von frisch gebrühtem Kaffee zog mich aus meiner Trance. Liz stand mit zwei dampfenden Bechern neben mir und reichte mir das heiße, starke Lebenselixier.

»Na, wie ist die Lage, Captain?«, erkundigte sie sich aufgeräumt, während ich den ersten Schluck trank.

»So weit, so gut«, entgegnete ich. »Wenn uns der Wind nicht im Stich lässt, sollten wir in spätestens fünf Stunden in Telegraph Cove ankommen.« Ich konnte nicht verhindern, dass sich ein verräterisches Lächeln auf meine Lippen stahl, das Liz mit ihrem Bluthund-Instinkt natürlich nicht entging.

»Du freust dich auf die Kleine, was?«, fragte sie mich, und es war klar, wen sie meinte.

»Ja«, gab ich aus vollstem Herzen zu, fügte dann aber etwas resigniert hinzu: »Die Frage ist nur, ob sie sich auch auf mich freut oder ob unsere vielversprechende Romanze weiterhin nur in meinem Kopf stattfindet.«

»Habt ihr euch geschrieben?«, wollte sie wissen.

»Nicht oft. Sie scheint ebenfalls schwer beschäftigt gewesen zu sein. Vor drei Tagen hat sie mir aber ein Foto von sich in einem Kajak geschickt – umringt von drei Orcas.« Ich kramte mein Telefon aus der Hosentasche und rief die Nachricht auf, um sie Liz zu zeigen.

»Wie sie strahlt«, sagte sie lächelnd.

»Meine kleine Meerjungfrau in ihrem Element«, murmelte ich, ehe ich mich zügeln konnte, und Liz kicherte leise.

»Dich hat's ganz schön erwischt, was? Gut für dich, gut für euch«, befand sie. »Ich bin mir ziemlich sicher, dass es ihr genauso geht.«

»Ich hoffe es, aber einen klaren Hinweis gibt's dafür eigentlich nicht. Sie hält sich sehr zurück.«

»Wahrscheinlich hat sie schon einiges mitgemacht in ihrem Leben und braucht deshalb Zeit. Hab Geduld – womöglich löst sich alles von allein.«

»Geduld ...« Ich seufzte. »Ich bin normalerweise ein ziemlich geduldiger Mensch, aber im Fall von Yuma kann ich es kaum erwarten, dass das »wir« beginnt. Doch das wird nur funktionieren, wenn sie mir endlich vertraut und ...«

»Mit dir ins Bett geht?« Liz lachte jetzt richtig. »Ihr Männer seid doch alle gleich.«

»Nein, das meinte ich nicht. Ich meinte, dass sie mir endlich genug vertraut, um mir von ihrer Vergangenheit zu erzählen, die offensichtlich einen so großen Einfluss auf ihre Gegenwart hat«, korrigierte ich sie. »Sex ist übrigens eine tolle vertrauensbildende Maßnahme, weil dabei das Bindungshormon Oxytocin ausgestoßen wird, dank dem man sich seinem Partner näher fühlt.« Ich hatte das vor einiger Zeit gelesen, und es kam mir absolut schlüssig vor. Vielleicht würde dieses Hormon Yuma ja helfen, sich so weit zu entspannen, dass sie mit mir reden konnte. Richtig reden, mit allen Details.

Liz schüttelte den Kopf und wollte von ihrer schlechten Meinung über Männer anscheinend nicht abrücken, dabei war sie in ihren Greg genauso vernarrt wie umgekehrt. »Warum ist es dir so wichtig, was in ihrer Vergangenheit passiert ist?«, überraschte sie mich mit einer in meinen Ohren regelrecht ketzerischen Frage.

»Weil ein Mensch von seiner Vergangenheit geprägt wird. Wenn ich weiß, was sie erlebt hat, kann ich sie besser verstehen. Umgekehrt gilt das natürlich auch, daher habe ich ihr alles von mir erzählt. Sie weiß, wie wichtig mir Ehrlichkeit ist.«

»Aber so funktioniert Liebe nicht«, beharrte sie.

»Bitte?«

»Entweder akzeptiere und liebe ich einen Menschen so, wie er sich mir darstellt, oder ich tu es nicht. Aber Bedingungen zu stellen, ehe es überhaupt zu einem echten Bekenntnis zueinander gekommen ist, ist für mich ein Zeichen von Unsicherheit und – sei mir nicht böse – Unreife.«

»Bitte?«, rief ich erneut, diesmal noch deutlich irritierter. »Man kann mir ja eine Menge vorwerfen, aber Unsicherheit und Unreife?« Ich war wirklich aufgebracht. Ganz konnte ich den Vorwurf nicht von der Hand weisen, das würde ich aber auf keinen Fall zugeben – jedenfalls nicht vor Liz. Höchstens vor Koa oder mir selbst. »Es geht mir in erster Linie darum, sie bestmöglich zu ...« Ja, was eigentlich? Ich fühlte mich mit einem Mal wie in einer Sackgasse.

»Sag jetzt bitte nicht ›beschützen‹«, versetzte Liz mit einem Augenrollen.

»Was wäre daran so falsch? Ich weiß, dass sie Angst hat – vor irgendwas oder irgendjemandem. Und sie hat mir auch gesagt, dass sie sich in meiner Gegenwart sicher fühlt. Wäre es echt so verwerflich, wenn ich sie beschützen wollte?«

»Nein, aber das ist kein Grund. In einer guten Beziehung achtet man ohnehin auf den anderen. Das ist normal und nicht weiter erwähnenswert. Ich glaube, dass Yuma das in Wirklichkeit auch gar nicht will. Keine Frau will das Gefühl haben, beschützt werden zu müssen. Wenn ich darüber nachdenke, vermutlich auch kein Mann. Schutz kann ein schöner Nebeneffekt sein, aber doch kein Haupt- oder Selbstzweck. Ein wahres Gefühl von Sicherheit kann nur in einem selbst entstehen, das sollte nicht von außen kommen.«

Ihre Worte hatten eine seltsame Wirkung auf mich. Ich merkte, wie mein Widerstand schmolz und dass ich Liz unwillkürlich recht geben musste. War es nicht das, was ich meiner Familie vorgeworfen hatte? Meine Lieben hatten mich auch schützen wollen, als ich damals krank gewesen war. Sie hatten mir die Angst nehmen und mich an ein Wunder glauben lassen wollen. Das war vermutlich gut gemeint gewesen, doch mein Bedürfnis war ein ganz anderes gewesen. Ich hatte mir ihre Unterstützung gewünscht, egal, wie es sich entwickeln würde. Ihre bedingungslose Liebe, wenn man so wollte. Dass sie mir die nicht geben konnten, hatte mich mehr gekränkt und verstört als der Krebs selbst. Tappte ich jetzt etwa in dieselbe Falle? »Scheiße«, brummte ich schockiert, denn diese Erkenntnis war verdammt unangenehm. »Sie will einfach nur geliebt werden, oder?«

»Das wollen wir doch alle, nicht wahr?« Liz legte mir

kurz ihre Hand auf die Schulter. »Ich mach jetzt Frühstück.«

»Danke«, rief ich ihr noch nach, als sie unter Deck verschwand.

Ich würde Yuma also sagen, dass ich sie liebte, egal was in ihrer Vergangenheit los gewesen war, egal was ihre Zukunft brachte. Ich liebte sie, so, wie ich sie erlebte, und das reichte mir. Bei diesem Gedanken spürte ich eine enorme Erleichterung, als wäre mir eine große Last von den Schultern genommen worden. Ich musste sie nicht drängen, sondern konnte sie einfach so nehmen, wie sie war. Ich hoffte nur, dass das auch für sie ausreichte.

SCHWERER RÜCKFALL

TELEGRAPH COVE, EINIGE STUNDEN SPÄTER – NALU:

Ich ahnte in der Sekunde, als wir im Hafen von Telegraph Cover anlegten, dass etwas nicht stimmte. Zwar winkten uns wieder viele begeisterte Touristen zu, aber von Reed war nichts zu sehen – und auch von Yuma nicht. Stattdessen begrüßte uns Reeds rechte Hand Yaku, dessen wettergegerbte Gesichtszüge jedoch kaum eine Regung zeigten.

»Willkommen in Telegraph Cove«, sagte er mit einem kaum wahrnehmbaren Lächeln, als wir die Gangway ausfuhren. Neil, der Yumas Kabine übernommen hatte, verließ das Schiff, genau wie zwei weitere Wissenschaftler aus Reeds Studiengruppe. Sie wollten noch ein paar Tage in Telegraph Cove dranhängen.

»Danke«, antwortete ich automatisch und schaute mich um, so als könnten Reed und Yuma doch noch irgendwo auftauchen.

»Sie sind nicht hier«, informierte er mich, als sei ihm

klar, wen ich suchte. Was vermutlich auch nicht schwer zu erkennen, sondern absolut offensichtlich war.

»Oh?« Ich hörte die Enttäuschung in dieser kleinen Silbe selbst.

»Reed ist heute Morgen mit Yuma nach Tofino geflogen«, klärte er mich auf.

»Okay«, entgegnete ich gedehnt. »Was gibt es denn da so Dringendes, dass es nicht noch zwei Tage warten kann?« Ich wusste nicht, ob ich mir Sorgen machen oder mich ärgern sollte. Wollte Yuma mir möglicherweise absichtlich aus dem Weg gehen?

»Das weiß ich leider nicht«, sagte er und zuckte mit den Schultern. »Es wird sicherlich Gründe geben. Ich bedaure jedenfalls, dass Yuma uns verlassen hat, sie war eine Bereicherung im Team.« Diesmal zeigte er ein eindeutiges Lächeln. »Eine sehr beeindruckende junge Frau mit einem unglaublichen Gespür für Wale.«

Ich nickte mechanisch. »Hm«, brummte ich und riss mich dann mit aller Macht zusammen. »Dann machen wir uns am besten direkt wieder auf den Weg, damit wir pünktlich in Tofino ankommen.«

Ich half Neil und den beiden Wissenschaftlern dabei, ihre Sachen auszuladen und einige der Geräte und Proben im Bootshaus von »Scott's Spout Scouts« zu verstauen. Dann trommelte ich meine restliche Besatzung zusammen und machte mich bereits zwei Stunden nach dem Anlegen wieder auf den Weg. Auf einen Anruf oder eine Textnachricht hatte ich verzichtet. Hätte Yuma mir etwas mitteilen wollen, hätte sie das sicher getan, oder? Wie Yaku so schlau festgestellt hatte: Sie würde ihre Gründe für den – in meinen Augen – überhasteten Aufbruch haben. Gründe, die mich offenbar nichts angingen. So viele Fragen, so wenig Antworten – und mit einem Mal schien die Möglichkeit, bedingungslos zu lieben, wieder in unerreichbare Ferne gerückt zu sein. War das nun in erster Linie mein eigenes Problem oder das von Yuma? Ich hatte keine Ahnung, hatte aber mindestens anderthalb weitere Grübeltage vor mir. Womöglich würde ich dabei zu einer Erkenntnis kommen.

TOFINO, VANCOUVER ISLAND, 1. JULI – YUMA:

Meine Hände zitterten, als ich den Preis für eines der brandneuen »Sound of my Soul«-Shirts in die Kasse tippte, und ich hoffte, dass die Kunden es nicht bemerkten. Eigentlich sollte ich mich in diesem Moment auf dem Schiff befinden. Sollte mit Nalu zusammen sein und ... Nein, ich konnte da nicht weiterdenken. Energisch verdrängte ich alles aus meinem Kopf und versuchte, mich auf die Fragen der Kunden zu konzentrieren. Was wollten sie wissen?

»Planmäßig sollte die ›Sound of my Soul‹ nach ihrer Alaska-Tour morgen wieder in Tofino eintreffen«, hörte ich mich selbst sagen und war einigermaßen erstaunt, dass ich so professionell und ruhig klang. »Wenn Sie dann noch hier sind, sollten Sie die Gelegenheit nutzen. Normalerweise lässt die Crew an Liegetagen durchaus auch ein paar Gäste an Bord.« Ich lächelte verbindlich und reichte dem Paar, das seine Schiffsbegeisterung kaum zügeln konnte, den Kreditkartenbeleg. Wenig später hatten sie den Shop verlassen und ich atmete erleichtert auf.

Lilly hatte mich vorgestern angerufen und mir von

einer Mail berichtet, die auf dem allgemeinen Info-Account von »Johnson's Giants« eingetrudelt war. Da hatte sich jemand nach mir erkundigt. Also nicht direkt nach mir persönlich, sondern nach der »großartigen Künstlerin«. Dieser Jemand hatte angeblich auf der Instagram-Seite von Freunden ein Foto eines meiner Bilder gesehen und erkundigte sich nun, wie man mich für ein Auftragswerk kontaktieren konnte. Blöderweise hatte Esther diese Mail zuerst entdeckt und hatte auch gleich bereitwillig Auskunft gegeben. Lilly, die die Antwort unserer Chefin gelesen hatte, konnte als Trost nur berichten, dass Esther lediglich meine Firmen-Mailadresse und keine sonstigen Kontaktdaten von mir weitergegeben hatte. Also keine Telefonnummer, keine private Mailadresse.

Da ich meine Firmenadresse eigentlich nicht nutzte, weil ich normalerweise nur die allgemeine Info-Mail betreute, checkte ich diese Mails auch nicht regelmäßig. Doch nach dem Einloggen hatte ich prompt eine Nachricht von einer Juliet Barnes entdeckt. Sie hatte sehr nett geschrieben, dass sie Galeristin sei, Interesse an neuen Künstlern habe und ganz begeistert sei von meiner Walzeichnung, die sie auf dem Instagram-Kanal einer Freundin entdeckt habe. So weit war alles unverdächtig, bis ich feststellen musste, dass die angebliche Galerie in Toronto lag.

Ich erinnerte mich jetzt kaum daran, wie es nach dieser Erkenntnis weitergegangen war. Ich hatte die Mail an Bill und Marcus weitergeleitet, mit der Frage, was ich tun sollte – und dann war ich weinend zusammengebrochen, weil ich sicher war, dass meine Tarnung aufgeflogen und die Katastrophe nah war. In diesem Zustand hatte mich Kiona entdeckt, die sich auf mein wirres Gebrabbel wohl irgendwie den richtigen Reim gemacht und dafür gesorgt hatte, dass mich Reed gestern Morgen mit dem Wasserflugzeug nach Tofino gebracht hatte. Ohne viele Fragen zu stellen, glücklicherweise. Gleich nach der Landung hatte mich dann Marcus empfangen und mich mit auf die Polizeiwache genommen. Ich mochte mir gar nicht ausmalen, wie seltsam das auf Reed, Esther und die anderen Kollegen gewirkt haben musste, doch erstaunlicherweise waren indiskrete Fragen bislang ausgeblieben. Ob Lilly wirklich so dichtgehalten hatte, wie sie mir versicherte? Und Kiona? Doch die wusste ja eigentlich so gut wie nichts.

Diese diffuse Ungewissheit machte mich fertig – und zum absoluten Nervenbündel. Marcus hatte berichtet, dass sie diese Juliet Barnes überprüften, genau wie die Freundin und deren Instagram-Account. Bisher sah es so aus, als wäre alles wahr, aber sicher konnte ich mir nicht sein, dafür kannte ich Igors Raffinesse viel zu gut. Ich wusste auch, wie versiert er darin war, Spuren im Internet zu verschleiern – und die Tatsache, dass er noch viele, viele Jahre im Gefängnis sitzen würde, machte ihn kein bisschen weniger gefährlich. Vielleicht sogar im Gegenteil.

Als ich gegen Mittag wieder an den Hafen und ins Büro von »Johnson's Giants« kam, war Reed bereits weg gewesen, und Esther hatte mich lediglich nach meinen Erlebnissen in Telegraph Cove und Port McNeill gefragt und ansonsten so getan, als sei alles normal. Vielleicht war es das in ihren Augen auch? Außerdem brannte die Hütte, denn Lyndie hatte sich krankgemeldet, und an allen Ecken und Enden war mal wieder Not am Mann. Esther war froh, dass ich freiwillig die Büroschicht übernommen hatte und für etwas Licht im Buchungschaos sorgte. Die Arbeit hatte mich ein wenig abgelenkt, aber gestern Abend war die ganze Wucht meiner Angst wie ein Tsunami über mich hereingebrochen.

Nicht gerade hilfreich war dabei Lillys zwar mitfühlende, aber letztlich auch sensationsheischende Art. Ihrer Aufmerksamkeit war es zu verdanken, dass Marcus und Bill der Spur nachgehen konnten, aber so richtig bewusst schien ihr die potenzielle Gefahr nicht zu sein. Stattdessen fand sie alles wahnsinnig aufregend und spannend und malte sich schon aus, wie es hier in Tofino zu einem Großeinsatz von Spezialeinheiten der Polizei kommen würde. Inklusive Abseilen vom Hubschrauber und Showdown im Hafenbecken, der von heraneilenden Navy SEALs zu einem guten Ende gebracht werden würde. Sie selbst würde die tapferen Retter dann mit Erfrischungen versorgen und sich unsterblich in einen von ihnen verlieben. Den Einwand, dass amerikanische Navy SEALs auf kanadischem Herrschaftsgebiet eher nicht eingreifen und auch die entsprechenden lokalen Einheiten bei einer Attacke von Igor wohl kaum zum Einsatz kommen würden, quittierte sie nur mit einem Schulterzucken.

Wenn etwas passierte, würde es vollkommen unauffällig ablaufen, so viel war sicher. Vermutlich würden mich Handlanger entführen und erst einmal aus der Stadt wegbringen, um mich dann diskret zu »entsorgen«. Möglichkeiten dafür gab es auf dieser wenig besiedelten Insel mit ihren vielen kaum zugänglichen Waldstücken und Küstenabschnitten genug. Niemand würde mich finden – und falls doch, würde es zweifellos wie ein Unfall aussehen. Die Häscher selbst würden unerkannt entkommen. Ich dachte mit einigem Grauen daran, wie Igor seinen Leuten immer eingeschärft hatte, dass Unauffälligkeit der Schlüssel zum Erfolg war. Deshalb hatte er sein Milliardenbusiness auch vom Hinterzimmer eines schmuddeligen Tattoo-Studios aus betrieben, in dem man höchstens ein paar kleinkriminelle Machenschaften vermutet hätte, aber kein erfolgreiches Großunternehmen der Unterwelt. Viele seiner Konkurrenten handhabten das ganz anders. Dicke Autos, schicke Villen, bündelweise Bargeld und reichlich sichtbare Waffen. Das beeindruckte auf den ersten Blick, doch die meisten Gangs, die so auftraten, hielten sich nicht lange.

Mir hatte das immer eingeleuchtet, doch Ricky hätte sich etwas mehr Glamour gewünscht, mehr offensiv zur Schau getragene Macht. Seine Eifersucht, weil mir Igor mehr vertraute als ihm, kombiniert mit einer ungesunden Geltungssucht und gnadenloser Selbstüberschätzung, hatte schließlich zu dem ganzen Drama geführt. Er hatte es genauso wenig überlebt wie mein Kater Tigger, ein Dutzend Verbrecher von beiden Seiten und – das fand ich immer noch mit am schlimmsten – drei unbeteiligte und harmlose Kunden, die sich an diesem Nachmittag einfach nur Tattoos hatten stechen lassen wollen. Wieder und wieder sah ich vor meinem inneren Auge das viele Blut und hörte die scharfen Pistolenschüsse, die angstvollen Schreie, die letzten verzweifelten Laute der verletzten und sterbenden Opfer. Auch den Geruch würde ich niemals vergessen – und das alles nur, weil ich …

Nein! Nicht schon wieder. Ich hatte in meiner Online-Therapie gelernt, dass ich mir nicht die Schuld geben durfte. Ich war ein Opfer, denn ich hatte keine andere Wahl gehabt, als bei Igors perfidem Spiel mitzumachen. Und doch gab es Momente, da fühlte es sich so an, als hätte ich persönlich das ganze Elend verursacht.

Und als würde ich die Strafe verdienen, die mir zweifellos blühte. Aber stimmte das wirklich? Ein kleiner Teil von mir begehrte auf. Dieser Teil empfand den schrecklichen Nachmittag damals als einen großen Befreiungsschlag für mich. Wobei »frei« ein ziemlich relativer Begriff war, denn die erste Zeit im Hochsicherheits-Krankentrakt hatte sich eher wie ein Gefängnisaufenthalt angefühlt. Andererseits war ich dieses Gefühl ja schon mein halbes Leben lang gewohnt gewesen. Ich hatte mich praktisch nie frei bewegen dürfen – schon gar nicht, seit Ricky jeden Schritt von mir kontrolliert hatte. Während meiner Zeugenaussagen und der gesamten Gerichtsverhandlung war ich ebenfalls in unterschiedlichen und immer bestens gesicherten Quartieren untergebracht worden, die ich nicht auf eigene Faust verlassen durfte. Zu meiner eigenen Sicherheit, wie man mir versichert hatte.

Zu meiner eigenen Sicherheit und um der Chance willen, einem der größten und erfolgreichsten Verbrecher der letzten Jahre in diesem Land auf die Schliche zu kommen und ihn aus dem Verkehr zu ziehen. Ich wusste nicht, wie nachhaltig das gelungen war, denn Bill informierte mich nicht darüber, ob und wie gut Igor seine Operation vom Knast aus weiterführen konnte. Doch da ich nun seit drei Jahren unter Zeugenschutz stand, nahm ich an, dass es bislang nicht geglückt war, seinen Ring endgültig zu zerschlagen. Für irgendeine Partei schien ich noch wichtig zu sein. Entweder hatte die eine Seite Angst, ich könnte weitere Geheimnisse ausplaudern, oder die andere erhoffte sich Informationen oder ein Druckmittel. Egal, wie ich es in Gedanken drehte und wendete, es lief auf dasselbe Ergebnis hinaus: Ich war nur ein Werkzeug, das man nutzen, schützen oder eliminieren konnte – je nach Blickwinkel.

Dennoch, der trotzige Teil von mir hielt an dem Konzept Befreiungsschlag fest. Schließlich hatte ich es geschafft, hierher, nach Vancouver Island, zu kommen. Aus eigenem Antrieb und weil ich einfach spontan eine Chance ergriffen hatte, als sie sich mir geboten hatte. Das war womöglich eine der ersten selbstbestimmten Entscheidungen meines Lebens gewesen. Hier hatte ich die ersten richtigen Freundschaften geschlossen, meine Seelenschwester Kiona gefunden – und Nalu, den Mann, mit dem ich mir alles vorstellen konnte. Theoretisch jedenfalls.

Nein, ich hatte es nicht verdient, »bestraft« zu werden. Ich hatte es verdient, mit dreißig Jahren endlich zu leben. Idealerweise in Freiheit.

Dieses Gedankenkarussell hatte mich die ganze Nacht wach gehalten, und heute war ich entsprechend gerädert und dünnhäutig. Hinter jedem Kunden, der in den Laden kam, vermutete ich einen potenziellen Entführer und Mörder, denn ich war mir inzwischen absolut sicher, dass Igor bald zuschlagen würde. Da halfen auch die beruhigenden Worte von Marcus und Bill nicht, die mir versicherten, sie hätten alles im Griff und ich sei nicht in unmittelbarer Gefahr. Lilly hatte mir angeboten, statt ihrer heute den Vormittagsausflug zu übernehmen, doch ich hatte mir gedacht, dass es im Laden sicherer war. Was, wenn die Schergen mit aufs Schiff kämen? Nicht sehr wahrscheinlich, aber eine Schießerei oder auch nur ein Handgemenge, bei dem wieder Unschuldige in Gefahr gerieten, wollte ich nicht riskieren. Im Laden dagegen hätte ich die Chance, Marcus anzufunken. Ich hatte mir seine und Bills

Nummer als Notfallkontakt aufs Display gepackt. Ich müsste nur auf den Knopf drücken, um eine Verbindung herzustellen. Selbst wenn ich nicht mehr sprechen konnte, würden die beiden Bescheid wissen und die notwendigen Maßnahmen einleiten. Das war auf jeden Fall die bessere Option.

Redete ich mir jedenfalls ein. Tatsache war, dass ich mich am liebsten verkriechen oder davonlaufen würde – allerdings hatte ich keine Ahnung, wohin. Und was wäre damit gewonnen? Ich sah mich im derzeit leeren Laden um. Die neuen »Sound of my Soul«-Artikel waren wirklich schön geworden und ein absoluter Umsatzbringer, wie Esther mir gestern noch erzählt hatte. Ich war stolz darauf, dass ich in der kurzen Zeit hier doch einiges hatte verändern können. Zum Positiven hatte verändern können. Vielleicht würde man das in Erinnerung behalten? Von meinen Bildern hingen nur noch zwei an den Wänden. Alle anderen waren während meiner Zeit im Norden der Insel verkauft worden, was bedeutete, dass ich mit meinem Gehalt und dem Erlös der Bilder ungefähr sechstausend kanadische Dollar auf meinem Bankkonto liegen hatte. Knapp siebenhundert hatte ich in bar in meiner Handtasche. Mit dem Geld würde ich ein Weilchen über die Runden kommen, wenn es sein musste – doch wieder stellte sich die Frage nach dem Wo. Nein, ich hatte keine andere Möglichkeit, als auszuharren und mich meinem Schicksal zu stellen. Eine Sache bedauerte ich jedoch von ganzem Herzen: die verpasste Chance mit Nalu.

Was hatte er sich gestern wohl gedacht, als ich ihn nicht im Hafen von Telegraph Cove in Empfang genommen hatte? Er hatte sich jedenfalls nicht bei mir gemeldet. Kein Anruf, keine Textnachricht, in der er sich nach dem Grund meiner Abwesenheit erkundigt hätte. War ich ihm doch gleichgültig? Oder war er so gekränkt, weil ich nichts gesagt hatte? Weil ich ihm immer noch nicht vertraute? Dabei stimmte das nicht, ich vertraute ihm mehr als jedem anderen Menschen und vor allem mehr als mir selbst. Und wenn ich ganz ehrlich zu mir war, wünschte ich mir nichts sehnlicher, als dass ich mit ihm zusammen sein könnte. Doch nach Lage der Dinge würde das wohl ein Traum bleiben.

UNTERWEGS IN RICHTUNG TOFINO – NALU:

Nach unserem etwas überhasteten Ablegen gestern in Telegraph Cove hatte ich die heimliche Hoffnung gehegt, dass wir einfach bis Tofino durchsegeln konnten, denn aus irgendeinem Grund war meine Enttäuschung dann doch immer mehr einer nagenden Sorge gewichen. Irgendwas war mit Yuma nicht in Ordnung. Das fühlte ich. Ich sollte bei ihr sein und sie ... Mir kamen wieder Liz' Worte in den Sinn, dass mein Impuls, Yuma zu beschützen, nicht gesund war. Womöglich stimmte das auch, aber falls sie in Gefahr war, wollte ich nicht tatenlos zusehen und darauf warten, dass sie mich um Hilfe bat. Nun ja, die Frage stellte sich ohnehin nicht, denn ich konnte nicht eingreifen – bei was auch immer. De facto zockelten wir nämlich exakt so langsam die Westküste hinunter, wie wir an ihr hinaufgeschlichen waren, denn Cassidy, die Expeditionsleiterin, wollte unbedingt alle ausgesetzten Hydrofone und Kamerafallen checken. Genau genommen waren wir sogar noch langsamer, denn das Team war ja um drei Köpfe geschrumpft.

Passend zu meiner Stimmung wurde nun auch das Wetter deutlich schlechter. Die langanhaltende Sonnenscheinphase schien vorbei zu sein und machte dem eher üblichen grauen Wolken-Regen-Mix Platz. Noch hingen die bleigrauen Wolken tief und träge über uns, aber es konnte sich nur noch um Minuten handeln, bis sie sich entleerten. Da es sich auch empfindlich abgekühlt hatte, zog ich mir meine Regenjacke über und starrte dann missmutig über die Reling, wo ich die beiden Taucher erwartete, die sich seit gut vierzig Minuten unter Wasser tummelten und ihre Geräte checkten.

»Mau.« Koa war aus dem Schiffsbauch aufgetaucht. Ob er mich trösten oder nur frische Luft schnappen wollte, wusste ich nicht, aber ich freute mich, dass er um meine Beine strich und seinen Kopf an meinen Waden rieb. Irgendwie entspannte mich sein Verhalten ein wenig und ich hatte das Gefühl, dass ich wieder etwas klarer denken konnte.

»Meinst du, ich bilde mir das alles nur ein? Also dass Yuma in Gefahr schwebt?«, fragte ich ihn.

»Mau.«

»Vielleicht hast du recht«, gab ich zu. »Vielleicht interpretiere ich zu viel hinein, und diese magische Verbindung mit ihr, die ich spüre, gibt es in Wirklichkeit gar nicht. Womöglich hat sie nur einen Herzschrittmacher mit Wackelkontakt, der uns immer Stromschläge verpasst, wenn wir uns anfassen. Das könnte doch sein, oder? Ist auch nicht unwahrscheinlicher als die andere Variante. Eine dritte fällt mir noch ein«, fügte ich hinzu und wartete, bis mir der Kater wieder seine volle Aufmerksamkeit schenkte.

»Mau.«

»Vielleicht verliere ich einfach nur komplett den Verstand.«

»Flucht in den Irrsinn ist zwar recht beliebt, wäre aber gerade etwas ungünstig«, sagte Greg – nicht der Kater. Mein Chefingenieur, Erster Offizier und Hausmeister in Personalunion hatte den letzten Satz offensichtlich mitbekommen, was mir etwas unangenehm war.

»Normalerweise rede ich nicht mit mir selbst«, brummte ich.

»Hast du jetzt doch auch nicht, oder? Sondern mit dem Kater. Ich weiß zwar nicht, ob er so ein guter Gesprächspartner ist, aber wenn's beim Nachdenken hilft.« Er grinste mich freundschaftlich an.

»Möglich«, gab ich zu.

»Wenn ihr euer tiefsinniges Gespräch beendet habt, dann geh mal unter Deck. Cassidy will noch die restliche Route mit dir besprechen.« Greg deutete vielsagend in die Richtung, wo unter Deck das Forschungslabor untergebracht war.

»Die Jungs sind noch im Wasser«, entgegnete ich und hoffte gleichzeitig, Cassidy würde mir nicht eröffnen, dass sie dringend zurück nach Alaska musste, weil sie dort einen Handschuh vergessen hatte oder so.

»Ich kümmere mich um die beiden«, versprach Greg und scheuchte mich nach unten.

»Schlechte Nachrichten«, sagte Cassidy bei meinem Eintreten und sah mich zerknirscht an.

»Ist irgendwas passiert?«

»Ich habe gerade eine Mail von unserem Prof bekommen. Für morgen Nachmittag hat sich kurzfristig eine Delegation unseres Partnerinstituts in Japan angekündigt, die sich umfassend über unsere aktuelle Studie informieren möchte.«

»Okay.« Ich wusste nicht, was daran so problematisch sein sollte. »Inwieweit sind das schlechte Nachrichten?«

»Das sind für sich genommen sogar ausgesprochen gute Nachrichten, aber es bedeutet auch, dass ich spätestens morgen Vormittag in Vancouver sein muss.«

Nun fiel bei mir der Groschen. »Das heißt, wir sollten Gas geben und zuschauen, dass wir flott nach Tofino kommen?«

»Ja, genau. Ist echt blöd gelaufen. Sorry.«

»Kein Problem«, entgegnete ich großzügig, verschwieg jedoch, wie froh ich darüber war. »Aber was ist mit euren Messgeräten, die ihr alle noch checken wolltet?«

»Das kann bei einer der nächsten Touren passieren, wir haben ja in den nächsten Wochen bei fast allen Trips zwei bis vier Mitarbeiter auf dem Schiff. Dann geht das genauso gut.«

Ich sah auf die Uhr und überschlug die vor uns liegende Distanz. »Sobald das Tauchteam an Bord ist, können wir weiterfahren«, sagte ich. »Leider wird das Wetter gerade massiv schlechter, aber ich werde gleich mal die Lage checken. Notfalls fahren wir mit Motorkraft, sodass wir auf jeden Fall heute Abend ankommen werden. Du kannst dir also schon einen Flug für morgen früh organisieren.«

»Großartig.« Sie lächelte mich dankbar an. »Das hilft mir wirklich sehr. Genau wie dieser Trip. Dass Reed und seine Kollegin dieses Schiff gekauft haben und diese tollen Touren anbieten können, bringt uns in der Forschung ganz weit nach vorn. Dich als Skipper zu engagieren, war dann noch der passende Geniestreich. Danke für deine Flexibilität und dafür, dass du so gut wie alles möglich machst. Ich freu mich sehr auf den nächsten Törn.«

Hätte ihr Mann nicht neben ihr gesessen, hätte ich das für einen Flirtversuch gehalten, so aber konnte ich mich über dieses Lob einfach freuen – und es zurückgeben. »Mir macht es auch wahnsinnig viel Spaß. Es ist mal eine ganz andere Herangehensweise für mich, weil nicht das Segeln im Vordergrund steht, sondern die Forschung, aber ich habe das Gefühl, sehr davon zu profitieren. Aber jetzt sollte ich zusehen, dass du rechtzeitig erst nach Tofino und dann nach Vancouver kommst. Vielleicht können wir ja alle mal nach Japan segeln.«

»Das wäre was«, gab sie lächelnd zurück und nickte mir noch einmal zu. »Ich werde mit den Kollegen sprechen. Ziemlich sicher werden sie mal ein Team hierherschicken.«

Mir sollte es recht sein, denn ich gewann immer mehr Freude an diesem neuen Job. Zum ersten Mal hatte ich das Gefühl, mehr als nur ein Weltenbummler oder eine Art Busfahrer zu sein, der Schiffe und Passagiere von einem Ort zum anderen brachte. Ich konnte mich wirklich für die Forschung begeistern. Wir wussten alle noch viel zu wenig über die großen Meeressäuger, aber einige Wissenschaftler formulierten kühne Thesen, denen zufolge wir viel von ihnen lernen könnten, wenn es uns nur gelänge, richtig mit ihnen zu kommunizieren. Unter anderem daran arbeiteten Cassidy und Reed – und ich hatte die Chance, hautnah dabei zu sein. Falls ich weitermachte.

Als ich an Deck ankam, traf mich der Regen wie eine kalte Dusche. Die Wolken hatten ihre Schleusen geöffnet und entluden wahre Wassermassen. Mir machte das genauso wenig aus wie Greg, dem alten Seebären. Der half gerade noch den Tauchern, die lachend im strömenden Regen herumhampelten, ihr Equipment zu verstauen.

»Ist total praktisch, dann müssen wir die Neoprenanzüge nicht mit Süßwasser abspülen«, sagte einer zu mir, als ich die beiden fragend ansah.

Ich verzog mich grinsend auf die Brücke, wo mich ein missmutig dreinschauender Kater erwartete.

»Mau«, beklagte er sich gereizt.

»Ich habe das Wetter nicht bestellt, aber du kannst ja gerne ins Trockene gehen.«

Er fauchte, rollte sich zusammen und drehte mir dabei den Rücken zu. Das war wohl seine Art, mir klarzumachen, dass er um keinen Preis der Welt durch den Regen laufen würde, nur um dann unter Deck zu kommen. Sein Problem, denn ich hatte keine Zeit, ihn ins Trockene zu tragen. Für mich gab es jetzt nur noch ein Ziel: so schnell wie möglich zurück nach Tofino!

AM FRÜHEN ABEND IN TOFINO – YUMA:

Ich hatte offensichtlich vergessen, wie anstrengend Angst und Panik sein konnten. Jedenfalls war ich nach dem Tag im Shop total erledigt. Jedes Mal, wenn Kunden reingekommen waren, hatte ich fast einen Herzinfarkt gehabt vor lauter Aufregung, doch alles war ganz normal abgelaufen. Die Leute hatten sich umgesehen, tausend Fragen gestellt, Touren gebucht und wie die Weltmeister Andenken gekauft. Trotzdem war ich wahnsinnig erleichtert, als ich gegen halb sieben endlich die Tür abschließen und die Kasse machen konnte. Im Büro saß

Esther an ihrem Schreibtisch und war ebenfalls noch fleißig.

»Trotz des Regens ein guter Tag?«, fragte ich sie.

Am frühen Nachmittag hatte es zu schütten begonnen. Die Touren hatten trotzdem stattgefunden, aber ich wusste, dass manche Gäste ungehalten reagierten, wenn das Wetter nicht mitspielte. Wir sagten Touren eigentlich nur ab, wenn Wind und Seegang zu stark waren. Regen allein war kein Grund, denn den Walen war es ohnehin egal, wie es über der Wasseroberfläche aussah.

»Ja, die meisten Leute waren friedlich, und die Handvoll Stänkerer hat sich beruhigt, als wir wirklich tolle Sichtungen hatten. Es waren ein paar externe Orcas da, die auf Robbenjagd gegangen sind«, berichtete sie.

Ich verzog das Gesicht. Ich hatte auf einer Tour mal erlebt, wie ein Schwertwal sich einen jungen Seelöwen geschnappt hatte. Das war – obwohl absolut Lauf der Natur – kein schöner Anblick gewesen und hatte mich und einige Gäste ziemlich schockiert.

»Keine Sorge, es gab kein Blutbad«, versicherte sie mir grinsend. »Zumindest nicht, als wir noch in Sichtweite waren. Ein paar Delfine haben den Orcas den Jagderfolg vermiest.«

»Echt?«

»Ja, vermutlich nur, weil sie neugierig auf uns waren, denn an Bord gab es wildes Gekreische beim Anblick der Jagdszene.« Sie streckte sich und gähnte herzhaft, dann musterte sie mich prüfend. »Du siehst mitgenommen aus. Ist alles in Ordnung?«

»Hm.« Ich seufzte, fuhr aber fort, ehe sie nachhaken konnte: »Ich hatte nur eine schlechte Nacht, in der ich kaum geschlafen habe, und heute war im Laden wieder echt viel Betrieb. Jetzt bin ich total geschlaucht.« Ich reichte ihr die Kassenabrechnung und die Bargeldtasche. »Die neuen Sachen verkaufen sich wirklich gut.«

»Ja, tatsächlich. Das war eine großartige Idee von dir und Liz«, entgegnete Esther mit einem Blick auf die Abrechnung. »Ich musste schon T-Shirts und Rucksäcke nachordern.«

»Das ist echt toll.« Ich stand etwas unschlüssig herum und war mir nicht sicher, was ich eigentlich wollte. »Bin gespannt, was Liz dazu sagt.«

»Das können wir nachher gleich herausfinden. Nalu hat sich vorhin gemeldet, sie kommen heute Abend noch zurück. Die Expeditionsleiterin muss morgen dringend nach Vancouver, daher die Eile. Ich versuche, jetzt noch einen Flugtransfer für sie zu organisieren, aber es sieht schlecht aus. Wahrscheinlich muss ich sie selbst hinfliegen.« Sie ließ ihre Schultern kreisen, die ihr offenbar wehtaten. »Das bedeutet aber, dass wir morgen wieder superknapp besetzt sind und du die Anrufe vom Laden aus managen müsstest.«

»Das krieg ich hin.« Alles schien mit einem Mal wieder machbar zu sein, seit ich wusste, dass Nalu heute Abend noch zurückkommen würde. Es war total idiotisch, aber ich fühlte mich allein bei dieser Aussicht total erleichtert und wieder deutlich optimistischer.

»Was ist das denn?«, fragte Esther nun stirnrunzelnd mit einem Blick auf ihren Monitor. »Ich bekomme gerade wieder eine Mail von der Galeristin aus Toronto, die an deinen Bildern interessiert ist«, murmelte sie und las die Mail. Ich merkte, wie sich frisches Adrenalin in mir breitmachte und die kurzfristige Minimalentspannung einfach wegspülte.

»Was will sie denn?«, krächzte ich nervös.

Esther schüttelte den Kopf. »Das ist ja total crazy.

Warum schreibt mir die Frau – in ziemlich entrüstetem Ton –, dass ich sie darüber hätte informieren müssen, dass ich deine exklusive Galeristin bin?«

»Was?« Ich hatte keine Ahnung, wovon sie sprach. Allerdings hatte ich mit Marcus und Bill vereinbart, dass sie dieser Juliet Barnes in meinem Namen eine Mail schreiben würden, in der sie ihr für ihr Interesse dankten und höflich absagten. War es etwa das, was sie als Ausrede verwendet hatten? Und warum hatten sie mir das nicht mitgeteilt?

Esther scrollte weiter und sah mich dann mit großen, verwunderten Augen an. »Du hast ihr geschrieben, dass du leider nicht mit ihr zusammenarbeiten kannst, weil du mit deiner hiesigen Galerie – also mit mir – einen exklusiven Knebelvertrag hast, der dir weitere Expansion verbietet. Ist das dein Ernst?«

»Ähm ...« Ich wusste wirklich nicht, was ich sagen sollte, fragte mich aber ernsthaft, wie ungeschickt und doof sich die Herren Polizisten wohl noch anstellen würden. Wenn das beispielhaft war für ihre sonstige Arbeit, hatte ich ein größeres Problem als bisher vermutet.

»Wenn du keine Lust hast, mit einer richtigen Kunstgalerie zusammenzuarbeiten, dann ist das eine Sache«, fuhr Esther fort und klang halb gekränkt, halb misstrauisch. »Ich verstehe das zwar nicht, denn es wäre zweifellos eine tolle Gelegenheit. Du könntest mit deiner Kunst wahrscheinlich richtig viel Geld verdienen, wenn du wolltest, aber geschenkt, das geht mich nichts an. Dass du aber behauptest, ich hätte einen fiesen Knebelvertrag mit dir vereinbart, geht wirklich zu weit. Diese Frau wirft mir allen Ernstes amateurhaftes Geschäftsgebaren vor. Was stimmen würde, wäre ich tatsächlich eine

Galeristin. Wie um alles in der Welt kommst du auf so eine Idee?« Nun klang sie eindeutig aufgebracht, und der Blick, mit dem sie mich musterte, gefiel mir gar nicht.

Wie kam ich auf so eine Idee? Gute Frage. Wie war ich auf die idiotische Idee gekommen, zwei Polizisten den Zugang zu meinem Mailaccount zu überlassen und ihnen obendrein zu erlauben, in meinem Namen Mails zu schreiben? Weil es um meine Sicherheit ging. Angeblich. Ich wurde gerade unglaublich wütend. Auf alles und jeden. Auf meine leibliche Mutter, die mich einfach abgeschoben hatte, auf die Sozialarbeiter und Pflegefamilien, die mich alle nicht hatten haben wollen. Auf Ricky, der mich in die Unterwelt gezogen hatte. Auf Igor, diesen rücksichtslosen Bösewicht, der es auf mein für ihn doch so unwichtiges Leben abgesehen hatte. Auf Bill und Marcus, die mich schützen sollten und so einen Scheiß bauten. Aber vor allem war ich auf mich selbst wütend, weil ich das alles mit mir hatte geschehen lassen. Ich hatte es satt, die Marionette zu spielen. Ein für alle Mal! Dass mich all diese Menschen in diese wahnsinnig peinliche Situation gebracht hatten, dass ich meiner Chefin jetzt irgendwie erklären musste, warum ich sie in Mails als halsabschneiderische Kuh bezeichnete, war der Tropfen, der das Fass zum Überlaufen brachte.

»Yuma, was ist los?«, riss sie mich aus meinen Gedanken. »Irgendwas scheint dich zu belasten, denn sonst hättest du ja wohl kaum eine derartige Mail geschrieben, oder?« Ihr Gesichtsausdruck, der nun eindeutig besorgt wirkte, gab mir endgültig den Rest.

»Ich kann dir leider nicht alles erklären. Genau genommen dürfte ich überhaupt nichts sagen, aber ja, mich belastet einiges. Ich stamme aus Toronto, und es gibt eine reale Bedrohungslage für mich, die vermutlich ebenfalls aus Toronto kommt. Wahrscheinlich hat diese Juliet Barnes rein gar nichts damit zu tun, aber wir mussten auf Nummer sicher gehen. Bitte glaub mir, wenn ich dir versichere, dass ich diese Mail nicht geschrieben habe. Es tut mir sehr leid, wenn sie dich verletzt hat.«

»Du wirst bedroht?«, rief sie erschrocken.

»Mehr kann ich dir nicht verraten. Bitte frag nicht weiter.« Ich flehte fast. »Und was die Mail betrifft ...«

»Vergiss die Mail«, unterbrach sie mich. »Natürlich kann die nicht von dir sein. So etwas würdest du niemals schreiben. Aber sag mir, was kann ich tun? Sollen wir die Polizei informieren? Und überhaupt – wer sind ›wir‹? Du hast gerade gesagt, ›*wir* mussten auf Nummer sicher gehen‹, oder habe ich das falsch verstanden?«

»Nein, hast du nicht. Und die Polizei weiß Bescheid. Genau genommen habe ich mit ›wir‹ auch die lokale Polizeiwache gemeint.« Ich schluckte, denn ich ahnte, dass Esther keine Ruhe geben würde. »Bitte frag nicht weiter nach. Ich hab dir schon viel zu viel erzählt, und bitte sprich auch sonst mit niemandem darüber. Das würde nur noch mehr Schwierigkeiten machen.«

Esther atmete schwer und schien um Worte zu ringen. »Wenn eine Mitarbeiterin von mir in Schwierigkeiten ist, dann muss ich das wissen, denn ich will alles tun, um sie zu beschützen.«

»Bitte nicht«, beschwor ich sie – und flüchtete mich wie so oft in eine fette Lüge: »Du musst dir keine Sorgen machen. Das ist ein Thema, das nur mich allein betrifft. Niemand sonst hier ist in Gefahr. Es wird nichts geschehen. Auch mir nicht. Es war nur ein kurzer Schreckmoment, als die Anfrage aus Toronto kam. Mehr nicht. Und wäre diese unglückliche Antwortmail nicht gekommen, hättest du nie davon erfahren. Also vergiss das alles am besten gleich wieder. Es ist alles gut!« Ich wunderte mich selbst darüber, wie überzeugend ich klang, doch andererseits war ich ja auch wirklich gut trainiert.

»Bist du sicher?«, fragte sie vorsichtig nach, und ich merkte, dass sie mir glaubte. Oder zumindest glauben wollte.

»Ganz sicher«, betonte ich und zwang mir ein Lächeln auf die Lippen, das hoffentlich überzeugend war. »Tut mir echt leid, dass es so blöd gelaufen ist.«

»Schon gut«, winkte sie ab und wirkte mit einem Mal ziemlich erleichtert. »Manchmal laufen Dinge eben ein bisschen blöd.«

Die Untertreibung des Jahrhunderts, dachte ich, nickte jedoch nur.

»Ich bin froh, dass alles in Ordnung ist, aber bitte zögere keine Sekunde, dich an mich oder jeden anderen hier zu wenden, wenn ... nun ja ... wenn sich an der Lage etwas ändert. Wir sind für dich da, Yuma. Du bist eine von uns, und wir sorgen und kümmern uns umeinander. Ich hoffe, das weißt du.« Sie fixierte mich mit einem eindringlichen Blick aus ihren blauen Augen.

»Das weiß ich«, bestätigte ich. »Und darüber bin ich auch sehr froh. Aber wenn es okay für dich ist, würde ich jetzt hoch in die Wohnung gehen und Feierabend machen. Ich bin echt ziemlich platt.« Das wenigstens war die nackte Wahrheit.

»Natürlich. Hab einen guten Abend.« Sie winkte mir zum Abschied zu, als ich aus der Tür schlüpfte.

Eine Etage höher angekommen, versicherte ich mich erst, dass keiner meiner Mitbewohner zu Hause war, dann schnappte ich mir mein Telefon, ging in mein Zimmer und rief Bill an, um ihm ein für alle Mal die Meinung zu sagen.

Ich schrie ihn eine Viertelstunde lang ohne Punkt und Komma an und würgte auch seine Beschwichtigungsversuche ab. »Ich habe es endgültig satt, der Spielball zu sein. Mein ganzes Leben lang wurde ich rumgeschubst. Von allen. In den letzten Jahren vor allem von dir. Ja, du meinst es gut und willst mich beschützen. Aber es geht dir doch nicht um mich. Es geht um den Erfolg des Zeugenschutzprogramms. Ein totes Opfer wäre verdammt schlechte PR, was? Aber ich mag nicht mehr. Ich will mich nicht mehr verstecken. Ich will die Menschen, die mir nahestehen, nicht permanent belügen. Ich will nicht, dass meine Chefin, die mir als erster Mensch überhaupt vollkommen vorbehaltlos begegnet ist und mir die größte Chance meines Lebens gegeben hat, mit einer derart idiotischen Mail belästigt wird, von der sie annehmen muss, ich hätte sie geschrieben. Ich weiß nicht, wie lange mein Leben noch dauern wird. Vielleicht ist es morgen vorbei, vielleicht in drei Wochen, vielleicht in dreißig oder sechzig Jahren. Aber ich weiß, dass ich so nicht mehr weiterleben werde. Immer in Angst. Immer mit Lügen. Und immer fremdbestimmt. Ich ziehe hiermit einen Schlussstrich und entlasse dich und Marcus aus eurer Verantwortung. Ab sofort gibt es nur noch einen Menschen, der sich um mich kümmert, und der bin ich selbst!«

Mit diesen markigen Worten beendete ich das Gespräch und schaltete zum ersten Mal seit Jahren das Telefon komplett aus, sodass mich Bill oder Marcus nicht mehr anrufen konnten. Zumindest heute nicht mehr. Ich zog mich aus, stellte mich unter die Dusche und wusch mir all den Schmutz und den Schmerz vom Leib. Danach schlüpfte ich ins Bett und fiel augenblicklich in einen tiefen, traumlosen Schlaf.

BEFREIUNGSSCHLAG

NALU:

ENDLICH ZURÜCK! ICH SEUFZTE ERLEICHTERT, ALS DIE »Sound of my Soul« um halb neun Uhr abends sicher an ihrem Anleger in Tofino vertäut lag. Zum Dauerregen waren noch Sturmböen hinzugekommen, die eine zügige Fahrt erschwert hatten. Schließlich waren wir mit reiner Motorkraft in unseren Heimathafen geschippert und waren nun sehr erleichtert, dass wir es geschafft hatten. Die Wissenschaftler waren noch damit beschäftigt, ihre Daten zu sichern und Proben einzupacken. Cassidy arbeitete fieberhaft an einer kleinen Präsentation der vorläufigen Daten, die sie morgen ihren japanischen Kollegen vorstellen wollte. Esther würde sie am Vormittag nach Vancouver fliegen und auch schon einige der Materialkisten mitnehmen. Die anderen Wissenschaftler wollten dann wie geplant am Samstag mit dem Auto zurückfahren.

Ich selbst hatte an diesem Abend eigentlich nichts zu

tun, aber eine eindeutige Mission. Ich wollte Yuma sehen und mich mit eigenen Augen vergewissern, dass es ihr gut ging. Es schien nichts Schlimmes passiert zu sein, denn das hätte ich zweifellos von Esther erfahren, aber vollkommen beruhigt war ich nicht. Als ich über die Gangway das Schiff verließ und zum Bootshaus lief, war die Wohnung vollkommen dunkel. Natürlich war es um diese Zeit im Sommer eigentlich immer noch hell genug, dass man kein künstliches Licht brauchte, doch die dunklen Regenwolken sorgten für eine seltsame Abendstimmung. Vielleicht war sie ausgegangen? Irgendwie glaubte ich das nicht, sondern näherte mich trotz allem der Wohnung und stand mit heftigem Herzpoltern vor der Tür. Würde sie mich reinlassen? Würden wir endlich über alles reden? Würde mehr passieren?

Es gab keine Klingel, also klopfte ich. Erst zaghaft, dann deutlich vehementer, aber niemand öffnete. Bei der Arbeit war sie offensichtlich auch nicht mehr, denn Shop und Büro lagen ebenfalls im Dunkeln. War sie also doch mit ihren Mitbewohnern unterwegs? Oder bei Freunden zu Besuch? Womöglich bei Reeds kleiner Schwester Nora und ihrem neugeborenen Baby, von dem sie mir neulich vorgeschwärmt hatte – ganz ohne eigenen Kinderwunsch, wie sie betont hatte. Vielleicht war sie dort und hatte gar nicht mitgekriegt, dass wir endlich angekommen waren? Ich zog mein Handy aus der Hosentasche und schrieb ihr eine kurze Nachricht, die sie jedoch nicht las. Hm. Als Nächstes versuchte ich es telefonisch, doch mein Anruf sprang direkt auf die Mailbox. Hatte sie ihr Smartphone etwa ausgeschaltet? Oder noch schlimmer, mich blockiert?

All das ergab für mich überhaupt keinen Sinn. War irgendetwas vorgefallen, was ich nicht mitbekommen hatte? Hatte sie sich zu sehr unter Druck gesetzt gefühlt? Aber als sie in Telegraph Cove das Schiff verlassen hatte, war doch alles gut gewesen zwischen uns. Vom Gefühl der vertanen Chance mal abgesehen, das ich danach gehabt hatte. Ob sie enttäuscht von mir war? Hätte ich mich doch mehr um sie bemühen müssen? Aber ich hatte sie auf gar keinen Fall bedrängen wollen. Unter Umständen war sie aber auch bei Reed im Norden zu der Erkenntnis gekommen, dass ich nicht der Richtige für sie war und dass sie sich am besten komplett von mir fernhalten sollte. Das würde dann auch ihren überstürzten Aufbruch mit dem Wasserflugzeug erklären. Dieser Gedanke traf mich wie ein Hammerschlag, denn die Verbindung, die wir doch zweifellos hatten, war etwas ganz Besonderes. Nichts, was man einfach so wegwerfen durfte.

Frustriert machte ich kehrt, aber die »Sound of my Soul« mit ihrer emsigen Betriebsamkeit lockte mich im Moment so gar nicht. Ich überlegte, ob ich zu Esther gehen sollte, verwarf den Gedanken jedoch sofort wieder. Sie hatte vorhin am Telefon reichlich gestresst geklungen. Die letzten Tage waren wohl ziemlich anstrengend gewesen, weil es einige Ausfälle wegen Krankheit gab. Sie war auch nicht eben begeistert davon, dass sie morgen diesen Flug nach Vancouver übernehmen musste, aber leider hatten sich keine anderen Möglichkeiten ergeben. Nein, ich wollte sie an ihrem Feierabend nicht auch noch mit meiner seltsamen Stimmung belästigen. Sollte sie einen schönen Abend mit ihren Kindern und Dominic verbringen.

Weil ich aber nicht ewig im Regen stehen bleiben wollte, machte ich mich auf den Weg in die Stadt und steuerte unwillkürlich den Pub an, in dem ich an meinem ersten Abend in Tofino auf Yuma und ihre Kollegen getroffen war. Jener Abend, der mit dem Kuss aller Küsse geendet hatte – einem Kuss, den ich bis ans Ende meiner Tage nicht vergessen würde und von dem ich gedacht hatte, dass er für Yuma genauso bedeutsam war.

Die Kneipe war gerammelt voll, aber auf den ersten Blick erspähte ich keine bekannten Gesichter, also schälte ich mich aus meiner nassen Regenjacke und schlängelte mich durch die Meute bis zum Tresen, wo gerade ein Platz frei wurde. »Ein Bier und einen Cheeseburger mit Süßkartoffel-Fritten und Salat, bitte«, bestellte ich beim Barmann, noch ehe ich richtig Platz genommen hatte. Wenn ich schon düsteren Gedanken nachhing, wollte ich wenigstens eine solide Grundlage im Magen haben.

Als der Burger Vergangenheit war und ich bereits am zweiten Bier nippte, stupste mich jemand am Ellbogen an.

»Na, Seemann, so allein heute?«, gurrte Yumas Kollegin Lilly und schenkte mir einen verführerischen Augenaufschlag – gefolgt von einem fröhlichen Lachen. »Mann, du hättest dein Gesicht eben sehen sollen, die nackte Panik. Keine Sorge, ich geh dir schon nicht an die Wäsche. Diese Info ist klar und deutlich bei mir angekommen.« Sie schob sich auf den eben frei gewordenen Barstuhl neben mir und schüttelte ihr langes blondes Haar aus, das wellig und regenfeucht über ihre Schultern hing.

»Hi, Lilly«, grüßte ich lahm zurück. »Wo kommst du denn her?«

»Ich war bei Nora und Matt zum Abendessen eingeladen und hab ein bisschen das Baby geknuddelt, aber jetzt war mir nach etwas erwachsenerer Abendgestaltung.« Sie grinste und bestellte sich einen Gin Tonic.

»War Yuma auch dabei?«, fragte ich sie und hoffte, dass ich lässig klang und nicht so gequält und atemlos, wie ich mich fühlte.

»Nee, war sie nicht. Nora hatte sie zwar eingeladen, aber Yuma hat ihr bereits mittags abgesagt, weil sie angeblich zu müde war. Ich habe eigentlich gedacht, dass sie auf dich warten wollte ...« Nun wurde ihr Blick plötzlich so bohrend wie der von Koa.

»Offensichtlich nicht«, brummte ich und konnte mich nicht so recht entscheiden, ob ich sauer auf Yuma werden sollte oder mir richtige Sorgen machen musste. Wenn schon ihre Freundin und Mitbewohnerin glaubte, dass sie mit mir ...

Lilly unterbrach glücklicherweise meine Gedanken. »Es kann aber wirklich sein, dass sie früh ins Bett wollte. Sie hat letzte Nacht laut eigener Aussage praktisch nicht geschlafen, und heute war die Hölle los, da ist sie bestimmt nicht zum Durchatmen gekommen.«

»Hm.« Mehr fiel mir dazu nicht ein. Also nichts, was ich gern mit Lilly besprechen wollte. Andererseits hatte sie vielleicht Informationen ... »Warum hat sie nicht geschlafen?«, fragte ich, ehe ich einen klaren und sinnvollen Gedanken fassen konnte.

»Puh ... Keine Ahnung. Manchmal ... ähm ...«, druckste Lilly auf für sie sehr untypische Art herum. Normalerweise war sie nie um einen lockeren Spruch verlegen, doch nun schien es mir, als würde sie auf die Schnelle eine schlüssige Erklärung zusammenzimmern. Oder eine Lüge. »Wahrscheinlich sind ihr ein paar Dinge durch den Kopf gegangen, die sie belasten.«

Gut, das klang nach der Wahrheit, war aber auch

verdammt nichtssagend. »Was für Dinge?«, bohrte ich nach.

»Das kann ich dir nicht ... das musst du sie selbst fragen!« Sie nahm ihr Glas vom Barkeeper entgegen und trank einen großen Schluck.

Interessant. Sie wusste also etwas, wollte, konnte oder durfte mir aber nichts verraten. »Hätte ich gern gemacht, aber sie ist offenbar nicht zu Hause, und ans Telefon geht sie auch nicht«, entgegnete ich missmutig. Lilly betrachtete mich mit einem rätselhaften Gesichtsausdruck.

»Sie liegt dir wirklich sehr am Herzen, was?«, fragte sie zu meiner Überraschung.

»Ja. Sehr.« Mehr war dazu eigentlich nicht zu sagen, doch: »Deshalb verstehe ich auch nicht, warum sie nicht mit mir sprechen will. Oder kann. Ich mach mir echt Sorgen und hoffe, dass sie okay ist.«

»Mist«, fluchte sie – und das war gar nicht die Reaktion, mit der ich gerechnet hätte. »Du meinst, an ihrem Handy geht die Mailbox ran? Sie macht ihr Telefon nie aus – weil sie immer erreichbar ...« Wieder schluckte sie den Rest des Satzes hinunter.

»Vielleicht hat sie mich ja geblockt?«, mutmaßte ich frustriert, doch sie schüttelte ungeduldig den Kopf und versuchte nun ihrerseits, Yuma anzurufen.

»Wenn man geblockt ist, kommt man nicht mal bis zur Mailbox – und die springt auch bei mir an. Das gefällt mir ganz und gar nicht.« Sie trommelte nervös mit den Fingern auf den Tresen. »Lass uns gehen«, sagte sie und wollte mich vom Stuhl ziehen.

»Wir müssen wenigstens noch bezahlen«, entgegnete ich und reichte dem Barmann meine Karte. »Ich übernehme auch ihren Drink«, erklärte ich ihm und wandte mich dann wieder an Lilly. »Was hast du vor?«

»Wir sehen jetzt erst in der Wohnung nach, und wenn sie da nicht ist, dann ...«

»Könntest du endlich mal mit deinen kryptischen, vagen Andeutungen und den verschluckten Sätzen aufhören?«, fuhr ich sie genervt an und steckte meine Karte wieder ein. »Du weißt offensichtlich viel mehr als ich, und wenn du glaubst, dass sie in Gefahr sein könnte, dann solltest du mir schleunigst mehr Infos liefern.« Ich schlüpfte wieder in meine Jacke und folgte ihr aus der Kneipe.

»Ich habe ihr versprochen, niemandem etwas zu sagen, und daran halte ich mich – auch wenn ich es blöd finde.« Sie lief im Stechschritt in Richtung Hafen.

Ich stöhnte entmutigt, bohrte aber nicht weiter. Es frustrierte mich zwar enorm, dass Yuma Lilly offensichtlich mehr vertraute als mir, doch andererseits freute es mich auch, dass ihre Mitbewohnerin sich als loyale Freundin entpuppte. Nach wenigen Minuten hatten wir das Bootshaus erreicht und rasten die Treppenstufen hinauf.

Lilly schloss die Tür auf und blieb dann einen Augenblick lang lauschend im dunklen Flur stehen. »Ich gehe in ihr Zimmer«, kündigte sie flüsternd an und schlich auf Zehenspitzen zur Tür, hinter der sich Yumas Reich verbarg, das ich noch nicht gesehen hatte. Ich überlegte noch, ob ich Lilly einfach folgen konnte oder durfte, da kam sie bereits wieder zurück. Leise schloss sie die Zimmertür. »Sie schläft wie eine Tote«, raunte sie mir ins Ohr.

»Aber sie lebt hoffentlich«, entgegnete ich alarmiert.

»Natürlich! Sorry für den blöden Vergleich. Sie schläft

wie ein Murmeltier, und ihr Handy liegt ausgeschaltet auf dem Nachttisch. Vielleicht ist auch der Akku leer, aber es gibt keinen Grund zur Sorge.« Sie klang unglaublich erleichtert, und auch ich atmete ein paarmal tief durch.

»Okay. Gut. Aber trotzdem würde ich jetzt gern ...«, begann ich, doch Lilly hob abwehrend eine Hand.

»Ich kann dir nichts erzählen«, beschwor sie mich. »Bitte frag nicht weiter. Für den Moment ist alles in Ordnung.«

Ich seufzte. »Für den Moment?«

»Rede einfach mit ihr, ja?«, bat sie. »Morgen!« Dann schob sie mich in Richtung Tür. »Jetzt sollten wir sie schlafen lassen. Gute Nacht, Nalu.«

Kurz darauf stand ich wieder auf der Straße – ein wenig beruhigter zwar, aber mit noch mehr Fragen als vorher. Immerhin hatte der Regen nachgelassen, stellte ich fest, als mir ein Pärchen auffiel, das bummelnd an mir vorbeispazierte und dann ins Schaufenster des Souvenirshops von »Johnson's Giants« schaute. »Das ist das Bild, das ich dir zeigen wollte«, hörte ich die Frau noch sagen, ehe ich in Richtung Schiff ging. Hier und heute konnte ich nichts mehr machen, aber morgen würde ich die erstbeste Gelegenheit nutzen, mit Yuma zu sprechen.

TOFINO, VANCOUVER ISLAND, 2. JULI – YUMA:

So gut hatte ich mich schon lange nicht mehr gefühlt, stellte ich fest, als ich nach fast zwölfstündigem Tiefschlaf erwachte. Schlaf hatte wirklich eine heilende Wirkung, aber zweifellos rührte mein Hochgefühl auch von meinem gestrigen Befreiungsschlag her. Der war zwar in einer Situation passiert, in der ich völlig übermüdet und erschöpft von den zahllosen Schreckensmomenten und Adrenalinschüben des Tages gewesen war, aber auch heute war ich überzeugt, dass es die richtige Entscheidung gewesen war. Vor allem eine längst überfällige. So fühlte es sich also an, ein selbstbestimmter Mensch zu sein, dachte ich grinsend und putzte mir die Zähne. Ich konnte es kaum erwarten, in den ersten Tag meines neuen Lebens zu starten. Zehn Minuten später lief ich blendend gelaunt in die Küche und sah noch, wie Carlos aus der Wohnung huschte.

»Guten Morgen«, sagte ich strahlend zu Lilly, die eine Schale Müsli vor sich stehen hatte und mich mit hochgezogener Braue musterte.

»Was ist denn mit dir los?«, fragte sie skeptisch.

»Nichts. Heute ist nur der beste Tag meines Lebens.« Ich lachte, weil mir durchaus bewusst war, dass ich sie mit diesem Spruch vor ein paar Wochen regelmäßig zur Weißglut gebracht hatte.

»Ah, auf diesem Trip sind wir also wieder«, stellte sie fest und klang ziemlich verschnupft. »Weißt du eigentlich, dass sich viele Menschen Sorgen um dich machen? Nalu war völlig von der Rolle, weil er dich nicht erreicht hat. Wieso war dein Handy aus? Ich habe sogar nachgesehen, ob du noch lebst. Aber du lagst schlummernd in deinem Bettchen.«

»Tut mir echt leid, dass ihr euch Sorgen gemacht habt«, entgegnete ich betreten. »Das wollte ich nicht. Das wollte ich nie – und es muss auch nicht mehr passieren. Ich bin aus dem Zeugenschutz ausgestiegen.«

»Du bist was?«, rief Lilly entsetzt und spuckte dabei versehentlich ein paar Haferflocken aus.

»Ich habe Bill gestern mitgeteilt, dass ich aussteige.

Ich will das alles nicht mehr. Ich bin es leid, in Angst zu leben. Ich mag nicht mehr fremdbestimmt sein, sondern will endlich ein freies Leben führen.«

»Verstehe«, murmelte Lilly, doch es war sonnenklar, dass sie das nicht tat. »Ist nur etwas überraschend nach den jüngsten Entwicklungen. Und nur weil du aus dem Programm ausgestiegen bist, heißt das ja noch lange nicht, dass es keine Gefahr mehr gibt, oder?«

»Natürlich nicht«, erwiderte ich geduldig und bereitete mir selbst ein Müsli zu. »Ich bin ja nicht doof. Aber ich weiß nicht, wie real die Gefahr tatsächlich ist. Ich weiß aber, dass ich es nicht ertrage, noch einen weiteren Tag wie den gestrigen zu verbringen. Ich will nicht ständig Angst haben. Ja, es kann sein, dass irgendwann irgendwas geschieht. Es kann sein, dass ich morgen sterbe oder in zehn Jahren oder wann auch immer. Aber das trifft auf uns alle zu. Da geht es mir nicht anders als dir. Und die Zeit, die ich habe, will ich ohne Sorgen verbringen.«

»Niemand ist ohne Sorgen«, bemerkte meine Freundin erstaunlich weise. »Aber ich verstehe, was du meinst.« Sie seufzte. »Bitte erklär das auch Nalu, denn er war gestern wirklich sehr, sehr besorgt.«

»Werde ich«, versprach ich und fragte dann mit einem Blick auf die Küchenuhr: »Musst du nicht los und den Ausflug vorbereiten?«

Sie schluckte den letzten Bissen hinunter, stand auf und umarmte mich kurz von hinten. »Bin schon weg. Hab einen guten Tag und pass auf dich auf. Wir sehen uns heute Abend.«

»Bis dann.« Ich winkte ihr hinterher, aß mein Frühstück auf und räumte die Küche auf. Dann war es auch für mich Zeit, mich an die Arbeit zu machen und den

Laden aufzuschließen. Kurz überlegte ich, ob ich mein Telefon ausgeschaltet auf dem Nachttisch liegen lassen sollte, damit ich mich nicht mit Nachrichten von Bill und Marcus herumschlagen musste. Doch so verführerisch das auch war, es wäre verdammt unprofessionell, denn auch andere Menschen wollten mich möglicherweise erreichen. Esther, Lilly – und Nalu. Dass er sich gestern so um mich gesorgt hatte, rührte mich. Lilly hatte recht – ich musste mit ihm sprechen, und ich würde es auch tun. Sobald es möglich war. Doch zunächst schaltete ich mein Telefon ein, löschte die Nachrichten von Bill und Marcus ungehört und ungelesen und fand einen kurzen Text von Esther, in dem sie mir mitteilte, dass sie tatsächlich nach Vancouver fliegen musste und ich Anrufe und Buchungen bitte gleich mit übernehmen sollte. Nalus Anruf und seine Textnachricht von gestern Abend fand ich ebenfalls. Sonst gab es nichts, und ich atmete durch.

Bis der Laden öffnen musste, hatte ich noch ein bisschen Zeit, also ging ich kurz ins Büro, um da nach dem Rechten zu sehen. Glücklicherweise lagen keine schwierigen Mails vor – weder von enttäuschten mutmaßlichen Galeristinnen aus Toronto noch von Gästen, die ihre Touren umbuchen oder stornieren wollten. Ich leitete das Bürotelefon auf das im Shop um und betrat den Laden, um ein wenig umzudekorieren und die Regale mit frischen Waren aufzufüllen, damit ich einem möglichen Ansturm standhalten konnte, ohne zwischendurch ins Lager laufen zu müssen.

Durchs Schaufenster hatte ich einen guten Blick auf den Liegeplatz der »Sound of my Soul«, die in der fahlen Morgensonne lag. Nach dem unwetterartigen Regen gestern schien sich der Tag noch nicht entscheiden zu können, welches Wetter er heute präsentieren sollte. Zumindest war es trocken, das war schon mal die halbe Miete. Mit ein wenig Fantasie konnte ich Koa auf einer der Rahen erkennen. Mir war es ein Rätsel, wie der Kater es schaffte, die Masten, die aus Metall waren, zu erklimmen und dann über die quer liegenden Segelstangen zu balancieren. Hoffentlich tat er das wirklich nur im sicheren Hafen und nicht bei voller Fahrt. Von dem vierbeinigen Crewmitglied abgesehen, war es sehr ruhig auf dem Schiff. Ob die Wissenschaftler alle schon weg waren und Nalu am Ende noch in seiner Koje lag und schlief? Bei dem Gedanken an Nalus Kabine, in der ich nur einmal kurz gewesen war, wurde mir ganz warm. Im Gegensatz zu dem winzigen Quartier, das ich auf dem Schiff gehabt hatte, konnte man sich in seinem Reich sogar etwas bewegen. Und er schlief nicht etwa in einer siebzig Zentimeter breiten Koje, wie ich es hatte tun müssen, sondern hatte ein richtiges Bett. Das war nach herkömmlichen Standards zwar auch nicht riesig, aber mindestens einen Meter zwanzig breit. Zwei Menschen konnten da, wenn sie es kuschelig mochten, durchaus ...

Ich verwarf den Gedanken sofort wieder. Zumindest für den Moment, denn zunächst mal musste ich Nalu alles sagen. Wenn er mich dann immer noch wollte, konnten wir das andere Problem in Angriff nehmen. Ich wünschte mir so sehr, unbeschwert mit einem Mann – mit Nalu – intim werden zu können und wahre Lust zu erfahren, aber ich hatte keine Ahnung, ob das überhaupt ging. Nach meinen bisherigen Erfahrungen wollte ich mir keine allzu großen Hoffnungen machen. Ich hatte irgendwann mal gelesen, dass für manche Frauen Sex immer etwas problematisch war, selbst wenn sich der Liebhaber besonders einfühlsam und vorsichtig zeigte, wie ich es

Nalu jederzeit zutraute. Allein die Vorstellung seines muskulösen Oberkörpers mit den spektakulären Tätowierungen sorgte für ein wohliges Ziehen zwischen meinen Schenkeln. Wenn mir jemand Lust schenken konnte, dann ganz sicher er.

Nun sah ich Esthers Wagen, der sich dem Schiff näherte, und gleich darauf kamen Expeditionsleiterin Cassidy und ein paar ihrer Wissenschaftler an Deck. Sie luden zwei große Kisten ins Auto, Cassidy verabschiedete sich, und Esther fuhr mit ihr zum nahe gelegenen Wasserflugzeug-Anleger. Normalerweise ging man zu Fuß dorthin, aber die Kisten waren offensichtlich viel zu schwer. Ein paar Minuten später hörte ich das vertraute Knattern des Flugzeugmotors und verfolgte, wie Esthers kleiner Flieger abhob. Auf der »Sound of my Soul« herrschte inzwischen Hochbetrieb. Etliche Kisten, in denen zweifellos Ausrüstungsgegenstände und Proben untergebracht waren, wurden aus dem Schiffsbauch erst an Deck gebracht und anschließend auf dem Anleger gestapelt. Kurz darauf kamen zwei weitere Autos an, und die Wissenschaftler luden das ganze Material hinein. Es tat mir leid, dass ich mich nicht mehr verabschieden konnte, aber gleich musste ich den Laden öffnen, und jetzt klingelte auch noch das Telefon.

Der Vormittag verging wie im Flug und ich kam keine Minute dazu, mir Gedanken über Nalu oder andere Dinge zu machen. Bill und Marcus hatten jeweils probiert, mich auf dem Handy und über das Ladentelefon zu erreichen, doch ich hatte sie immer zügig abwürgen können, weil ich mich um Kundschaft kümmern musste. Das war nicht gelogen, denn es war eigentlich die ganze Zeit jemand im Shop und ich hatte Mühe, alles im Auge zu behalten. Gegen Mittag wurde es etwas friedlicher, aber das war mit Sicherheit nur die Ruhe vor dem Sturm. Bald würden Gäste vom Vormittagsausflug zurückkehren, und bei gutem Wetter und tollen Walsichtungen waren die Passagiere erfahrungsgemäß ganz besonders in Kauflaune. Doch nun betrat Liz unser kleines Geschäft – ein breites Lächeln auf den Lippen und ein Sandwich für mich in der Hand.

»Du bist eine Lebensretterin«, freute ich mich und nahm ihr hungrig das belegte Brot ab.

»Kommst du überhaupt zum Atmen?«, fragte sie mich. »Ich beobachte den Trubel schon die ganze Zeit vom Schiff aus und dachte mir jetzt, dass ich dich retten muss.«

»Du bist echt ein Schatz«, schmatzte ich und sah, wie unser großes Ausflugsboot in den Hafen fuhr und gleich darauf festmachte. Liz schaute sich neugierig um und ich deutete auf das Regal, in dem die »Sound of my Soul«-Waren drapiert waren. »Das sind die absoluten Verkaufshits.«

»Das kann ich mir vorstellen«, befand sie und posierte spaßeshalber mit einer Kappe und einem Seesack vor dem Spiegel.

Ehe ich noch antworten und mich nach Nalu erkundigen konnte, wie ich es eigentlich vorgehabt hatte, brach die erwartete nächste Kundenwelle über mich herein. Die ersten Walbeobachtungsgäste enterten das Geschäft mit vor Begeisterung glänzenden Augen und stürzten sich auf alles, was ein »Johnson's Giants«-Logo trug. Ich hörte aus Gesprächsfetzen heraus, wie aufregend die Tour gewesen war, und tippte mir nebenbei an der Kasse buchstäblich die Finger wund. Wieder klingelten in kurzen Abständen sämtliche Telefone. Wieder zunächst Bills, danach Marcus' Nummer. Was an »Ich will aussteigen« und »Ich habe keine Zeit, weil ich mich um meine Kundschaft kümmern muss« hatten die beiden nicht begriffen? Ich ignorierte die Anrufe, weil ich ohnehin keine Chance hatte, ranzugehen. Wenn sie unbedingt mit mir sprechen wollten, dann mussten sie eben persönlich vorbeischauen. Das wäre insofern praktisch, als ein uniformierter Mountie die Meute vom Kleinkram-Klauen abhalten könnte.

Ich hatte keine Ahnung, wie es passierte, aber plötzlich hatte ich das Gefühl, dass die Temperatur im Laden schlagartig fiel. Irritiert schaute ich mich um. Außer mir bemerkte offenbar niemand etwas. Dann fiel mein Blick auf ein Paar, das irgendwie nicht den Eindruck machte, als sei es auf der Tour gewesen. Die beiden waren ungefähr in meinem Alter und wirkten nicht weiter auffällig, aber aus irgendeinem Grund stellten sich mir die Nackenhaare auf. Kannte ich sie? Die Frau definitiv nicht, und den Mann sah ich nur von hinten. Er trug eine Baseballkappe, Jeans und T-Shirt und war von kräftiger, etwas bulliger Statur. Er hätte jeder sein können. Unauffällig behielt ich die beiden im Auge. Sie schienen sich nicht groß für mich zu interessieren, sondern liefen langsam an den Regalen vorbei und begutachteten die Waren.

Ich kassierte gerade eine weitere Kundin ab, die einen ganzen Plüschzoo kaufte, als ich klar und deutlich die Stimme der Frau hörte, die triumphierend sagte: »Da ist das Bild! Schau es dir genau an. Ich schwöre dir, das ist exakt der Stil von deinem Tattoo.« Die ganze Umgebung fror ein, und ich nahm alles nur noch wie in Zeitlupe wahr. Ich reichte meiner Kundin ihre Kreditkarte und die große Papiertüte mit den Stofftieren, dann sah ich, wie der Mann mit der Baseball-Cap sich meiner Zeichnung zuwandte, sie in die Hand nahm, um sie besser betrachten zu können, und anschließend sein T-Shirt hochzog. Noch ehe ich die ersten Striche seiner Tätowierung erkennen konnte, wusste ich, um was für ein Bild es sich handelte: tosende Wellen, aus denen ein Kreuz auftauchte, in dessen Zentrum sich ein brennender Edelstein befand. Ich erinnerte mich an den sehr spezifischen Motivwunsch des Mannes, der einer von Igors engsten Mitarbeitern gewesen war.

Heiße Panik stieg in mir auf, so plötzlich und unerwartet, dass mir davon fast übel wurde. Nun war es also so weit – bittere Ironie des Schicksals. Nur Stunden nachdem ich mich für ein freies, selbstbestimmtes Leben entschieden hatte, würde es enden. Davor hatten mich Bill und Marcus mutmaßlich warnen wollen, und ich Närrin hatte sie ignoriert. In meinen Ohren rauschte es, ich konnte keine Stimmen, keine normalen Geräusche mehr wahrnehmen. Ich sah noch, wie das Paar das Tattoo mit meiner Sturmzeichnung verglich – gewaltige Wellen, auf denen ein kleines, hilfloses Segelboot tanzte – und dann in meine Richtung schaute.

Das war der Moment, in dem meine glühende Angst die eiskalte Lähmung in meinen Gliedern zum Schmelzen brachte. Ich ließ fallen, was ich in der Hand hielt, und rannte blindlings aus dem Laden. Nur weg von hier. Wenn sie mich schon töteten, dann nicht mit so vielen unschuldigen Menschen um mich herum. Ich hörte diffus irgendwelche Rufe, ohne etwas zu verstehen. Ich stolperte zwischen den Menschen hindurch, die sich im Hafen tummelten, und rammte schließlich etwas Massives.

KLARE SICHT

NALU:

»Um Himmels willen, was ist los, Yuma?«, rief ich ihr ins Ohr und hielt sie fest an mich gepresst.

Sie zappelte in meinen Armen, war eindeutig panisch und wirkte wie von Sinnen.

»Verfolgt ... Igor ... ermorden ...«, hörte ich aus ihrem unzusammenhängenden Gestammel heraus.

Ich sah mich um. Sie war aus dem Souvenirshop gerannt, als wäre der Teufel hinter ihr her, und war dann gegen mich geprallt, allerdings ohne mich wirklich wahrzunehmen. Niemand folgte ihr, soweit ich das beurteilen konnte, und es schien auch nichts Schlimmes vorgefallen zu sein, denn sonst gäbe es im Laden doch mehr Aufregung, oder? »Ganz ruhig«, sprach ich sanft, aber bestimmt auf sie ein, aber ich drang gar nicht zu ihr durch.

»Nein ...«, schrie sie auf. »Ich muss weg!«

»Aber wohin?«, versuchte ich es erneut in ruhigem Tonfall, doch sie wand sich wie ein Aal in meinen Armen und versuchte zu entkommen. Inzwischen schauten schon ein paar Leute interessiert in unsere Richtung.

»Dir passiert nichts«, beschwor ich sie, aber sie wollte nichts davon hören, sondern zappelte nur noch mehr.

»Lassen Sie die Frau los!«, befahl plötzlich eine beherzte ältere Dame neben mir, und ich war so erschrocken darüber, dass ich Yuma tatsächlich losließ.

Sie sprintete ein paar Meter weiter, blieb dann unvermittelt stehen und blickte zurück zu mir. Der Schmerz und die Angst, die ich in ihrem Gesicht sah, brachen mir fast das Herz. Allerdings schaute sie mir nun endlich in die Augen, und ihre Züge veränderten sich rasant. Panik wich Verwirrung. Sie streckte in einer hilflos anmutenden Geste die Hand nach mir aus und kam dabei gefährlich ins Schwanken. Ich wollte zu ihr laufen, doch dann traf mich ein übler Schlag am Oberarm.

»Sie sollen die Frau in Ruhe lassen, Sie widerwärtiger Triebtäter«, kreischte die Frau und holte erneut mit ihrer Handtasche aus, um mir ein weiteres Mal eins überzubraten.

Ich hatte einige Mühe, sie mir vom Leib zu halten, und nahm nur aus den Augenwinkeln wahr, wie Yuma irritiert erst in meine Richtung, dann zum Souvenirshop blickte und anschließend die Beine in die Hände nahm und davonrannte.

»Was wollen Sie eigentlich von mir?«, fragte ich die alte Dame, als ich endlich ihre Hände eingefangen hatte, um sie von weiteren Schlägen abzuhalten.

»Lassen Sie mich los, Sie Schuft! Erst belästigen Sie die junge Frau, und jetzt werden Sie auch noch mir gegenüber handgreiflich«, schrie sie aufgebracht und erregte dabei so viel Aufmerksamkeit, dass sich ein Grüppchen interessierter Zuschauer um uns bildete und mir den Blick auf Yumas Fluchtrichtung verwehrte.

»Ich habe niemanden belästigt, und wenn hier jemand handgreiflich geworden ist, dann ja wohl Sie«, entgegnete ich frustriert. Wäre ich wegen Yuma nicht so besorgt gewesen, hätte ich ob der absurden Situation fast lachen können. Irgendwie war es ja ganz zauberhaft von der alten Dame, dass sie sich mutig für andere Menschen einsetzte – nur in diesem Fall leider völlig daneben.

»Gibt es ein Problem?«, unterbrach uns eine ruhige Männerstimme, und ich schaute in das Gesicht eines rotwangigen jungen Mounties, den ich schon häufiger im Ort gesehen hatte.

»Dieser Wüstling hat eine junge Frau belästigt und wollte sich nun auch noch an mir vergreifen, Officer«, kam mir meine Angreiferin mit einer Erklärung zuvor.

Ich bemerkte, wie seine Mundwinkel zuckten und eine Braue nach oben schnellte, doch er hatte sich schnell wieder im Griff. »Ich bin mir sicher, das kann nur ein Missverständnis sein, Ma'am«, sagte er und klang erstaunlich autoritär. »Mr Kalakaoa ist ein respektables Mitglied unserer Gemeinde und hegt ganz sicher keine fragwürdigen Absichten Ihnen oder anderen Frauen gegenüber. Nicht wahr?«

Diese Frage war eindeutig an mich gerichtet, aber ich war viel zu verblüfft, um sofort reagieren zu können. Woher wusste dieser Mountie so genau, wie ich hieß, warum bezeichnete er mich als Gemeindemitglied, und wieso setzte er sich so vehement für mich ein? »Natürlich nicht«, krächzte ich mit einiger Verzögerung.

»Reine Schutzbehauptung«, schnaubte die Frau empört. »Natürlich sagt er so etwas. Aber ich finde es empörend, dass Sie sich automatisch auf die Seite des Täters schlagen. Vermutlich weil er auch ein Mann ist?« Sie bohrte ihm einen Zeigefinger in die rote Uniformjacke. »Ich werde mich über Sie beschweren!«

»Das ist natürlich Ihr gutes Recht, Ma'am, auch wenn ich das sehr bedauern würde. Ich schlage mich nicht automatisch auf die Seite von Mr Kalakaoa, sondern verfüge schlicht über bessere Hintergrundinformationen als Sie. Miss Solano war nicht wegen Mr Kalakaoa aufgebracht, sondern aus anderen Gründen.«

»Hm.« Das schien ihr zu denken zu geben.

Genau wie mir. Was wusste dieser Mountie, wovon ich keine Ahnung hatte? Und warum unternahm er nichts, um das eigentliche Problem zu lösen – sprich: die panische Yuma zu finden –, sondern ließ sich auf eine sinnlose Diskussion mit dieser überspannten alten Schabracke – Pardon: besorgten Bürgerin – ein?

»Sind Sie sicher?«, fragte die Frau, nun deutlich defensiver.

»Absolut«, bestätigte der Polizist mit einem aufmunternden Lächeln.

Sie bedachte mich mit einer stirnrunzelnden Musterung. »Sie sehen eigentlich ganz nett aus«, gab sie brummig zu.

»Danke«, entgegnete ich und verbiss mir den Kommentar, dass auch nette Menschen schlimme Dinge tun konnten. Dieser Hinweis wäre meinem Ruf wohl nicht besonders förderlich gewesen. »Ich versichere Ihnen, dass ich weder Yuma noch Ihnen zu nahe treten wollte. Verzeihen Sie mir, wenn ich Sie erschreckt haben sollte.« Ich hoffte, dass mein Lächeln aufrichtig und harmlos wirkte und nicht so gequält, wie es sich anfühlte, aber ich musste die Frau endlich loswerden.

»Okay, ich glaube Ihnen«, sagte sie schließlich gnädig. »Aber man kann ja nie aufmerksam genug sein.«

»Das stimmt, und dafür bin ich Ihnen auch sehr dankbar«, schaltete sich nun wieder der Mountie ein. »Es wäre gut, wenn es viel mehr so aufmerksame Menschen wie Sie gäbe, Ma'am. Aber nun sollten Sie wieder Ihren Tag in unserem wunderschönen Tofino genießen und sich keine Gedanken mehr über etwaige Verbrechen machen. Wir haben hier alles unter Kontrolle.«

Ich schüttelte fassungslos den Kopf, als die Frau sich endlich trollte und sich die kleine Menschenmenge endgültig auflöste.

»Wir kennen uns noch nicht offiziell«, wandte sich der Polizist mir zu und reichte mir seine Hand. »Ich bin Sergeant Marcus Tillerson.«

»Angenehm«, murmelte ich und erwiderte seinen Händedruck. Mir kam die ganze Sache absolut surreal vor. »Seien Sie mir nicht böse, Sergeant, aber momentan ist mir nicht nach Smalltalk mit den lokalen Gesetzeshütern. Ich würde jetzt gerne Yuma finden.«

»Marcus reicht«, versicherte er mir und nickte dann bestätigend. »Ja, wir sollten Yuma suchen – auch wenn ich glaube, dass sie nicht in Gefahr ist.«

»Glaubst du?«, ätzte ich. »Das sah vorhin aber ganz anders aus. Sie glaubt offensichtlich, dass ein Igor sie ermorden will. So etwas bildet man sich doch nicht einfach so ein, oder?«

»Natürlich nicht, aber ich schätze, sie kennt nicht die gesamte Faktenlage, deshalb muss sie Panik bekommen haben, als ...« Er unterbrach sich und schaute sich um. Wie aufs Stichwort verließ ein Pärchen Anfang dreißig den Souvenirshop. Der Mann, ein etwas bulliger Typ mit Baseballkappe, hatte einen suchenden Blick, der sich aufhellte, als er in unsere Richtung sah. Zielstrebig kam er auf uns zu.

»Ich muss eine Meldung machen«, begann der Mann, an Marcus Tillerson gewandt, als er und seine Begleiterin uns erreicht hatten. »Ich glaube, ich habe vor wenigen Minuten jemanden ...«

Zu meiner – und offensichtlich auch seiner – Überraschung unterbrach ihn Marcus mit einer etwas ungeduldigen Handbewegung. »Ich weiß. Sie sind Leo Chan, nicht wahr?«

Er nickte und wirkte ähnlich verwirrt, wie ich vor wenigen Augenblicken gewesen war, als Marcus auch mich so eindeutig identifiziert hatte. »Allison hat mich erkannt und rechnet nun zweifellos mit dem Schlimmsten«, setzte der Typ erneut an und drückte die Hand seiner Freundin, die ebenfalls ziemlich besorgt zu sein schien.

»Wer ist Allison?«, rief ich, weil ich nun gar nichts mehr begriff. Ich hatte keine Lust auf diese seltsame Scharade hier. Yuma war in nackter Panik davongelaufen. Sie konnte wer weiß wo sein, und ... Ich mochte mir gar nicht ausmalen, was ihr alles passiert sein konnte.

»Allison heißt inzwischen Yuma«, setzte Marcus mit betont ruhiger Stimme an. »Sie ist seit drei Jahren im Zeugenschutzprogramm und ich bin hier sozusagen ihr Kontaktmann.«

Der Baseballkappenmann nickte verstehend, doch ich kapierte gar nichts. Zeugenschutzprogramm?

Falscher Name? Das würde immerhin Yumas seltsames Verhalten erklären, aber ...

»Was Yuma nicht weiß, weil sie gestern Abend mit einer höchst dramatischen Geste aus dem Programm ausgestiegen ist und sich bisher jeder Kontaktaufnahme verweigert hat, ist, dass die Gefahr für sie gebannt ist.«

Wieder nickte der Mann. »Und dann entdeckt sie mich. Sie muss glauben, dass Igor es auf sie abgesehen hat.« Er seufzte. »Was für ein irrer Zufall, dass ich sie ausgerechnet hier treffe.«

»Allerdings. Wir wollten ihr Bescheid geben, dass Sie im Ort sind, aber sie ist nicht ans Telefon gegangen«, erklärte Marcus und klang regelrecht zerknirscht.

»Ich verstehe nur noch Bahnhof«, brach es aus mir hervor. »Aber ich würde jetzt wirklich gerne Yuma finden.« Ich hatte eine Idee, wohin sie gelaufen sein könnte, und wollte das so schnell wie möglich überprüfen.

»Vielleicht bringe ich uns alle zunächst auf denselben Informationsstand«, sagte Marcus und legte mir kurz seine Hand auf die Schulter. Er musste gespürt haben, dass ich drauf und dran war, loszulaufen. »Es geht auch schnell. Die ganzen Details kann dir Yuma selbst erzählen, aber die wesentlichen Dinge solltest du wohl gleich erfahren.«

Es folgte die haarsträubendste Geschichte, die ich jemals gehört hatte, und ich begriff höchstens die Hälfte davon. Wenn überhaupt, aber die Klärung aller Details hatte Zeit. Jetzt musste ich erst einmal Yuma finden, die sich vermutlich zu Tode ängstigte.

»Wir sind noch ein paar Tage hier in Tofino«, sagte der Mann, von dem ich inzwischen wusste, dass er Leo Chan hieß und früher die rechte Hand des ominösen

Igor Andrejew gewesen war, vor dem sich Yuma so fürchtete.

»Gut zu wissen.« Marcus nickte ihm und der Frau an seiner Seite zu.

»Geben Sie bitte Bescheid, wenn Sie Allison ... wenn Sie Yuma gefunden haben«, bat nun Chans Begleiterin. »Wir würden gerne mit ihr reden. Vielleicht nimmt ihr das endgültig die Angst, und außerdem ...« Sie sah zu Leo, der unmerklich mit den Schultern zuckte. »Egal, das ist jetzt unwichtig. Entscheidend ist, dass Sie Yuma so schnell wie möglich finden.«

In diesem Punkt musste ich ihr eindeutig recht geben. »Dann lasst uns endlich loslegen!«

»Ich werde mal Verstärkung anfordern«, sagte Marcus, als sich das Paar verabschiedet hatte.

»Können wir erst zum MacKenzie Beach fahren? Ich könnte mir vorstellen, dass sie dorthin gelaufen ist.«

»Wenn sie zu Fuß ist, müsste sie noch unterwegs sein. Für die drei Kilometer braucht sie ein Weilchen.«

»Worauf warten wir dann noch?« Ich konnte nur mit Mühe ein ungeduldiges Stöhnen unterdrücken.

»Wer kümmert sich eigentlich um den Shop?«, wollte Marcus wissen, statt zu seinem Wagen zu rennen und Yuma zu suchen.

»Ist das jetzt wirklich wichtig?« Ich schnaubte ungläubig.

»Gib mir eine Minute«, bat er und flitzte in den Laden.

Ich war drauf und dran, einfach loszurennen und mir irgendwo ein Fahrrad oder besser noch ein Auto zu klauen, um so schnell wie möglich zu Yuma zu kommen, doch da war Marcus schon wieder zurück.

»Alles klar, Lilly übernimmt, und Liz hilft mit«, sagte

er und deutete mit einem Nicken auf seinen Einsatzwagen, der ein paar Meter entfernt parkte.

»Woher weißt du eigentlich so genau, wer wir sind?«, fragte ich, als ich im Wagen saß. »Ich meine, du kennst meinen kompletten Namen, du weißt, wer Liz ist – ist ja nicht so, dass wir hier schon seit ewigen Zeiten leben oder so.«

»Wir haben alle Menschen, mit denen Yuma Kontakt hat, überprüft«, gab er völlig nüchtern zurück. »Das gehört zum Job.«

»Hm.« Mehr hatte ich dazu nicht zu sagen. Zumindest für den Moment nicht. Darüber nachzudenken war zu aufwühlend. Stattdessen scannte ich die Umgebung der Straße. Es gab eigentlich nur diesen einen Weg zum MacKenzie Beach – es sei denn, man schlug sich durch den Wald, aber ich bezweifelte, dass Yuma sich hier so gut auskannte. Andererseits reagierten panische Menschen oft irrational.

»Vielleicht hat sie jemand mitgenommen? Oder sie ist durch den Wald gelaufen?«, mutmaßte Marcus, der offenbar zu ähnlichen Erkenntnissen gekommen war.

Wir hatten den Parkplatz erreicht. Es standen nur zwei weitere Autos herum, was mich jedoch kaum wunderte. Es regnete zwar nicht mehr wie gestern, aber es war kühl und bewölkt. Kein gutes Strandwetter. Auf den ersten Blick wirkte der Stand menschenleer, nur am Surfshop tummelten sich ein paar Leute. Aber ich hatte das sichere Gefühl, dass Yuma in der Nähe war.

»Lass uns die Leute vom Surfshop fragen«, schlug Marcus vor, doch ich schüttelte den Kopf.

»Mach du das, ich fange schon mal mit der Suche an.« Ohne auf seine Antwort zu warten, sprang ich aus dem Einsatzwagen und rannte zum Strand hinunter und in

Richtung der Treibgutformation, bei der wir neulich unser Lager aufgeschlagen hatten.

Mein Herz schlug bis zum Hals, als ich dort ankam, und tatsächlich erspähte ich gleich darauf ihre schmale Gestalt, die unter den ineinander verkeilten Ästen und Stämmen Schutz suchte.

»Yuma«, keuchte ich – unendlich erleichtert, dass ich sie gefunden hatte. Sie zitterte am ganzen Leib, schien aber ansonsten wohlauf zu sein.

»Ist man dir gefolgt?«, piepste sie ängstlich und starrte mich mit weit aufgerissenen Augen an.

»Komm her«, bat ich und reichte ihr meine Hand, um sie aus ihrem Versteck zu lotsen. »Niemand ist mir gefolgt – dir auch nicht. Du bist in Sicherheit.«

»Nein, bin ich nicht. Igor wird seine Killer schicken, die mich ermorden sollen – und dich auch, wenn du in meiner Nähe bist«, brachte sie nun erstaunlich klar hervor.

»Igor wird gar nichts mehr tun«, sagte ich fest. Ich hatte nicht alles begriffen, was mir Marcus vorhin erzählt hatte, aber dieser Teil war glasklar gewesen. »Sein Verbrecherring wurde endgültig zerschlagen. Er hat keine Macht mehr über irgendwelche Killerkommandos. Und erst recht keine mehr über dich.«

Sie schüttelte den Kopf, ließ es aber zu, dass ich sie aus ihrer unbequemen Lage befreite und in meine Arme zog. Yuma bebte – vermutlich vor Angst und vor Kälte, denn sie trug nur ein »Johnson's Giants«-T-Shirt zu ihrer Jeans.

»Leo Chan«, begann sie. »Leo Chan ist da und wird …«

»Er wird nichts Schlimmes machen«, unterbrach sie Marcus, der inzwischen bei uns aufgekreuzt war. »Yuma, das haben Bill und ich dir heute den ganzen Tag sagen wollen, aber du wolltest ja nicht mit uns sprechen«, fuhr er fort und sah sie eindringlich an. »Es hat vor zwei Wochen mehrere große Razzien in Toronto gegeben. Die dortige Polizei und die Staatsanwaltschaft sind sich ziemlich sicher, dass damit der Ring um Igor Andrejew endgültig zerschlagen ist. Alle maßgeblichen Köpfe sitzen in Haft.«

»Aber Leo Chan ist hier. In Tofino. In diesem Moment!«

»Ja, weil er ein freier Mann ist und hinfahren kann, wohin er möchte«, erklärte der Mountie sachte. »Chan wurde bereits vor drei Jahren verhaftet und in einem eigenen Prozess verurteilt. Allerdings hatte er sich vor ungefähr einem Jahr dafür entschieden, doch vollumfänglich auszupacken, und ist einen Deal mit der Staatsanwaltschaft eingegangen. Seine Informationen haben zu dem großen, endgültigen Schlag beigetragen. Danach wurde er aus der Haft entlassen und kann jetzt tun, was er möchte.«

»Was, wenn er die nächste Organisation aufbaut? Er wusste immerhin so gut wie alles und dürfte ähnlich gute Kontakte wie Igor haben.« Yuma klang mehr als skeptisch, und mir blieb nichts anderes übrig, als dem Gespräch der beiden fasziniert zu folgen.

»Das halten die Behörden für höchst unwahrscheinlich. Er arbeitet jetzt nämlich für die Staatsanwaltschaft.« Marcus grinste verschmitzt.

»Was?«

»Ja, das war Teil des Deals. Dieser Leo Chan ist nicht nur ein IT-Guru, sondern auch studierter Jurist und wegen seiner Kontakte ein ziemlich begehrter Mann. Man munkelt sogar, dass er bereits an einem Buch über die Strukturen der organisierten Kriminalität im einundzwanzigsten Jahrhundert schreibt. Das dürfte eine echt spannende Lektüre werden.«

»Und sein Todesurteil«, murmelte Yuma.

»Vielleicht. Vielleicht auch nicht. Aber ich schätze mal, ein Mann wie Leo Chan kann ganz gut auf sich selbst aufpassen.«

»Im Gegensatz zu mir offensichtlich«, entfuhr es Yuma bitter.

»Das ist nicht miteinander vergleichbar«, entgegnete Marcus beschwichtigend. »Aber entscheidend ist, dass du jetzt wirklich frei und sicher bist – so, wie du es dir gewünscht hast.«

»Pfff.« Sie verdrehte die Augen. »Das glaubt ihr doch selbst nicht«, spie sie verächtlich aus. »Wie kann ich jemals wirklich frei und sicher sein? Freiheit und Sicherheit sind nichts als blanke Illusion.«

»Natürlich heißt das nicht, dass es überhaupt kein Risiko mehr für dich gibt, aber das trifft auf jeden Menschen zu. Deine offizielle Gefährdungsstufe wurde jedenfalls auf null gesetzt. Nicht wegen deiner Brandrede von gestern Abend, sondern wegen der klaren Faktenlage.«

Yuma schüttelte den Kopf, und dann sah ich, wie sich ihre Augen mit Wasser füllten. Das war mehr, als ich ertragen konnte. Ich nahm sie erneut in die Arme und küsste ihr die Tränen von den Wangen. »Was auch immer passiert ist, ich bin für dich da«, sprach ich leise in ihr Ohr. »Du musst da nicht allein durch.«

»Gut zu wissen.« Marcus lächelte mir zu. »Wir sind froh, dass Yuma hier so ein gutes Umfeld und echte Freunde gefunden hat.«

»Ich glaube, mir fehlt immer noch ein wenig der

Kontext zu der ganzen Geschichte«, sprach ich sachte weiter.

»Du kannst ihm alles erzählen, wenn du willst«, wandte sich Marcus wieder an Yuma. »Auch allen anderen. Bill wird sich ebenfalls bei dir melden und will in den nächsten Tagen auch nach Tofino kommen, damit er alles persönlich mit dir besprechen kann. Es wird sicherlich ein Weilchen dauern, bis du dich an die neue Situation gewöhnt hast, aber Yuma, noch einmal: Die große Gefahr ist wirklich und wahrhaftig vorbei!«

»Aber was macht dann Leo Chan hier? In Tofino? In dem Laden, in dem ich arbeite?« Sie schniefte und wischte sich die letzten Tränen aus dem Gesicht. Doch sonst schien sie sich schon wieder besser im Griff zu haben.

»Ich schätze, das ist einfach Zufall. Und wer könnte es ihm verdenken? Tofino ist schließlich der schönste Ort der Welt.« Marcus lächelte so stolz, als hätte er das Städtchen persönlich gegründet. »Und jetzt sollten wir zurückfahren, sonst holst du dir hier den Tod. Leo und seine Partnerin würden übrigens gerne mit dir reden. Es tut ihnen nämlich wahnsinnig leid, dass sie dich so sehr erschreckt haben. Vielleicht glaubst du ja dann, dass alles gut wird?«

Ich erkannte an Yumas beredtem Ausdruck, dass sie Zeit brauchte, um diese Informationen zu verarbeiten. »Gibst du uns noch eine Minute?«, bat ich Marcus, der den Hinweis glücklicherweise verstand und schon vorausging, dann wandte ich mich wieder an Yuma. »Du musst da nicht allein durch«, wiederholte ich meine Worte von eben.

Sie sah mir tief in die Augen, als wollte sie in meine Seele blicken. »Danke.«

Mir war nicht klar, wofür genau sie sich bedankte, aber ich nickte einfach. Instinktiv spürte ich, dass alles, was nun passieren würde, in ihrem Tempo geschehen musste. Ich würde sie nicht drängen. Aber ich fühlte auch, dass sie zum ersten Mal überhaupt wirklich ganz bei mir war und mich nicht mehr loslassen würde. Genauso wenig wie ich sie.

STERN AM HIMMEL

AUF SEE, AN DER KÜSTE VON VANCOUVER ISLAND, 19. AUGUST – YUMA:

»OB DIE BEIDEN JEMALS WIEDER IHRE KABINE verlassen werden?«, fragte ich grinsend Nalu, der am Steuer der »Sound of my Soul« stand und in die tief stehende Morgensonne blinzelte.

»Lass sie doch, eine Hochzeitsnacht hat man schließlich nur einmal.« Er zwinkerte mir zu und zog mich dann an sich.

»Auch wieder wahr«, murmelte ich. »Aber es ist unwahrscheinlich, dass sie so viel Spaß haben wie wir letzte Nacht.« Mir entfuhr ein wohliger Seufzer, und ich schmiegte mich eng an Nalus Heldenbrust und genoss seinen betörenden Duft.

Wir waren gerade auf dem Weg von Victoria nach Port McNeill, um Kiona und Reed einen Mini-Honeymoon zu gönnen. Die beiden hatten sich gestern im Garten von Reeds Elternhaus das Jawort gegeben, in einer lockeren, aber absolut wundervollen Zeremonie.

Ich freute mich von Herzen für sie – genau wie für Esther und Dominic, die sich gestern verlobt hatten. So viel Liebe, so viel Glück – auch für mich und Nalu.

Ich konnte es immer noch nicht recht glauben, was sich in den letzten paar Wochen alles getan hatte. Und wie absolut sensationell und großzügig meine neuen Freunde reagiert hatten. Allen voran natürlich Nalu.

Nachdem Marcus uns vom Strand zurück an den Hafen gebracht hatte, waren wir direkt aufs Schiff gegangen. Dort hatte ich Nalu meine komplette Lebensgeschichte erzählt: meine traurige Kindheit und Jugend, meine durch und durch toxische Beziehung mit Ricky, das schmuddelige Tattoo-Studio, das in Wirklichkeit der Hauptsitz von Igors Verbrecherring gewesen war. Ich hatte auch mein Verhältnis zu Igor nicht ausgespart, weder die Vergewaltigungen, mit denen er mir und Ricky seine Macht demonstriert hatte, noch seine Schmeicheleien und die Bevorzugung, wenn ich meinen Job gut gemacht hatte. Nalu hatte sich alles angehört, ohne die Dinge zu bewerten, sie kleinzureden oder zu dramatisieren, und das hatte unendlich gutgetan. Ich hatte gar nicht mehr aufhören können, zu reden. Alles war aus mir hervorgesprudelt, all die Dinge, die ich jahrelang hatte geheim halten müssen, all meine Sorgen und Ängste. Nalu war einfach für mich da gewesen.

Später hatte ich mitbekommen, dass Liz, die von meiner panischen Flucht aus dem Laden vollkommen überrascht worden war, dort beherzt das Ruder übernommen hatte, bis Lilly sie nach ihrer Tour abgelöst hatte. Irgendwie hatten sie den Tag ohne mich hinbekommen, bis Esther am späten Nachmittag aus Vancouver zurückgekehrt war. Ich hatte Esther und Lilly am selben Abend ebenfalls alles erzählt. Nicht ganz so detailliert wie Nalu, aber zumindest so, dass die meisten Fragen beantwortet waren. Auch diese beiden hatten toll reagiert, auch wenn mit Lilly weiterhin ihre Fantasie durchging. Sie war fasziniert von Leo Chan, der mit seiner Freundin Mia am nächsten Tag noch einmal vorbeigekommen war. Es hatte ihm wahnsinnig leidgetan, dass er mich derart verängstigt hatte, und wir hatten ein wirklich gutes, offenes Gespräch geführt – auch über die gemeinsamen alten Zeiten.

Auch jetzt noch hatten wir regelmäßig Kontakt, weil Leo und Mia ständig neue Zeichnungen bei mir bestellten. Ich mochte mir gar nicht ausmalen, wie es in ihrem Haus aussehen musste, aber vielleicht verschenkten sie die Bilder auch einfach. Ein wenig hatte ich den Verdacht, dass ihr Mäzenatentum mehr von Mitgefühl für mein Schicksal getrieben war als von echtem Interesse an meiner Kunst, doch im Grunde war es mir egal. Sie ermöglichten mir damit ein ordentliches Einkommen, das zusammen mit meinem normalen Gehalt und den Bilderverkäufen im Laden inzwischen für ein schönes Polster auf der Bank sorgte.

An meinem Lebensstil hatte sich nichts geändert. Nach wie vor legte ich nicht viel Wert auf überflüssige Dinge, die das Leben letztlich nur beschwerten, aber ich hatte einige meiner Klamotten durch hochwertigere und schickere Teile ersetzt und mir erstklassige Zeichenmaterialien gegönnt. In die tiefschwarze japanische Tinte, die ich seit drei Wochen benutzte, war ich fast so verliebt wie in Nalu. Das Geld gab mir jedoch ein gewisses Maß an Sicherheit und Unabhängigkeit. Es war ein gutes Gefühl, dass ich notfalls ein Weilchen ganz ohne Arbeit überleben würde. Nicht, dass es danach aussah, denn wenn es nach Esther ginge, könnte ich wahrscheinlich für immer bei »Johnson's Giants« bleiben.

Ich hatte auch nicht vor, daran in naher Zukunft etwas zu ändern, denn ich fühlte mich unglaublich wohl in Tofino und nutzte inzwischen jede freie Minute, um Kajak zu fahren oder auf einem Board zu paddeln. Wie es nach der Sommersaison weiterging, war allerdings eine andere Sache. Ich würde dorthin gehen, wohin es Nalu zog. Nicht, weil ich es musste – ich könnte in der Wohnung bleiben, zeichnen und das Büro und den Shop von »Johnson's Giants« managen –, sondern weil ich es wollte. Er war mein Schicksal und ich war seines, und wir würden, solange es möglich war, unsere Leben gemeinsam verbringen. Ich wusste, dass er eigentlich nur für diese erste Sommersaison zugesagt hatte, aber die »Sound of my Soul« war ihm ans Herz gewachsen und es schien die Idee zu geben, das Fahrgebiet in den kalten Monaten auf südlichere Gefilde, konkret auf Hawaii, auszudehnen. Doch ob diese Gedankenspiele inzwischen weiter gediehen waren? Während der letzten Wochen war das kein Thema mehr gewesen. Angesichts der turbulenten Saison und der Hochzeit von Kiona und Reed konnte ich mir kaum vorstellen, dass irgendjemand Zeit gehabt hatte, ernsthaft darüber nachzudenken. Aber noch war Zeit, und ich war vollkommen entspannt, denn eines war klar: Die nächsten Schritte würden Nalu und ich gemeinsam machen.

»Habe ich dir heute schon gesagt, wie sehr ich dich liebe?«, raunte er mir ins Ohr, so als ahnte er, dass meine Überlegungen gerade bei ihm, bei uns angekommen waren. Was gar nicht so unwahrscheinlich war, denn er hatte einen fast magischen siebten Sinn für meine Gedanken und Empfindungen.

»Noch nicht mit Worten, wohl aber mit Taten«, entgegnete ich mit leicht rauer Stimme und ließ meine Hand auf seiner Brust ein Stückchen tiefer gleiten, bis er leise stöhnte.

»Du bist wirklich unersättlich.« Er klang amüsiert, aber seine Augen hatten bereits wieder den lustvoll verschleierten Glanz angenommen, den ich so liebte. Leider war jetzt weder die Zeit noch der Ort, diesem Impuls nachzugehen.

»Nur was dich betrifft. Ich kriege einfach nicht genug von dir.« Ich stellte mich auf die Zehenspitzen und drückte ihm einen Kuss auf die Wange, ehe ich Koa auf den Arm nahm, der wie immer in unserer Nähe herumlungerte. Sicher war sicher, denn sonst hätte ich nicht für mich und meine Taten garantieren können.

Das war das nächste große Glück, und ich konnte es immer noch nicht fassen, dass ich mich nicht nur auf Intimität mit Nalu hatte einlassen können, sondern dass ich es so sehr genoss, mit ihm zu schlafen. Wir hatten uns Zeit gelassen und waren langsam und regelrecht schüchtern an die Sache herangegangen – immer nur so weit, wie es okay für mich war. Seine Geduld und seine Selbstbeherrschung schienen übermenschlich zu sein. Den allerersten Orgasmus meines Lebens hatte ich hier auf dem Schiff erlebt, und dieser Moment war so unglaublich intensiv und emotional gewesen, dass ich heftig hatte weinen müssen.

Das passierte mir auch heute noch ab und zu, aber glücklicherweise nicht mehr so oft, denn Nalu war dann immer ganz verstört und tat alles, damit die Tränen wieder versiegten. Er hatte dafür ein paar sehr interessante Techniken parat ...

»Machen wir eigentlich einen Stopp in Tofino?«,

wechselte ich das Thema, um mich von meinen erotischen Fantasien abzulenken. »Oder fahren wir bis Port McNeill durch?«

»Das fragen wir unseren Boss am besten selbst, sollte er demnächst mal erscheinen.« Nalu zwinkerte mir zweideutig zu. »Warum aber? Willst du etwa von Bord gehen?«

»Auf gar keinen Fall – auch wenn Esther sicher total froh wäre. Insofern fände ich es sogar besser, wenn wir einfach vorbeisegeln.«

»Mau«, meldete sich Koa zu Wort.

»Du musst dich da gar nicht einmischen«, sagte ich und gab ihm einen Kuss auf den Kopf. Er maunzte noch einmal – diesmal ungeduldiger – und strampelte so, dass ich ihn auf den Boden setzte. Er lief schnurstracks in Richtung Reling und starrte aufs Wasser.

»Überlegt er, ob er an Land schwimmen soll?«, fragte ich verwundert.

Nalu lachte. »So wasserscheu, wie er ist? Nein, ich schätze, er wittert eher Delfine oder Wale. Das habe ich schon häufiger bei ihm beobachtet. Hätte nie gedacht, dass Katzen das auch können, bisher habe ich das nur bei Hunden erlebt. Reed und Esther erzählen ja auch, dass Ollie und Carly einen siebten Sinn für Wale haben.«

»Ja, Ollie ist total walverrückt. Er begleitet Reed bei jeder seiner Touren in einem eigens umgebauten Kajak und verteilt Küsse an die Delfine«, berichtete ich ihm von meinen Erlebnissen in Telegraph Cove.

»Wer verteilt Küsse an Delfine?«, wollte Reed wissen, der in diesem Moment zusammen mit Kiona zu uns an die Brücke trat.

»Dein Hund offenbar«, antwortete Nalu lächelnd.

»Ja, das tut er allerdings«, gab Reed zu und grinste.

Dann legte er seinen Arm um Kionas Schultern, und aus dem Grinsen wurde ein derart verliebtes Strahlelächeln, dass die Sonne sich verlegen hinter einer Wolke versteckte.

Kiona lächelte genauso gelöst und glücklich zurück. Ihre Wangen waren gerötet und ihre Augen blitzten.

»Habt ihr gut geschlafen?«, erkundigte ich mich.

»Geht so.« Kiona fuhr mit der Hand über ihren Babybauch. »Die kleine Maus hat stundenlang Party gemacht und mich wach gehalten.«

»Noch nicht mal auf der Welt, und schon muss der arme Wurm für Ausreden herhalten«, sagte Nalu verschmitzt. »Ich hoffe, sie rächt sich dann später entsprechend.«

»Ich hoffe nicht. Mir reicht ein rachsüchtiger Engel«, brummte Reed – offenbar in Gedanken an seine Teenietochter Grace, die während der Sommerferien ein paar Wochen in Tofino gewesen war, sich bei Waltouren nützlich gemacht und ein paarmal Nalu auf seinen Trips begleitet hatte.

»Hey, auf Gracie lass ich nichts kommen«, rief Nalu prompt mit gespielter Empörung. »Sie ist super und …«

»Ja, ja, ich weiß – sie ist eine deutlich bessere Seglerin als ich«, winkte Reed ab und unterdrückte ein Gähnen. Offenbar war die Nacht der beiden tatsächlich sehr kurz gewesen. »Was ich aber eigentlich mit dir besprechen wollte, ist die Route. Denkst du, wir könnten einen etwas größeren Bogen fahren? Ich muss nämlich wirklich nicht in Tofino Halt machen, denn da will garantiert wieder jemand was von mir.«

»Na klar, kein Problem.«

Während Nalu und Reed die neue Route planten, setzte ich mich mit Kiona auf zwei Liegestühle und schaute aufs Wasser. Koa hatte die Wellen ebenfalls noch starr im Blick, doch ich sah gar nichts.

»Bist du glücklich?«, fragte mich Kiona.

»Eigentlich sollte ich dir diese Frage stellen«, entgegnete ich etwas überrascht.

»Ich bin wahnsinnig glücklich«, bestätigte sie. »Aber ich meine die Frage ernst. Wir hatten ja seit deinem Aufenthalt bei uns im Norden kaum Gelegenheit, in Ruhe zu sprechen. Und du hast wahrlich einiges mitgemacht in dieser Zeit.«

Natürlich hatten auch sie und Reed alles erfahren. Esther hatte sie auf meine Bitte hin informiert und ich hatte einmal kurz mit Kiona telefoniert, aber es stimmte, ein richtig intensiver Austausch war das nicht gewesen.

»Ich bin sehr glücklich«, antwortete ich daher. »Und zwar nicht nur im Außen, sondern auch im Innen«, fügte ich in Anlehnung an den besonders eindrucksvollen Abend in ihrer Werkstatt hinzu. »Du hast mir so viel zu denken gegeben, und das hat mir wirklich geholfen, die Umstände anders zu bewerten. Natürlich gibt es weiterhin viele Unsicherheiten bei mir, und immer wieder flackert die Angst auf, aber es wird besser. Und Nalu ...« Ich lächelte versonnen. »Er ist einfach wundervoll. Ich fühle mich so wohl mit ihm, denn in seiner Nähe ist alles so leicht und unbeschwert. Wir haben keine großen Erwartungen aneinander, sondern lassen uns sein, wie wir sind. Aber es gibt keinen anderen Menschen auf der Welt, mit dem ich lieber ich selbst sein möchte.«

»Genau so soll es sein, und genau so geht es mir auch mit Reed.« Sie streichelte wieder lächelnd ihren Bauch. »Ich glaube, wir haben auf Vancouver Island nicht nur die

Liebe unseres Lebens gefunden, sondern vor allem zu uns selbst. Kann das sein?«

»Ja, ich denke schon. Aber es gibt auch einen Unterschied. Du hast hier Wurzeln geschlagen, und mir sind Flügel gewachsen. Ich habe keine Ahnung, wohin sie mich tragen werden, und ich weiß, dass ich immer gerne hierher zurückkommen werde, aber ich glaube, ich muss fliegen, um zu wachsen, nicht Wurzeln schlagen.« Ich spürte den Worten nach, die gerade aus meinem Mund gesprudelt waren, ohne dass ich groß darüber nachgedacht hätte. Es fühlte sich jedoch absolut richtig an. So hatte ich also schon die Antwort auf meine Überlegungen von vorhin. Würde ich ewig in Tofino bleiben und für Esther Johnson arbeiten? Nein, wohl nicht.

»Ich finde, das ist ein sehr schönes Bild, Seelenschwester«, entgegnete Kiona lächelnd. »Und ich habe da so eine Ahnung, dass du bald reichlich Wind unter deine Flügel bekommen wirst.«

»Ja?«

»Warte es ab«, sagte sie geheimnisvoll, und dann änderte sich ihr Gesichtsausdruck. »Ich habe das Gefühl, dass wir gleich Gesellschaft bekommen.« Sie hievte sich mit einiger Mühe aus dem tiefen Liegestuhl und trat zur Reling.

»Mau«, bestätigte Koa – und kurz darauf waren wir von einer Schar Delfine umringt, die vergnügt auf unserer Bugwelle surften.

SPÄTABENDS AUF SEE – NALU:

Greg würde mich in einer Stunde am Steuer ablösen, damit ich ein paar Stunden Schlaf bekam. Jedenfalls dann, wenn Yuma keine anderen Pläne hatte. Ich lachte leise in mich hinein, weil ich wusste, dass ich nichts dagegen hätte, wenn es so wäre. Aber für den Moment genoss ich einfach die nächtliche Ruhe, den spektakulären Sternenhimmel und meine Gedanken. Reed und ich hatten heute Vormittag lang miteinander gesprochen und er hatte mir ein Angebot gemacht, für das ich mir etwas Bedenkzeit erbeten hatte. Nötig war die eigentlich nicht, denn mir fiel kein einziges gutes Argument dagegen ein. Doch ehe ich zusagte, wollte ich unbedingt noch mit Yuma darüber reden.

»Möchtest du einen Tee?«, fragte sie mich prompt, als hätten meine Gedanken sie angelockt. Was mich kaum gewundert hätte, so innig war unsere Verbindung und so viel intensiver wurde sie von Tag zu Tag.

»Sehr gern. Und schön, dass du hier bist. Ich habe gerade an dich gedacht.«

»Ja? Waren es gute Gedanken?«

»Es sind immer gute Gedanken, wenn sie dich betreffen, aber diesmal gingen sie in Richtung einer Zukunft, die weiter als eine Stunde und ein Deck entfernt liegt.« Ich musste grinsen, als ich im schwachen Licht ihre leicht enttäuschte Miene sah. »Die ganz nahe Zukunft ist selbstredend auch sehr verführerisch.« Ich trank einen Schluck von der Kräuterteemischung, die zweifellos aus dem Riesenfundus von Esther stammte, die Tee über alles liebte.

»Dann mal raus mit der Sprache. Wie stellst du dir

unsere etwas weiter entfernte Zukunft vor?«, fragte sie rundheraus.

»Reed hat mir ein tolles Angebot gemacht. Es stand ja bereits die Überlegung im Raum, dass ich die ›Sound of my Soul‹ im Herbst nach Hawaii segle und dass mein Bruder Keoki dort Forschungstörns anbietet, bis sie im nächsten Frühjahr wieder nach Vancouver Island zurückkehrt.«

»Ja, ich weiß. Darüber hatten wir schon gesprochen. Auch darüber, dass ich vielleicht bei der Überführungsfahrt dabei sein kann.«

»Ich habe mit Keoki geredet, und er ist wahnsinnig interessiert, aber er hat mir die Frage gestellt, warum Reed und Esther die Touren im Winter nicht in Eigenregie durchziehen, sondern das Schiff an ihn verchartern wollen – wo sie doch mit mir einen Skipper hätten, der sich rund um Hawaii bestens auskennt. Das hat mir zu denken gegeben. Andererseits wollte ich mich ja nicht auf eine Daueranstellung festlegen. Doch nun haben Reed und Esther einen anderen Vorschlag ausgearbeitet. Sie wollen mich zum gleichberechtigten Partner machen. Ich wäre dann also nicht mehr ein angeheuerter Kapitän, sondern Miteigentümer und verantwortlich für die Routenplanung und sämtliche Angelegenheiten, die das Schiff betreffen. Also Werftaufenthalte, Personal – solche Dinge.«

»Wow, das ist ja mal ein Angebot«, sagte sie beeindruckt. »Sicher auch sehr kostspielig, als gleichberechtigter Partner müsstest du dich doch einkaufen, oder?«

Ich lächelte und freute mich über ihren scharfen Verstand. Von administrativen Dingen hatte sie wirklich mehr Ahnung als ich und mutmaßlich auch mehr als Reed und Esther. »Ja, aber das ist nicht so wild. Ich habe einiges auf der hohen Kante liegen. Das sollte dafür reichen.«

»Du hast da richtig Lust drauf, was?« Sie warf mir einen prüfenden Blick zu.

»Ja. Sehr sogar. Ich habe sofort gemerkt, dass die ›Sound of my Soul‹ mein Schiff ist. Das klingt vielleicht doof, aber es war ganz ähnlich, wie dass ich sofort gemerkt habe, dass du meine Frau bist. Manche Dinge weiß man einfach.« Ich zog sie an meine Seite und küsste ihren Scheitel. »Ich glaube, du und das Schiff seid genau das, worauf ich mein Leben lang gewartet habe. Aber ...« Ich holte tief Luft.

»Aber was?«, kam es atemlos von ihr.

»Ich würde es nur machen, wenn du einverstanden bist. Wenn du buchstäblich mit an Bord bist.«

»Ich kann mir nichts Schöneres vorstellen«, entgegnete sie aus tiefster Überzeugung, doch ich musste sichergehen.

»Dir muss klar sein, was das bedeutet. Kein wirklich fester Wohnsitz, ständig auf dem Meer unterwegs, immer mit anderen Menschen. Das ist nicht immer so romantisch wie heute Nacht. Es wird Stürme geben und Streit an Bord. Wenn wir uns zoffen, müssen wir trotzdem auf einem Meter zwanzig nebeneinander schlafen.«

»Auf diesen Part der Abmachung freue ich mich ganz besonders«, behauptete sie und strahlte so glücklich, dass ich es einfach glauben musste. »Ich habe vorhin mit Kiona geredet, und wir haben festgestellt, dass Vancouver Island uns beide gerettet hat – aber auf unterschiedliche Art. Sie hat Wurzeln bekommen, ich Flügel, und ich will fliegen und die Welt kennenlernen! Dabei kann ich mir kein schöneres Umfeld vorstellen als dieses Schiff, zusammen mit dir und dem Kater. Ich hatte auch gleich das Gefühl, dass die ›Sound of my Soul‹ meine Heimat sein könnte – genau, wie du mein Hafen bist.« Sie nahm mir die Teetasse ab und stellte sie zusammen mit ihrer auf den Boden. Dann schlang sie die Arme um meinen Hals und sah mich eindringlich an. »Das hier ist perfekt. Bitte nimm das Angebot an – und bitte nimm mich mit.« Dann küsste sie mich auf ihre unnachahmliche Art, die mich Zeit und Raum vergessen ließ.

Ein Räuspern ließ uns auseinanderfahren.

»Ich löse dich besser direkt ab«, sagte Greg schmunzelnd, als ich mich umdrehte.

Normalerweise legte ich Wert darauf, dass die Zeiten genau eingehalten wurden, aber die halbe Stunde Wache mehr würde Greg nicht umbringen, also nahm ich sein Angebot dankbar an. »Das ist nett von dir. Gute Zeit – die Nacht ist traumhaft.« Ich deutete auf den spektakulären Himmel.

»Hmm«, entgegnete er nur mit einem Augenzwinkern.

»Ach, noch eins: Überleg dir doch schon mal, ob du und Liz nicht Lust hättet, dauerhaft mit mir und Yuma die ›Sound of my Soul‹ zu bewirtschaften.«

Nun hatte er etwas zum Nachdenken, und ich konnte mich der Frau widmen, die mein Leben war.

»Habe ich dir eigentlich schon mal von der ›Hokulani‹ erzählt?«, fragte ich sie ein ganzes Weilchen später, als wir beide gesättigt von unserer Lust im Bett lagen. Eigentlich sollten wir auch schlafen, aber der Gedanke an mein altes Schiff hielt mich wach.

»Nein«, murmelte sie. »Eine Ex-Freundin?«

»So ähnlich, aber nicht wirklich.« Ich lachte leise.

»Die ›Hokulani‹ war meine erste große Liebe. Ein kleines Segelboot, das ich als Teenager mit meinem damals besten Freund Ruben über Jahre hinweg restauriert habe. Wir wollten nach dem Schulabschluss gemeinsam mit ihr auf Weltreise gehen. Dieser Traum hat sich leider zerschlagen – genau wie die Freundschaft –, doch Ruben hat das Schiff vor einiger Zeit wiederentdeckt und gekauft. Ich bin mir nicht ganz sicher, was er damit bezwecken will – sicher möchte er auch unsere Freundschaft kitten. Aber das ist eigentlich nicht der Grund, warum ich dir das alles erzähle.«

»Sondern?«

»Jahrelang war die ›Hokulani‹ für mich das Symbol für mein einzig erstrebenswertes Lebensziel. Ich konnte nicht loslassen, bis mir vor einiger Zeit bewusst wurde, dass es nicht dieses Schiff war, nach dem ich mich sehnte, sondern etwas ganz anderes.«

»Ja?«

»›Hokulani‹ bedeutet übersetzt ›Stern am Himmel‹, und ich habe jahrelang meinen inneren Leitstern gesucht. Doch jetzt ist mir klar geworden, dass ich immer schon gewusst habe, was ich will: mit dir zusammen auf diesem Schiff hier Abenteuer erleben! Wenn wir im Winter auf Hawaii sind, werde ich dir die ›Hokulani‹ zeigen, und dann kann Ruben mit ihr machen, was er will, denn mein Stern am Himmel bist einzig und allein du.«

ENDE

Kannst du von Walen nicht genug bekommen? Dann geht es dir genauso wie mir. Ich überlege, ob meine »Insel der Wale«-Reihe auf Hawaii eine Fortsetzung finden könnte. Nalu hat da ja einiges an Familie – beispielsweise seine jüngere Schwester Aolani –, und Wale gibt es dort so viele wie rund um Vancouver Island. Hättest du Lust darauf? Oder bevorzugst du eher nördliche Gefilde? Schottland, Irland, Skandinavien? Dann schreib mir doch eine Mail an charlotte@carinmueller.de oder über Facebook oder Instagram. Ich bin gespannt.

DIE »INSEL DER WALE«-ROMANE

Die Reihe besteht bislang aus drei Teilen, allerdings drängeln sich Ideen für weitere Romane immer weiter nach vorne in meinem Kopf. Es könnte also bald Nachschub geben. Abonniere dafür am besten mein »Dienstags-Update«, in dem ich alle vierzehn Tage über Neuigkeiten aus meinem Autorinnen-Leben und über neue Bücher informiere.

Direkt zum Dienstags-Update: https://carinmueller.de/newsletter/leser-post

BISHER ERSCHIENEN:

Lebe, als gäbe es kein Morgen

Zwei Menschen, eine Leidenschaft: Orcas! Aber reicht das, um die tiefen Wunden beider zu heilen?

. . .

Wale sind Reed Archers große Leidenschaft und zusammen mit seiner dreizehnjährigen Tochter Grace sein ganzer Lebensinhalt. Nach einem tragischen Schicksalsschlag fühlt er sich endlich bereit für eine neue Liebe.

Wenn die Vergangenheit nicht ruhen will, können Rückschritte auch Fortschritte sein. Kiona Brooks will zurück in ihrer Heimat endlich alte Wunden heilen und herausfinden, was genau die Orcas ihr zu sagen haben.

Eine abenteuerliche Kajak-Tour zu den Walen vor der winterlichen Küste Vancouver Islands schweißt die beiden auf unwiderstehliche Art zusammen. Doch wollen sie auch dasselbe?

Ein winterlicher Liebesroman voller Gefühl und mit wichtigen Themen – fesselnd, bewegend und fürs Herz.

Lausche den Klängen deiner Seele

Von neugierigen Walen, hungrigen Bären und einer Herausforderung namens Liebe

Was denn noch alles?

Wal-Saison im malerischen Tofino. Für die lebensfrohe Esther Johnson kommen zur Sorge um ihre gehörlosen

Kinder und dem Rosenkrieg mit ihrem Ex auch der Schuldenberg ihres Whale-Watching-Unternehmens dazu.

Sie trifft Dominic Gordon, der augenscheinlich nicht zur Erholung hierhergekommen ist. Gleichermaßen fasziniert und irritiert, ahnt sie nichts von den Herausforderungen, die der erfolgreiche Software-Entwickler zu überwinden hat. Eine gereizte Bärenmutter ist noch die Geringste davon ...

Esther und Dominic hätten eine Chance auf Glück – doch was ist der Preis dafür? Sind sie bereit, ihn zu zahlen?

Eine mitreißende Geschichte vor der atemberaubenden Kulisse Vancouver Islands – mit imposanten Walen, hungrigen Bären und einer großen Erkenntnis: Man hört nur mit der Seele gut.

Wandere auf unerforschten Pfaden

Verspielte Delfine, schützende Tätowierungen und der Beginn einer unerwarteten Liebe.

Kann man vor dem Leben davonlaufen?

Yuma Solano ist auf der Flucht – vor der Angst. In Tofino kommt sie endlich zur Ruhe und mit der Entspannung kehrt nach Jahren auch ihre Kreativität zurück. Schiffe,

Wellen und Wale bevölkern ihr Skizzenbuch – und eines Tages auch die seelenvollsten Augen, die sie jemals gesehen hat.

Die gehören Nalu Kalakaoa. Der hawaiianische Seebär weiß auf den ersten Blick, dass Yuma sein Schicksal ist, doch mit ihrer Geheimnistuerei kann er nicht umgehen. Seine eigenen Narben trägt er offen und mit eindrucksvollen Tätowierungen verziert.

Beide wissen, dass der erste Schritt in ein neues Leben der härteste ist, doch auf Vancouver Island wird ihnen klar: Man kann auch ankommen, wenn man unterwegs ist!

Eine außergewöhnliche Geschichte über die Überwindung von Ängsten und die Magie der eigenen, inneren Kraft.

Weitere Geschichten ab 2025!

ANMERKUNGEN

WALE:

Ich hatte das große Glück, 2018 eine sensationelle Walbeobachtungstour in Südafrika erleben zu dürfen, bei der wir sehr viele Südliche Glattwale aus nächster Nähe beobachten konnten und ich die begleitende Biologin mit gefühlt tausend Fragen gelöchert habe. Außerdem habe ich sehr viel recherchiert und mir Dutzende Videos von Touren rund um Vancouver Island und in anderen Regionen angesehen. Trotzdem sind die geschilderten Szenen im Roman natürlich etwas überhöht. Auch wenn es ab und zu vorkommt, dass Buckelwale sich tauchenden oder schwimmenden Menschen nähern, darf man das nicht als standardmäßiges Verhalten verstehen oder es gar selbst erwarten. Das Gleiche gilt für Delfine. Man sollte immer respektvoll Abstand halten – doch ich bin mir ziemlich sicher, dass ich es mir ebenfalls nicht verkneifen könnte, einen Delfin zu streicheln, wenn er so nahe käme wie die im Kapitel »Delfintherapie«.

In dem sehr empfehlenswerten Buch »Wenn Haie leuchten« von Julia Schnetzer gibt es das Kapitel »Die Sprache der Delfine«, das mir einen noch tieferen Einblick in die komplexe Kommunikation der intelligenten Meeressäuger gegeben hat – und mich noch zu einigen weiteren Geschichten inspirieren könnte.

Wer sich für Wale und Delfine engagieren will, dem möchte ich WDC (»Whale and Dolphin Conservation«) empfehlen. Diese weltweit operierende Organisation klärt auf und unterstützt lokale Projekte. Man kann beispielsweise Patenschaften übernehmen und bekommt dann regelmäßig Informationen über »seinen« Wal. Ich unterstütze seit einiger Zeit die Orca-Dame Current (genannt Curry), die sich gerne rund um Vancouver Island herumtreibt. Für mein menschliches Patenkind habe ich zudem einen Buckelwal »adoptiert«. Mehr Informationen gibt es unter https://de.whales.org/.

ZEUGENSCHUTZPROGRAMM:

Ich habe sehr ausführlich zu diesem Thema recherchiert, aber naturgemäß finden sich nicht allzu viele Details darüber, wie der Zeugenschutz in Kanada konkret gehandhabt wird. Dieser Aspekt der Geschichte entspringt also fast vollständig meiner Fantasie, doch ich hoffe, es ist mir einigermaßen gelungen, die Umstände und Abläufe plausibel darzustellen. Yuma hat Glück gehabt, dass sie halbwegs gut aus der Sache herausgekommen ist. Das gilt wohl leider längst nicht für alle Zeugen.

DANKE

Danke, dass du dieses Buch gekauft und gelesen hast. Danke, dass du mit Yuma und Nalu durch dick und dünn gegangen bist und einfach danke, dass es dich gibt! Ohne Menschen wie dich könnte ich meinen Beruf gar nicht ausüben – daher ist es ohne jeden Zweifel auch dein Buch.

Das schreibe ich häufig in meinen Danksagungen (denn es ist die Wahrheit), doch in diesem Fall ist es noch wahrhaftiger als sonst. Denn du bist tatsächlich erst die dritte Person, die diese Geschichte zu lesen bekommt. Die anderen beiden sind mein Mann, der es sich nie nehmen lässt, sich schon das rohe Manuskript vorzuknöpfen (und wichtige Anmerkungen zu geben) und meine übergeniale Lektorin und Korrektorin Julia Funcke, der ich gar nicht genug für ihre Flexibilität und ihren liebevollen Beistand danken kann. Von beidem war bei diesem Projekt nämlich einiges nötig ...

Normalerweise danke ich an dieser Stelle auch Testleserinnen, die vor der Veröffentlichung schon einen Blick auf die Geschichte werfen dürfen, doch diesmal ist alles sehr, sehr knapp gewesen. Der Grund? Zum ersten Mal in meiner nun schon länger dauernden Autorinnen-Laufbahn habe ich eine Deadline nicht einhalten können. Normalerweise hätte Julia nämlich ganz entspannt das Lektorat machen können, hätten anschließend Testleserinnen ihre Meinung sagen können, ehe es dann zum finalen Korrekturdurchgang ging. Doch leider ist im Sommer mein heißgeliebter Hund Toni gestorben – und das hat mich ziemlich aus der Bahn geworfen und jede Terminplanung zunichtegemacht. Ein ganzes Weilchen konnte ich gar nicht schreiben, doch dann war es die Geschichte von Yuma und Nalu, die mich ein bisschen von meiner Trauer abgelenkt und Trost gespendet hat. Daher gilt mein Dank auch diesen beiden besonderen Protagonisten.

Ich danke von ganzem Herzen den Kolleginnen von der DELIA-Plot-AG, die mir, schon ehe der erste Satz geschrieben war, wichtige Anregungen und Gedanken zur Geschichte gegeben haben. Ohne euch wären wohl einige Handlungsbögen deutlich flacher verlaufen.

PS: Zweifellos habe ich wieder einige Menschen vergessen, ohne die es diesen Roman nicht gäbe – verzeiht mir bitte! Ihr mögt zwar nicht in diesen Zeilen verewigt sein, in meinem Herzen habt ihr trotzdem einen besonderen Platz.

UPDATE JANUAR 2024:

Ich freue mich, dass meine »Insel der Wale«-Reihe so viele Menschen begeistert. Der Grund für die Neuauflage mit frischen Covern ist der Tatsache geschuldet, dass es vermutlich 2025 mit der Reihe weitergehen wird. Allerdings in anderer Form als ursprünglich angedacht. Vielleicht ist dir auch aufgefallen, dass außen nicht nur Charlotte Taylor als Autorin genannt ist, sondern auch

Charlotte McGregor. Mal abgesehen davon, dass die beiden ohnehin identisch sind, passt die Geschichte deutlich besser in das »McGregor«-Universum als zu »sexy Taylor«. Ich hoffe jedenfalls, dass die neue Optik gut ankommen wird und möchte in diesem Zusammenhang ganz besonders Sabine Albrecht erwähnen, die die wunderbaren neuen Outfits für die Reihe erschaffen hat. Vielen Dank dafür – sie sind grandios.

In meiner ursprünglichen Danksagung erwähnte ich den Tod von unserem heißgeliebten Terrier Toni, der fast dreizehn Jahre lang und praktisch meine komplette Autorinnenkarriere an meiner Seite gewesen war. Der Abschied von ihm war (und ist) furchtbar schmerzhaft. Lange haben wir es aber nicht ohne Vierbeiner ausgehalten. Seit Dezember 2021 wohnt Scotty bei uns. Ein Airedale Terrier wie sein Vorgänger, aber ansonsten in praktisch jeder denkbaren Sichtweise anders. Trotzdem hat er sich natürlich längst einen riesigen Platz in unseren Herzen erobert.

WER IST CHARLOTTE?

Charlotte Taylor und Charlotte McGregor, die beide als Autorin auf dem Cover genannt werden, sind ein und dieselbe Person, die im wahren Leben Carin Müller heißt. Die drei teilen sich nicht nur einen Ehemann und einen Hund, sondern vor allem auch einen Körper und leider auch nur ein Gehirn und zwei Hände (mehr davon wäre bei der inneren Autorinnen-WG manchmal schön ...)

Doch wie es in der Buchwelt manchmal so Usus ist, wollen Verlage für Geschichten, die im Ausland spielen gerne einen passenden Autorennamen auf den Umschlag schreiben. So entstand zunächst Charlotte Taylor, deren Geschichten vor allem in den USA und in Kanada spielen und später Charlotte McGregor, deren Herz vorwiegend »very british« schlägt und auch vor komplexeren Themen nicht zurückschreckt.

Immer aber geht es um die Liebe. Mal prickelt sie, mal ist sie voller Dramatik – aber nie selbstzweckhaft, denn neben dem schönsten Gefühl der Welt, gibt es immer auch andere Themen die im Fokus stehen. Das können persönliche Schicksalsschläge und Lebenskrisen sein oder auch Stoffe von gesellschaftlicher oder globaler

Bedeutung. Auch wenn die Geschichten gerne mal komplexer sind, kommen sie doch immer leicht und optimistisch daher, damit die Leser:innen am Ende mit einem glücklichen Lächeln das Buch zuklappen.

MEINE BÜCHER

VERÖFFENTLICHUNGEN ALS CHARLOTTE MCGREGOR:

- »Ein Sommer in Kirkby« – 2020, SP
- »Highland Hope – Ein Bed & Breakfast für Kirkby« – 2021, Heyne Verlag
- »Highland Hope – Ein Pub für Kirkby«, 2021 – Heyne Verlag
- »Highland Hope – Eine Destillerie für Kirkby« – 2021, Heyne Verlag
- »Highland Hope – Eine Bäckerei für Kirkby« – 2022, Heyne Verlag
- »Island Dreams – Der Garten am Meer« – 2022, Heyne Verlag
- »Die Glückskuh von Kirkby« – 2022, SP
- »Highland Happiness – Geschichten aus Kirkby« – 2022, SP
- »Highland Happiness – Die Weberei von Kirkby« – 2023, SP
- »Robin – High in the Sky« – 2023, SP (Wiederveröffentlichung des gleichnamigen Romans aus 2018)
- »Highland Happiness – Die Töpferei von Kirkby« – 2023, SP
- »Highland Happiness – Das Herrenhaus von Kirkby« – 2023, SP
- »Insel der Wale – Lebe, als gäbe es kein Morgen« – 2024, SP (Wiederveröffentlichung des gleichnamigen Romans aus 2020)

- »Insel der Wale – Lausche den Klängen deiner Seele« – 2024, SP (Wiederveröffentlichung des gleichnamigen Romans aus 2021)
- »Insel der Wale – Wandere auf unerforschten Pfaden« – 2024, SP (Wiederveröffentlichung des gleichnamigen Romans aus 2021)
- »Highland Happiness – Die Schreinerei von Kirkby« – 2024, SP
- »Highland Happiness – Die Schmiede von Kirkby« – 2024, SP

VERÖFFENTLICHUNGEN ALS CHARLOTTE TAYLOR:

- Die Reihe »Hot Chocolate« – 18 Titel, ab 2015, Bastei Lübbe
- »San Francisco Millionaires Club – Ian« – 2017, SP
- »San Francisco Millionaires Club – Derek« – 2017, SP
- »Robin – High in the Sky« – 2018/2023, SP
- »San Francisco Millionaires Club – Dan« – 2019, SP
- »San Francisco Millionaires Club – Sammelband: Ian, Derek, Alistair, Dan« – 2020, SP
- »Lebe, als gäbe es kein Morgen« – 2020/2024, SP
- »Lausche den Klängen deiner Seele« – 2021/2024, SP
- »Wandere auf unerforschten Pfaden« – 2021/2024, SP

- »L.A. Roommates 1 – Prickelnde Nächte und heiße Flirts« (Wiederveröffentlichung Teil 1 der »Hot Chocolate«-Geschichten) – 2022, Bastei Lübbe
- »L.A. Roommates 2 – Wilde Herzen und süße Verführung« (Wiederveröffentlichung Teil 2 der »Hot Chocolate«-Geschichten) – 2022, Bastei Lübbe

---

VERÖFFENTLICHUNGEN ALS CARIN MÜLLER:

- »Mopsküsse« – 2009, Goldmann
- »High Heels & Hundekuchen« – 2012, Goldmann
- »Gefühlte Wahrheit – 2014, SP
- »Hundstage« – 2014, SP
- »Problemzonen« – 2015, SP
- »Tage zwischen Ebbe und Flut« – 2016, Droemer Knaur
- »Hugo's Affairs – Wie war das mit den zauberhaften Anfängen?« – 2022, SP (Wiederveröffentlichung von »Mopsküsse«)
- »Hugo's Affairs – Wenn es nicht gut ist, ist es nicht das Ende!« – 2022, SP (Wiederveröffentlichung von »High Heels und Hundekuchen«)

Veröffentlichungen als Nirac Rellum:

- »Außenmission auf Kaipas V« – 2015, SP
- »Ferien auf Tarkanus X« – 2017, SP

Einen kompletten Überblick über meine Romane – inklusive Cover und Klappentexte findest du auch hier in meinem Katalog. https://carinmueller.de/katalog